Die Erben der Samurai

ECON Sachbuch

Zum Buch:

Angela Terzani bereiste das gesamte Inselreich Japan. Sie besuchte historische und moderne Heiligtümer Japans und begegnete vor allem den unterschiedlichsten Menschen des Landes. Als Augenzeugin und Gesprächspartnerin beschreibt sie die Jahre, in denen sich Japans Image zu verändern begann: Das Land, das vielen als Musterbeispiel einer tüchtigen, fortschrittlichen Gesellschaft gilt, erscheint mehr und mehr als Inbegriff einer verborgenen, unnatürlichen Modernität.
Angela Terzani gibt ein sehr persönliches Bild vom japanischen Alltag, von Wirtschaftspraktiken und Zielsetzungen des Inselreiches ebenso wie von der Landschaft, den Städten und den Menschen Japans.

Die Autorin:

Angela Terzani wurde als Kind deutscher Eltern in Florenz geboren. Nach ihrem Studium in München verbrachte sie zwei Jahre in den USA. Seit 1972 lebt sie mit ihrem Mann, dem Spiegel-Korrespondenten Tiziano Terzani, in Asien: zunächst in Singapur, dann in Hongkong und Peking, von 1985 bis 1990 in Tokyo und seither in Bangok.

Angela Terzani

Die Erben der Samurai

Japanische Jahre

ECON Taschenbuch Verlag

Ökologisch handeln:
Dieses Buch ist gedruckt auf 100 % Recyclingpapier,
chlorfrei gebleicht.

Lizenzausgabe

Veröffentlicht im ECON Taschenbuch Verlag GmbH,
Düsseldorf und Wien, 1994.

Umschlaggestaltung: Theodor Bayer-Eynck
Titelabbildung: GEISHA: © ZEFA-ZAWODSKY-Photo; Tokyo. Station:
© Tony Stone GmbH
Druck und Bindearbeiten: Ebner Ulm
Printed in Germany
ISBN 3-612-26075-8

Inhalt

Für Tiziano,
der tiefer gesehen hat.

Vorwort

Schon als Kind habe ich angefangen, Tagebuch zu schreiben. Ich wollte nicht, daß alles Neue, Interessante, Ungewöhnliche, das um mich herum geschah, sich wie Blätter im Wind wieder verflüchtigte.

Wir lebten in Florenz. Mein Vater, HansJo Staude, von einer Familie aus Halle in Haiti geboren, war Maler und hatte als junger Mann beschlossen, daß die Toskana seine wahre Heimat sei. Meine Mutter, Renate Möenckeberg aus Hamburg, war ihm nach Florenz gefolgt und arbeitete dort als Architektin.

Florenz war damals ein Treffpunkt der Welt, und die interessantesten Charaktere aus den verschiedensten Kontinenten – hauptsächlich Musiker, Schriftsteller und Künstler – waren bei uns zu Gast. Ich sah sie mit Staunen um unseren Eßtisch sitzen und sich über die großen Fragen der Menschheit unterhalten. In meinem Heft blieben sie, als sie schon wieder gegangen waren.

Seitdem habe ich Tagebuch geführt: in Amerika, wo ich in den sechziger Jahren mit meinem Mann, Tiziano, Chinesisch lernte; in Asien, wo er seit 1971 als »Spiegel«-Korrespondent in Singapur, in Hongkong und schließlich in Peking stationiert war.

Nach seiner Ausweisung aus China bekam er einen Anruf aus Hamburg: Möchten Sie als Korrespondent nach Japan gehen? An Japan hatten wir nie gedacht. Also flogen wir erst einmal für eine Woche hin, um unsere Entscheidung zu treffen – und erschraken.

Wir waren ohne Vorurteile gekommen, doch eines wurde uns bei jenem Besuch schon klar: Japan ist nicht das Land, von dem man träumt. Es ist aber das Land, das heute mehr zählt und das Leben von mehr Menschen in der ganzen Welt beeinflußt als alle anderen Länder, in denen wir gelebt haben. Es ist auch das einzige

Land, das die Erfahrung des Atomholocaust gemacht hat. Und Tiziano wollte herausfinden, wieweit dieses Erlebnis sein Volk verändert hatte, und ob hier nicht vielleicht der Same einer Friedenskultur gesät worden war. Mich interessierte – wie früher schon im kommunistischen China – jenseits der Politik, jenseits aller wirtschaftlichen Erfolge das Leben innerhalb einer Gesellschaft, die sich selbst als die der Zukunft beschreibt.

Sollte diese graue, freudlose, naturlose Ausdehnung von Häusern und Fabriken, die wir sahen, sollte diese bescheidene, fleißig arbeitende, uniform gekleidete Menschenmasse, in der wir uns bewegten, wirklich die Gesellschaft der Zukunft sein? Auch unserer Zukunft? Die Frage war zu wichtig, um sie fallenzulassen.

So sind wir im September 1985 mit Kindern, Büro, Haus und Hund nach Tokyo gezogen. In den ersten Monaten dort war ich vollauf beschäftigt, unser Leben zu organisieren, die Kinder in neue Schulen einzugewöhnen, und brauchte dazu alle meine Energien. Dann nahm ich aber die alte Gewohnheit langsam wieder auf, und meine Hefte füllten sich mit Notizen über all das Neue, Interessante, Ungewöhnliche – und auch Beunruhigende, das sich sonst verflüchtigt hätte.

All den Freunden, die mir Japan gezeigt, erklärt, beschrieben und interpretiert haben, möchte ich hier danken. Ein besonderer Dank gilt meiner Mutter, meiner aufmerksamen ersten Leserin, und den Mitarbeitern dieses Verlagshauses für beständig wertvollen Rat und Unterstützung.

Was die Schreibweise von Namen betrifft, so folgt sie der internationalen Transkription: also Tokyo, Kyoto, usf.; Familiennamen stehen im Japanischen vor dem Vornamen.

Bangkok, im Juni 1992 Angela Terzani

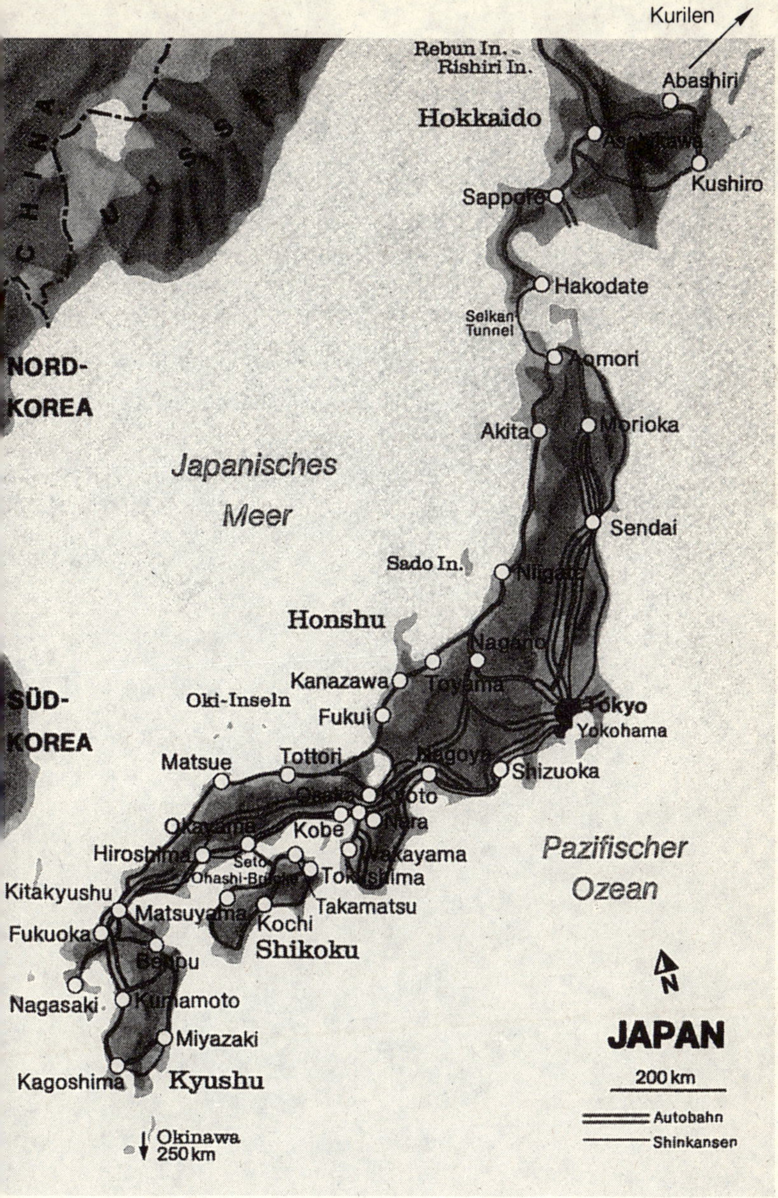

Kurilen
Rebun In.
Rishiri In.
Abashiri
Hokkaido
Kushiro
Hakodate
Selkan Tunnel
Aomori
Akita
Morioka
NORD-KOREA
Japanisches Meer
Sendai
Sado In.
Honshu
Nagano
Kanazawa
Toyama
Oki-Inseln
Tokyo
Fukui
Yokohama
SÜD-KOREA
Matsue
Tottori
Nagoya
Shizuoka
Kyoto
Okayama
Kobe
Nara
Hiroshima
Seto Ohashi-Brücke
Pazifischer Ozean
Kitakyushu
Takamatsu
Matsuyama
Kochi
Fukuoka
Shikoku
N
Nagasaki
Miyazaki
JAPAN
Kagoshima
Kyushu
200 km
Autobahn
Shinkansen
Okinawa 250 km

Das Jahr des Büffels geht zu Ende

Yamanaka, den 29. Dezember 1985

Aus meinem Hotelfenster sehe ich den Fuji-Berg wie einen großen weißen Kegel vor mir liegen. Der See, in dem er sich spiegelt, spült gegen die Stützmauer des Hotelgeländes. Der Himmel ist blau und von der Sonne vergoldet. Leichte Nebel steigen vom Wasser auf. Am Ufer gehen Leute entlang, fotografieren sich gegenseitig und werfen schwarze Lavasteine in die Wellen. Das Hotel heißt »S.P.G.« (Such Pleasant Group), sein Restaurant »Italian Tomato«, sein Café »Michel's«. Ist das Japan?

Ich bin im Autobus von Tokyo hier herausgefahren, während Tiziano zwischen den Hochhäusern des Stadtteils Shinjuku verschwand. Die Straße führte zunächst durch die endlose Peripherie der kleinen Einfamilienhäuser und Fabriken. Dann schoben sich mit dunklen Kiefern bewaldete Ausläufer der Berge dazwischen, die in diesem Häusermeer wie dunkle Inseln wirkten. In der Ferne schwebte wie ein heller Schimmer, wie ein unerreichbares Versprechen der Fuji. Nach ein paar Stunden Fahrt erreichten wir den ersten der fünf Seen zu seinen Füßen, den Yama-naka-ko, den »See im Berg«. An seinen Ufern Unrat, entenförmige Boote und kitschige Wochenendhotels. Eines davon ist das »S.P.G.«

Da liegt nun dieser Fuji vor mir, ebenso vollkommen, schwerelos und regelmäßig »wie ein Fächer, der umgekehrt vom Himmel hängt«, wie die Japaner sagen, und wirft seinen kalten Schatten vor sich hin. Nach meinen ersten vier Monaten in Tokyo scheint es mir manchmal, als sei nur er vom alten Japan übriggeblieben, nur dieser ehrwürdige Fuji-san – Symbol für etwas, dem die Japaner im Laufe ihrer Geschichte immer wieder verschiedenen Ausdruck und neue Formen verliehen haben.

Nur: worum geht es ihnen heute? Ist die Form, an der sie gegenwärtig arbeiten, die des technologischen Fortschritts? Eines Materialismus, der aus Arbeit, Wohnung, Automobil und Sex besteht? Das Echo aus der Vergangenheit, die Treue dem gegenüber, was Japan den Japanern einst bedeutete – wo sind sie geblieben? Von allen Ländern, die ich besucht habe, hat im Alltag keines so vollkommen auf seine Eigenheiten verzichtet, scheint mir keines so losgelöst vom Gestern, so einzig und allein nur allem Neuen und Praktischen verschrieben wie dieses.

Ich bin um den See herumgewandert, ohne einem anderen Spaziergänger zu begegnen. Die Japaner sitzen lieber in einem der kleinen westlichen Lokale, hören westliche Musik, essen Toast, trinken Kaffee und ziehen sich dann in ein Love-Hotel zurück, wie andere in die Turnhalle gehen würden. Sex wird in Japan als Sport, als Hygiene, als Selbstbestätigung, als Besessenheit, in einer von Liebe vollkommen losgelösten Form praktiziert. Das achtzehnjährige Pärchen, das heute morgen neben mir frühstückte, versuchte nicht einmal vorzutäuschen, es habe sich etwas zu sagen. Man lebt im Bewußtsein der Vergänglichkeit des Lebens und hält sich an den Augenblick, versucht ihn festzunageln, ihm hastig zu entreißen, was er bietet.

Es war noch Sommer, als wir in Tokyo ankamen. Wir wohnten in einem der letzten »Ryokan«, einer traditionellen Herberge im Stadtteil Iidabashi, gingen im Baumwollkimono durch den Tag, schliefen auf Tatamimatten und blickten auf einen schmalen Garten, der nach altjapanischen Regeln gestaltet und beschnitten war. Tag und Nacht tröpfelte das Wasser aus einer Bambusröhre leise und regelmäßig in einen kleinen Teich, und dieses Tröpfeln lenkte mit seiner leisen Regelmäßigkeit von allen anderen Geräuschen der Umgebung ab. Rundherum standen Bürohäuser, tobte der moderne Verkehr.

Dann kam der erste Gang zu unserer neuen Wohnung im Stadtteil Nakameguro. Von der U-Bahnstation gelangten wir in eine Straße voller Liliputlokale, die man den Kopf senkend durch eine Schiebetür betritt. Drinnen hölzerne Tische und Sitzbänke, draußen Küchengeruch, Abfalltonnen, elektronische Lichtreklamen, bunte Wimpel und eine letzte rote Papierlaterne in einer Plastikhülle, die sie vor Regen schützt. Die zweistöckigen Häuser, aus Holz, Kunststoff, Zement und Wellblech notdürftig zusammengezimmert, mit Mattscheiben in den Fenstern, wirken neben den riesigen Elektrizitätsmasten davor noch kleiner, als sie tatsächlich sind. Von den zentnerschweren Transformatoren zweigen Stromkabel ab, die wie mächtige schwarze Schlangen über den Köpfen der Menschen hängen. Ein Gemisch von Altem und Neuem. In der Schwüle der letzten Sommertage wußten wir nicht, ob wir lachen oder weinen sollten.

Am Ende dieser Straße, neben dem Postamt von Nakameguro, führt eine verwitterte Steintreppe zu kleinen Privathäusern hinauf, die zwischen geometrisch zurechtgeschnittenen dunklen Büschen am Hügel von Kamimeguro stehen. Eines gehört einem berühmten Schauspieler, ein anderes einem Baseballstar, in den meisten wohnen arrivierte Manager. Oben auf der Anhöhe liegt der Familiensitz von Professor Hara Hiroshi, Botaniker, Mitarbeiter des Kaisers und Nachkomme von Japans erstem bürgerlichen Premierminister, der 1921 von einem Rechtsextremisten in Tokyos Hauptbahnhof ermordet worden ist. Professor Hara hat uns ein modernes Backsteinreihenhaus vermietet, in dem wir im Erdgeschoß das Büro und oben die Wohnung eingerichtet haben. Bei klarem, trockenem Wetter können wir von unserem Küchenfenster aus zwischen zwei Elektrizitätsmasten den Fuji schimmern und schweben sehen. Ein gutes Omen, wie man uns sagt.

Unsere Fenster öffnen sich auf den verwilderten Park, dessen Pflanzen Professor Hara im Laufe seines langen Lebens aus ganz Asien zusammengetragen hat. Jeden Abend geht im Garten, der sein altes Haus umgibt, eine Glaslampe an, und oft brennt auch nachts in einem der Fenster Licht. Manchmal sehen wir den gebückten alten Herrn, wie er, auf seine viel jüngere Frau gestützt, von Pflanze zu Pflanze schlurft, um eine Blüte zu fotografieren. Große Azaleen- und Hortensienbüsche sind darunter, eine Palme, verschiedene Ahornsorten, ein großer Kirschbaum, der sich an unseren Balkon anlehnt, und Büsche, bei denen ich mich frage, wie sie im Frühling wohl blühen werden. Im Hintergrund stehen riesige Kampferbäume, in deren Wipfeln das Auge sich verirrt. Krähen fliegen mit lautem Flügelschlag vorbei. Eine Nachtigall sang noch am Ende des Sommers.

»Es ist toll, daß wir nach Tokyo ziehen«, hatten Folco und Saskia gesagt. »Es muß phantastisch sein, in einer so modernen Stadt zu leben!« Als wir aber aus dem »Ryokan« in unsere neue Wohnung zogen und auch für uns der Alltag begann, da haben wir unsere Lektion gelernt. Tokyo ist zwar in seiner Anlage und in seinen Bauten modern, doch sein Geist ist es nicht. Und wenn »modern« nur bedeutet, die letzten Erfindungen anderer Völker zu kopieren, dann ist das Neue nicht mehr anziehend, dann ist es verwirrend, bestenfalls kurios.

»Es ist eine zweitklassige Modernität«, sagt Oka Hiro, meine japanische Freundin aus Pekinger Zeiten. »Sie geht nicht tief, sie schwebt.«

Im Herbst, als die Tage langsam kühler wurden, sind wir morgens manchmal planlos losgezogen, um unseren Stadtteil zu erforschen, und haben uns dabei absichtlich »verirrt«. Obwohl wir jedesmal eine neue Richtung einschlugen, befanden wir uns bald wieder in einer gleich aussehenden Einkaufsstraße, einer »Ginza«, die zu einer gleich aussehenden U-Bahnstation führt. Dort setzten wir uns in ein »Café Renoir«, ein »Café Wien« oder ein »Café Piccadilly« – sie haben alle westliche Namen – und bestellten Frühstück. Vier Zentimeter hoher Toast, ein Schlag Marmelade, ein Schüsselchen Salat mit Mayonnaise, dazu »America-no co-hi«, amerikanischer Kaffee, bilden das Morgengedeck, das »mo-ning set-to«, wie es auf japanenglisch heißt.

Die Kuckucksuhr hier, der Cowboystiefel da wirken auf den ersten Blick natürlich amüsant; aber bald dünkt es einen, als hätten die Japaner die ganze Welt abfotografiert und sämtliche Elemente durcheinandergemischt. Alles, was mich umgibt, scheint mir wie aus einem universellen Katalog zusammengestellt. Der Bürger blättert darin, zeigt mit dem Finger auf dieses oder jenes Modell. Gefällt es ihm? Dann soll er es haben!

Jetzt ist Winter, und der Wind pfeift nachts durchs Eisengitter vor unserem Haus. Jemand hat uns eine Bonsai-Kiefer zu Weihnachten geschenkt; aber Tiziano will diesen finsteren, freudlosen Zwergbaum nicht um sich haben, es graust ihm davor. Mich erinnert er an das Gefühl, das mich überkam, als wir das erste Mal nach Japan flogen: Es war mir, als flögen wir bis zum äußersten Rand der Erde und über ihn hinaus. Jenseits erwarteten uns diese dunklen, fast schwarzen Bäume, dieser gläserne Himmel, diese seltsam blutlosen Menschen.

»Die Japaner sind keine Asiaten«, hatte unser Freund Mike Morrow in Hongkong gesagt. »Sie sind die Menschen der Zukunft.«

Yamanaka-ko, den 3. Januar 1986

Tiziano ist mir am letzten Tag des Jahres mit Folco und Saskia nachgekommen. Es war fast warm. Der Fuji stand schwarz vor einem smaragdenen Himmel. Smaragden war auch der See. Wir haben Tandems gemietet, sind um den See geradelt und in zwei entenförmigen Booten auf ihm herumgepaddelt. Hintergrund zu soviel Kindischem, zu soviel Unordnung, war stets der Berg in seiner hellen, durchsichtig schimmernden Vollkommenheit.

Dann kam Altjahrsabend. Um Mitternacht standen wir vor einem Shinto-Schrein in einem dunklen Wald aus hohen japanischen Zedern. Es war eiskalt. Nur der Schimmer weißer Laternen erhellte die finstere Nacht. Das schwere grüne Kupferdach lag wie ein Reptil auf dem hölzernen Unterbau des Tempels. Ein dickes Tau aus frischem Reisstroh hing vor seinem Eingang. Viele Menschen eilten wie Schatten durch den Wald, wuschen sich im Tempelbrunnen die Hände und stiegen dann die bemoosten Stufen zum Schrein empor. Es war schließlich, als würde sich eine lange Schlange zu ihm hinaufwinden.

In der kleinen Vorhalle des Tempels stand eine mächtige Trommel, über der zwei große weiße Lampions und die wildglotzenden Masken zweier Ungeheuer hingen. Das Innere des Shinto-Schreins, in dessen dunkler Leere nur ein runder Spiegel die Anwesenheit eines »Kami«, eines göttlichen Geistes andeutet, bleibt den Menschen versperrt. Wer ist dieser Gott? Ist es der Japaner selbst, der sich im Spiegel sieht? Reisähren und grüne Zweige stehen als einzige Opfergaben davor.

Ein erster dumpfer Trommelschlag verkündete die Mitternacht. Ein Shinto-Priester in weißem Gewand und steiler, schwarzer Kappe erschien, stellte sich in der Vorhalle auf und bürstete mit einem weißen Papierwedel über jeden, der sich in der Menschenmenge an ihm vorbeischob. Man fühlte sich von alten Gespenstern befreit, bereit zu einem neuen Anfang.

So beginnt in Japan das neue Jahr. Kein Jauchzen, kein Tanzen, kein Gläserklirren. Nur dieses langsame Schreiten im finsteren Wald, an einem alten Naturgeist vorbei. Und im Rücken, wie ein Hauch, der Fuji.

Jahr des Tigers

Tokyo, den 7. Januar 1986
Wir kommen gerade aus Akihabara zurück, einem Stadtteil Tokyos, der zum Schlaraffenland der Elektronik geworden ist, zum Traumland all derer, die einen Walkman, einen Fernseher oder einen Computer brauchen und ihn sich aus dem unendlichen Angebot, das es auf der Welt so nur in Akihabara gibt, aussuchen wollen.

In Akihabara ist jede Hochhausetage in einen kreischenden Jahrmarkt, jedes Erdgeschoß in einen überbordenden Basar verwandelt worden. Jede erdenkliche elektrische oder elektronische Erfindung wird da feilgeboten, von Rechnern, Kopierern, Hi-Fi-Geräten, Video- und Kassettenrecordern bis zu aufziehbaren Puppen und bellenden Stoffhunden, blinkenden Bleistiften, strichförmigen Taschenlampen, Staubsaugern und Vergrößerungsgläsern. Vor jedem Geschäft stehen Mädchen mit einem Mikrophon in der Hand, die das neueste Produkt vorführen, begleitet vom aufgeregten Stampfen einer Diskomusik. Jeder Fernseher ist eingeschaltet, fünf Reihen davon stehen übereinander, über jeden Bildschirm flimmert ein anderes Programm. Hier spricht ein Mann, da eine Frau, dort tobt ein Fußballmatch; jeder Kassettenrecorder plärrt seinen eigenen Hit. Blinken, Blitzen, Rattern, Quietschen. Rolltreppen fahren hinauf, herunter, an Hunderten von dichtgedrängten Ständen vorbei. Es ist die Hölle. Wir kaufen den erstbesten Staubsauger und fahren nach Hause.

Jedes Stadtviertel Tokyos war ursprünglich eine kleine Welt für sich: Jedes dieser praktisch selbständigen Dörfer hatte seine eigene Atmosphäre. Roppongi, Ginza, Shinjuku, Shibuya, Asakusa,

Kanda ... Dann haben sie sich alle auf gleiche Weise modernisiert und zu einer Großstadt zusammengefügt. Und heute sehen sie alle gleich aus. Aber da man sich in dieser unendlich flachen, unendlich ausgedehnten Zwölf-Millionen-Stadt selten anders als per U-Bahn fortbewegt, sind sie in meiner Vorstellung immer noch wie Inseln. Außerdem habe ich ständig das Tokyo im Sinn, wie es auf den Holzdrucken aussah, die mir bis jetzt »Japan« bedeuteten, und ich kann schwer fassen, daß es heute ein so anderes, ein so »amerikanisches« Gesicht angenommen hat.

Bei jedem Auftauchen von unter der Erde liegt wieder ein Bahnhofsplatz voller Schnellimbisse und Pachinko-Hallen vor einem, umgeben von Gebäuden, die hauptsächlich als Werbeträger zu dienen scheinen: Die Wände sind von oben bis unten mit grellen Bildern und Slogans bedeckt. Auf die Dächer der zweistöckigen Plastikhäuschen, aus denen Tokyo wegen der Erdbebengefahr größtenteils besteht, hat man haushohe Reklameschilder gesetzt. Auch die meisten Fenster der Hochhäuser sind mit Spots beklebt und behangen, die für einen Arzt, eine Masseuse, eine Bier- oder Kleidermarke werben. Die auf schweren Betonsockeln ruhenden Schnellstraßen laufen parallel zu den Straßen und verdecken den Himmel. Alles wirkt provisorisch, wie ein riesiges Biwak, heute hingebaut, um morgen wieder abmontiert zu werden.

Wo sie aber wohnen, da wollen die Japaner es häuslich, beinah dörflich haben, am liebsten ohne viele Kaufhäuser und Autos. Da jeder in engsten Verhältnissen lebt, in winzigen Behausungen von unerwarteter Primitivität und Schäbigkeit, oft ohne Bad und mit nur einer kleinen Kochstelle, rennt alles immer wieder auf die Straße, um sich eine Suppe oder einen gebratenen Fisch zu holen oder um sich im öffentlichen Badehaus zu waschen.

So wirkt das Ganze noch wie ein bequemes, altes Gewebe, in dem alles seine Ordnung hat. In der Einkaufsstraße jedes Wohnviertels, der »Ginza«, findet man in zweistöckigen Holzhäusern alles, was man braucht. Der Fischhändler, der Masseur, der Fotograf, der Buchladen, der Futonhersteller, der Reiskekse-Bäcker und das Badehaus, sie existieren alle nebeneinander – unten der Laden, oben die Familie. Im Herbst hängen Ahornzweige aus orangefarbenem Plastik, im Winter schneeweiße Tannenzweige von den Beleuchtungsgloben, an denen auch die Lautsprecher angebracht sind, aus denen zur Geschäftszeit melancholische Musik auf die Menschen niederrieselt. In den Nebenstraßen befinden sich die Häuschen des nächtlichen Vergnügens mit ihren verdunkelten Fenstern, aus denen selten ein Lichtschein, dafür aber manchmal wildes Singen dringt. Dort verkehrt die Männerwelt.

Es gibt in unserer Nachbarschaft noch ein paar Häuser, deren Gärten mit jener Sorgfalt gepflegt werden, die von der handwerklichen Kunst dieses Volkes zeugt. Ein schön geflochtener Bambuszaun umgibt sie, ein Fichten- oder Ahornzweig neigt sich über das Gartentor, und bemooste Steine führen auf die Haustür zu – niemals geradlinig, um den Weg zu verlängern und die Illusion der Weite, der freien Natur hervorzuzauben.

Was mich erstaunt, ist die Grabesstille, die über den Straßen unserer Gegend liegt. Alle Türen und Fenster sind fest verschlossen; kein Laut, kein Lachen oder Weinen dringt hindurch. Nur die eiligen Schritte einer Hausfrau verhallen ... Die Menschen scheinen in Angst und Schrecken vor den eigenen Nachbarn zu leben.

10. Januar 1986

»Für einen Japaner ist ein Fest schön, weil er weiß, daß es bald enden wird; eine Frau, weil er weiß, daß sie bald altern wird; eine Blume, weil er weiß, daß sie verblüht ...«, sagte beim Einweihungsfest unserer Wohnung Maurice Pinguet, ein Franzose, Akademiker und Schriftsteller, der seit vielen Jahren in diesem Lande lebt und ein Buch über den Freitod in Japan geschrieben hat.

»Für einen Chinesen«, antwortete ich ihm, »ist ein Fest schön, weil er denkt, es werde ewig dauern; eine Frau, weil er sich einbildet, sie werde niemals altern; eine Blume, weil er hofft, sie werde nie verblühen ...«

Die Vorstellung des Lebens, die bei den Chinesen breit angelegt ist, und auch vom Spiel – dem Spiel von Kennern, von Exzentrikern – bestimmt wird, besteht bei den Japanern aus Sehnsüchten und Blicken nach rückwärts. Vor sich sehen sie den Tod. »Der

Tod, des Lebens Rauch, lauert am Ende jedes Weges. Nichts ist gewisser, nichts trauriger«, schrieb der Dichter Ihara Saikaku im 17. Jahrhundert, zu einer Zeit, als die Leute von Edo – wie Tokyo damals hieß – das Leben am gierigsten genossen: Eben weil sie vergänglich war, liebten sie die Welt um so mehr.

Diese Einstellung zum Leben wird heute als »Erdbebenmentalität« beschrieben: Da ein Erdbeben längst überfällig ist, da Tokyo doch bald wieder zertrümmert wird und alles bald wieder zu Ende geht, soll jeder Plan sofort verwirklicht, jeder Wunsch sofort erfüllt werden, soll man sich nicht mit Überlegungen, Erkenntnissen oder der Erforschung fremder Kulturen aufhalten, sondern arbeiten, zusammenraffen, konsumieren ... und sterben.

Der buddhistischen Vorstellung des Lebens als von etwas Flüchtigem haben Japans Kriegergeschlechter, die das Land über 700 Jahre lang regierten, ein Rückgrat aus Gehorsam und Disziplin verschafft. Die Samurai – die Kriegerelite, die Japan von 1192 bis 1868 beherrschte – trugen stets zwei Schwerter: das eine, um ihren Herrn zu verteidigen; das andere, um dem eigenen Leben damit jederzeit ein Ende setzen zu können. Sie nahmen das Schicksal in die eigene Hand und machten Kampf und Tod zur Lebensform.

Diese über viele Generationen praktizierte Selbstzucht ist den Japanern zustatten gekommen, als es darum ging, dem Land neue Formen und Inhalte zu geben: Sie hat ihnen erlaubt, das Wunder der eigenen Verwandlung in ein modernes Land in knapp hundert Jahren zu vollziehen.

15. Januar 1986

Heute ist der Tag, an dem die zwanzigjährigen Mädchen ihre Volljährigkeit feiern und in ihrem ersten – zumeist gemieteten – Kimono mit ihren Eltern durch den feierlichen Meiji-Park trippeln, der in Tokyos Mitte liegt. Am Wegesrand stehen Firmenangestellte im dunklen Anzug und beobachten die rosa-gold-silbrigen Kimono-Fräulein mit weißer Pelzstola und Kunstblumen im blanklackierten Haar und machen sich Notizen. Worüber? möchte

Tiziano wissen. Über die Farben und Stoffe, die von den Mädchen bevorzugt werden, damit sich das Angebot der Textilfirmen im kommenden Jahr noch sicherer danach richten kann. Plakate beglückwünschen die »neuen Erwachsenen« mit den Worten: »Jetzt seid ihr mündig, jetzt dürft ihr Alkohol trinken.« Alles Dichten und Trachten scheint auf das Geschäft abzuzielen.

Die Mädchen lassen sich vor den Eisstatuen fotografieren, die am Kiesweg stehen und in der milden Wintersonne schon leicht zu tröpfeln anfangen. Ihr Gang endet am Grab des Meiji-Kaisers, unter dem Japan 1868 seinen Wettlauf mit dem Westen antrat. Vor dem ihm gewidmeten Shinto-Schrein spülen sie ihre Hände in einem geheiligten Wasserbecken rein, werfen ein paar Münzen in den Opferstock und kehren nach Hause zurück.

»Heute ist der Tag, an dem selbst häßliche Mädchen ganz nett aussehen«, meint Yokobori Yoichi, ein japanischer Freund, der uns begleitet.

Yoichi, ein Mann mittleren Alters, den Tiziano seit bald zwanzig Jahren als Korrespondenten der japanischen Nachrichtenagentur Kyodo kennt, hat uns heute seine Frau vorgestellt. Gepflegt, mit einem meterlangen roten italienischen Schal über dem beigen Regenmantel und frisch gefärbtem schwarzem Haar, ist sie ein erstaunliches Gegenstück zu ihm, der bescheiden in einer alten Windjacke und mit von ihr geschnittenem Haar herumläuft.

Japans Stärke, heißt es, sind die Frauen. Sie sind es, die es den Männern möglich machen, sich endlos zu gedulden und ihr entsagungsvolles Angestelltendasein zu ertragen. Eine Ehefrau erwartet ihren Mann abends an der Haustür, reicht ihm Baumwollkimono und Hauspantoffel, bereitet ihm das Bad, schneidet ihm die Nägel, putzt ihm die Ohren, setzt ihm sein Essen vor und, was bei weitem am wichtigsten ist, widerspricht ihm nie, streitet nicht mit ihm und besteht nicht auf der eigenen Unabhängigkeit.

Die Baronin Ishimoto Shizue, eine Samurai-Tochter aus dem alten Japan, erzählt in ihren Memoiren »Facing Two Ways«, wie der gesamte Haushalt, von der Mutter bis hinunter zum letzten Knecht, ihren Vater abends am Tor erwartete, um ihm Ehre zu erweisen und seine unbestrittene Autorität über die Familie zu unterstreichen. Im heutigen Japan wartet unsere Nachbarin, eine hübsche junge Frau mit einem zweijährigen Sohn, Abend für Abend geduldig auf ihren Mann. Kommt er spät, ist sie enttäuscht; kommt er früh, ist sie es ebenfalls, bedeutet es doch – wie sie mir sagt –, daß er nicht ganz in der Arbeit aufgeht, sich nicht vollkommen der Firma hingibt, mit den Kollegen nicht nach Feierabend fraternisiert, kurzum, daß er keine große Karriere machen und sie selber über weniger Geld verfügen wird ...

Durch ihre unterwürfige Passivität versetzen diese Frauen ihren Mann in die bestmögliche Lage, um sich ganz der Firma hinzugeben. Kein Preis, inklusive des sonntäglichen Golfspiels mit dem Chef und nächtlicher Seitensprünge, ist der Frau zu hoch. Dafür verwaltet sie sein gesamtes Gehalt, den Haushalt und die Erziehung der Kinder.

30. Januar 1986

Gestern ist die amerikanische Raumkapsel »Challenger« mit sieben Leuten an Bord in der Luft explodiert. Wie gebannt stehen die Japaner vor den Fernsehgeräten, starren beklommen auf den Bildschirm und saugen die Luft durch die Zähne ein, bevor sie mit aller Vorsicht einen gequälten Kommentar von sich geben. Mir scheint, daß sie diese amerikanische Niederlage im Raum in Wirklichkeit mit versteckter Genugtuung verfolgen.

»Wir hassen die Amerikaner. Nur aus ›Giri‹, aus Verpflichtung zur Dankbarkeit, ertragen wir sie«, hat ein betrunkener Bankbeamter einem englischen Kollegen gestanden, den ich bei BBC-Freunden kennenlernte. Als die Japaner sich 1945 den Amerikanern ergaben, waren viele bereit, eher Selbstmord zu begehen, als die grausame Rache ihrer Besieger zu ertragen. Statt dessen erwiesen sich die Amerikaner, die gefürchteten Amerikaner, als großherzig, halfen Japan wieder auf die Beine und richteten nur eine Handvoll Kriegsverbrecher hin. Die Japaner hassen sie trotzdem, obwohl sie wissen, daß sie ihnen zu Dank verpflichtet sind, denn sie können die Demütigung der Niederlage nicht verkraften.

Ein anderer Engländer, Henry Scott Stokes, ehemaliger Tokyo-

Korrespondent der »Financial Times«, der mit seiner japanischen Frau seit Jahren hier lebt, empfindet das riesige Interesse, mit dem die Japaner die Katastrophe verfolgen, ebenfalls als zweischneidig. Er sagt, es sei, als fragten sie sich im geheimen: Wie oft muß Amerika noch versagen, bevor wir endlich wieder unseres eigenen Weges gehen können? Sie arbeiteten an ihrem Plan, sich für den verlorenen Krieg zu revanchieren, indem sie den Wirtschaftskrieg gewinnen. Ein zweites Pearl Harbour habe bereits stattgefunden, die Amerikaner hätten es nur noch nicht gemerkt! Die Automobile von Honda und Toyota, die Roboter von Fujitsu seien die modernen Waffen, mit denen Japan Amerika schlägt. Der amerikanischen Wirtschaft habe das bereits einen tödlichen Hieb versetzt.

Unser Freund Shaw Sinming, ein Wirtschaftsexperte in Hongkong, bestreitet aber die Möglichkeit eines vollkommenen japanischen Triumphes. Er sagt, was die Welt vorantreibt, seien neue Gedanken, und Japan habe keine neuen Gedanken hervorgebracht. Der Marxismus, der Kapitalismus und sogar Mao Tsedong hätten die Welt verändert, nicht aber die Japaner.

Wir werden sehen.

Die Frage, die sich heute für dieses hochtechnologisierte Land stellt, lautet also: Kann seine Gesellschaft ihren Horizont erweitern, kann sie sich noch einmal wandeln und der Welt anpassen?

Einmal, unter dem Meiji-Kaiser, ist es ihr gelungen. Als 1853 die »Schwarzen Schiffe« der Amerikaner vor der japanischen Küste erschienen und mit der Macht ihrer Kanonen Eintritt verlangten, merkten die Japaner mit Schrecken, daß sie sich auf keine Weise wehren konnten. Japan besaß damals keinen Motor, keine Maschine, keine Fabrik, und hauptsächlich besaß es die Gesinnung nicht, die diese Dinge erfindet. Es wurde deshalb der Entschluß gefaßt, das Land auf der Stelle zu modernisieren und vom Westen alles zu übernehmen, was er zu bieten hatte – jedes politische, juristische, erzieherische System, jede Technik, jede Institution. Das Volk krempelte die Ärmel hoch und machte sich mit großem Eifer an die eigene Verwandlung.

Als erstes wurden Schulen gegründet. Es muß zu einem gewissen Zeitpunkt in diesem Land kaum etwas anderes als Schulen gegeben haben: Grundschulen, Hochschulen, Sprachschulen, Berufsschulen, technische Schulen, Schulen für Arbeiter, Schulen für Bauern, Schulen jeglicher Art für ein Volk ohne besonders erfinderische Fähigkeiten, ohne einen Euklid, einen Galileo oder einen Gutenberg in seiner Vergangenheit – ein Volk, das all das nachholen wollte.

Dem einzelnen wurde zunächst nur eine einzige Handbewegung beigebracht, aber die mußte sitzen. Die Summe all dieser exakten Gesten, der andächtige Fleiß, mit dem sich eine Nation von Träumern an die Arbeit machte, ergab das moderne Japan, das uns heute mit der Präzision, Pünktlichkeit und Qualität seiner Produkte schlägt.

Um uns diese erstaunliche Tatsache zu erklären, die einem Einsatz zu verdanken ist, der von keinem Zweifel und keiner Widerrede gehemmt worden ist, hat der Amerikaner Ezra Vogel kürzlich mit einem Buch den Mythos von »Japan as Number One« erfunden. Dieser Mythos wurde hier zum Schlagwort, bestätigt er doch den Japanern, daß sie uns überholt haben und uns jetzt nicht nur in der geistigen, sondern auch in der »materiellen Zivilisation« überlegen sind.

Tokyo, 10. Februar 1986

Tiziano ist auf die Philippinen geflogen, wo Marcos Thron zu wanken beginnt. Folco und Saskia sind mit ihren Klassen beim Skilaufen in der Provinz Niigata. Zum erstenmal stehen sie auf Skiern, zum erstenmal sind sie wirklich froh, in Japan zu sein. Folco stürzt sich die Hänge von Maeba herunter. Techniken will er keine lernen, nur auf seinen Brettern über die Schneefelder fliegen will er, allein, in der Stille, im Wind.

Spätabends, wenn ich mit Baoli durch die menschenleeren Straßen gehe und hinter uns plötzlich Schritte hallen, ertappe ich mich manchmal dabei, wie ich mich an meinem Hund festhalte und mich frage: Wer kann es sein? Ein Dieb? Ein Mörder? Es ist aber nur ein

Schulmädchen, das nach dem Nachhilfeunterricht nach Hause geht. Es fürchtet nichts, denn in Japan gibt es kaum Überfälle auf einzelne Bürger, das Land rühmt sich zu Recht der Sicherheit seiner Straßen. Es besteht hier nämlich ein seltsames Einvernehmen zwischen Polizei und Gangstern, aus dem die augenscheinlich gesunde und verbrechenlose Gesellschaft hervorgeht.

Yoichi erzählte mir von dieser typisch japanischen Institution der »Yakuza«, der japanischen Gangster, deren Existenz die Japaner die Sicherheit ihrer Straßen in gewisser Weise verdanken. Er vergleicht sie mit Feudalherren, die mitten in diesem modernen Land operieren. Ihr Hauptzentrum liegt in der Stadt Kobe. Vor kurzem ist der Boß des Yamaguchi-gumi Clans, der mächtigsten japanischen Unterweltvereinigung, gestorben, seine Gefolgschaft hat sich entzweit, und nun gibt es Krieg zwischen den beiden Lagern. Man munkelt sogar, die Banditen hätten sich im Ausland Raketen beschafft, und da die Yakuza-Bosse in bürgerlichen Wohnvierteln wohnen (jeder weiß wo, auch die Polizei), fürchten die braven Nachbarn, in ihr Kreuzfeuer zu geraten. Quelle der Macht und der Finanzen der Yakuza stellen Japans Nachtlokale, Bordelle, Love-Hotels und Pachinko-Spielhöllen dar, die allesamt in ihrem Besitz oder unter ihrer Kontrolle sind. Wehe dem gewöhnlichen Bürger, der anfinge zu stehlen oder zu morden! Es würde ihm übel bekommen. Die Yakuza würden nach ihm fahnden, mit der Polizei gemeinsame Sache machen und ihn gnadenlos bestrafen.

Wenn ein Yakuza seine Befugnisse überschreitet und selber mordet oder stiehlt, wird er verhaftet. »Die Polizei behandelt ihn aber mit Nachsicht, und er versucht deshalb, ihr nach seiner Entlassung aus dem Gefängnis keine weiteren Unannehmlichkeiten mehr zu bereiten«, erklärt mir Yoichi, ohne zu merken, wie komisch das für uns klingt.

Otomo, Tizianos neuer Freund und Assistent, ein unkonventioneller Japaner von Mitte Dreißig, der selber freiberuflich auch als Journalist tätig ist, hat mir Kagurazaka gezeigt, einen Stadtteil bei Iidabashi, wo das Ryokan liegt, in dem wir anfangs wohnten – einer der wenigen, in dem noch etwas vom alten Tokyo erhalten ist.

Die Burg des Feudalherren mit den sieben Tempeln vor ihren Toren, die auf einem alten Stadtplan eingetragen ist, ist dem allgemeinen, amerikanisierenden Chaos gewichen, aber die älteste Sake-Schenke der Stadt ist noch da. Abend für Abend vollzieht der im dunklen Wollkimono feierlich dasitzende Besitzer die Erwärmung des Reisweins wie eine heilige Handlung. Da sind auch noch einige alte »Ryotei«, elegante, traditionell japanische Häuser, in denen prominente Männer ihre Abende in Gesellschaft der letzten Geishas verbringen. Eine trippelte gerade über das Kopfsteinpflaster und verschwand hinter einer Schiebetür aus weißem Reispapier zu ihrer nächtlichen Arbeit.

Otomo hat ein Lieblingslokal in Kagurazaka – einen rauchigen, warmen kleinen Raum, an dessen langer Theke die Männer hokken und eine majestätische Matrone im Kimono anbeten, die dahinter hantiert. »Mama! Mama-san!« ertönt es aus aller Munde. Würdevoll nimmt sich die makellos frisierte Matriarchin eines jeden an, antwortet auf seine kleinen Späße, verteilt Ratschläge, legt mit ihren Stäbchen einen besonderen Leckerbissen auf den einen oder anderen Teller. »Mama-san!« Es waren die amerikanischen Besatzungssoldaten, welche die japanischen Bardamen zuerst so nannten, und die Japaner haben es ihnen nachgetan. »Wie sollen wir sie auch anders anreden?« fragt Otomo. »›Ältere Schwester‹ wäre zu plump vertraulich!«

Die Kunden – ich spreche mit dem neben mir, der eine Druckerei besitzt und viel Geld damit verdient – sind wohlsituierte Geschäftsleute, die nebeneinander an der Theke hocken und sich gegenseitig, hauptsächlich aber der »Mama-san« ihr Herz ausschütten. Der Druckereibesitzer erzählt mir, er habe zwei Töchter: Keine von beiden will in seine Firma eintreten, beide wollen sie in Paris studieren, sein Geld annehmen, aber nicht heiraten. Seine Frau will in eine modernere Gegend umziehen, das will er aber nicht, um nicht dieses Lokal und seine »Mama-san« zu verlieren ... Er seufzt und will aus Dankbarkeit, daß ich ihm zugehört habe, meine Rechnung bezahlen. »Nein, vielen Dank, das nächste Mal!« sage ich. »Gut, also nicht«, antwortet er fügsam und brav.

Ich lese viel über Japan, lese Ian Burumas »A Japanese Mirror« und versuche, mir die uns so fremd anmutende Lebensweise dieses Volkes zu erklären. Ich erfahre dabei, daß die japanischen Männer ungeheuer an ihrer Mutter hängen, daß sie wie ewige Kinder sind, denen später die Ehefrau oder eben die Mama-san zur Mutter wird. Die zwergenhaften Ausmaße ihrer Stammlokale, dieses Nur-unter-Männern- oder Nur-unter-Frauen-Sein, das Puppenhaus-Benehmen der Frauen, das Musterschüler-Benehmen der Männer, das alles vermittelt einem den Eindruck einer nicht ganz erwachsenen Gesellschaft, einer Gesellschaft ohne weite Perspektiven, ohne hohe Ziele, einer »nation of 12-years-olds«, wie es General MacArthur, dem Befehlshaber der amerikanischen Besatzungsmächte, einmal entfahren ist. Dann wiederum entdecke ich, daß diese ewigen Kinder uns mit großer Geschicklichkeit über ihre wahren Ziele in die Irre führen.

Wie hängt das alles zusammen?

18. Februar 1986

Gestern, ein Abend bei Jean-Jacques Jaffeux, den wir als Studenten in Hongkong kennengelernt hatten und der jetzt als Japanologe an der französischen Botschaft in Tokyo ist. Er empfing mich im Trainingsanzug in seiner winzigen Wohnung und gab sich bald seinen Überlegungen hin.

Das Problem, daß der Westen aus Asien mehr importiert, als er dorthin exportiert, ein Problem, das der Welt heute so schwer zu schaffen macht, gibt es schon lange, sagt er. Das alte Rom importierte Seide und Edelsteine aus Asien und bezahlte in Gold dafür. Asien dagegen importierte aus Europa nichts. Später führte der Okzident Spezereien, Seide und Tee vom Orient ein. Und was führte er aus? Kaum etwas. Heute importieren wir Elektronik und Autos aus Japan, exportieren selber aber sehr wenig dorthin. Solange Asien von Europa als Kolonie behandelt wurde, ging alles gut; seit man es aber nun mit unabhängigen, produktiven Staaten zu tun hat, die in harter Währung für ihre Exporte bezahlt werden wollen, beginnt die Rechnung nicht mehr aufzugehen.

Jean-Jacques machte mich darauf aufmerksam, daß der Russisch-Japanische Krieg, den die Japaner 1905 gewannen, der erste Krieg war, in dem eine weiße Nation von einer asiatischen besiegt worden ist. Der Mythos der Unbesiegbarkeit des weißen Mannes brach damit für die Japaner zusammen, weshalb dieser Krieg, der in unseren Geschichtsbüchern mit einer Fußnote abgetan wird, für sie bis zum heutigen Tag eine der wichtigsten Etappen in der modernen Geschichte ihres Landes bleibt.

Um die weißen Kolonialmächte ganz aus Asien zu verjagen, träumte Japan dann davon, eine »Großasiatische Koprosperitätssphäre« aufzubauen, eine Initiative, die von den meisten kolonisierten Nationen – wie Malaysia, Vietnam, Birma, Indonesien – solange begrüßt wurde, bis sie merkten, daß die Japaner sich selber als die neuen Herren über Asien sahen. Damit machten sie sich unter den anderen Asiaten bald weit unbeliebter, als die weißen Kolonialmächte es je gewesen waren.

28. Februar 1986

Marcos ist gestürzt und nach Amerika geflohen, Cory Aquino ist Präsidentin der Philippinen geworden. Ein aufregendes Stück Zeitgeschichte, auf das sich die Korrespondenten wie Verdurstende gestürzt haben.

Ich bin wieder mit Otomo ausgegangen. Wir haben einen Dokumentarfilm über die rund 20 000 von der Gesellschaft Ausgestoßenen gesehen, die im Stadtteil Sanya leben, Tokyos einzigem Slum, und sich als Tagelöhner ihr Brot verdienen. Ein Gewerkschafter hat ihn gedreht und gezeigt, wie diese Menschen durch die Yakuza ans Baugewerbe ausgeliehen und dabei ausgebeutet werden, wie die Yakuza kürzlich einen Kameramann ermordet haben, der diese Mißstände aufdeckten wollte: Der Täter ist nicht gefaßt worden. Es ist ein heimlich gedrehter Film, in den sich die alten Linken in ihren Windjacken schleichen. Schwer zu erraten, was sie denken, denn auch sie tragen ihre Gefühle nicht zur Schau.

Otomo, Gauloise im Mundwinkel, verschiedene Kameras um den Hals, den Arm immer voller Zeitungen und Papiere, auf die er seine präzisen Informationen kritzelt, gibt sich wie ein französischer Existentialist aus den fünfziger Jahren. Kordsamtjacke und offenes Hemd demonstrieren, daß er mit dem Heer der uniformierten »Salarimänner« – wie die Firmenangestellten allgemein heißen – nichts gemeinsam hat, daß er Einzelgänger ist. Er stammt aus einer alten Familie von Akademikern und Künstlern und ist unglaublich belesen. Voller eigener, manchmal zorniger Ansichten, trinkt und raucht er im Übermaß und beachtet nur wenige der unendlichen Regeln, welche das gesellschaftliche Leben der Japaner ordnen. Er ist der Japaner, der nicht in die vorgelegte Form hineinpaßt, das mißratene Stück von der Fließbandproduktion, das ausgeschaltet worden ist, wie Tiziano sagt. Sein Großvater hat die private Elite-Universität Keio gegründet, und von ihm, Otomo, erwarteten seine Schulkameraden, daß er ein großer Schriftsteller werden und den Nobelpreis für Literatur bekommen würde. Statt dessen hat er sich zur Studentenbewegung geschlagen, in Europa gelebt und wohnt jetzt als unabhängiger Intellektueller in Tokyo, wo er als solcher von der japanischen Gesellschaft beiseite geschoben worden ist.

Otomo hat mir Shinjuku gezeigt, die sündigen Straßen des »ni-chome«, des zweiten Reviers, wo jedes Laster gedeiht und jede Lust befriedigt wird, und den kleinen Tempel vor den Homosexuellenlokalen, in den früher die an Schwindsucht gestorbenen Freudenmädchen geworfen wurden. In den schummrigen Spelunken dieses Reviers, die jeweils nur aus einer kleinen Bar, drei Böcken und einem Barmenschen (Frau, Homosexueller oder Transvestit) bestehen – ursprünglich waren es »einmattige Bordelle«, in denen nur ein amerikanischer Besatzungssoldat zur Zeit Platz fand –, werden die Verabredungen und Kontakte für die Nacht gemacht. Sie sollen bald abgerissen und mit mehrstöckigen High-Tech-Nachtklubgebäuden ersetzt werden. Aber vorläufig hat Otomo in einem dieser dunklen Holzhäuschen noch einen Freund bzw. eine Freundin, jedenfalls einen lebhaften, fetten Transvestiten sitzen, der die Mama-san spielt und sich endlos mit ihm über den letzten Klatsch unterhält.

In Shinjuku sind wir einem Jugendfreund Otomos auf der Straße begegnet, Dan Naoki, der nach elfjährigem Kunstgeschichtsstudium in Florenz kürzlich zurückgekommen ist.

Er scheint dort eine bedeutende Figur aus der italienischen Renaissance entdeckt zu haben. Als ich ihn über die Bildhauer jener Zeit sprechen hörte, war mir, als hätte er in ihnen all das gefunden, was ihm an Japan fehlt, all das, was ihm als Kind vorschwebte, angesichts der Kunstgegenstände, mit denen seine Mutter, die in Rom Gesang studiert hatte, aus Italien heimgekehrt war, und ich traue ihm seine Entdeckung zu: Naoki ist davon überzeugt, das Tonmodell für das Gesicht Gottes gefunden zu haben, das Donatello als Abschluß unter die Laterne der Kuppel des Florentiner Doms setzen wollte, aber nicht ausgeführt hat.

Naoki hat dieses Modell von einer alten italienischen Familie erworben und wollte es zur Feier des 500. Geburtstags des großen Florentiners an einer japanischen Universität ausstellen und einen Vortrag dazu halten. Da aber hat er die Rechnung ohne den Wirt gemacht. Nachdem er auf eigene Faust ins Ausland gegangen ist, findet er in Japan keine Beachtung mehr, gibt es ihn für seine Mitmenschen in diesem Land kaum noch.

»Japan ist ein brutales Land, ein unmenschliches Land«, sagte Naoki gelassen. Wir können uns schwer vorstellen, in welchem Maße es in diesem Lande unmöglich ist, ein »Individuum« zu sein.

Naoki ist einer jener Japaner, die den Druck dieser Gesellschaft nicht ertragen. Nur seiner Mutter wegen ist er zurückgekehrt. Er selber wäre glücklich gewesen, seine Tage in Florenz zu beenden.

So bilden und verzweigen sich meine Beziehungen.

Vor unseren Fenstern wechseln die Jahreszeiten. Kürzlich lag noch Schnee auf Professor Haras Garten, und ich bin nachts mit Saskia und Baoli durch die verschneiten Gassen spaziert, bis zu dem kleinen Schrein der Reisgöttin hin, der unter zwei riesigen Ginkgobäumen steht. Jetzt naht der Frühling. Fette Krähen, so groß wie schwarze Katzen, brechen Zweige von den blattlosen Bäumen ab und fliegen davon, um sich ihr Nest zu bauen. Winzige

Knospen bilden sich hier und da. Die Natur ist immer noch unsere beste Freundin, doch bleibt nicht mehr viel von ihr übrig.

1. März 1986

In einem der westlichen Cafés der großen Ginza, Tokyos Fifth Avenue, habe ich Mike Morrow wiedergesehen, unseren alten Freund und Verleger aus Hongkong. Wir saßen an einem Tischchen und tranken Kaffee, ganz als wären wir in Paris. Er sagte dabei etwas über den Schönheitssinn der Japaner.

»Welcher Schönheitssinn denn? Sieh dir doch die Stadt an!« rief ich.

»Ja, für westliche Augen ist diese Stadt allerdings eine Katastrophe, der Beweis für ein Versagen aller Städteplanung und Architektur überhaupt«, antwortete er. »Aber die Japaner fühlen sich wohl in ihr. Sie genießen die vage an das Ausland erinnernden, gepflegten kleinen Lokale, in denen sie wie in Seifenblasen mal in den deutschen Schwarzwald, mal in das Paris der zwanziger Jahre, mal in die amerikanische Prärie entschweben und sich entspannen.«

Vielleicht ist deshalb diese Stadt so ruhig, so wenig aggressiv: Der Mensch hat hier seine Ausweichgleise. Auf der Straße sieht einen keiner herausfordernd an, keiner nimmt einen wirklich wahr. In Rom, in Paris schlagen die Leute einem ihre Eleganz um die Ohren und messen einen mit ihrem Blick, um sich zu vergewissern, daß sie im Kampf ums Überleben auch siegreich sind. Hier nicht. Nicht einmal die schönste und eleganteste Frau stellt sich in Tokyo herausfordernd zur Schau.

»Ihr Westlichen seht immer wütend aus«, hat eine Japanerin einmal zu mir gesagt. »Ihr macht uns angst!«

Mike selber hat sich kürzlich in einen vom Wilden Westen angehauchten »Saloon« mit Cowboy-Musik gesetzt und ein Bier bestellt. Ein älterer, eleganter Japaner, gefolgt von seinen Angestellten, sei eingetreten, erzählt er, ein Stammgast offensichtlich, dem der Kellner zusammen mit einer Flasche Bourbon auch einen Stetson Hut reichte. Der Japaner hat sich den Hut aufgesetzt und angefangen, sich wie ein richtiger Cowboy zu benehmen. Mike konnte vor Verwunderung seine Augen nicht von ihm lassen, und plötzlich ist der Mann aufgestanden und zu ihm hingetorkelt.

»Why do you look at me?«

Mike hat irgend etwas gestammelt.

»Vergiß nicht«, hat der andere gelallt. »Ich habe zwar einen Cowboy-Hut auf, aber ich bin Japaner!«

Mit oder ohne Stetson-Hut, mit oder ohne Bourbon-Whiskey, egal in welcher westlichen Aufmachung – er ist, sie alle sind Japaner. Das sollten wir nicht vergessen.

Mike ist davon überzeugt, daß die Erneuerung der japanischen Gesellschaft von den Frauen ausgehen wird. Sie studieren ebensolange wie die Männer, nur heiraten sie dann und dürfen nicht arbeiten. Sie sind unausgefüllt, haben aber Zeit – Zeit nachzudenken, sich umzuschauen, ihre Kräfte zu sammeln ... Diese Zeit haben ihre Männer nicht.

Mike hat mir ein japanisches Ehepaar zu Tisch mitgebracht. Sie, sehr gebildet und zart, hat ihren Doktor in amerikanischer Literatur gemacht und verzehrt sich jetzt vor Sehnsucht nach ihrem Fach; er, ein höherer Angestellter bei einer großen Bank, schuftet, genießt das Leben und singt am liebsten amerikanische Country songs.

Bei Tisch redete er unaufhörlich. Sie sah ihn an, sah auf ihren Teller und schwieg.

»Wie verbringen Sie Ihre Tage?« habe ich sie gefragt.

»Ich habe kürzlich eine Stellung als Sekretärin angenommen ...«

»... weil ich dich gewähren lasse!« hat er sie unterbrochen. »Es ist hier nämlich nicht Sitte, daß eine Hausfrau zur Arbeit geht!«

»Es wundert mich auch, daß du mich gewähren läßt«, hat sie leise dazu gesagt.

2. März 1986
Im FCC, dem Club der Auslandskorrespondenten, wo man vom 20. Stock des Yurakucho-Denki-Gebäudes in Tokyos City auf den kaiserlichen Park hinuntersieht, wurde gestern ein Dokumentarfilm der BBC über den Schriftsteller Mishima Yukio gezeigt, ein Film, den das japanische Fernsehen abgelehnt hat. Mishima war Japans berühmtester Schriftsteller, der sich 1970 auf spektakuläre Weise das Leben genommen hat. Nun wird ausgerechnet dieser Mann, der für uns im Westen der Inbegriff des wahren Japan ist, von den Japanern totgeschwiegen, denn das, wofür er stand, ist ihnen peinlich.

Uns scheint Mishimas Bedürfnis, Japans Widersprüche auszuleben, verständlich. Einerseits hat er sich die westliche Kultur so sehr zu eigen gemacht, daß er sogar in einem ganz und gar westlichen Haus lebte; andererseits quälte es ihn, daß das Bild, das die Welt sich heute von Japan macht, von Industriekonzernen statt vom Kaiser und der pan-japanischen Idee geprägt wird, und er warnte wieder und wieder, daß Japan, wenn es den Westen weiter so verbissen imitierte, seine »Japanischheit« verlieren könnte. Das hat man ihm übelgenommen, denn hier gilt immer noch das alte Sprichwort: »Wo es einen Stunk gibt, leg einen Deckel drauf.«

Mit seinem rituellen Selbstmord in einer Kaserne Tokyos hat Mishima auf dramatische Weise das Militär an seine Pflicht dem Kaiser und Japan gegenüber erinnern wollen, aber das blutige Ritual, das damit endete, daß ein junger Soldat ihm mit seinem Schwert den Kopf abschlug, wurde von den Japanern als anachronistisch empfunden und ihm nicht verziehen.

»Auch ich bin für seinen Tod verantwortlich, denn ich bin an jenem Tag nicht bei ihm gewesen«, flüsterte Henry Scott Stokes, einer von Mishimas letzten westlichen Freunden und Verfasser einer eindrucksvollen Biographie über ihn. Er stand neben seiner in Schwarz gekleideten Frau Akiko wie ein leidendes Gespenst an der hinteren Zimmerwand.

13. März 1986

Ein englischer Bekannter, Simon Hollege, hat mir die Universitätsdozentin Nakahara Michiko vorgestellt. Sie ist mit einem Architekten aus Hiroshima verheiratet, der als Kind den Atombombenangriff auf seine Stadt erlebt und überlebt hat.

Wir waren zusammen im ältesten Soba-ya (Buchweizennudellokal) Tokyos, das mit seinem präzisen kleinen Stein- und Bambusgarten zwischen drei riesigen Glas- und Zementkuben des Stadtteils Kanda, im Stadtteil der Universitäten und Büchereien, überdauert. Dadurch, daß sein Besitzer auf enorme Gewinne verzichtet und sein Lokal nicht abreißt, trägt er dazu bei, daß Tokyo noch ein Minimum an Charme verblieben ist.

In diesem Soba-ya lagern die Japaner völlig gelassen auf asymmetrisch gemusterten Kissen, als seien sie bei sich zu Hause. Frauen im Kimono bedienen sie und geben ihre Bestellungen in einem altertümlichen Singsang an die Küche weiter. Die Proportionen des Raums, der niedrigen Tische und rechteckigen Kissen entsprechen den Körpern vollkommen, und so herrscht unter all den lagernden Menschen eine behagliche Intimität, ein Gefühl der Muße und des Zuhauseseins, wie man es sonst in bequemen alten Kleidungsstücken und ausgetragenen Schuhen hat.

Michiko, die von einer alten Samurai-Familie abstammt, erinnert sich plötzlich daran, wie nobel die Japaner in ihren alten Häusern lebten, wie streng das Ritual, wie schön jeder Stoff und Gegenstand gewesen war.

Wo ist das alles geblieben?

»Wir verstehen es selber nicht«, sagt sie. »Aller Geschmack, der bis zum Krieg in so hohem Maße vorhanden war, ist heute wie weggeblasen.«

Sie erzählt von den Bombardements während des Krieges, bei denen allein in Tokyo über hunderttausend Menschen umgekommen und 75 Prozent der Stadt zerstört worden sind – und das kaum zwanzig Jahre nach dem großen Kanto-Erdbeben von 1923, das die Stadt dem Erdboden gleichgemacht hatte! Nun ist Tokyo schon wieder im Begriff, abgerissen und noch einmal »modern« aufgebaut zu werden – bis bald keiner seine eigene Stadt mehr wiedererkennt. Man spricht oft von der Welt nach dem Atomkrieg, niemals von der Welt nach dem technologischen Zeitalter, doch genügt der hier demonstrierte Fortschritt an sich schon, um jegliche Spur menschlicher Geschichte zu tilgen.

Die Tradition ist abgebrochen. Die Japaner sind heute dem Westen beinah krankhaft verfallen. Das übrige Asien, das von seinem traditionellen Gesicht noch etwas bewahrt hat, verachten sie. »Sie halten sich für das einzig entwickelte asiatische Land – also für eine Kategorie an sich«, sagt Simon. Diese Überzeugung der eigenen Einzigartigkeit und Überlegenheit wird durch dauernde Regierungsstatistiken unterstützt, die beweisen sollen, daß Japan dem Westen nicht nur technologisch, sondern auch gesellschaftlich überlegen ist: Japaner gehen schneller, lassen sich seltener scheiden, kümmern sich besser um ihre Kinder ...

Von der japanischen Dorfkultur sind nur noch die alten Tempelfeste übriggeblieben, und Simon sagt, es sei um dieser Feste willen, daß er so gern in Japan lebt. Beide erzählen mir von den Fruchtbarkeitsfesten im Winter, wenn halbnackte, an Sake berauschte Männer mit einem riesigen Holzphallus auf den Schultern durch die Straßen laufen, um ihn dann in den Bauch einer Göttin der Barmherzigkeit zu rammen; vom Obon-Fest, dem Fest der Toten Seelen im August, wenn die Verstorbenen drei Tage lang unter den Lebenden weilen und mit Tänzen und Gesängen gefeiert werden. »Wilde, ausgelassene Feste, bei denen sich alle betrunken haben und die jungen Burschen mit ihren Mädchen in den Tempelhainen verschwunden sind«, sagt Michiko. »Der japanische Alltag war so streng geregelt, daß das Volk diese Augenblicke uneingeschränkter Freiheit brauchte.«

Als ich abends von unserer U-Bahnstation nach Hause ging, kamen gerade mehrere Salarimänner angerötet und wankend aus den kleinen Lokalen heraus, in denen sie zusammen gesungen und getrunken hatten. Einer knöpfte einem anderen die Jacke zu, rückte seinen Schal zurecht, sie sprachen wie Liebende miteinander. Nur wenn er betrunken ist, wird dem Menschen alles erlaubt, alles verziehen. Nur vor den Göttern darf er natürlich sein und ungestraft sündigen.

21. März 1986
Erster Frühlingstag. Die Kirschbäume blühen und in ihrem blanken, dunkelgrünen Laub auch die weißen und rosa Kamelien. Die Vögel bauen sich ihre Nester, aber der Wind, der vom Fuji weht, schmeckt noch nach Schnee.

Als ich heute morgen vor dem Imperial Hotel die Straße überqueren wollte, um durch den Hibiya-Park in das dahinterliegende Pressezentrum zu gehen, fiel mir der Strom von schwarzen Limousinen auf, der regelmäßig, unablässig an mir vorbeirollte: In jedem Wagen ein Chauffeur am Steuer und ein oder zwei Männer auf dem Rücksitz. Männer der Ministerien, der Industrie, der Banken – Männer der Macht. Einer großen Wirtschaftsmacht, die wieder im Begriff ist, sich über ganz Asien auszubreiten. Das Bild erinnerte mich an Fotos von Tokyo in den dreißiger Jahren, als die Japaner sich anschickten, ganz Asien unter ihre Kontrolle zu bringen. Und plötzlich fielen mir die alten Yamato-Hotels im ehemaligen Mandschukuo wieder ein, wie wir sie im Winter 1981 gesehen hatten, als wir durch Chinas Nordosten reisten. Für die Japaner bleibt die Erinnerung an jene Zeit, als sie sich Asien eroberten, das Maß dessen, was sie heute wieder anstreben, und es war mir, als rollten diese Männer in ihren Autos stillschweigend und unerbittlich voran.

Etwas weiter, in Kasumigaseki, befinden sich die Ministerien, in denen die Strategie dieses Landes festgelegt wird. Hinter dem Hibiya-Park mit seinen dunklen, zähen Blättern, trennt der Palastgraben die kaiserliche Enklave von der Welt der normalen Sterblichen ab; dem Passanten erscheint diese Residenz nur als dichter, dunkler Wald von Kiefern und Kampferbäumen hinter einem Bollwerk aus massiven Steinklötzen. Der Rest ist gleichgültige, schäbige, provisorische Peripherie und wird den Händlern überlassen. Aber hier schlägt unerbittlich das Herz des Landes.

9. April 1986
Drei überraschend schöne Tage in Kyoto.

Der Shinkansen, Japans Super-Express, rast durch die Kanto-Ebene nach Süden, am Fuji und den dunklen Teeplantagen von Shizuoka vorbei, dann am Meer entlang, das tintenblau und unerwartet zur Linken liegt. Er rast durch Japans »industrielle Machtzentrale«, die sich wie eine einzige, mit Fabriken gespickte Megalopolis über tausend Kilometer an der Küste entlangzieht, von Tokyo bis Hiroshima, ja eigentlich bis Shimonoseki. Ein Bahnhof jagt den anderen, eine Stadt fließt in die nächste über, keine unterscheidet sich in ihrem zusammengeflickten, eintönigen Provisorium von der anderen.

Erste Haltestelle, Nagoya. Vom Bahndamm aus erblicke ich mitten in der trostlosen Symmetrie der Straßen einen blühenden Kirschbaum. Dann fängt es an zu schneien.

In Kyoto dann die Überraschung. Hier sehe ich endlich das alte Japan, das Maß und die Schönheit seiner Kunst. Große buddhistische Klöster liegen isoliert, wie private Universen, in der laut modernisierten Stadt oder in den noch schönen, waldigen Hügeln. Kaiserliche Sommervillen stehen wie leichte Gerüste in der Landschaft, wie auseinandernehmbare Elemente, so zerbrechlich, als könnte sie der nächste Windstoß umblasen, und doch widerstandsfähig, makellos und vollkommen in jedem Detail.

Die Katsura-Villa, ein im 17. Jahrhundert von einem Prinzen errichtetes Sommerhaus, das heute der kaiserlichen Familie gehört, verrät in ihrer Architektur so viel Moderne, daß sie die ersten Bauhausleute zu ihren Neuerungen inspirierte. Die Hauswände lassen sich, wie Wandschirme, im Nu beseitigen, und die Natur kommt plötzlich auf einen zu, umgibt einen ganz. Auf den weißen Papierwänden ruhen die schwarzen Dächer »wie ein Schwarm Wildenten«, wie ein Dichter schrieb. Die Flüchtigkeit dieser Baukunst und ihre Harmonie mit der Landschaft haben etwas Romantisches, beinah Schmerzliches, das mir immer wieder als Japans anziehendste Seite erscheint.

Japans große Zeit war die Heian-Epoche (794–1185), als Chinas Kultur plötzlich ins Land gelangte und am Kaiserhof von Heian, dem heutigen Kyoto, und seinen Klöstern Wurzeln schlug. Der erste klassische japanische Roman, »Die Geschichte des Prinzen Genji«, damals von einer Hofdame geschrieben, erinnert in seinem Gefühl für das Vergehen der Zeit und ihr Weiterleben in Gedanken an Proust.

Die Stadt wurde nach chinesischem Muster wie ein Schachbrett angelegt, das ich mit Simon und Yuan-Yuan, einer aus China kommenden alten Freundin, per Straßenbahn, Fahrrad oder Autobus befahren habe. Wir besichtigten den Kaiserpalast, ein entfernt an die Verbotene Stadt erinnerndes Anwesen hinter Mauern, wo die Kaiser in halber Vergessenheit residierten, als die Shogune ihren Regierungssitz im Jahr 1603 nach Edo verlegten, wie Tokyo damals hieß. Der Palast, in dem der Shogun sein Quartier aufschlug, wenn er nach Kyoto kam, ist nicht aus zartem Reispapier, sondern aus schwerem Holz, das unter jedem Schritt knarrt und »singt«, um den sich heranschleichenden Mörder zu verraten.

Auch die Mönche blieben in Kyoto. Aber ihr Einfluß dauerte durch alle Militärregierungen fort und ist bis heute ungebrochen. Ein kahlgeschorener Abt fuhr in seinem modernen Sportwagen gerade aus seinem Klosterbezirk heraus, als wir hineintraten, und gab hochmütig Gas, als er uns sah.

In einem entlegenen Seitental haben wir den Saihoji, den »Moos-Tempel« besucht, den man durch ein bescheidenes Tor aus geflochtenem Bambus betritt – ein Tor, dessen Schönheit, wie bei aller japanischen Baukunst, in der Verarbeitung, nicht der Kostbarkeit der Materialien liegt. In einer Tempelhalle muß man dann kniend die chinesischen Schriftzeichen eines langen Sutra abmalen, um Stille zwischen sich und die äußere Welt zu legen, bevor man den berühmten Moosgarten durchwandert.

In diesem zur Heian-Zeit angelegten Abbild des Westlichen Paradieses, schimmern vierzig verschiedene Moossorten um einen blaugrünen Teich und verbreiten ein märchenhaft grünes Licht unter den Bäumen eines kleinen Waldes. Regentropfen fallen, Ringe bilden sich im Teich und verlieren sich wieder. Wasser tropft aus einem Bambusrohr und betont mit seinem Rhythmus die Stille, die sonst vollkommen ist. Man wird an die schönsten

Augenblicke erinnert, die man in der Natur erlebt hat, obgleich man merkt, daß kein welkes Blatt auf dem Moosteppich liegt, kein vertrockneter Zweig an den Bäumen hängt, daß nichts der Willkür der Pflanze überlassen wird. Frühmorgens gehen die Mönche durch den Garten, zupfen an jedem Halm, schneiden jeden Zweig auf seine richtige Länge zurück, biegen ihn in die gewollte Form ... Das Ergebnis ist eines von größter Natürlichkeit. Zen-Gärten werden von Menschen angelegt und gepflegt, welche die Natur so gut beobachtet haben und kennen, daß sie selber »Gott spielen« und die Natur in all ihrer Willkür nachschöpfen können.

Der klassische Zen-Garten umfaßt die Leere. Feiner weißer Kies wird in einen Hof gestreut, in den die Mönche morgens einige Linien harken. Ein paar größere Steine liegen darin. In jener geheimnisvollen Ordnung erkenne man die Welt, ihr Wesen!

Jede Jahreszeit hat ihren Augenblick der Vollkommenheit, und der wird in Japan vom ganzen Volk gefeiert. In Kyoto strömte alles zum Yasaka-Tempel, dem Tempel der Geishas hin, denn dort waren die Kirschblüten gerade aufgegangen. In der Abenddämmerung sah der zweite Innenhof wie eine einzige hellrosa Blütenwolke aus, die im Licht der Fackeln und Laternen märchenhaft schimmerte. Unter ihr lagerten die Menschen dicht gedrängt um niedrige Tische herum, aßen, tranken und schwatzten. Manche hatten ihre eigenen Musikanten mitgebracht, kleine Privatorchester, die für sie sangen und spielten. Wer Lust hatte, erhob sich und tanzte mit seltsam archaischen Schritten um seine Freunde herum. Die Großmütter waren am fröhlichsten. Matronen im Kimono oder in Bluejeans und reiche, lebenslustige Geschäftsleute haschten nach dem Vergnügen mit einer Gier, die bei uns unbekannt ist.

Es wurde spät, und langsam lösten die Gruppen sich auf. Die fetten Mama-sans faßten ihre Begleiter um die Hüften und zogen singend mit ihnen zum Tempeltor hinaus. Auf der Straße kamen ihnen Männer mit Schildern entgegen: Jedes empfahl ein anderes Love-Hotel im alten Vergnügungsviertel von Gion.

In Gion haben wir zwei unvergeßliche Abende erlebt – Abende, die vollkommen verschieden waren von allem, was ich sonst aus Asien kenne. Dieses war Japan. Durch kaum beleuchtete, mittelalterliche Seitenstraßen, in denen die exklusivsten Privatrestaurants des Landes liegen und die japanische Flöte mit unwiderstehlicher Traurigkeit singt, huschten die letzten Geishas. Heftig geschminkt, als trügen sie Theatermasken, trippelten sie in schwerseidenen Kimonos auf Holzpantinen aus einem Eingang heraus und verschwanden eilig im nächsten. Umsonst versuchte Yuan-Yuan sie näher zu Gesicht zu bekommen.

Durch Gion rieselt ein kleiner Bach. Blühende Kirschbäume neigen sich über seine Ufer und über rotlackierte Holzbrücken. Jenseits liegt Ponto-cho, eine lange, sich krümmende Straße voller traditioneller Nachtlokale, die wie üblich von erfahrenen Frauen geführt sind. »Wie kalt es ist!« seufzte eine dieser Frauen, als sie um Mitternacht mit ihrem Kunden auf die Straße trat und ihm behutsam den Mantel um die Schultern legte. Er entfernte sich schnell, ohne sich umzuwenden, während sie sich wieder und wieder hinter dem davoneilenden Schatten verneigte.

»Die Tempelglocken von Gion läuten dem menschlichen Geschehen. Alles, was blüht, wird wieder welken, wie es die flüchtige Pracht der blühenden Bäume zeigt. Die Stolzen leben nicht ewig, ihr Leben ist ein Sommernachtstraum. Auch Krieger müssen fallen, denn sie sind wie Lampen im Wind ...« So gedachte ein Samurai des 16. Jahrhunderts der Vergänglichkeit des Lebens. Wo es überlebt, verleiht dieses Gefühl den nächtlichen Vergnügungen auch heute noch einen besonderen Reiz.

Tokyo, 19. April 1986

Jetzt blüht auch der große Kirschbaum vor unserem Balkon. Seine Blüten fallen wie Schneeflocken herab. Den Japanern sagt dieses Bild viel, es sagt ihnen alles. Es sagt ihnen, daß Leben und Glück von kurzer Dauer sind, daß der Tod überall auf der Lauer liegt. Uns bedeutet der Frühling ganz anderes. Er spricht uns von Leben und Auferstehung.

Wir waren kürzlich bei einem englischen Finanzmann und seiner französischen Frau eingeladen, die an einem Japan-Führer schreibt. Sie bewohnen eines der jetzt so selten gewordenen Familienhäuser im traditionellen Baustil. Und als ich es betrat, war ich ähnlich bewegt wie bei meinem ersten Besuch in einem Hofhaus in Peking.

Das japanische Haus ist ein in der Natur stehender Rahmen aus Holz und Bambus, der mit weißem Reispapier beklebt ist: die zarteste aller Behausungen. Man kniet darin, man schweigt, man blickt auf die Leere der Papierwände. Das milchige Licht und die Abwesenheit von Fenstern beruhigen – oder beunruhigen, je nachdem. Was zählt, ist der Garten, in dem immer etwas blüht, denn dieses Blühen und Verblühen gibt dem Haus sein Leben, den Menschen ihre Gefühle, dem Jahr seinen Rhythmus. Deswegen hat jedes Zimmer eine Wand, nicht ein Fenster, sondern eine ganze Wand, die sich auf den Garten öffnen läßt.

Dieser Zerbrechlichkeit der Behausungen entspricht bei den Japanern eine Emotionalität, eine Unstetigkeit der Gefühle, die mich erschreckt – schon weil sie in erstaunliche Härte umschlagen kann. Jemand erzählte an diesem Abend, daß weibliche Büroangestellte jeden Tag über irgend etwas, sei es ein Wort, eine Geste, eine Bemerkung, in hysterisches Schluchzen ausbrechen. Sobald sie, von Chef und Kolleginnen getröstet, ihre Fassung wiedergewinnen, schicken sie dann Entschuldigungsschreiben an alle, die sie mit ihrem Gefühlsausbruch gekränkt haben.

Aus dieser gefühlsmäßigen Instabilität heraus erklärt sich vielleicht auch die Leichtigkeit, mit der Japaner sich das Leben nehmen. Gerade in diesen Tagen haben sich wieder Schulmädchen, fast sehnsüchtig nach dem Tod, allein oder zu zweit aus dem Fenster gestürzt, dem Beispiel einer Popsängerin folgend, die sich aus Liebeskummer umgebracht hat. (In siebzehn Tagen ist es zu 33 solcher Selbstmorde gekommen; in einem Jahr nehmen sich im Durchschnitt 23 000 Japaner das Leben.)

Bei dieser englisch-französischen Einladung habe ich eine außergewöhnliche Japanerin kennengelernt – außergewöhnlich insofern, als sie ein unkonventionelles Leben führt. Sie heißt Nobuko, stammt aus Kyoto, wo sie auch studiert hat; danach hat sie in

München gelebt und einen Deutschen geheiratet, spricht Deutsch, Englisch, Französisch und hat sogar Spanisch gelernt. Kürzlich ist sie, geschieden, nach Japan zurückgekehrt, doch gilt sie Japanern nicht mehr als »richtig japanisch«, weil ihnen ein Teil ihres Lebens entgangen ist.

»Es ist in Japan wie auf dem Dorf«, sagte sie. »Du mußt den anderen genau kennen und wissen, was sich in seinem Leben alles zugetragen hat; du mußt wissen, ob er der Sohn des Bürgermeisters oder des Straßenfegers ist, um überhaupt mit ihm verkehren zu können. Deshalb ist es für einen Japaner lebenswichtig, daß er seine Studienzeit in Japan verbringt, weil er sich dabei das Netz von Bekanntschaften und Beziehungen aufbaut, das später für ihn bürgt und ihm im Leben weiterhilft. Wer zusammen studiert hat, der gehört auf immer zusammen. Wer im Ausland war, der ist für seine Mitmenschen in Japan kein Mensch mehr.«

Vom Individuum halten die Japaner nichts. Der einzelne hat eine geringe Meinung von seiner eigenen Person und seinem Wert. Deshalb versucht jeder, sich so gut wie möglich aufzuführen, deshalb arbeiten alle wie die Besessenen! Nicht so sehr, sagt Nobuko, um mehr zu verdienen, das kommt mit der Zeit ganz von selbst, sondern um zu beweisen, daß er nicht vollkommen belanglos ist.

All das scheint darauf hinzudeuten, daß die Japaner, die auf uns manchmal so starr und leblos wirken, diese einheitlich gleichmütige Fassade in Wirklichkeit nur mit Mühe aufrechterhalten. Unter den ausgefeilten, tadellosen Manieren, die jeder Ausländer zunächst bemerkt und bewundert, liegt etwas Ungezähmtes, Ungeglättetes, eine rauhe, manchmal wilde Seele, die dann und wann hervorbricht. Ihr Gleichgewicht hängt an einem Faden.

Bardamen und Nutten, die im Westen dazu da sind, daß der Mann ihnen seine Männlichkeit beweist, spielen hier deshalb eher die Rolle von Müttern, älteren Schwestern oder Geliebten, welche die Beichte eines Mannes entgegennehmen und ihm über seine Schwächen hinweghelfen. Tatsächlich ist es ein riesiges Heer von Trösterinnen, das in den kleinen Bars von Shinjuku bis Kagurazaka Abend für Abend in Stellung geht.

28. April 1986
Manche in Tokyo lebenden Ausländer sind von den alten japanischen Traditionen so angetan, daß sie sie selber aktiv ausüben – etwas, das die meisten Japaner aufgegeben haben.

So hat sich auch das deutsche Ehepaar Gudrun und Ulli Vollmer hinter seinem kleinen Haus in der Vorstadt Omori ein echtes Teehaus eingerichtet. Der Mann, von Beruf Bankangestellter, hat es nach jahrelanger Übung in der Teezeremonie nach den Regeln der alten Kunst selbst konstruiert. Nach einem Abendessen bei ihnen, wo wir die einzigen nicht-japanischen Gäste waren – es saßen da ein Professor für traditionelles Textildesign mit Frau, der jüngere Bruder eines Meisters der Teezeremonie in der zehnten Generation, die Tochter eines Professors für deutsche Philosophie, ein moderner Maler mit Frau und ein alter Kunstsammler –, hat Ulli, ein großer, beleibter Mitteldeutscher, jeweils vier seiner Gäste eingeladen, an der Teezeremonie teilzunehmen.

Er hat dazu den Kimono des Teemeisters angelegt und uns die zwei Schritte durch den Garten zu seinem Teehaus geführt. Dort sind wir gebückt durch eine schmale Tür gekrochen – und befanden uns in einer anderen Welt. Ulli war plötzlich in jeder Geste ein Japaner, und da die meisten seiner Gäste Stunden in der Teezeremonie genommen hatten und ihre Rolle zu spielen wußten, konnten wir einer mehr oder weniger einwandfreien Handlung beiwohnen.

In einem bäuerlich schlichten Eisentopf, der an einer Kette von einem Holzbalken hing, wird Wasser über einem leise knisternden Kohlenfeuer zum Sieden gebracht. Jedes Geräusch, jeder Topf, jeder Napf soll an ländliches Leben erinnern und die Ruhe der Natur heraufbeschwören. Mit verschränkten Beinen auf der Tatamimatte sitzend, begrüßt der Teemeister seine Gäste mit einer Verbeugung und bietet zuerst jedem ein süßes Konfekt an, das in Form und Farbe den Blüten der Jahreszeit entspricht. Dann beginnt er das Teepulver zu verrühren und reicht schließlich jedem Gast den bitteren, grasgrünen Tee in einer großen rauhen Tonschale, die er jedesmal wieder ausspült. Man nimmt die Schale mit einer Verbeugung entgegen und führt sie mit beiden Händen zum

Mund. Nach einer abermaligen Verbeugung beginnt man zu plaudern – oder man geht wieder fort.

»Mir ist die tiefere Bedeutung der Handlung entgangen«, habe ich später zu Ulli gesagt.

»Es gibt sie nicht«, antwortete er mir mit großer Offenheit. »Bei der Teezeremonie geht es einzig und allein darum, einem Gast auf die ästhetischste Weise eine Tasse Tee zu reichen.«

Ästhetik als Wandschirm für die Leere, die dahinter steht?

Der Samurai, ein Meister in der Kunst des Schwertes, bereitete den Tee zu, steckte Blumen in eine Vase, übte sich in der Kalligraphie und versuchte jede dieser Künste mit höchster Vollkommenheit auszuführen, um darin Ruhe und Entspannung zu finden. Auf diesen von Winden gepeitschten und von Erdbeben geschüttelten Inseln scheint das Bedürfnis nach Augenblicken höchster Vollendung besonders groß zu sein. Immer verbindet sich damit auch das schmerzliche Bewußtsein ihrer Vergänglichkeit, an die die frische Blume gemahnt, die im Teehaus stehen muß.

29. April 1986

Geburtstag des Kaisers, sein 84.

Premierminister Nakasone nutzt ihn, um zugleich auch den 60. Jahrestag der augenblicklichen Showa-Ära zu feiern, der eigentlich in den Dezember fiele. So lange herrscht Hirohito schon!

An diesem Tag, wie auch am Neujahrstag, zeigt sich der Kaiser zwischen 8.30 und 11 Uhr dreimal seinem Volk. Zusammen mit Ian Buruma und Jean-Jacques Jaffeux winden wir uns in einer Menschenschlange an einem Kordon von düster dreinsehenden Polizisten vorbei, bis zu jenem riesigen Asphaltplatz hinauf, an dem der moderne Palastbau steht. Der alte ist im Krieg abgebrannt.

Als Hirohito in einer an der Palastfront angebrachten Panzerglaskabine erscheint, seine Kaiserin, Kinder und Enkelkinder zur Seite, schwenkt die Menge stumm die weißen Plastikfähnchen mit der roten Sonne, die jedem von uns in die Hand gedrückt worden sind, und ein paar Dutzend Rechtsextremisten brüllen »Banzai! – Er lebe hoch!« Der Tenno, der Himmlische Herrscher, spricht mit schwacher Stimme ein paar Dankesworte und zieht sich wieder zurück. Wie so vielem im heutigen Japan fehlt auch diesem Auftritt jegliche Großartigkeit. Ich vermisse die gefühlsmäßige Beteiligung des Volkes.

Dabei wäre Hirohito, wenn man ihm nur erlaubte, Mensch zu sein, eine in mancher Beziehung rührende Gestalt. Als Kind spielte er gern Go, doch hat er es endgültig aufgegeben, als er merkte, daß man ihn kein Spiel verlieren ließ. Promoviert hat er in Meeresbiologie. Wieso interessiert der Kaiser sich ausgerechnet für winzige Fischlein statt, wie es ihm zukäme, für Löwen? hat jemand gefragt. Weil er auf diesem Gebiet niemandem auf die Füße tritt und weil er sich dabei in einem Boot vom Ufer entfernen kann, ohne daß der gesamte kaiserliche Hofstaat ihm folgt. Sein Leben ist nie privat. Er hat keinen Freund und wird niemals allein gelassen, nicht einmal für einen kleinen Augenblick. Wenn man ihn sich so ansieht, hat man den Eindruck von großer Selbstbeherrschung, der Selbstbeherrschung eines Menschen, der in Büchern seine einzige Zuflucht findet.

Als Kronprinz war er kurz in Paris. Es soll die glücklichste Zeit seines Lebens gewesen sein. Als er einmal in eine volle U-Bahn einsteigen wollte, hat ein nichtsahnender Schaffner ihn zurückgeholt, damit er auf den nächsten Zug warte. Die Fahrkarte hat er heute noch! In Paris hat er auch seine erste vollständige Zeitung gelesen; in Tokyo werden ihm nur ausgewählte Teile vorgelegt. Nach dem Zweiten Weltkrieg, als er schon ein alter Mann war, ist er nach Amerika gefahren und hat sich dort eine Mickymaus-Uhr gekauft, die er noch trägt. Er liest westliche Bücher, kleidet sich westlich und frühstückt westlich. Ein moderner Mensch, zu Anachronismen gezwungen, an die er offensichtlich selbst nicht glaubt.

1945 hat Hirohito seinem Volk, das die göttliche »Kranichstimme« noch nie zuvor vernommen hatte, über das Radio mitgeteilt, der Krieg sei verloren, Japan müsse kapitulieren. Kurz nach der Niederlage hat er auch seiner Göttlichkeit entsagt. Die Alliierten erwogen ernstlich, ob sie diesen Mann, der als Oberbefehlshaber der kaiserlichen Armee den militärischen Errungenschaften seines Landes auf seinem weißen Roß vorgestanden hatte, nicht als Hauptverantwortlichen für die japanischen Kriegsverbrechen hinrichten sollten, doch zog General MacArthur es vor, ihm sein Leben zu schenken und aus Japan einen Verbündeten Amerikas gegen die Sowjetunion und das kommunistische China zu machen.

Im Yasukuni-Schrein, unweit des Kaiserpalastes, ruhen die Seelen der etwa 2 400 000 Männer, die seit der Meiji-Zeit in Japans verschiedenen Kriegen gefallen sind und hier als »Schutzgottheiten der Nation« verehrt werden. Dort versammeln sich heute die Vertreter der japanischen Rechten – Politiker, Yakuza-Bosse, Vertreter der nationalistischen Schulen und Universitäten, alle in schwarzen Anzügen oder Uniformen. Dieser Schrein, der ursprünglich vom Meiji-Kaiser gestiftet und vom Militär zu Propagandazwecken benutzt wurde, fungiert jetzt als private, von der Regierung nicht mehr unterstützte religiöse Institution. Ein Proteststurm ist deshalb von chinesischer Seite losgebrochen, als zu den Frühlingsgedenkfeierlichkeiten letzte Woche Premier Nakasone dort plötzlich zu einem »privaten Besuch« auftauchte. Da unter den gefallenen Soldaten, denen er huldigte, sich auch General Tojo und die anderen sechs Kriegsverbrecher befinden, denen Millionen von Chinesen und anderen Asiaten zum Opfer gefallen sind und die von den Alliierten deshalb gehängt wurden, empfand Peking Nakasones Huldigung als Provokation.

Die Erinnerung an Japans Kriegstaten wird im Yasukuni-Schrein gepflegt und wachgehalten. Tag für Tag kommen Autobusse mit Verwandten von Gefallenen an. Sie schreiten über die von Ginkgobäumen beschattete Kiesallee, durchqueren den Innenhof mit seinen Kirschbäumen und verbeugen sich vor dem emblemlosen Shinto-Altar – vor dem Geist der Nation.

Im dunklen Park gibt es Bäume, von denen der eine einem Kamikaze, der andere ganzen Regimentern oder versenkten Kriegsschiffen gewidmet ist. Auch ein Denkmal für die Kempetai, die japanische SS, steht da, und ein ehemaliger Kempetai-Soldat sitzt in seinem respektablen Salariman-Anzug davor. Er hat in Shanghai gedient und kommt jetzt täglich her, bringt Blumen und gedenkt der Vergangenheit.

Eine düstere Ecke, mitten im modernen Japan, voller Sehnsüchte verschiedenster Art.

6. Mai 1986
Gipfeltreffen der großen Sieben, der wichtigsten Industrieländer der Welt. Die Hotels sind zu Festungen geworden, nachdem die Linksextremisten zwei Raketen in den Park der amerikanischen Botschaft geschossen haben. Hunderte von angereisten Journalisten sind in ihren Herbergen eingesperrt und gezwungen, das Treffen mittels Fernsehen zu verfolgen.

Über Präsident Reagans Polizeiaktion in Libyen, den Terrorismus und die Atomkatastrophe von Tschernobyl soll beim Gipfeltreffen gesprochen werden. Wir wissen, daß wir unter einer Wolke atomaren Ausfalls leben, wissen aber nicht, wieviel Tote es bereits gegeben hat, da die Russen keine Einzelheiten bekanntgeben und wahrscheinlich auch dieses größte Atomunglück verschwiegen hätten, wenn man in Schweden nicht einen verdoppelten Grad an Radioaktivität gemessen hätte. Zum erstenmal haben die Menschen begriffen, daß solche Katastrophen uns alle angehen.

Die Welt verändert sich schnell. Die Tokyoter Börse ist derart gestiegen, daß die Leute hier, ohne zu arbeiten, mit einem einzigen Telefonanruf über Nacht zu Millionären werden können, während in Afrika und auf den Philippinen die Zuckerrohrschneider verhungern, weil der Zuckerrohrmarkt zusammengebrochen ist. Die Arbeiter verrecken, aber wer auf die Baisse spekuliert hat, wird reich. Es liegt etwas Maßloses, nicht mehr Menschliches in diesem Geldmarkt, etwas, das der Kraft einer Atombombe gleicht.

Viele befreundete Journalisten sind hier, und wir zeigen ihnen die Stadt. Nur auf der Omotesando, Tokyos Champs-Élysées, einer breiten Straße, die sich vom Meiji-Park bis zur großen Aoyama-Dori hinzieht, kann man unter Bäumen wandeln, Boutiquen betrachten und, von Straßencafés aus, auch die vorbeigehende Menschheit. In Shinjuku, in Shibuya, im Ginza-Viertel kommt man aus dem U-Bahnhof heraus und ist bereits in einem gigantischen Kaufhaus. In allen Etagen reihen sich die Boutiquen der großen Modehäuser wie Stände am Jahrmarkt aneinander. Puppenhafte Verkäuferinnen verbeugen sich neben Kleidungsstücken, die im nächsten Monat schon wieder aus der Mode sind. Man fährt im Lift hinauf, herunter, geht in den Südflügel, in den Nordflügel, zur Herrenmode, zur Damenmode... Stampfende Diskomusik folgt einem wie eine Schleppe und vermischt sich mit den laut ausgerufenen Werbeslogans. Man findet einen Ausgang, aber kaum ist man auf der Straße, spült einen der Menschenstrom in das nächste Kaufhaus hinein. Es ist ein gigantischer Konkurrenzkampf, ein Ringen auf Leben und Tod, das hier auf engstem Raum stattfindet und dem die Stadt jeden Baum und Strauch und beinahe jedes kleine Privatlokal zu opfern bereit ist.

»Wer sind die Erschaffer dieses Tokyo, dieser elendigen und chaotischen Stadt?« klagt Tanizaki Junichiko in seinem Roman »Memoiren eines alten Irren«. »Sind es nicht lauter Provinzpolitiker, Bauern, die von Bauern abstammen und vom Reiz des früheren Tokyo keine Ahnung haben?«

Einen Abend waren wir mit Helmut Sorge vom »Spiegel« und unserem Freund Shaw in Akasaka, dem Stadtteil des Big Business und der riesigen Hotels, das sich selber aber noch ein paar alte Sträßchen mit traditionellen Eßlokalen und Vergnügungshäusern erhalten hat. Yakuza in Limousinen kreuzen langsam vorbei und sorgen für Ordnung.

Im »Robotayaki«, in das wir gehen, knien die Köche vor Kohlefeuern auf demselben breiten, langen Tisch, an dem die Kunden sitzen und essen: Nur ein Wall aus rohen Fischen, Pilzen, Krabben, Auberginen, Spargeln, Lauchgemüse, Knoblauch und Kartoffeln trennt sie von unseren Tellern. Die geschickt hantierenden Köche wiederholen jede Bestellung brüllend und begrüßen brüllend jeden kommenden oder gehenden Gast. Ein für Tokyo untypischer Radau, bei dem man sich aber selber ungeniert unterhalten kann.

Um die Ecke befinden sich die Love-Hotels. Eines sieht wie ein englisches Stadthaus mit verdunkelten Fenstern aus. Die Nummernschilder der in der Garage geparkten Autos werden von Holzbrettern diskret verdeckt. Rosa Licht erhellt die kleine Eintrittshalle. Ich gehe mit Shaw hinein. Der Portier sitzt hinter einer Tüllgardine, nur seine Stimme heißt uns willkommen: »Irasshaimassen . . .« Wir sehen uns in einer Vitrine die Farbdias der Zimmer an. Drei sind noch erleuchtet, also noch frei, eines davon lockt mit einem über der Badewanne angebrachten Flaschenzug. Wir gehen wieder, und ich komme mit Sorge und Tiziano zurück. Sofort schiebt uns der Portier ein englisches Schild unter der Tüllgardine entgegen: »Three people not allowed.« Tiziano kehrt also mit Sorge allein zurück. Wieder Protest: »Two boys not allowed.« Dafür sind andere Hotels da.

26. Mai 1986

Dan Naoki hat uns zu sich nach Hause eingeladen.

Sein Urgroßvater war Baron Dan Takuma, der Chefdirektor des Mitsui-Imperiums; er ist 1932 von einem Rechtsextremisten ermordet worden – eine Tat, die heute noch jedem im Gedächtnis ist, denn damit fing die faschistische Vorkriegszeit an. Naokis einer Großvater hat eine Kunstgeschichte Italiens verfaßt, und er ist es auch, der ihn zu seinem Kunstgeschichtsstudium inspiriert hat. Der andere Großvater hatte in Tübingen Medizin studiert. Sein Vater ist Dan Ikuma, Japans bekanntester zeitgenössischer Komponist. Seine Mutter galt in ihrer Jugend als Japans beliebteste Madame Butterfly. Die Familie Dan war typisch für die Meiji- und Taisho-Zeit: als die Neugier auf den Westen explodierte und Menschen, die Jahrhunderte im Kimono auf den entferntesten Inseln der Welt gelebt hatten, sich plötzlich Zylinder und Lederschuhe anzogen, um sich all dessen zu bemächtigen, was ihnen im Westen gefiel.

Naoki holte uns am U-Bahnhof von Gakuei Daigaku ab, zwei Stationen nördlich von Nakameguro. Seine »Ginza« erinnert mit ihren Friseuren, Eßlokalen und rosa Plastikkirschblüten noch an eine Dorfstraße, wo jeder den anderen kennt, doch beeilt sich Naoki, uns zu erklären, daß es diese Intimität nicht gibt, daß man in Japan niemals mit den Nachbarn, sondern nur mit Verwandten und Schulkameraden, also nur mit Standesgleichen, verkehrt.

Im Eingang seines Hauses, einer kleinen Villa, zu der ein schmaler Gartenpfad führt, verneigen sich Mutter und Tante vor der Eingangstür aus buntem Jugendstilglas. Der Salon ist westlich eingerichtet, schummrig und einladend. Klavier, Bücherregale, Sessel, Andenken an Reisen, Glasfische aus Murano, eine venezianische Maske und hauptsächlich zahllose Büsten und Köpfe aus der Jahrhundertwende, die Naokis Mutter sich in Rom gekauft hatte, als sie dort Gesang studierte, sind mit viel Liebe im Raum verteilt.

Häuser mit einer Lebensgeschichte sind im heutigen Japan selten geworden. Erdbeben und Weltkrieg haben sie zerstört – und die Gesellschaft zu einer »Massengesellschaft« gemacht, wie Otomo sagt. Naokis Mutter, die ehemalige Madame Butterfly, spekuliert jetzt an der Börse. Ihre Schwester, die jahrzehntelang im »Gin-Paris«, einem Nachtlokal in Ginza, französische Chansons gesungen hat, versucht sich als Opernsängerin. Eine dritte Schwester, unruhig und sehr schön, mit einer üppigen Mähne, hatte in der Nachkriegszeit amerikanische Autos importiert, hatte viele Freunde und hat nicht geheiratet. Sie trägt uns ein Gericht nach dem anderen auf – japanische Hors d'œuvres, Aal, Yakitori, Süßes – und belädt dann den Tisch mit Sashimi und Tempura. Es ist ein phantastisches Mahl, das wir auf Kissen sitzend, in Augenhöhe mit den italienischen Gips- und Bronzebüsten, genießen. Einmal stimmt Madame Butterfly eine Arie an, »Un bel di' vedremo ...«, und sagt, sie habe Sehnsucht nach Rom. Naoki hat Sehnsucht nach Florenz, doch sind sie alle an dieses Haus gekettet, das so viel wert ist, aber nicht verkauft werden darf. Auch eine Großmutter wohnt da, von der ich aber nur die Nachtigallenstimme am Telefon kenne.

Mutter und Tante winken uns nach, als Naoki uns wieder zur Bahn begleitet. Im Umkreis des U-Bahnhofs liegen kleine Modeläden, ein Love-Hotel und eine Flamenco-Tanzschule für Hausfrauen, die wir zu später Stunde noch tanzen hören. Lauter neue Lokale für eine neue Lebensweise.

29. Mai 1986

Samstagabend hockten wir mit Yoichi und seiner Frau an der Theke eines Sushi-Lokals in Roppongi und sahen dem Sushi-Meister zu, der Reishappen formte und sie mit rohem Fisch belegte. Yoichi erzählte von seinen Söhnen, die sich weigern, unter dem »entsetzlichen Druck« zu leben, dem die Generation ihrer Eltern ausgesetzt war und noch ist, die sich weigern, zu tun, was von ihnen erwartet wird, aber nicht wissen, was sie statt dessen wollen. Er schildert bitter, wie wenig seine Generation gehabt, wie sehr sie sich angestrengt und abgeschuftet hat, und nun kommen diese Jungen, geben Geld aus und wollen nichts tun! »Stop the world, I want to get out!« scheint ihr Motto zu sein, wie das der jungen Amerikaner der siebziger Jahre. Vaterland, Japanertum oder Kaiser – was kümmert sie das? Sie sitzen in ihren Lokalen und träumen von »Lon-Pari« (»London-Paris«, in Japan zu einem Sammelbegriff geworden), wo die Beatles, der Mini-Rock und die Rolling Stones herkommen...

An der Roppongi-Kreuzung, um das weiß-rosa gestreifte Café »Almondo« und die sich stauenden Autos herum, wogt die wie zur Walpurgisnacht dunkel verkleidete Masse der jungen Menschen. Ein Mann ruft eine neue Karaoke-Bar aus, und wir fahren mit ihm in den fünften Stock eines Hochhauses hinauf. An den Tischen des Lokals sitzen die Zwanzigjährigen, studieren die Songlisten und kreuzen sie an. Wer zum Podium gerufen wird, ergreift das Mikrophon, heftet seine Augen auf den Videoschirm, auf dem die zu singenden Worte vorbeiziehen, die Orchesterbegleitung setzt ein, und seine Sternstunde als Star beginnt. Sogar die sonst so schüchternen Backfische wiegen und gebärden sich plötzlich wie berühmte Schlagersängerinnen beim großen Auftritt. Das Publikum pfeift und klatscht Beifall. Jeder spielt seine Rolle.

Dieses »roll-playing« (auf japanenglisch) sei zur Lebensform geworden, sagt Yoichi. Die japanische sei eine »dramatisierte Gesellschaft« geworden, eine Gesellschaft, die von einer Rolle zur nächsten übergeht, selbst aber keinen eigenen Inhalt mehr hat. Auch er hat seinen freien Samstag wieder auf einer Hochzeit verbringen müssen, um dort seine Rolle als »Gast« zu spielen.

Zwei Samstage im Monat gehen durchschnittlich mit Beerdigungen oder Hochzeiten irgendwelcher Kollegen oder ihrer Verwandten drauf. Listen für »freiwillige« Spenden werden im Büro herumgereicht, und wenn der erste Kollege sich zu 10 000 Yen verpflichtet, können die nächsten schwer weniger geben. »Es ist ein Racket«, sagt Yoichi, »aber keiner wehrt sich dagegen, wegen der Nachbarn ...«

Das Racket wird von all denen aufrechterhalten, die vom »Rollenspielen« profitieren. Im Fall einer Hochzeit sind es die »Hochzeitsfirmen«, in deren Hände sich heute jeder begeben muß, der eine Hochzeit organisieren will. Die Öffentlichkeit begnügt sich schon lange nicht mehr mit einer einfachen Feier oder einem ganz gewöhnlichen Empfang. Zum Pauschalangebot, das bei mindestens sieben Millionen Yen liegt und die Eltern der Brautleute auf Jahrzehnte verschuldet, gehören zwei verschiedene Brautkleider (ein weißes, »christliches« und ein rotes, »shintoistisches«), ein Bankett in einem der großen Hotels für mindestens hundert Personen, Gags wie das Einschweben des Brautpaars auf einer farbigen Wolke, eine Hochzeitsreise nach Kalifornien oder Honolulu, ein Videofilm der gesamten Feier und die Übergabe eines Dankesstraußes an die Eltern.

Um die Last der gesellschaftlichen Verpflichtungen, die sich mit unentrinnbarer Tyrannei eines jeden Japaners bemächtigen, zu finanzieren, arbeiten die Männer wie am Fließband. Für sie ist aber wenigstens noch das abendliche Vergnügen mit eingeplant, während die Frauen zu Hause bleiben und sparen müssen.

»Wir Frauen waschen, kochen, putzen, arbeiten den ganzen Tag, haben wenig Freunde und sprechen auch mit unserem Mann kaum. In unserem Leben gibt es keine Hoffnung. Und irgendwann sterben wir«, sagt Yoichis Frau.

Yoichi bestreitet, daß die Japaner mit ihrer »Mittelklassenexistenz« zufrieden sind. Er sagt, sie litten unter dem »entsetzlichen Druck« von Verpflichtungen jeder Art und einer menschlichen Einsamkeit, die schlimmer sei als alle Armut.

Auf einer Schnellstraße, die sich hoch über Roppongis Dächer hinzieht, rasen wir im Taxi wieder nach Hause. Von dort oben können wir in neonbeleuchtete Büros in achten und zehnten Etagen hineinsehen, in denen sich Männer in Hemdsärmeln noch um Mitternacht über ihren Arbeitsplatz beugen. Und irgendwie verstehen wir, wogegen Yoichis Söhne sich sträuben.

31. Mai 1986

Wenn ich aus einem U-Bahnhof herauskomme oder wenn die U-Bahn kurz über der Erde fährt und diese endlose Fläche schäbiger Behausungen und greller Reklamen vor mir liegt, sage ich mir immer noch: »Nein, es kann nicht wahr sein! Das ist nicht Tokyo. Tokyo haben wir noch nicht gesehen!«

Es ist aber Tokyo.

Hat diese Stadt den Kontakt zum menschlichen Leben verloren? »Manchmal spüre ich den Wahnsinn dieses Landes wie in einem Hauch an mir vorbeiwehen«, sagte Tiziano heute, als wir auf die U-Bahn warteten. »Kein Scherz, kein Spiel, keine Ironie, kein Flirt ist hier möglich. Das menschliche Leben funktioniert auf der einfachsten Ebene, der von Frage und Antwort. Warum?, das fragt sich keiner.«

In den Zügen sitzen abwesende, müde Leute; manche schlafen, manche lesen Comics. Auf den Straßen ziehen Männergruppen dahin, um sich jeweils »büroweise«, der Chef voran, in ein kleines Lokal zu begeben, wo sogar beim Mittagessen die hierarchischen Beziehungen fortbestehen. Hausfrauen, ebenso freudlos gekleidet wie ihre Männer, gehen trübsinnig ihrem Tagewerk nach, anscheinend hauptsächlich darauf bedacht, nicht aufzufallen. Niemand scherzt oder lacht, niemand tanzt aus der Reihe. Tritt man über irgendeine Schwelle, stößt eine schrille, menschliche oder mechanische Stimme ihr »Irasshaimasse!« (Willkommen) aus. Entschuldigungen, Danksagungen und Verbeugungen setzen automatisch ein: Verbeugungen von verschiedener Tiefe, aber kaum ein natürliches Wort, so schwierig sind hier die menschlichen Beziehungen. Alles strömt wie ein Fluß zur Arbeit, zur Produktion, zum Konformismus hin – strömt stumm und gedankenlos weiter.

Die Japaner rühmen sich ihrer sprichwörtlichen Höflichkeit. Aber auch sie ist uns fremd.

Wir haben viele unserer Bekannten zu uns eingeladen, aber kaum einer hat uns zurückgebeten. Wir haben auch versucht, mit den japanischen Freunden, die wir von unseren verschiedenen Stationen in Asien kennen, Kontakt aufzunehmen, aber plötzlich hatte keiner mehr »Zeit«.

Saskia hatte in Peking eine sehr enge japanische Freundin, Cinze. Es war die einzige andere kleine Ausländerin in der großen chinesischen Klasse. Mit ihr hatte sie zusammen auf einer Bank gesessen, sich täglich getroffen und telefoniert. Als Saskia sie in Tokyo anrief, sagte auch Cinze, sie hätte »keine Zeit«. Nicht einmal die Zeit, Saskia anzurufen.

Wir selber haben hier einen alten Bekannten, Watanabe Koji, einen japanischen Diplomaten, mit dem Tiziano den Fall von Saigon erlebt hatte und den wir in Peking öfter wiedergesehen haben. Wäre er nach Florenz gekommen, hätten wir ein großes Wiedersehensfest gefeiert. Hier in Tokyo hat auch er »keine Zeit«. Nur einmal hat Tiziano ihn von ferne in dem Buchweizennudellokal gesehen, und sie haben sich zugewinkt. Ist das wahre Höflichkeit?

»Hier sind eure Freunde im eigenen Land, hier brauchen sie euch nicht mehr. Also lassen sie die Verbindung fallen«, hat Nobuko uns dieses Verhalten trocken erklärt.

Jean-Jacques Jaffeux erzählte von einem aufschlußreichen Vorfall, der einen französischen Diplomaten sehr getroffen hat. Er war im Laufe der letzten Jahre oft mit einem Japaner von Tokyos Außenministerium zusammengekommen und betrachtete ihn als einen wahren Freund. Vor kurzem hat der Japaner sich wieder mit ihm verabredet. Als sie zusammen bei Tisch saßen, hat er dem Franzosen für die Zusammenarbeit gedankt, es sei sehr schön gewesen, aber nun müsse er sich von ihm verabschieden. Ob er ins Ausland versetzt worden sei, fragte der Franzose. Nein, antwortete der Japaner, er sei in eine andere Abteilung gekommen, kümmere sich jetzt um andere Probleme und brauche »den Kontakt« mit dem Franzosen nicht mehr.

Das Wetter ist jetzt wunderbar sommerlich und lädt zu Ausflügen ein. Aber die Pflicht lastet schwer auf den Menschen und läßt sie nicht los. Es ist diese Pflicht, die niemals als Strafe, sondern immer als heilig empfunden wird, die den Gesichtern ihren freudlosen, aber niemals vulgären Ausdruck verleiht.

In den Häusern herrscht Schweigen, einsames Hantieren, niemals Fröhlichkeit. Auf den Balkons lüften Matratzen, Steppdekken, Pyjamas. Vor den Haustüren stehen Schuhe und die Waschmaschine. Pflanzen ranken sich an Elektrizitätsmasten empor, Milchglas und graue Vorhänge verdunkeln die Zimmer. Etwas Feuchtes, Mühsames, Trübseliges liegt über den Häusern, über den Hausfrauen in Pantoffeln und Schürze, die fleißig den Bürgersteig kehren.

Im kommunistischen China müssen ganze »Bewegungen« ausgerufen werden, um das Volk dazu zu bringen, die Straßen zu fegen oder irgend etwas für die Allgemeinheit zu tun. In Japan erlegt der Mensch sich diese Pflicht freiwillig auf und widmet sich ihr mit ernster Hingabe. Darin eben besteht für Tiziano das Geheimnis des japanischen Wirtschaftswunders.

»Japan ist das einzige Land, wo der Kommunismus funktioniert«, sagt er.

Bald brechen die Sommerferien an. Folco hat sein Abitur hinter sich, Saskia ihr erstes Schuljahr in einer katholischen Mädchenschule – ein aufregendes Schuljahr in einer modernen Großstadt. Und wir fahren für einen langen Sommer nach Hause.

12. Oktober 1986

Es ist Herbst. Nach mehreren Monaten in Italien ist dies wieder mein erster Sonntag in Tokyo. Folco ist nach bestandenem Abitur in Mailand geblieben, fest entschlossen, uns nicht mehr zu brauchen. Er arbeitet in einer literarischen Agentur und wartet auf die Nachricht, ob er in Cambridge angenommen wird. Sein Zimmer hat Saskia bezogen.

Im September ist Professor Hara gestorben. Der Kaiser, dessen wissenschaftlicher Kollege und Altersgenosse er war, hat einen Vertreter zu den Trauerfeierlichkeiten entsandt, an denen auch Tiziano teilgenommen hat. Ich war noch in Italien.

Haras Witwe, eine hübsche Fünfzigerin, geht jetzt geschäftig ein und aus, und wir fragen uns, was sie mit ihrem Besitz machen wird. Immer mehr Krähen picken und scharren in ihrem Garten. Bald fängt das strahlende Herbstwetter an.

Wir haben uns heute morgen wieder »verirrt« und die unendlichen Variationen der Puppenhäuser betrachtet: Da ist eines, das an den Wilden Westen erinnert; andere sind dem Weißen Haus, Renaissance-Palästen oder Schweizer Chalets nachempfunden, wenn auch nur auf entfernteste Weise, denn die Eigenheiten jener Länder und Stile beschränken sich auf einige Details – die Haustür, einen Erker, einen Sockel. Ansonsten sind die Häuser aus Sperrholz- und Kunststoffteilen zusammengesetzt. Dennoch sind sie Erfüllung eines Lebenstraums und werden daher geliebt, gefegt und mit Blumentöpfen umgeben.

In dieser sonntäglichen Morgenstunde treten Hausfrauen aus ihnen hervor, um sich hinter dem Auto ihres Mannes zu verbeugen, der frischrasiert zum Golfplatz fährt; dann begießen sie die Blumen und füllen die Waschmaschine, die vor der Haustür steht. Eine Stunde später sehen wir sie in vollkommener Isoliertheit in einem der Cafés vor einem Stück Torte sitzen.

Was tun diese Hausfrauen, die sich am Morgen jedes Arbeitstages hinter dem Mann verbeugen, der zur Arbeit geht? Was tun sie, wenn sie nicht gerade in Schottenrock und Pumps die Herbstblätter von der Straße fegen oder vor dem Kindergarten den Verkehr regeln? Was tun sie in der Zeit, die ihnen bleibt? Naoki sagt, sie tanzen Tango, nehmen Mal-, Gesang- oder Sprachstunden, machen im Kaufhaus die Kasse, spekulieren an der Börse, übernehmen Heimarbeit – 30 Prozent aller Arbeit ist in Japan Heimarbeit, behauptet Otomo –, versuchen sich in Aerobic, gehören allen erdenklichen Vereinen an oder verdienen sich als »Begleiterinnen« etwas nebenbei.

Für Frauen als Kategorie, für das theoretische Problem ihrer Emanzipation und Selbstverwirklichung habe ich mich eigentlich noch nie besonders interessiert, aber hier in Japan rühren einen die Frauen in ihrer disziplinierten Traurigkeit. Ich kenne kaum einen Ausländer, der nicht Mitleid mit ihnen hätte. Mancher verliebt sich in ihre milde, unterwürfige Art, unter der sich offensichtlich viel Kraft verbirgt.

»Gefallen euch unsere Frauen?« hat ein zynischer Japaner Tiziano gefragt. »Wir haben 2000 Jahre darauf verwandt, um sie so hinzukriegen!«

15. Oktober 1986

Premierminister Nakasone hat eine Bemerkung gemacht, über die sich die Welt empört: Die japanische Rasse sei von allen die stärkste, denn sie sei rein und unvermischt; die Amerikaner hingegen hätten sich mit Farbigen vermischt, faulen Leuten bekanntlich ...

Nakasone ist in den Jahren der japanischen Eroberungen und Siege groß geworden, als die Vorstellung von der Überlegenheit der japanischen Rasse jedem Schulkind eingebleut wurde und General Yamashita erklärte: »Darwin hat selbst gesagt, daß der weiße Mann vom Affen abstammt. Wir Japaner dagegen stammen von der Sonne ab. Der Krieg wird ein Krieg zwischen Affen und den Nachfahren der Götter sein. Es liegt auf der Hand, wer ihn gewinnen wird.«

Nakasone hat sich für seine Bemerkung entschuldigen müssen. Und jetzt sind ihm die Japaner böse, aber nicht, weil er gesagt hat, was hier sowieso jeder denkt, sondern weil er sich dafür entschuldigt hat.

Die Japaner betrachten sich als homogenes Volk, doch lag ursprünglich kein Hochmut in diesem Gefühl. Erst zur Meiji-Zeit wurde der Mythos der Einzigartigkeit dieser Rasse und ihrer göttlichen Abstammung erfunden, wohl um zu verhindern, daß die Japaner angesichts des riesigen wirtschaftlichen und technologischen Vorsprungs des Westens verzagten. Es hat sich als der beste Publicity-Streich des Jahrhunderts erwiesen. Die verblüffenden japanischen Siege schienen diesen Mythos binnen kürzester Zeit zu bewahrheiten, und obgleich 1945 das gesamte Gebäude zusammenkrachte und Japan geschlagen am Boden lag, bleibt die Vorstellung der eigenen Überlegenheit tief in der japanischen Seele verankert.

»Was mich an Amerika am meisten erschreckt, ist, daß ich nicht weiß, mit Menschen welcher Rasse ich es dort zu tun habe«, hat ein Japaner im Club einmal zu mir gesagt. Und Yoichi, der in der Schule gelernt hat, daß er einer überlegenen, weil »unvermischten« Rasse angehört, und in den Jahren der großen japanischen Siege aufgewachsen ist, als Hirohito sich als »Gott-Kaiser« nach jedem Sieg auf seinem weißen Pferde zeigte, scheute sich kürzlich bei einem größeren Empfang nicht, zu erklären, die japanische Regierung könne das Volk bis zum Äußersten treiben, weil es reinrassig sei und aus Menschen bestehe, »die homogen und widerspruchslos denken und«, wie er sich ausdrückte, »kein inferiores Blut haben«.

Im Westen beginnt man sich zu fragen, wie die Japaner sich heute selber sehen. Der Autor des Buches »The Japanese and the Jews« sagte in einem Gespräch mit Tiziano, die Japaner hielten sich, wie die Juden, für ein auserwähltes Volk. Wie die Juden hätten auch sie nur einen Gott. Er heiße: Japan. Trotz aller importierten Gegenstände und Gedanken seien die Japaner im wesentlichen urtümliche Shintoisten geblieben. Früher sei die Tünche aus China gekommen, heute stamme sie aus Amerika; die Einstellung aber bliebe »japanisch«. Die Japaner kämen mit dieser Dichotomie, die uns schizophren machen würde, bestens zurecht, weil sie das pragmatischste aller Völker sind, ein Volk, das keine Vorstellung von einer ideellen Welt hat, wie Konfuzius, Buddha und Christus sie anderen Völkern zum Maßstab gemacht haben.

20. Oktober 1986

Ich habe meine dritte Japanischstunde hinter mir. Meine Lehrerin, Kobata-san, erwartet mich jeden Mittwoch und Freitag an einem Tischchen im Café »Mozart« beim Bahnhof von Jiyugaoka, wo jedes Stück Kuchen nach Mozart benannt ist und die Hintergrundmusik aus dem Film »Amadeus« stammt. Bestellt man Tee, bekommt man eine Sanduhr dazu, damit man ihn auch genau vier Minuten ziehen lassen kann. Wir dagegen bestellen zwei Tassen Kaffee, und der Unterricht beginnt, während die anderen Tischchen sich langsam mit einzelnen Frauen füllen.

»Das Leben von uns Frauen ist so langweilig«, sagt meine Lehrerin. »Es besteht eigentlich nur aus Warten. Unser Mann ist nie zu Hause. Morgens zeigt er der Familie kurz sein Gesicht, abends kehrt er erst um 11 Uhr heim, denn vorher muß er mit den Kollegen trinken gehen.«

»Muß?« frage ich.

»Ja, muß«, sagt sie mit Bestimmtheit. »Sonntagsmorgens muß er Golf spielen, sonst weiß er am Montag nicht, worüber Chef und Kollegen auf dem Golfplatz geredet haben, wo die wichtigsten Entscheidungen getroffen werden. Danach gibt er sich einem seiner drei Hobbys hin, geht rudern, tanzen oder spielt mit seinem Computer. Nein, der japanische Vater spielt nicht mit seinen Kindern und kümmert sich auch nicht um seine Frau. Während der Woche denkt er ausschließlich an die Arbeit, sonntags denkt er ausschließlich an sich.«

Strenge gesellschaftliche Regeln haben die Frauen dazu gezwungen, ihre Rolle als Märtyrerinnen mit Stolz und Würde zu ertragen, ihre Töchter ihrerseits auf ein schattenhaftes Dasein vorzubereiten und ihre Söhne zu fördern. Eine japanische Lehrerin in Saskias Mädchenschule hat der Klasse erzählt, wie abrupt ihre glückliche Kindheit zu Ende gegangen sei, als ihr Bruder geboren wurde. Eltern und Großeltern, deren Liebling sie neun Jahre lang gewesen war, hatten plötzlich nur noch Augen für ihn, und ihr wurde sachlich erklärt: »Von nun an ist dein Bruder wichtiger als du, denn er ist ein Junge.«

Die Frauen wurden gezwungen, sich im Dienst der Schwiegermutter zu verzehren, und sie haben jahrhundertelang gehorcht. »Du wirst unglücklich sein, aber du wirst stark werden«, sagte die Mutter zur Tochter, die sich verheiratete, und umwickelte ihr zur Hochzeit mit einem weißen Tuch den Kopf, um ihre »Hörner«, ihren Willen, darunter zu verbergen.

Die jahrhundertelange Übung hat die Frau von der gefühlsmäßigen Abhängigkeit von ihrem Mann befreit. Ihre Abhängigkeit ist nur noch rein materieller Natur; die allerdings ist groß, denn die verheiratete Frau arbeitet in der Regel nicht. Heute fängt sie an, ihre Kräfte mitleidlos zu sammeln, und die im Wirtschaftskrieg eingespannten Männer fangen an zu merken, daß die Frauen, die sich so niedlich zieren, mit Puppenstimme und »milden« Worten sprechen, in Wirklichkeit Theater spielen, manchmal sogar mit Widerwillen.

»Was hältst du von den japanischen Mädchen? Findest du sie nicht hypokrit?« fragte mich Otomo. »In Japan ist der Mann kein Mann. In Japan ist die Frau stark. Hier spielt die Frau die für ein Matriarchat typische Rolle der Mutter. Sie trifft alle Entscheidungen. Und sie verzeiht. Damit hält sie ihren Mann gefangen.« Er behauptet, die im Stadtteil Sanya hausenden Vagabunden seien allesamt nur deshalb auf den Hund gekommen, weil Frauen sie traumatisiert hätten. Der eine wie der andere erzähle einem, wenn er getrunken hat, daß eine Mutter oder Geliebte ihn gebrochen hätte. »Wenn der Japaner zum Karaoke-Gerät singt«, sagt Otomo, »singt er von Regen und Nebel, von seiner ungerechten Mutter oder einer Frau, die ihn verlassen hat. Das ist eine statistisch bewiesene Tatsache!«

Im Sushi-Lokal, in dem wir uns befanden, als wir uns darüber unterhielten, trippelte eine Kimonofrau mit fast zu vorzüglicher Grazie unermüdlich hin und her und bediente die Kunden. Frauen wie diese sollen 20 000 Männer traumatisiert nach Sanya schicken?

Die Macht der unbeugsamen Unterwürfigkeit!

Kobata-san bringt mir die »milde« Frauensprache bei, die »milde« Stimme, mit der man als Frau bescheiden fragt und antwortet. Aber wenn ich sie frage, wie »grün« auf japanisch heißt, antwortet sie mir: »Green-o! ... Ja, ja, man kann sehr gut green-o, white-o, red-o sagen!« Soll ich mit milder Stimme »green-o« sagen? Paßt das zusammen?

29. Oktober 1986

Wir waren in einem der letzten alten Eßhäuser in Kanda, wo man auf Tatamimatten sitzt und jedem Gast das Essen auf einer Art Fußbank vorgesetzt wird. Neben uns lagerte ein modernes junges Ehepaar. Beide waren modisch gekleidet – er Angestellter bei einer großen Bank, sie Luft-Stewardeß. Wir waren ins Gespräch gekommen und erfuhren, daß sie kinderlos und offenbar nur einem Ziel lebten: Auslandsreisen zum Zweck des Shopping. Trotz ihrer bescheidenen Art war die Frau offensichtlich die Starke.

Im Gegensatz zu ihnen, Japans neuen, wohlgekleideten Yuppies, wirkten Otomo und Naoki wie verwahrloste Rebellen aus der Feudalzeit, wie Leute, die es weder zu Geld oder Ansehen noch zu einer Heirat gebracht haben und aus einer längst überholten Epoche zu stammen schienen. Doch lag unseren beiden Freunden offensichtlich daran, dem neureichen Pärchen einen Wink zu geben, denn mit wenigen, herablassenden Worten wurde es darüber informiert, daß Otomos Großvater der Gründer der Universität Keio war und Naokis Vorfahre der berühmte Baron Dan ... Dem Pärchen hat es den Atem verschlagen, es hat geseufzt und sich wieder und wieder vor ihnen verneigt. Dann erst waren unsere Freunde zufrieden.

Japans industrieller Revolution ist keine gesellschaftliche Revolution gefolgt. Vielmehr scheint es, daß die industrielle Revolution gerade deshalb so erfolgreich sein konnte, weil das Land feudalistisch blieb, weil der Baron Dan zum Chef des Mitsui-Konzerns wurde und der Bauer zum Angestellten. Wer vorher gehorcht hatte, gehorchte weiter. Wer vorher treu gedient hatte, dient heute ebenso treu weiter.

Diese unterwürfige Treue der Bauern, die ihren Herren beinahe alles abtreten mußten, was sie von ihren Feldern ernteten, konnte aber nicht viel mehr als Fassade sein. Dahinter waren Schlauheit, List und Findigkeit vonnöten, wollten sich diese Menschen auch selbst ernähren. Von diesen Bauern stammt die große Mehrheit der heutigen Japaner ab, sagt Otomo. Ihre Treue und Hingabe der Firma gegenüber sei vorgetäuscht. Was sie wirklich wollten? Überleben!

Otomo hat uns dann sein Lieblingscafé gezeigt.

Seit Meiji-Zeiten gibt es in Japan Hunderttausende von Cafés. Es gibt sie in allen Stilen und Preislagen. Die prosaische »Renoir«-Kette (auf japanisch »Re-nu-ar«) wird um die Mittagszeit von Büroangestellten benutzt, die hauptsächlich schlafen wollen. Die »Mozart«-Kette ist ein modischer Treff für Damen. Die rosagestreiften »Almond«-Cafés sind für die moderne Jugend da. In Shinjuku gibt es das »Bentley«, wo ein altes Bentley-Automobil zwischen den Kaffeetischchen steht, und das »George V«, über dessen Eingang steht: »Parlons un peu du café«. Beide sind eher für Intellektuelle. Hauptsächlich aber gibt es große Mengen stinkiger, rauchiger kleiner Cafés, die wie ein Wartezimmer im Bahnhof aussehen und auch als solches benutzt werden.

Hinter den Buchläden von Kanda befindet sich ein Café, in dem Tokyos Schriftsteller zusammenkamen, Otomos Lieblingscafé – er nennt es »le café des éditeurs«. Mishima ging dort ein und aus. Und immer noch sitzen da Intellektuelle mit Baskenmütze auf ihrem langen, grauen Haar und rauchen. Ein Grammophon spielt alte französische Chansons. Dumpfes, resigniertes Schweigen.

»Bei uns ist es nicht wie bei euch«, sagte Otomo, als wir eine Weile dort saßen. »Bei uns ist nie etwas los.« Und er meinte damit ganz Japan.

3. November 1986
Wir fahren mit Yoichi im Zug nach Yokohama, um dort unseren Toyota abzuholen. Vor den Zugfenstern zieht das übliche flache Meer von Einfamilienhäusern aus Holz und Pappe vorbei, auf dem die dunkel bewaldeten Hügel schwimmen. 84 Prozent des japanischen Erdbodens ist gebirgig, aber auf den Bergen und Hügeln wohnt niemand. Aus alter Furcht vor den Berggeistern baut niemand sich ein Haus an einen Hang und noch weniger auf einen Gipfel. Aber alles, was früher Reisfeld war, ist preisgegeben.

Auf dem Rückweg sehen wir uns Tokyos Sengaku-Tempel an. Hier liegen die 47 Ronin (herrenlose Samurai) begraben, deren Geschichte zu den in Japan beliebtesten gehört: Wegen der Tücke eines Höflings wird ein Feudalherr vom Shogun zum Selbstmord gezwungen. Seine 47 getreuen, herrenlos gewordenen Samurai schwören Rache. In einer Vollmondnacht erstechen sie den bösen Höfling und legen seinen Kopf auf ihres Herrn Grab. Da sie aber wider das Gesetz gehandelt haben, nehmen sie sich selber am nächsten Tag das Leben. Das Volk bewundert sie ob ihrer Treue und besucht ihre Gräber bis zum heutigen Tag.

»Es ist eine Geschichte der Treue, deshalb wurde sie früher in allen Schulen gelehrt«, erklärt uns Yoichi. »Aber es ist auch eine Geschichte der Rache, deshalb ließen die amerikanischen Besatzungsoffiziere sie 1945 als erste aus den japanischen Schulbüchern streichen.«

Er selber weiß noch genau, was er bei der Nachricht von Japans Kapitulation empfand. »Ich war damals ein kleiner Junge, aber ich schwor mir: Wir werden es wie die 47 Ronin machen! Wir werden unser Heer auflösen, wir werden tun, als sei alles vergessen, und wir werden Rache nehmen!«

Die Generation, die in Japan heute an der Macht ist, ist die Yoichis und eine davor. Sie empfinden genau wie er: »Wir werden Rache nehmen!« Nach einer im vollen Glauben an Japans Endsieg verbrachten Jugend war die Niederlage von 1945 für diese Leute nicht annehmbar. Die »Rache«, an der sie heute zimmern, ist zwar wirtschaftlicher Art, doch deswegen nicht weniger süß.

Tiziano ist jetzt wieder in Manila, froh über die Hitze und die Menschen, die dort frei und in »zitierbaren Sätzen« reden. In Manila, sagt er, braucht man nur den Kopf aus dem Fenster zu halten, und schon sieht man die Geschichte vorbeiziehen. In Japan sieht man nichts und fühlt doch auf unheimliche Weise, daß sich hier etwas zusammenbraut. Mit verbissener Willenskraft planen die Japaner – irgendwer, irgendwo – ihre Zukunft und die unsere auch.

7. November 1986

Im Museum von Ueno habe ich neue Beispiele dessen gesehen, was mir als für dieses Land charakteristisch erscheint: Der Sinn für den Augenblick, für den flüchtigen Eindruck, der aber so intensiv empfunden wird, daß er in Kunst verwandelt und damit verewigt wird. Es hängt da ein großes, fast leeres Bild, über dessen untere rechte Ecke ein paar Pferde galoppieren. Sie ziehen vorbei, auf immer vorbei, wie alles vorbeizieht, wie nichts jemals bleibt.

»Seltsam, daß die Japaner trotz dieser blitzartigen Eingebungen dann wieder so verquer zum Leben stehen«, sagte Christer von der Burg, ein befreundeter Buchantiquar aus London, der uns besuchte. Wir sprachen über das, was Ausländer an Japan so verdutzt: die unnatürlichen Beziehungen zwischen den Geschlechtern, all die Männer, die in der U-Bahn ruhig in ihren Porno-Heften blättern, ohne Rücksicht auf die Matrone mit dem Bulldoggengesicht oder das Schulmädchen mit dem Matrosenkragen, das neben ihnen sitzt; die Sucht nach Pornographie, den Riesenkonsum von Porno-Comics, Porno-Shows, Porno-Filmen; den seit Jahrhunderten in Bordellen und ganzen Stadtvierteln organisierten Sex.

Zur Edo- und Meiji-Zeit muß Tokyo eine verführerische Stadt gewesen sein, die mit ihren zahllosen Theatern, Geisha-Häusern und Freudenvierteln hauptsächlich bei Dunkelheit lebendig wurde. Arme wie Reiche waren des Nachts unterwegs. Es war eine Stadt, in deren Andenken heute noch manche ausländische Ästheten und Literaten leben, wie Edward Seidensticker, der mit seinem kürzlich erschienenen »Low City, High City« jenem Tokyo – hauptsächlich dem Tokyo der »tiefen Stadt«, der Altstadt – ein unvergeßliches Denkmal gesetzt hat.

All die Ecken und Winkel, in denen der Mensch sich wohl fühlte, in die er sich wie eine Katze hinter den Ofen verkroch, wurden aber wieder und wieder von Bränden, Überschwemmungen und Erdbeben und zuletzt auch noch von Bomben weggefegt. Immer wieder sind sie aufgebaut worden und überdauern vereinzelt bis heute in den unzähligen Vergnügungszentren der modernen Stadt.

Langsam gewöhne ich mich an meine neue Umgebung. Als ich gestern abend Christer am U-Bahnhof abholte, habe ich ihm beinah mit Genugtuung unsere Bahnhofstraße gezeigt – die rauchenden Bratküchen unter dem Bahndamm, die von Diskomusik geschüttelte Pachinko-Halle, in der die Menschen wie in Trance vor den Maschinen sitzen, die präzise Pantomime der Sushi-Meister. Bankangestellte trotteten in Gruppen zum abendlichen Trinken, Hausfrauen kamen vom Life-Supermarkt zurück, das fertiggekochte Abendessen im Plastikbeutel in der Hand. Junge Mädchen, mit schönem schwarzem Haar und fahlem Gesicht gingen, das Handtuch unterm Arm, zum öffentlichen Badehaus. Alle paar Schritte kamen wir an einem Telefon vorbei, an blinkenden Automaten mit Bier, Zigaretten, Drinks und Pornoheften.

Es ist ein Lebensschema, wie es sich um jeden U-Bahnhof der Stadt wiederholt.

10. November 1986

Meine Nachbarin, Madame Reiko S., eine hübsche Frau in meinem Alter, mit traurigen Augen und aufgeregtem Lachen, hat mir kürzlich einen Besuch gemacht. Wir hatten uns im Juni bei Folcos Abiturfeier kennengelernt. Sie saß damals im Schulhof von »Saint Mary's« auf einem Stein und fragte mich, als ich vorbeiging, welcher wohl mein Sohn sei. Wir tauschten Visitenkarten aus und merkten, daß wir – in dieser Zwölf-Millionen-Stadt – genau gegenüber wohnen.

Mit großer Lebhaftigkeit und gutem Englisch erzählte sie mir bei diesem kürzlichen Besuch, ihr Mann sei schüchtern und hinge stark von ihr ab. Trotzdem müsse sie für alles und jedes seine Erlaubnis einholen. »In unserer Gesellschaft ist der Mann der Herrscher. Mancher Mann verbietet seiner Frau sogar, in seiner Anwesenheit zu reden. Schweig! befiehlt er ihr. Hier rede nur ich.« Ihr Mann nimmt neuerdings die Arbeit etwas leichter und ist schon zwischen acht und neun Uhr abends zu Hause.

»Ist das Ihr Einfluß?« fragte ich sie.

Sie klatschte in die Hände und rief: »Sie haben es erfaßt!« hielt sich aber sofort die Hand vor den Mund, kicherte und verbesserte sich: »Nein, nein, ich habe natürlich keinerlei Einfluß auf meinen Mann. Er beschließt alles selbst...«

Und heute hat sie mich zum Mittagessen eingeladen. Das zweistöckige Haus uns gegenüber, in dem sie wohnt, gehörte ihrem Schwiegervater, der Direktor eines japanischen Stahlkonzerns war. Das Haus eines wohlhabenden Industriellen also? Ein Haus aus Sperrholz und Pappwänden, ohne Heizung, mit bescheidenem westlichem Mobiliar und einem verwilderten kleinen Garten. Jeder Japaner, der Chef wie der niedrige Angestellte, hat nach dem Krieg mit gleichem Einsatz gearbeitet und gleich genügsam gelebt.

Das Ehepaar S. geht seit einigen Jahren jeden Samstag zusammen in ein »Atelier« und lernt da im Modigliani-Stil zu malen.

»Du hast aber Glück mit mir, andere Männer verbringen längst nicht soviel Zeit mit ihren Frauen!« sagt Reikos Mann zu ihr.

»Ich bin meinem Mann auch wirklich sehr dankbar dafür...« sagt Reiko zu mir, aber ich merke, daß sie Theater spielt.

Sie zeigt mir die Bilder. Ihre Porträts haben Leben und Charakter, seine sind, wie sie selber erklärt, »exakt, denn er ist Ingenieur«.

Sie klatscht in die Hände, als ich ihre Schöpfungen bewundere: »Das werde ich ihm erzählen! Er behauptet nämlich, er male viel besser als ich. Nur seine Bilder dürfen im Wohnzimmer hängen, meine muß ich in den Schlafzimmern verstecken...« Trotzdem ist ihre, wie sie selber sagt, eine der besten Ehen, die es so gibt.

Bis zu ihrer Hochzeit unterrichtete Reiko Englisch an einer Mädchenschule. Er war als junger Ingenieur bei demselben Stahlkonzern angestellt, bei dem er heute noch ist, und wünschte sich eine Braut mit Universitätsabschluß, hatte aber, wie die meisten Salarimänner, keine Zeit, um sie sich selbst zu finden. Der Schulleiter hat die Bekanntschaft vermittelt – es gehört zu den Aufgaben eines Chefs, daß er das tut –, und sie haben geheiratet.

»Und wie habt ihr euch kennengelernt?« will sie wissen.

»Bei Freunden«, sage ich, um es kurz zu machen.

Und gleich fängt sie zu träumen an. »Eine Liebesheirat . . . «

Das Essen, das sie uns auf zwei getrennten Tabletts serviert, ist schlicht, fast ärmlich, aber sie sagt dazu: »Nur Gästen bieten wir so gute Dinge an. Ich selber esse Toast.«

Der Eindruck, mit dem ich wieder nach Hause gehe, ist der einer tiefen Unruhe und vieler Zweifel – trotz Reikos Talent, aus dem Leben das Beste zu machen. »Man erklärt uns, wir seien jetzt ein reiches Land«, hat sie beim Abschied nachdenklich gesagt. »Doch sind wir nicht so glücklich wie früher.«

12. November 1986

Gestern war ich mit Yoichi im Kino. Wir haben »Rokumeikan« gesehen, einen nach einer Kurzgeschichte Mishimas gedrehten japanischen Film.

Dieser »Rokumeikan« war ein Palast zum Empfang von ausländischen Staatsgästen und stand in der Gegend des heutigen Imperial Hotels. Ein Außenminister der Meiji-Zeit hatte ihn um 1880 von einem englischen Architekten in italienischem Stil erbauen lassen, um den Ausländern zu imponieren und ihnen zu beweisen, daß Japan mit dem gleichen Pomp, den gleichen Möbeln, den gleichen Speisen und Bällen aufwarten könne wie sie. Er hoffte, sie auf diese Weise dazu bewegen zu können, auf die »ungleichen Verträge« zu verzichten, die Japan so demütigten. Also legten die Japanerinnen ihre wunderschönen Kimonos ab, warfen sich in Decolleté und tanzten die Quadrille mit ihren befrackten Ehemännern. Sie gaben bei diesen Gelegenheiten ihre Verbeugungen auf und lernten, am

Arm ihres Gatten zu schreiten, obwohl es sich für sie eigentlich nur schickte, drei Schritte hinter ihm herzugehen. Sie führten in ihren Häusern Buffets und Kandelaber ein und saßen auf Sesseln: der Meiji-Kaiser und seine Kaiserin allen voran. Im Film erscheinen bei den Rokumeikan-Empfängen nur noch die Chinesen in ihren traditionellen Mandschu-Roben – für Japaner ein Beispiel ihrer hoffnungslosen Unfortschrittlichkeit.

Japans Traditionalisten empfanden die Rokumeikan-Idee jedoch als nationale Schande. Ein Komplott wird geschmiedet, bei dem die Frau des Außenministers den Sohn und den Geliebten verliert. Verzweifelt darüber will sie im Film ihren Mann verlassen, aber da setzt die Quadrille ein, und er führt sie auf das Tanzparkett. »Nur unter diesen Opfern kann Japan ein modernes Land werden«, flüstert er ihr ins Ohr. Eine Träne rollt ihr über die Wange, doch die Frau tanzt mit ihm und bleibt.

Yoichi findet den Film hochinteressant. Es bewegt ihn seine Botschaft – mehr noch als das Melodrama. Es bewegen ihn, er gibt es zu, auch die Füße der japanischen Soldaten, die in westlicher Uniform voranmarschieren.

Hat es je ein Volk gegeben, das eine vergleichbare Anstrengung zur eigenen Verwandlung gemacht hat?

16. November 1986

Heute ist Freitag, »Sextag«, wie Tiziano sagt. Bereits nachmittags um fünf sieht man am Shibuya-Bahnhof, einem der großen Umsteigebahnhöfe der Stadt, den täglich mehr als eine Million Menschen benützen, den Beginn der großen Nacht. Von überall kommen junge Leute an, die sich in der von der Mode diktierten düsteren Aufmachung – schwarzer Filzhut, schwere Halbschuhe, dunkler Schal und riesige schwarze Schultertaschen – am Denkmal für ein getreues Hündchen treffen und über den Bahnhofsplatz ergießen. Sie strömen über seine formlose, mit gigantischen Werbeplakaten beklebte Leere, über die gleich zwei riesige Videoschirme montiert sind, und filtern von dort aus in die kleinen Gassen, wo ihre Modeläden, Eiscremebuden, Cafés und Bierlokale sind. Dahinter liegt die Anhöhe mit den Love-Hotels. Shibuya ist für junge Leute Japans Paris.

Ich bin mit unserem Freund Shaw aus Hongkong unterwegs. Er will Jazz hören, und Jazz hört man am besten in Roppongi. Dort, in der Nähe des Ibis-Hotels, betreten wir ein weißgekacheltes Etagenhaus, in dem auf jedem Stockwerk eine verschiedene Jazz- oder Rockart gespielt wird. Wir fangen im vierten Stock an: Cool Jazz à la Jerry Mulligan mit einem Japaner am Klavier, einem am Baß, einem an der Batterie; ein vierter singt. Die Stimmung ist hier wie in einem der Schwabinger Nachtlokale in den fünfziger Jahren, und auch die Kunden – japanische Salarimänner mit ihren Begleiterinnen – gebärden sich genau wie die Cool-Jazz-Fans jener Zeit, nicken im Takt vor sich hin und klatschen kennerisch nach jeder Solonummer. Es ist, als habe sich das Ganze schon tausendmal wiederholt. Wir trinken einen Whiskey und steigen wieder in den Lift.

Im zweiten Stock Beatles-Musik. Diesmal befinden wir uns in einem düsteren, höhlenartigen Raum, einem Beatles-Keller, wie sie in den sechziger Jahren aussahen. Junge Japaner, aufgemacht als Ringo Starr, George Harrison, John Lennon und Paul McCartney (schwarze Jacke, rotes Hemd, schulterlanges Haar), stehen auf dem Podium und spielen, singen und gebärden sich genau wie sie. An den Wänden alte Beatles-Fotos (zum Teil richtige Raritäten), an den Tischen die typischen, körperwiegenden, hollernden und pfeifenden Beatles-Fans. Nur der brave Anzug mit dem Firmenabzeichen und das fortgeschrittene Alter verraten den Salariman.

So geht in Tokyo nichts verloren. Alles kann man hier haben. Alles, was es auf der Welt gegeben hat und in anderen Teilen der Welt heute gibt, findet man hier auf dem dritten oder siebenten Stockwerk irgendeines anonymen Hochhauses wieder. Alles wird hier kopiert, und das Publikum kopiert das Publikum, wie es auf die ursprünglichen Auftritte reagiert hat.

Ein graumelierter Herr neben mir hat seinen Arm um eine Frau gelegt.

»Kommen Sie oft hierher?« frage ich ihn.

»Ein paarmal im Monat und immer mit ihr. Sie ist meine bessere Hälfte.«

»Ihre Frau?«

»O nein, die bleibt mit den Kindern zu Hause.« Er wiegt sich im Rhythmus und schließt die Augen, als »Yesterday...« angestimmt wird.

»Sogar die Beatles gibt es hier...«

»Ja«, sagt der Graumelierte stolz. »Wir Japaner wissen, was gut ist, und das kopieren wir.«

»Alles kann man kopieren. Nur Japan kann keiner kopieren«, hat ein Japaner zu einem unserer italienischen Freunde gesagt. In diesem ebenso stolzen wie uns unverständlichen Satz ist das Maß der Verschiedenheit unserer Kulturen, unserer Werte enthalten – besonders des Wertes, den wir der persönlichen Erfindung, der geistigen Leistung, kurz: dem Individuum beimessen. Er genügt, um uns zu zeigen, wie schwierig ein gegenseitiges Verständnis sein wird.

18. November 1986

Ich beschäftige mich jetzt mit dem »Kabuki«, Japans beliebtester Theaterform, die lange im Mittelpunkt des japanischen Lebens gestanden hat. Vor der Kabuki-Bühne (und hinter ihren Kulissen!) konnte sich der Bürger vom Druck seines eisern organisierten Alltags erholen. Hier konnte er sich Luft verschaffen und entspannen. In den um die Kabuki-Bühne herum entstehenden Teehäusern und Bordellen konnte sich seine Lust auf Vergnügungen, ja seine Lust auf Freiheit austoben. Erstaunlich ist nur, daß keiner den nächsten Schritt gewagt und auch nach politischer und geistiger Freiheit verlangt hat. Mit der Freiheit, sich zu zerstreuen, haben sich die Japaner begnügt.

In diesem Zusammenhang ist die Rolle der außerhalb des organisierten gesellschaftlichen Lebens stehenden Frauen von größter Wichtigkeit, denn sie sind es, die sich der Seele der Männer annehmen. Der Schriftsteller Kawabata vergleicht die Rolle der Mamasan mit der des tröstenden Buddha. »Gab es da nicht alte Geschichten, in denen Huren und Kurtisanen eine Reinkarnation des Buddha waren?«

Es war eine Frau leichter Sitten, O-Kuni, die 1610 das Kabuki-Theater erfand, um die Männerwelt zu verlocken und zu vergnügen. Es war eine Hofdame, Murasaki Shikibu, die im 11. Jahrhundert den ersten Roman in japanischer Sprache schrieb, »Das Leben des Prinzen Genji«. Die Männer haben es ihr nachgetan. Viele der erneuernden Einfälle sind in Japan von »frei lebenden« Frauen ausgegangen. Seltsam: die befreite, emanzipierte Kurtisane – und die versklavte Ehefrau!

Dieses unerlaubte, intensive, aber seinem Wesen nach flüchtige Verhältnis zur Kurtisane charakterisiert das gesamte Gefühlsleben eines Japaners, das zwischen blitzartigen Leidenschaften und Zeiten menschlicher Einsamkeit pendelt. Es ist ein Verhältnis, wie es für Soldaten typisch ist, für ein Heer, das irgendwo rastet, sich vergnügt – und weitermarschiert. Ein Verhältnis, das der dauerhaften Beziehung mit einer Frau anscheinend aus dem Wege geht.

Saikakus Erzählungen und das große Kabuki-Repertoire aus dem 18. Jahrhundert handeln fast ausschließlich von solch bittersüßen Liebesgeschichten, die wegen ihrer gesellschaftlichen Unmöglichkeit nur im Selbstmord enden können. Wenn ihr Herz die gesellschaftlichen Pflichten nicht mehr ertragen kann, treten die Japaner leise aus dem Leben, als gingen sie aus einer Tür hinaus. Bis zum heutigen Tage ziehen sie diesen Ausweg dem der Revolte oder des Widerstands vor. Auch darin erkenne ich die Lebenseinstellung des Soldaten.

20. November 1986

Im Nationaltheater, dem einzig wirklich eleganten modernen Gebäude der Innenstadt, wird jedes Jahr um diese Zeit »Chushingura«, die beliebte Geschichte der 47 Ronin, gegeben. Den Mittelteil – er dauert immerhin von eins bis sechs Uhr nachmittags! – habe ich mir heute angesehen: ein Gesamtkunstwerk, wie wir es von unserer Bühne her nicht kennen. Die Schauspieler sind zugleich auch als Sänger und Tänzer ausgebildet; ein Chor, der in der Loge sitzt, spricht feierlich seinen Kommentar zur Handlung oder spielt auf Flöten und Fiedeln die Begleitmusik dazu; die Kostüme sind von kühnstem Farbgeschmack, gewagt gefüttert und immer mit einem besonderen Akzent versehen: einem Feuerrot im Violett, einem Weiß im Braun oder Schwarz. Die Bühne ist in jedem Augenblick ein Bild.

Wohl preist »Chushingura« die Treue der 47 Samurai, doch geht es hier, wie in aller guten Literatur, nicht um die Tugenden, sondern um das Leben. Es geht um die Leiden, die den Mitmenschen der Samurai durch ihre Tat entstehen. »Wie hart ist doch das Leben, das die Krieger uns auferlegen!« seufzt ein junges Mädchen, das sich wegen eines Blickes, den sie auf einen geheimen Brief geworfen hat, das Leben nehmen muß. Und als die Verlobte des Anführers der 47 Ronin auf der Suche nach ihm das Land vergebens durchwandert, rät ihr die Mutter, die mit ihr geht: »Denk an die Zeit, wenn ihr umschlungen auf denselben Kissen ruhen werdet!« – aber wir ahnen bereits, daß auch er Harakiri machen wird.

Ein Volk enthüllt sich in seiner Literatur. In diesem beliebtesten aller japanischen Dramen quält sich jede Person in der Rolle, die sie im Leben spielen muß und der sie nicht entweichen kann. Nein, die Japaner sind keine Kamikaze, sondern wahre Menschen, die man zu ewigen Opfern zwingt – damals im Kabuki wie heute im wirklichen Leben.

Obgleich von einer Frau erfunden und anfangs nur von Freudenmädchen gespielt, wurde das Kabuki nach seinen ersten Erfolgen bald ganz von männlichen Schauspielern übernommen und seitdem ausschließlich von solchen gespielt. Die junge Verlobte, die bei weitem anmutigste Gestalt auf der Bühne, war in Wirklichkeit ein achtzigjähriger berühmter Schauspieler. Alles an ihm – sein Kopf, sein Hals, seine Hände –, befand sich in ständiger, leichter Bewegung. Dieses fast unmerkliche Beben war wunderschön anzusehen, denn es erinnerte an das Laub eines Baumes, durch das eine leichte Brise zieht.

Draußen fallen die Blätter. Gärtner hocken auf den Gartenzäunen und schneiden die Zweige zurück. Ein Baum kann so groß wie ein Haus werden, aber Japan hat keinen Platz für solchen Luxus. Nur um Tempel herum dürfen Bäume sich frei entfalten. Im übrigen müssen Bäume – wie Frauen – sich bescheiden.

»Die japanische Frau braucht keine Religion. Sie hat ihren Mann als einzigen Himmel«, lautet ein altes Sprichwort.

4. Dezember 1986

Man fühlt sich in Japan oft unruhig und matt. Traurig über das Leben, wie es geworden ist. Weswegen, ist schwer zu sagen. Ist es der Luftdruck, ist es der gesellschaftliche Druck, der auf der Stimmung lastet? Oder sind es die vielen kleinen Erdbeben, die einen beunruhigen, die schwarzen Lawaausbrüche des Vulkans der Insel Oshima, deren 16000 Einwohner gerade in Tokyos Fußballstadien evakuiert worden sind? Zweifellos verspüren auch wir das Unheimliche und Bedrohliche des japanischen Bodens, denn es liegt wie ein Schatten auf den Japanern selbst.

Da jedem großen Erdbeben Tokyos – sie wiederholen sich ungefähr im Abstand von fünfzig Jahren, das letzte war 1923, das nächste ist also überfällig – ein Ausbruch des Oshima-Vulkans vorausgeht, beteuert das Fernsehen Abend für Abend, das erwartete »große Kanto-Erdbeben« stehe diesmal noch nicht bevor. Die Bevölkerung hält sich trotzdem bereit, und auch wir Ausländer, von unseren Botschaften dazu angehalten, haben einen Sack mit Trinkwasser, Medikamenten und Personalausweisen für den Notfall neben die Haustür gehängt.

Die heftigste Erschütterung der letzten Jahrzehnte kam bald nach unserer Ankunft, im Oktober letzten Jahres. Es war ein Samstagabend, Folco und Saskia waren mit ihren Freunden unterwegs. Plötzlich fing das Haus zu beben an, Bücher fielen von den Regalen, und als auf das erste Beben gleich ein noch heftigeres folgte, rannte ich in Panik in den Garten und kletterte auf einen Baum, aber auch der schüttelte sich heftig. In der ganzen Stadt gingen automatisch Lautsprecher los und forderten die Bevölkerung auf, Ruhe zu bewahren und sich an die Anweisungen zu halten, die allen Japanern beim routinemäßigen Erdbebendrill in Schulen und am Arbeitsplatz eingebleut werden.

Das Leben des Japaners ist hart. Anderthalb Stunden U-Bahn, morgens zur Arbeit und abends wieder nach Hause. Fünfzig Jahre lang. Seine Wohnung ist winzig, denn die Inseln sind für die 120 Millionen Menschen zu eng geworden. Schöne Dinge kann er keine besitzen: Wo sollte er sie auch aufbewahren? Kleider, das ist alles, was er sich als Entgelt für seine Ameisenarbeit leisten kann. Klamotten und ein paar Elektrogeräte. Seinen Tag verbringt er hauptsächlich bei künstlichem Licht: in der U-Bahn und in fensterlosen Kaufhäusern oder Büros. Lew Simon, ein amerikanischer Korrespondent, ist zufrieden mit seinem fensterlosen Büro im Gebäude der Nachrichtenagentur Kyodo, weil er durch das Milchglas in seiner Tür die Schatten der über den Korridor gehenden Angestellten sehen kann.

Ist das die Welt, in der wir leben wollen? Ist das der Fortschritt? Soll unsere Zukunft so aussehen?

Murray Sayle hat seine eigene Lösung der Probleme gefunden. Der beinahe legendäre Australier, der als Korrespondent der Londoner »Sunday Times« den Mount Everest erklommen hat und in einem Boot allein über den Atlantik gesegelt ist, hat sich von der Großstadt zurückgezogen und lebt seit über zehn Jahren mit seiner Frau Jenny und seinen Kindern auf einem der Ausläufer des Fuji-Berges. Am Rand eines Dorfes hat er sich dort ein brüchiges, schuppenartiges Bauernhaus mit Papierwänden gemietet, das er »mein Zelt mit Wellblechdach« nennt. Der Abort befindet sich auf dem Feld. Katzen und Hunde schlüpfen durch die Risse in den Reispapierwänden ins Haus, begleitet von einem eisigen Luftzug. Zu den Hausbewohnern gehört auch Henry, der Hahn, der unliebsame Gäste wieder verjagt. Als wir einmal in Murrays Wohnzimmer übernachteten, weckte uns nachts eine tonlose Baßstimme: »Füll mich auf! Füll mich auf!« Es war der Ofen, der mit mechanischer Stimme nach mehr Kerosin verlangte. Von dieser freien Warte aus betrachtet Murray Japan. Als Außenstehender. Als Eremit.

Die anderen Korrespondenten machen, wie wir, alle Anstrengungen, sich anzugleichen, sich anzupassen, auch an die Etikette. Jeder interessiert sich für das seltsame Land, aber niemand liebt es. Man respektiert es, das ja.

Mit Hideko, der japanischen Frau eines amerikanischen Journalisten, sind wir einmal zum Friedhof von Ikebukoro gegangen, einem schönen Friedhof. »Ich liebe Friedhöfe«, sagte sie, »wo die Ahnen sich mit den Lebenden unterhalten und mit ihnen spielen.«

Lafcadio Hearn hat hier sein Grab. Dieser Halbengländer und Halbgrieche lebte um die Jahrhundertwende in Japan und hat das Land mit seinen Büchern über japanische Sitten und Legenden für den Westen unendlich anziehend gemacht. Auf seinem Grabstein steht nur sein japanischer Name, Koizumi Yakumo. Er hatte eine Japanerin geheiratet, die, als man sie nach seinem Tod fragte: »Wie war dein Mann?«, geantwortet hat: »Ein seltsamer Fremder.«

Dieser seltsame Fremde hatte den Wunsch gehabt, Japaner zu werden. Ein verwegener Wunsch! Schließlich gab man ihm die Staatsangehörigkeit, da sein Beitrag zur Verbreitung von Kenntnissen über Japans Kultur nicht zu leugnen war, reduzierte aber gleichzeitig sein Gehalt als Professor an der Kaiserlichen Universität um zwei Drittel. Statt des verehrten Ausländers wurde er zu einem gewöhnlichen Japaner, zur Strafe dafür, daß er Japaner hatte werden wollen. Er starb 1904, ein Jahr später, an einem Herzinfarkt.

Murray sagt, am Ende seines kurzen Lebens, in dem er versucht hatte, Japans Seele, Japans Geheimnis zu ergründen, habe Lafcadio gemerkt, daß da nicht viel zu ergründen war, und bedauert, vierzehn Jahre mit der Suche nach etwas verbracht zu haben, das ihn letztlich enttäuscht hat.

Jahr des Hasen

Tokyo, 8. Januar 1987

Über Weihnachten und Neujahr waren wir in Hongkong, das seit Jahren unser asiatisches Zuhause ist. Eine Studentenrevolte in Peking, die erste seit 1978, hat die englische Kolonie in Atem gehalten. Und als die Meldung kam, daß auch Makao, wie Hongkong, noch vor Ende des Jahrhunderts an China zurückgegeben werden müsse, ist Tiziano sogleich hingefahren, um ein Porträt der alten portugiesischen Kolonie zu schreiben.

Ich dagegen sitze jetzt wieder in meinem kleinen Zimmer mit Blick auf Madame Haras Garten und vertiefe mich in Japans Eßkultur. Reinhardt Wolf war vor Weihnachten hier und hat mir aufgetragen, die Texte zu seinen Fotos zu schreiben. In zwei Monaten müssen sie fertig sein.

Im Nebenzimmer laute Musik, Gelächter und Folcos Stimme, der seine Freunde unterhält. Er will sich hier vor seinem Studium noch etwas Geld verdienen und hat einen Job in der japanischen Werbung angenommen, die sich fast ausschließlich westlicher Modelle bedient.

Im Büro arbeitet Chigusa, eine junge Japanerin aus Kyoto. Sie ist in Europa aufgewachsen, spricht Deutsch, fließend Englisch und ist ein durch und durch fröhlicher Mensch. Ihre Großeltern besitzen in Kyoto eine Sake-Brauerei und eine Noh-Bühne, auf der sie auch selber als Schauspieler auftreten. Reiswein-Brauen und Noh-Theater-Spielen sind feierliche, urjapanische Beschäftigungen, die in engster Verbindung mit Shinto-Riten und den traditionsreichen Erinnerungen dieses Volkes stehen.

18. Januar 1987

Rotenburo – heiße Mineralquellen, in denen man unter freiem Himmel badet – gehören zu den ältesten und schönsten Vergnügungen dieses Landes. Unter den Hunderten von Thermalquellen, die aus dem vulkanischen Boden sprudeln, haben wir uns eine in einem verschneiten Gebirgstal der Gumma-Präfektur ausgesucht, die lange nur wandernden Samurai und Bären bekannt war. Gerade kommen wir davon zurück.

Ein einziges Hotel steht in diesem Tal, und das ist auf größere Gruppen eingestellt. Das Zwölf-Tatamimatten-Zimmer, das unserer Familie zugedacht ist, hat ein kleines Vorzimmer, wo man die Pantoffeln läßt, und eine kleine Veranda, von der aus man auf Bach und Berge sieht. Vier gleiche Baumwollkimonos, vier schwarz und blau gewürfelte Wollkimonojacken und vier weinrote Schärpen liegen für uns bereit – die Uniform aller Gäste in traditionell japanischen Hotels.

So gekleidet überqueren wir auf einer Hängebrücke den Sturzbach, der tosend das Tal hinunterspringt. Am anderen Ufer ballen sich die Dämpfe der heißen, aus dem Berg sprudelnden Schwefelquellen über natürlichen Felsbecken, in die sie sich ergießen. In der grauen Dämmerung ist es ein Bild, wie von der Hölle. Nackte Männerkörper bewegen sich im dampfenden Wasser wie behäbige, träge Tiere. Hier biegen Tiziano und Folco ab.

Saskia und ich gehen bis zum Becken der Frauen weiter. In einem kleinen Holzpavillon, in dem sie sich gemeinsam aus- und ankleiden, lassen auch wir unsere Hüllen fallen und huschen dann, nur mit einem winzigen Anstandstüchlein bewaffnet, hinaus in die Kälte und ins erschreckend heiße Wasser – und die Welt verändert sich plötzlich. Aus diesem in die einsame, frierende Natur eingelassenen heißen Tümpel betrachtet man die verschneiten Bäume, den grauen Himmel, die Lampions, in denen das Licht angeht, im wahrsten Sinne des Wortes aus einem neuen Blickwinkel. Man sieht den Winter, sieht den Abend. Wenn einem das Herz vor Hitze pocht, steigt man wieder ans Ufer, setzt sich auf einen Stein und gleitet dann abgekühlt ins Wasser zurück. Langsam verbleichen die Farben, und die Dunkelheit sinkt. Frauen spielen im

Wasser mit ihren Kindern, das Anstandstüchlein gefaltet auf dem Kopf. Alte steigen ins Wasser, um ihre Knochenschmerzen zu lindern. Alles plaudert, wie auf dem Dorfplatz am Abend, und wenn man wieder im Kimono durch den fallenden Schnee ins Hotel zurückgeht, spürt man die Kälte nicht mehr.

Das Abendessen wird uns von einer Kimonofrau auf kleinen Tischchen ins Zimmer getragen, die sie in Hufeisenform aneinanderreiht. Danach begeben wir uns in den Gemeinschaftsraum. Nur ein einsamer Kellner steht da vor dem Karaoke-Gerät und singt. Saskia begeistert sich für die Erfindung und ergreift das Mikrophon nach ihm, dann singt Tiziano, dann singe ich, von der Orchesterbegleitung getragen. Bald rücken andere Hotelgäste an – jede Gruppe entspricht wie üblich einer vom Chef angeführten Arbeitseinheit –, und professionelle Unterhalterinnen in langen schwarzen Seidenröcken und weißen Spitzenblusen erscheinen, schenken den Männern Whiskey ein und singen mit ihnen zum Karaoke-Gerät im Duett.

Ein paar angeheiterte Salarimänner setzen sich ganz nah an uns heran: »Do you like Japan?« fragen sie mit tiefem, erwartungsvollen Ernst. Ich tanze mit einem, Tiziano mit einem anderen – in unseren Kimonos sehen wir ohnehin alle gleich aus.

Als die Nacht hereinbricht, zieht es uns noch einmal zu den Felsbecken hinaus. Schneeflocken tanzen vor den Lampions, legen sich einem aufs Haar, und man fühlt sich im heißen Wasser wie im Paradies. Die kochendheißen Schwefelströme rauschen aus dem Berg heraus, durch die Becken hindurch und fort in den tosenden Sturzbach. Eine Gruppe von Yakuza – man erkennt sie an ihren über und über tätowierten Körpern – kommt laut redend angetorkelt und gesellt sich mit ihren Frauen und ihren Reisweinflaschen zu uns ins Wasser. In der Dunkelheit baden Männer und Frauen gemeinsam.

In unserem Zimmer liegen jetzt vier Futon-Matratzen nebeneinander auf dem Tatamiboden – die Eßtischchen sind verschwunden –, und wir schlafen, bis uns um acht Uhr ein energisches Türklopfen weckt. Aufstehen, Bettzeug in den Wandschränken verstauen, die Tischchen mit dem Frühstück werden gebracht!

Dann tauchen wir noch einmal in die Felsbecken ein. Der Schnee liegt jetzt einen Meter hoch, und als die Sonne für einen Augenblick erscheint, erstrahlt die Welt in Weiß und Blau.

»Eure Zeit ist um!« Es ist elf Uhr, und ein neuer Schub Gäste wartet schon. Wir legen die Schneeketten an und fahren tief in die Provinz Niigata hinein. Der Schneesturm wird immer heftiger, bald erkennen wir kein Haus, keinen Baum, keinen Gebirgsrükken mehr – und kehren um. Die Straße füllt sich mit Autos von Skifahrern. Männer mit Leuchtstöcken halten einen an, schicken einen zu Ausweichstellen: Ketten anlegen! Ketten ablegen! Das Leben ist wieder reglementiert. Aber vollkommene Freiheit, Stille, die gibt es auch hier in einem unerwarteten Grad.

20. Januar 1987

Den ganzen Tag unterwegs mit Reiko, meiner Nachbarin. In einer Ausstellung japanischer Ölbilder aus der Meiji-Zeit, im Club zum Mittagessen, im Kaufhaus »Seibu«, um Süßigkeiten in den Farben und Formen der Kirschblüte, der Frühlingsblüte, zu kaufen. Wir reden unentwegt, aber auch bei Reiko habe ich den Eindruck, daß die innere Disziplin und Selbstbeherrschung, jenes Kopfhochhalten um jeden Preis – und dazu noch das Hochhalten der japanischen Fahne – niemals aussetzen, niemals etwas ganz Persönliches, Eigenes durchbrechen lassen. Immer liegt ein Deckel auf dem Kochtopf, und am Ende des Tages bin ich müde; müde, ihrer angestrengten Stimme zuzuhören, müde auch, weil ich immer wieder jene breite Sicht vermisse, die es beispielsweise den Chinesen erlaubt – Kommunismus oder nicht –, die ganze, große menschliche Tragikomödie zu erfassen.

Als wir in der Ausstellung vor einem Ölbild mit Lotusblumen standen, ist ein Herr an Reiko herangetreten und hat ihr zugeflüstert: »Sagen Sie der Fremden, daß wir Japaner hören – hören! sagen Sie ihr das –, wie die Lotusblume aufgeht . . .« Das auf Leinwand gemalte Ölbild war in Technik und Inhalt ganz vom Westen inspiriert – zwei Japanerinnen sitzen in Empirekleidern auf Liegestühlen nebeneinander am Teich –, und doch sieht der Mann in diesem unsichtbaren »Hören« genug einzigartig Japanisches, um sein Herz mit patriotischen Gefühlen zu füllen.

20. Februar 1987

Die Monate vergehen. Ich schreibe weiter an meinen Texten für Reinhardt Wolf, stoße auf Aberglauben, Fabeln und Riten, die sich alle auf das tägliche Leben der Japaner beziehen und zuweilen auch auf ihr Essen.

Tiziano war inzwischen mit Otomo und seinem Freund Philippe Pons, dem Korrespondenten der Zeitung »Le Monde«, auf Kyushu, der südlichsten der drei großen japanischen Inseln, wo Fabriken plötzlich pleite gehen und die Leute arbeitslos werden.

Die USA haben im Laufe der letzten achtzehn Monate den Dollar gegenüber dem Yen ständig abgewertet, in der Hoffnung, durch diese für den westlichen Käufer entstehende Verteuerung der japanischen Waren den Strom der japanischen Exporte etwas einzudämmen. »Endaka«, wie der verteuerte Yen in Japan genannt wird, führte hier zunächst zu panischer Angst vor einer Wirtschaftskrise. Dann aber hat man sich wieder gefangen und kurzerhand die Strategie geändert. Statt, wie der Westen gehofft hatte, weniger zu exportieren und mehr zu importieren, schottet Japan jetzt den eigenen Markt noch fester ab und verlegt stattdessen seine Fabriken ins Ausland – vor allem auf die Philippinen und nach Taiwan, wo die Arbeitskräfte besonders billig sind – um seine Produktionskosten zu verringern.

Die »Wirtschaftskrise«, bedrohlich geschildert, wird zudem von den japanischen Konzernen geschickt und gnadenlos als Vorwand benützt, um ihre Produktion zu straffen und zu rationalisieren. Unrentable Unternehmen werden geschlossen, oder ihre Produktion wird umgestellt, Arbeiter werden entlassen, Gehälter herabgesetzt – wie Tiziano auf Kyushu sah. Er ist der Meinung, daß Japan mit einer noch mächtigeren, noch unschlagbareren Wirtschaft aus dieser Krise hervorgeht.

Statt daß sie ausländische Waren kaufen, wie Amerika gehofft hatte, begeben sich die Japaner nun selber ins Ausland, um dort

Grundstücke und Immobilien zu Preisen zu kaufen, die sich, eben wegen der Abwertung des Dollars, für sie um fast 50 Prozent verbilligt haben. Infolge von »Endaka« bekommen sie also unseren Grundbesitz heute sozusagen geschenkt. Wieder haben wir uns verrechnet. Wieder hat Japan weit geschickter gespielt als wir.

»Japan, das Paradies des Globetrotters, ist auch das Grab der Hoffnungen unseres Kaufmanns«, schrieb der Japankenner Basil Chamberlain schon vor hundert Jahren.

20. März 1987

Meine Texte für Reinhardt Wolfs Fotobuch »Japan, Kultur des Essens« sind abgeliefert. Was mir davon bleibt, ist die Geschichte einer armseligen Erde, eines beinah verhungerten Volkes, das mit Riten und Symbolen versucht hat, sich die Natur gnädig zu stimmen; das in seinem Essen mit Schönheit ergänzt hat, was ihm an Substanz fehlte. Farben, Anklänge an die Jahreszeiten und Aufmachung wurden zu Hilfe gerufen, um über den leeren Tisch hinwegzutäuschen. Der Samurai setzte sich vor den Holzfisch, der als einziges Essen auf seinem Teller lag, und ließ sich danach einen Zahnstocher reichen, zum Zeichen, daß er sich satt gegessen hatte.

Japan hat von China alles übernommen – vom Tee bis zum Sushi, vom Kimono bis zum Tatami, vom Buddhismus bis zum Konfuzianismus. Es übernahm die glückbringenden Symbole der Fichte, des Bambus, der Kirschblüte und viele seiner schönsten Feste und Riten: das Mondfest, das Neujahrsfest, das Fest der Kirschblüte. Aber die Diät, wie sie die buddhistischen Mönche in Kyotos Klöstern entwickelten, die gibt es so nur in Japan. Die Zen-Buddhisten machten dabei geschickt Gebrauch von allem, was auf den Inseln wächst, erkannten den Kalkgehalt in Dingen – wie Fischgräten –, die wir wegwerfen, und bezogen sie ins Essen ein. Bereits vor Hunderten von Jahren wußte man in Japan vom erhöhten Nahrungswert der Rohkost und glich mit Tofu den Mangel an Proteinen aus. Sojabohnen wurden »das Fleisch der Felder« genannt.

Unzählige Riten aus dem Shintoismus, den Lafcadio Hearn die »Religion der Rasse« nennt, beschwichtigten die Natur. Sie beschwichtigten die »Kami«, die Geister, die jeden Baum und Fluß und Donnerschlag bewohnen, überall auf der Lauer sitzen und den Japanern die Natur zu etwas Erschreckendem machen, in das sie lieber nicht eindringen, das sie lieber nicht erforschen.

Seltsam. Niemals haben die Japaner ein Land oder einen Stern entdeckt, niemals ihre Herden unter dem Firmament geweidet und dabei, wie die Hirten Zentralasiens, eine Religion erfunden; niemals haben sie sich die Ferne, die Unendlichkeit vorgestellt oder auch nur geahnt, was Ferne und Unendlichkeit dem Menschen bedeuten können. Niemals sind sie über die Ozeane gefahren, um sie zu erforschen. Sie haben ein »reduziertes« Leben geführt, wie der Koreaner O-Yang Lee in seinem Buch »Small is better« schreibt, haben zu den Sternen nur durch ein Loch im Papierfenster aufgeschaut und die Natur nur in der Form eines Zwergbaums oder einer in der Vase stehenden Blume verehrt.

»Sie kennen die Blumen, aber nicht den Wald«, wie Hasegawa Nyozekan, ein Japaner, schreibt.

15. April 1987

Kirschblütenfest in den Gärten von Shinjuku, einem großen Park westlichen Stils, der früher zum kaiserlichen Besitz gehörte. Die Stimmung war wie auf einem impressionistischen Bild oder in einem Roman von Flaubert – eine Landpartie aus vergangenen Zeiten. Eine japanische Kapelle spielte altmodische westliche Weisen – »Marianka«, »O sole mio« und »Waltzing Mathilda« –, die Gäste begrüßten einander auf dem großen Rasen, aßen und tranken. Alle Japanerinnen waren im Frühlingskimono, das diplomatische Corps im dunklen Anzug, einige Damen mit Hut, wie beim Pferderennen. Alle Militärattachés in Uniform.

Unter dem einzigen Kirschbaum, der noch blüht – oder genauer: der auf Eis konserviert und am Morgen in den Park transportiert worden ist –, hat unser Gastgeber, Premierminister Nakasone, seine Rede gehalten. Während er letztes Jahr die Japaner wegen ihrer einzigartigen Blumenliebe und ihres einzigartigen Sinnes für die Natur pries und eine unbedingte Überlegenheit seiner Rasse darin sah, hat er diesmal seinen ausländischen Gästen Japans überlegenen Schönheitssinn in Dichtung und Kunst dargelegt. Ich glaube nicht, daß Nakasone die westliche Literatur kennt.

Er wirkte gealtert, besorgt wohl über die wachsenden Handelsspannungen mit dem Westen. Japan ist zu reich, zu erfolgreich geworden. Die japanischen Geldreserven wachsen ständig: Rund ein Drittel des Weltkapitals ist heute in japanischer Hand. Das Volk wird von seiner Regierung auf jede erdenkliche Weise dazu angehalten, nur »Made in Japan« zu kaufen, und die Industrie hat die Preise ihrer Exporte so sehr herabgesetzt, daß die Ausländer, trotz der geringeren Kaufkraft des Dollars, fortfahren zu importieren. Man kann sich des Verdachts eines japanischen Dumpings nicht erwehren. Im Westen haben Inflation und Arbeitslosigkeit eingesetzt. Die amerikanische Handelsbilanz sinkt, und Washington schimpft.

»Warum mag Amerika uns nicht mehr leiden? Was haben wir denn Böses getan? Wir haben doch nur tüchtig gearbeitet und versucht, unsere Wirtschaft zu verbessern!« sagte Chigusa, Tizianos intelligente Sekretärin, traurig darüber und beleidigt, daß die Welt Japan wegen seiner Erfolge nicht nur bewundert. Japanische Massenmedien und Zeitungen klagen über »Japan bashing«, den Versuch, Japan »niederzumachen«, als fiele Japan einem westlichen »Rassismus« zum Opfer. Dabei wäre es doch so einfach, den japanischen Lesern klarzumachen, daß die Rechnung für uns nicht aufgeht.

Auch die westliche Kunst ist für Japaner plötzlich billig geworden. Der geheimnisvolle Käufer, der bei einer Versteigerung in New York das letzte von van Goghs »Sonnenblumen«-Bildern, das noch in privater Hand war, für den noch nie bezahlten Preis von 5,3 Milliarden Yen erworben hat, war, wie sich endlich herausgestellt hat, die Yasuda Feuer- und Marineversicherungsgesellschaft aus Tokyo. Ihr Präsident, Herr Goto, hat das Bild unbedingt haben wollen, weil van Gogh es zur selben Zeit gemalt hat, als die Firma gegründet wurde! Es soll auf dem 42. Stock ihres

Bürohauses in Shinjuku hinter kugelsicherem Panzerglas aufgehängt werden. Hätte Vincent sich das vorstellen können?

Das Außenministerium hat die Yasuda-Gesellschaft für diesen Ankauf gerügt: Es sei unangebracht, gerade in diesem Augenblick der Welt Japans Reichtum so unter die Augen zu halten.

20. April 1987

Ich lese jetzt Sven Hedin, Albert von Lecocq, Owen Lattimore über ihre Entdeckungen alter Kulturen in den großen zentralasiatischen Wüsten. Im Mai soll ich nach China fahren, um einen Artikel über die Seidenstraße zu schreiben.

Über jenes hohe Land, weit von allen Meeren entfernt, bewegte sich vor über tausend Jahren der Handel zwischen Orient und Okzident. Eine Staffette von Karawanen, Händlern und Kamelen verband die beiden großen seßhaften Kulturen – die europäische und die chinesische – wie mit einem feinen Faden, der sich über Wüsten und Steppen hinzog, von Oase zu Oase, von Karawanserei zu Karawanserei. Dieser Pfad, über den auch der Buddhismus von Indien nach China und nach Japan gelangte, geriet später in Vergessenheit. Als europäische Entdecker ihn zu Anfang des Jahrhunderts wiederfanden, nannten sie ihn »die Seidenstraße«.

Es ist aufregend zu lesen, wie diese Männer ihre Expeditionen in Peking zusammenstellten und sich dort mit Ministern, Gelehrten und Händlern berieten. Gibt es Menschen dieses Schlages nicht mehr? Beim Lesen ihrer Bücher und Berichte empfinde ich auch Chinas Größe wieder, erkenne die erstaunliche Weitsicht und »Kaiserlichkeit« seiner Politik den Steppen- und Oasenvölkern gegenüber, denen es sich wie einem »vom Wolf abstammenden Feind« ausgesetzt sah, gegen die es die Große Mauer baute – allein das, welcher Plan! – und die es sich schließlich unterwarf. Zugleich war China neugierig auf die Völker, derer es sich erwehren mußte, und hat von ihnen viel gelernt und übernommen. Seide, Jade, Pferde, Wein, Musik und Tanz sind über die Seidenstraße von Zentralasien nach China gekommen.

Japan hat dieser Austausch mit der Welt gefehlt.

18. Mai 1987
Aus China zurück – zurück aus Peking, Urumqi, Kashgar, Aksu, Turfan, Dunhuang, Lanzhou, die ich in Begleitung unseres früheren Dolmetschers Liu und dann mit Helga Burger bereist habe, traf ich mich gestern mit einer alten japanischen Freundin aus Pekinger Zeiten, Oka Hiro, um ihr davon zu erzählen. Wir hatten uns vor dem Sony-Gebäude im Ginza-Viertel verabredet, einem klassischen Treffpunkt, und in der »Eßgasse«, im obersten Stock des Kaufhauses Matsuya, wo kleine Restaurants wie auf der Dorfstraße nebeneinanderstehen, zu Mittag gegessen. Wie üblich waren wir fast nur unter Frauen.

Wir haben uns dann ein Theaterstück über den Krieg angeschaut, in dem es um die befremdliche Tatsache ging, daß die Japaner sich weigern, über ihre Kriegsschuld nachzudenken. Der Autor zitiert in seiner Vorrede die Worte Richard von Weizsäckers an die Deutschen: »Wer die Vergangenheit vergißt, ist für die Gegenwart blind.«

»Japaner vergessen schnell«, meinte Hiro, die es beunruhigt, daß Scharen von Japanern jetzt wieder nach China reisen und dort alte Kriegslieder grölen, ihrer eigenen Greueltaten scheinbar uneingedenk.

»Warum nennen wir den 15. August 1945 wohl ›Kriegsende‹ und nicht ›Tag der Niederlage‹? Weil wir uns unsere Niederlage nicht eingestehen wollen!« Hätten die Japaner sich damit auseinandergesetzt, sagt Hiro, dann wären sie sich heute auch des amerikanischen Marshallplans und der Tatsache bewußt, daß Amerika Japans zerschmetterter Wirtschaft nach dem Krieg wieder auf die Beine geholfen hat und immer noch für seine Verteidigung aufkommt, statt über Amerikas Wirtschaftsprobleme zu frohlocken und sich im geheimen zu denken: »Sollen die Amerikaner doch selbst sehen, wie sie damit fertig werden!«

Hiro wünscht ihrem Land eine ordentliche Lektion. Sie schämt sich der japanischen Politiker, die das Volk nicht über seine historische Schuld aufklären und besonders in diesem Krisenmoment es nicht an seine internationalen Verantwortungen erinnern. Sie selbst ist eine stolze Exponentin des Japans der Samurai, wie es vor der Meiji-Zeit einmal war.

2. Juni 1987

Man sagt, Japan sei eine »verbrechenlose Gesellschaft«. Tiziano meint, es sei eine »rechtlose Gesellschaft«; eine Gesellschaft, in der das geschriebene Recht nichts gilt. Im Namen des »gesellschaftlichen Friedens und der Harmonie« wird von jedem Bürger verlangt – egal, wie es um seine objektive Rechtslage steht –, daß er erdulde, was ihm widerfährt. Protestiert er dagegen, stört er damit die gesellschaftliche Harmonie – was einem Vergehen an der Allgemeinheit entspricht. Dieses sind noch Regeln, wie sie für die Gesellschaft der Feudalzeit galten und wie sie den heutigen Japanern immer noch mehr gelten, als ihr von der Verfassung gewährtes Recht. Die Sanktionen der Gruppe, der er angehört, sind für ihn weit unerträglicher als die des Gesetzes.

»Wenn du eine eigene Meinung hast und deiner eigenen Wege gehst, dann halten die Leute dich für ›anders‹ und stoßen dich aus der Gruppe aus. Damit beginnt für dich aber ein schrecklich einsamer Kampf gegen die Gesamtheit der Gesellschaft«, hat Naoki einmal gesagt.

Eine Frau schreibt an eine Tageszeitung: »Mein Mann verprügelt mich jeden Abend, wenn er nach Hause kommt. Er brüllt dabei: ›Nur weil ich eine Idiotin wie dich geheiratet habe, mache ich keine Karriere!‹« Sie möchte wissen, ob sie sich scheiden lassen kann, ohne damit die Zukunft ihrer Tochter zu beeinträchtigen? Ob die Tochter einer geschiedenen Frau überhaupt eine Stellung bekommen und einen Mann finden kann? Sie erkundigt sich, mit anderen Worten, nicht nach ihrem Recht, sondern nach den Gepflogenheiten der Gesellschaft.

Saskias Englischlehrerin hat beobachtet, daß manche ihrer japanischen Schülerinnen morgens ganz verwirrt und bedrückt in die Klasse kommen, ohne sagen zu wollen, warum. Endlich hat sie herausbekommen, daß sie im Gedränge der U-Bahnen von Porno-

Magazine lesenden Männern belästigt werden, es aber passiv geschehen lassen müssen, weil sie fürchten, daß der Mann ausrufen könnte: »Es ist nicht wahr! Seht sie an, sie lügt!« Da er erwachsen ist und sie klein, bekäme er unweigerlich recht.

Schüler von Mittelschulen sind oft den Quälereien und Gewalttätigkeiten ihrer Kameraden ausgesetzt, ein Phänomen, das »Ijime« (Peinigen) genannt wird und dem Erziehungssystem schwer zu schaffen macht. »Ijime« hat, seitdem wir im Lande sind, immer wieder zu Todesfällen und Selbstmorden von Kindern geführt, doch die schlimmste Welle gab es vor vier Jahren, als es in sieben Monaten zu 155 000 Ijime-Fällen mit neun Selbstmorden kam. Da die Schulen den Klassen daraufhin eine nur noch strengere Disziplin auferlegt haben, wagen die leidtragenden Kinder es oft nicht, bei Lehrern oder Eltern Hilfe zu suchen und gehen lieber in den Tod.

Kürzlich hat sich eines dieser täglich gequälten kleinen Schulmädchen aber doch gewehrt und Gift in die Suppenteller seiner Peiniger gegossen. Ein paar Tage später hat es dann einen Selbstmordversuch gemacht: nicht, weil es die Tat bereut hätte (sogar die Polizei hatte ihr recht gegeben), sondern »wegen des unerträglichen Drucks der Gesellschaft«.

Die Yakuza, die als Gangster außerhalb der genormten Gesellschaft stehen, nehmen das Gesetz in die eigene Hand und verschaffen sich, was sie für ihr Recht halten. Folgende Episode hat sich kürzlich zugetragen. Als ein Yakuza erfuhr, daß sein Sohn in der Schule »Ijime« zum Opfer gefallen war, marschierte er direkt zum Schulleiter und erklärte ihm, er werde die Schule in Brand stecken, wenn die Eltern der Schuldigen nicht sofort anträten. Die herbeigeholten Eltern wurden vom Yakuza gezwungen, ihm pro Familie eine Million Yen auszubezahlen. Der Schulleiter hat die Erpressung nicht angezeigt. Erst Wochen später brachte ein empörter Vater den Fall an die Öffentlichkeit.

In einer ebenso konformistischen wie nationalistischen Gesellschaft wie dieser wird jede Kritik an der japanischen Nation von ihren Beschützern, den Rechtsradikalen, bestraft – oft, ohne daß die Öffentlichkeit von ihrem Eingriff erfährt.

Folgende Episode wurde uns heute von einem japanischen Journalisten während eines Botschaftsempfangs erzählt. Eine Japanerin, die gegen Japans Einmarsch in China gewesen war, blieb nach Kriegsende in China und heiratete dort einen Chinesen. Als sie kürzlich starb und ihre Tochter nach Japan kam, um hier Japanisch zu lernen, haben rechtsextremistische Gruppen sich sofort mit ihr in Verbindung gesetzt: »Du bist die Tochter einer Verräterin. Wenn du mit Journalisten sprichst, bringen wir dich um!«

Ein Journalist der Tageszeitung »Asahi« soll kürzlich aus ähnlichen Gründen ermordet worden sein. Sein Tod ist der Öffentlichkeit niemals bekanntgegeben worden.

Als Tiziano einer Gruppe von europäischen Bankleuten die Frage stellte: »Auf welche Weise tragen die Japaner zur Lösung der Probleme der Menschheit bei?«, lautete die Antwort nach längerem Schweigen: »Sie verdienen Geld. Darin sind sie gut, besser als wir.«

Den Kern seiner Frage erkannten sie nicht. Die Gefährlichkeit der rein pragmatischen Ziele dieses Landes, ihren Drang, die Welt wenigstens auf wirtschaftliche Weise zu erobern, ziehen sie vor, nicht zu sehen.

»Sie sollten keine Urteile fällen«, sagten sie zu ihm. »Es ist nicht Ihr Land. Jedes Land hat seine eigenen Probleme . . .«

15. Juni 1987
Völlig unerwartet fliegen wir morgen schon heim. Der Grund: Fang Lizhi, Chinas angesehenster Physiker, der in seinem Land zum Fürsprecher für Menschenrechte, Gedankenfreiheit und Demokratie geworden ist und unter den chinesischen Studenten wachsende Popularität genießt, befindet sich im Augenblick zu einem Astrophysikertreffen in Italien und ist bereit, uns in Florenz zu besuchen und mit Tiziano ein ausführliches Gespräch über China zu führen. Wir kennen ihn aus Peking.

Tokyo, 15. September 1987
Wir sind aus Europa zurück – mit der Gewißheit, daß wir statt einem mindestens noch zwei Jahre in Japan bleiben werden.

Ich hatte mich vor der Rückkehr beinah gefürchtet, dachte, es gefiele mir hier nicht. Statt dessen haben wir die lange Fahrt im Limousinenbus bis zum City Terminal mit wohlwollendem Gleichmut hinter uns gebracht. Dunkelheit. Autos. Love-Hotels. Wie eine mechanische Puppe hob unser Fahrer seine weißbehandschuhte Hand immer dann zum Gruß, wenn ihm ein Limousinenbus seiner Firma auf der anderen Fahrbahn entgegenkam. Jeder arbeitende Mensch legt hier dieselbe blinde Hingabe an den Tag, und Tiziano ist immer wieder davon fasziniert: »Japan im Anmarsch«, sagt er.

Die groteske Häßlichkeit der menschlichen Behausungen beleidigt uns nicht mehr. Sie gleichen Gerüsten, die schnell aufgestellt und ebenso schnell wieder abmontiert werden können. Abseits der großen Verkehrsadern haben die Menschen ihre kleinen Verstecke, in die sie sich nach Feierabend verkriechen können. Die alten Gassen mit ihren Badehäusern, Sushi-Häusern, Häusern des Sake, Häusern der Liebe, mit ihren nachgemachten Laternen und ihrem Rest Tradition, schlängeln rechts und links der Hauptstraßen davon. Dorthin verziehen sich die Leute nach einem schweren Tag. Dort trinken sie, reden sie, dort kehren sie ins »Dorf« zurück. Diesmal habe ich es verstanden, es ist alles ganz einfach.

Yoichi hat uns im Sommer mit seiner Frau im Apennin besucht. Er war in Eile, wollte keine Zeit verlieren. Während der zwanzig Tage Urlaub – zwanzig Tage, die Yoichi sich nach vierzig Arbeitsjahren zum erstenmal nehmen durfte! – mußten Moskau, Istanbul, Rom, Florenz, Venedig, Wien und Paris in wilder Eile gesehen werden. In Florenz konnten beide vor Müdigkeit kaum noch den Kopf hochheben – ich glaube, sie haben den Dom nicht einmal gesehen –, und die Frau suchte nur noch nach den obligatorischen Mitbringseln und einem Paar Pantoffeln, so sehr taten ihr die Füße weh.

Tourismus für Sklaven – ein Leben für Sklaven.

20. September 1987

Das einzige Geräusch, das morgens in mein Zimmer dringt, ist das von Schritten, die eilig, als seien sie verspätet, die Straße hinunterlaufen. Tik-tak, tik-tak, tik-tak, tik-tik-tik-tik ... Eine Hausfrau, die zum Einkaufen läuft? zu einer Yoga-, Tango- oder Englischstunde? In ein Café, um sich mit ihren Freundinnen zu treffen? Vielleicht eilt sie zu einem Teilzeitjob, oder sie spekuliert hinter dem Rücken ihres Mannes ein wenig an der Börse.

»Hausfrauen spekulieren auf Nahrungsmittel à la Hausse. Damit verdienen sie mehr als mit normaler Arbeit«, erzählt mir Ayako, Tizianos neue Sekretärin. (Chigusa ist nach dem Sommer in einen Verlag gegangen.) »Wenn sie Pech haben und alles verlieren, verschwinden sie oder nehmen sich das Leben.«

Die verheirateten Frauen sind hier die kühnere, tragischere Menschenkategorie. Manche enden als Alkoholikerinnen. Ayako selber hat wieder angefangen, sich morgens und abends an der Haustür vor ihrem Mann zu verbeugen. »Eine reine Formalität«, sagt sie wegwerfend, »aber ich brauche seine Zustimmung, um in dieses Büro zu kommen, also behandle ich ihn lieber gut.« Ayako ist eine hübsche, moderne Vierzigerin, Tochter eines Lehrers, der einen Roman geschrieben hat, und hat sich erst nach einem längeren Amerikaaufenthalt entschlossen zu heiraten.

»Sind wir einmal verheiratet, gehen wir Japanerinnen davon aus, daß die Ehe bis in den Tod halten muß«, sagt sie. »Wir akzeptieren unseren Mann, wie er ist. Höchstens versuchen wir, uns den Kindern zuliebe etwas mit ihm anzufreunden. Für euch ist es unvorstellbar, einen Menschen zu heiraten, den ihr nicht liebt. Ich weiß aber nicht, was besser ist ...«

Sie erklärt mir, daß der Ehemann auf japanisch »der große Unrat« genannt wird, den man auf die Straße stellt; oder auch »Besen zum Wegfegen von Herbstblättern«, der in den Hof gehört. »Wir sagen: ›Der ideale Ehemann ist gesund und nie zu Haus‹ – denn dann sind wir Frauen frei!«

Die Rollen zwischen den Geschlechtern sind strikt getrennt. Jeder geht seiner Wege. Wichtig ist dabei nur, daß jeder seine »Rolle« richtig spielt, daß keiner das Gesicht verliert.

»Wie wäre mir zumute«, fragt sich Tiziano, »wenn du deine Rolle als ›Frau‹ richtig spieltest? Wenn die Kinder ihre Rolle als ›Kinder‹ richtig spielten?«

Ayakos wahre Zuneigung gilt der Mutter, der Schwester, Schulfreundinnen und hauptsächlich ihrer Tochter. Sie erzählt mir, daß die heutigen Kinder nicht mehr spielen können. Entweder sitzen sie vor dem Fernseher oder vor ihren Computerspielen. So ist schließlich jeder allein.

22. September 1987

»Was können wir Westlichen an Japan nicht verstehen?« fragt Tiziano eine ältere Japanerin, die bei einem amerikanischen Diplomaten zu Gast ist. Sie führt den Zeigefinger zur Stirn und sagt: »Den Kopf.« Als Tiziano fragt, wie es in diesem Kopf wohl aussähe, zuckt sie mit den Achseln: »Anders.«

Wir unterhalten uns über die Tatsache, daß die Weltgeschichte Japan niemals berührt hat, daß sie sozusagen einen Bogen um dieses Land geschlagen hat. In China ist sie im Laufe der Jahrtausende immer wieder durchgezogen, und man spürt es. Man spürt in Peking die Mongolen, in Xian den über die Seidenstraße gekommenen Islam, in Nordchina den aus Indien kommenden Buddhismus, man spürt an den Küsten die Begegnung mit dem Westen. Jeden künstlerischen und religiösen Einfluß hat China aufgesogen und sich einverleibt. Was davon nach Japan gelangte, wurde von China vermittelt. In Japan ist dagegen niemals ein fremdes Heer einmarschiert, hat sich niemals ein fremdes Volk mit diesem vermischt.

»Bei uns hat es keine Völkerschlachten gegeben«, bemerkt Yoichi. »Der Hundertjährige Krieg, der Dreißigjährige Krieg, der Siebenjährige Krieg – wir kennen nichts Ähnliches. Unsere längste Schlacht hat ein paar Stunden gedauert und spielte sich zwischen zwei Feudalherren ab.«

China und Japan sind deswegen auf ganz verschiedene Weise auf den großen Modernisierungsvorschlag des 19. Jahrhunderts eingegangen. Während es für China unmöglich war, auf die eigene, riesige Vergangenheit kurzerhand zu verzichten, hat Japan sein bißchen Geschichte eiligst beiseite geschoben, um imitierend und kopierend den Wettlauf mit dem Westen anzutreten. Das Volk ist im Grunde schlicht und naiv geblieben. Es ist ein Volk ohne große Welterfahrung, das alles, was man ihm zu tun aufgibt, mit großem Einsatz tut. Es fragt sich nicht, warum es arbeitet. Es arbeitet, weil Arbeiten gut ist, weil es Zufriedenheit und Essen bringt. Ebenso fleißig gehorcht es, und ebenso macht es seine Städte dabei kaputt.

Großer Bauboom. Die Bodenpreise steigen. Tokyos Wirtschaft floriert. Ein Quadratmeter dieser Stadt ist unbezahlbar geworden, kostet zehnmal soviel wie in New York. Überall, aber besonders an den großen Boulevards von Omotesando und Aoyama Dori, kommen die Wohnhäuser herunter, entstehen Boutiquen, Modeagenturen, Luxusbürohäuser und auch kleine Fabriken.

Durch unsere Nachbarschaft trotten kleine Trupps uniformierter Salarimänner, die im Sold von Banken oder Bauunternehmen stehen, fotografieren jedes Haus in seinem Garten, tragen es in ihren Plan ein und bereiten eine Offensive vor. Reiko, an deren Tür sie immer wieder klopfen, erklärt mir ihr Angebot: Haus und Garten für den Besitzer abzureißen und ein Etagenhaus auf sein Grundstück zu setzen, in dem ihm ein bis zwei Wohnungen gehören sollen. Die meisten Besitzer gehen auf den Vorschlag ein. Mindestens schon zehn der älteren dunklen Holzhäuser sind verschwunden, seit wir da sind, und neue, aus purem Kunststoff, weißgekachelt wie Badezimmer, entstehen. Auch Reiko fürchtet, verkaufen zu müssen. Die Grundbesitzsteuern sollen verdoppelt werden: Das Dorf soll verschwinden.

Tiziano ist wieder verreist. Saskia ist auf einem Schulausflug in Hiroshima. Ich sitze hier allein mit meinem Hund. Die Grillen spielen auf ihren Geigen im dunklen, vollkommen verwilderten Garten der Witwe Hara. Tagsüber gehen die Geometer ein und aus und vermessen ihr Land.

Der Kaiser hat sich heute einer Operation unterzogen.

23. September 1987
In seinem Buch »Tokyo. The City at the End of the World« behauptet Peter Popham, daß hier auf kurze Frist gebaut wird, daß jeder Mensch im Grunde seiner Seele mit dem baldigen Ende dieser Stadt rechnet. Genauso wie die Bewohner von Edo, dem alten Tokyo, an den Bränden hingen, von denen ihre Stadt regelmäßig heimgesucht wurde, sie zärtlich liebten und »Edos Blumen« nannten, wartet man auch heute beinah mit Vorfreude auf die nächste Katastrophe.

Als vor kurzem das Haus einer Nachbarin in Flammen aufging und mit allem Hab und Gut verbrannte, stand Reiko neben mir und sah nachdenklich in die Flammen. »Ich beneide sie«, sagte sie schließlich. »Sie kann jetzt einen ganz neuen Anfang machen!«

Für einige der bekanntesten japanischen Architekten liegt der Traum von Tokyos Zukunft im riesigen Trümmerhaufen, der nach einem Erdbeben oder der Explosion einer Atombombe davon übrigbleiben wird. Einer sagte zu Popham: »Für mich kommt der Augenblick der Ekstase, wenn sich alles Gebaute in einer Katastrophe auflöst . . .« Ein anderer: »Wenn ich meinen Abdruck auf der Erde hinterlassen sollte, würde ich es nicht in der Form eines soliden, monumentalen Gebäudes tun – das tat man in der Vergangenheit –, sondern in den Ruinen von etwas, das in die Luft gesprengt und ausgemerzt worden ist.«

Nichts ist hier solide. Auch die menschlichen Beziehungen nicht, denn sie beruhen nicht auf tiefen Gefühlen.

24. September 1987
Madame Hara hat eine einfache alte Frau angestellt, welche die Treppen zu unserem Gebäude fegt. Die Alte versteckt sich, sobald wir nahen, da sie absolut nicht weiß, wie sie uns »Gaijin«, uns Fremdlinge, einstufen, also begrüßen soll. Jeden Tag wiederholt sich die gleiche peinliche Situation, daß wir freundlich lächelnd »Guten Morgen« sagen und sie gequält die Augen niederschlägt oder tut, als sähe sie uns nicht. Eine japanische Dame von nebenan, die länger im Ausland gelebt hat, zieht sich damit aus der

Affäre, daß sie mir direkt in die Augen sieht, auf Englisch »Good morning!« sagt und sofort weitergeht. Ich merke aber, wie unnatürlich das für sie ist.

Zu einem Menschen, den er hierarchisch nicht einordnen kann, einem Unbekannten also, kann ein Japaner nicht einmal »Guten Morgen« sagen, weil es ein schlichtes, zu jedem Menschen passendes »Guten Morgen« gar nicht gibt. Man sagt »Konnichi-wa« und verbeugt sich dazu, aber der Winkel dieser Verbeugung muß stimmen, sonst beleidigt und verwirrt man den anderen. (Die Verbeugungen, die wir Ausländer in unserer Ratlosigkeit andeuten, sind am allerschlimmsten: Sie wirken auf einen Japaner unaussprechlich herablassend.)

»Nur innerhalb der eigenen Gruppe können die Japaner mühelos miteinander reden, denn nur da sind ihnen die gegenseitigen hierarchischen Beziehungen vollkommen klar«, schreibt ein Professor Terashima in der »Japan Times«. Das bedeutet, daß der Mensch nur in diesem Fall weiß, welche »Sprache« er mit dem anderen zu sprechen hat.

Gleich im ersten Schuljahr beginnt das japanische Kind, die »ehrerbietige Sprache« zu lernen, was hier anscheinend weit wichtiger ist, als sich logisch ausdrücken zu können. Diese »ehrerbietige Sprache«, die es in allen asiatischen Ländern gibt, ist in Japan am kompliziertesten. Während nämlich alle vom Chinesischen abstammenden Kulturen Älteren und Vorgesetzten gegenüber die »absolut ehrerbietige Sprache« verwenden, benützt man im Japanischen die »relativ respektvolle Sprache«, das heißt eine Sprache, »die sowohl eine übergeordnete als auch eine untergeordnete Hierarchie und dazu noch den hierarchischen Status der zum Sprecher gehörenden Gruppe« berücksichtigt.

Seitdem wir hier eingezogen sind, beobachten wir morgens die für uns unbegreifliche, aber faszinierende Pantomime, mit der die Mütter, die ihre Kinder im exklusiven Kindergarten unserer Nachbarschaft abliefern, sich gegenseitig begrüßen. Nun erst verstehe ich aber, warum die Frau des Mitsubishi-Mannes sich tiefer vor der Frau des Mitsui-Mannes verneigt als umgekehrt. Sie tut es, muß es tun, weil Mitsui in der Hierarchie der japanischen Konzerne eine Stufe über Mitsubishi rangiert (die relativen Positionen ihrer Ehemänner werden bei diesem Beispiel beiseite gelassen). Die armen Frauen von Sony-, Sanyo- oder gar National-Angestellten werden von diesen beiden überhaupt nicht beachtet und stehen untertänigst sich verneigend daneben. Wer sich nicht konform benimmt, der wird gestraft. »Ijime«, das Peinigen von Menschen, gibt es nicht nur unter Schülern, sondern auch unter Frauen.

Wahrlich, »der Japaner muß seine Individualität mit großer Geduld zu unterdrücken versuchen«, wie Professor Terashima schreibt.

Die Sprache ist wie ein Käfig, der sich um einen Menschen legt. Jeder bleibt in seinem. Die Frauen bleiben bei der »milden« Frauensprache, die Männer bei der selbstbewußten Männersprache ... Als ich mich kürzlich bei einem Empfang mit einem Japaner unterhielt, seufzte er über die Schwierigkeiten der japanischen Sprache und sagte, es sei erholsam, einmal Englisch reden zu dürfen. Japaner hätten es oft schwer, sich untereinander zu verständigen, weil sie, um Fehler bezüglich der »Hierarchie« zu vermeiden, so ungenau wie möglich sprächen. Die direkte Anrede werde deshalb oft ganz umgangen, man sage einfach nur: »Gefällt dieses?« – »Jenes gegessen?«

Alle, die zur selben Gruppe gehören (Familie, Firma, Universität etc.), heißen »Uchi-no-hito«, »Menschen des Hauses«, und mit denen geht man um. Mit allen anderen (und ganz besonders mit uns »Gaijin«, uns »Fremdlingen«) hat man lieber nichts zu tun. Kommt der Japaner aber doch mit Leuten zusammen, die außerhalb seiner Gruppe stehen – was im feudalen Japan eigentlich niemals vorkam, in der modernen Gesellschaft aber oft passiert –, kann das Sprechen so kompliziert werden, daß er lieber schweigt.

Er zieht sich zur Entspannung in eine Pachinko-Spielhölle zurück, setzt sich vor eine der Maschinen, zieht an einem Hebel, drückt auf einen Knopf, starrt auf die silbernen Metallkugeln, die wortlos herumwirbeln, und ist endlich allein. Viele ziehen das ohrenbetäubende Rattern und Zischen dieser Maschinen der menschlichen Stimme vor und behaupten, sie seien ihr bester Freund.

26. September 1987

Nachts weckt mich manchmal das Heulen von Sirenen. Unsere Straße liegt dann in tiefer Stille, alle Häuser sind dunkel, kein Hund bellt außer unserem. Ich höre die Hochbahn über das Häusermeer brausen und immer wieder dieses wehmütige, rhythmische »Di-da, di-da« der Krankenwagen, der Polizei, der Feuerwehr und dazu das »Vrum-vrum in the night«, wie eine Journalistin es beschrieben hat, von Motorradfahrern, die mit verbotenen Geschwindigkeiten, als verfolgten sie einen Dieb, durch die nächtlichen Straßen rasen. Die Polizei läßt sie gewähren, wohl damit sie nichts Schlimmeres tun.

Und wie sieht es in all den kleinen Schlafzimmern, in all den Ehen aus, in denen es nicht einmal die Erinnerung gibt an damals, »als wir uns noch liebten . . .«?

Wie anders das Beisammensein der Japaner ist! Der Mensch sucht hier die Gesellschaft seines Nächsten unter ganz anderen Umständen als wir. Klassisch ist der des öffentlichen Badehauses, wo die Nachbarschaft (früher das Dorf) sich nackt zusammensetzt. Man wäscht sich, wäscht dem anderen den Rücken und unterhält sich dabei über Sorgen und Tagesereignisse. Dann kehrt jeder sauber und entspannt in sein Heim zurück, ißt zu Abend und geht ins Bett. Der schöne Augenblick, der für uns das Am-Ofen-Sitzen oder In-der-Kneipe-Hocken war, ist für die Japaner dieses gemeinsame, entspannende Sitzen im Bad.

Elegantere Zusammenkünfte sind die im »Ryotei«, wo Geishas ihre Gäste bei erlesenem »Kaiseki«-Essen unterhalten, oder die Teezeremonie, bei der über gehobene Dinge konversiert wird. Hauptsächlich aber gehörte bis vor kurzem die in allen gesellschaftlichen Schichten beliebte Welt des Theaters dazu. Es ist eine Welt der Verkleidung, der Simulation, des Spiels, eine Welt der Schatten und der Illusionen, deren schillernde Zweideutigkeit die Japaner bis heute fasziniert. Warum sonst gefielen sie sich am besten in einer »Rolle«, die sie spielen?

Wir Europäer sperren vor einer Chimäre die Augen auf und versuchen, sie zu entziffern. Wir sezieren jeden Körper, jede Beziehung, um »klar zu sehen«, um zu verstehen. Interessant ist, daß wir uns für all das, was wir nicht verstehen können, eine andere Welt erfunden haben – das Jenseits, den Himmel –, in die wir das uns Unerklärliche verbannen, während es für die Japaner keine Verlängerungen der Dinge ins Jenseits gibt. Alles beginnt und endet für sie auf dieser Erde, mit diesem Leben. Danach gibt es nichts und niemanden mehr, vor dem man Rechenschaft ablegen muß. Auch für die Seele gibt es hier kein richtiges Wort. »Tamachi« ist eine Art Geist, der über Gräbern schwebt, wie Donald Richie es formuliert.

Die japanische ist eine Kultur des Details, schreibt Kurt Singer in seinem »Spiegel, Schwert und Juwel«. Sie besteht aus zwei Dimensionen. Es fehlt ihr die dritte, die der Tiefe – die Synthese.

Heute wird der Japaner zum Krieger – zum »Firmenkrieger« – erzogen. Alle ihm vorgesetzten Vorbilder sind kriegerisch: der Samurai, der Kamikaze.

Yoichi machte uns darauf aufmerksam, daß, während China durch die Jahrtausende von gelehrten Männern und Literaten verwaltet worden ist, Japans Verwalter fast durchweg Krieger waren. Im Lieblingsroman der Chinesen, »Die Reise in den Westen«, zieht ein Mönch mit einem Affen und anderen weisen Tieren nach Indien aus, um die heiligen Schriften des Buddhismus nach China zu holen. »Momotaro« dagegen, das beliebteste japanische Kindermärchen, berichtet von der Reise eines Knaben, der ähnlich wie der chinesische Mönch, mit einem Affen, einem Hund und einem Vogel auszog, aber nicht um die Weisheit zu holen, sondern um die Räuber auf einer fremden Insel unschädlich zu machen, ihre Schätze zu gewinnen und sie nach Japan zu schleppen.

9. Oktober 1987

Ich habe mit Reiko einen Bummel durch einige der großen Buchhandlungen gemacht, um zu sehen, was man in diesem Land liest.

Kleine, schummrige Bücherstuben, in denen man lange stöbert und einer Fährte nachgeht, gibt es kaum noch, dafür ein paar riesige Buch-Supermärkte, in denen alles Lesbare auf Tischen unter Neonlicht ausgebreitet liegt. Einer der bekanntesten, »Kinokuniya« in Shibuya, erstreckt sich über die ganze, ununterteilte Etage eines im übrigen der Mode gewidmeten Einkaufszentrums.

Eine unermeßliche Fläche von Büchern, Magazinen und hauptsächlich Comics (»Manga« auf japanisch) breitet sich dort vor einem aus. Bald merkt man, daß Dante, Shakespeare, Goethe, die Dichtung und Literatur der ganzen Welt, alle Märchen und die Geschichte aller Länder, daß alles, was der Mensch je gedacht und geschrieben hat, hier langsam zu »Manga« verarbeitet wird. Zwar rühmen die Japaner sich, mehr Seiten zu lesen als jedes andere Volk der Welt – es sind aber »Manga«-Seiten. Auch die Probleme der Technik, Wirtschaft, Politik und Finanz können allesamt in Comic-Form erlernt werden.

Schülern ist es im Geschichtsunterricht offiziell erlaubt, von einer Geschichte Japans in drei Comic-Bänden Gebrauch zu machen, aber sie lesen auch die klassische japanische Literatur einfach in ihrer Comic-Fassung. »Und das ist gut so«, sagt Reiko, »dann kennen sie wenigstens den Inhalt.« Die Freude am Lesen, am Schreiben, an der gewählten Ausdrucksform, welche Literatur erst ausmacht, fällt dabei freilich unter den Tisch.

»Ich bin erstaunt, wieviel wir vom Westen übernommen haben«, sagt Reiko nachdenklich und reicht mir eine Geschichte in zwei Comic-Bänden von Adolf Hitler. »Diese Geschichte gefällt meinem Sohn besonders gut, er ist hingerissen von ihr«, sagt sie. »Kennst du diesen Mann? Es ist ein faszinierender, aber nicht nur guter Mensch. Seine Lebensgeschichte eignet sich am besten für größere Kinder.«

Dann kommen wir zu Tischen mit Bergen von Material zum lebenswichtigen Thema »Schulen und Prüfungen«. Alle Prüfungsfragen und -antworten, die in Japans Privatschulen je vorgekommen sind, liegen in Sammlungen vor, an denen der Schüler sich orientieren kann. Zusammenfassungen spezifisch wirtschaftlicher, politischer und wissenschaftlicher Themen hingegen bieten Formulierungen und Gesprächsmaterial für Leute, die bei Interviews oder in Gesellschaft mit ihrem Wissen glänzen wollen.

Sogar zu beruflichen Interviews holt man sich Rat bei den verschiedensten Serien: Kleidung, Frisur, Benehmen, Körperhaltung (jeweils verschiedene Möglichkeiten) werden bedacht, und dazu wird von allen Autoren der Ratschlag gegeben, vorher gut auszuschlafen und die Zeitung zu lesen. Was die internationalen Luftlinien betrifft, so gibt es für jede ein besonderes Heft, da Verhalten und Sprache stark variieren, je nachdem, ob es sich um Lufthansa, Singapore Airlines oder Air India handelt. Bei den einen ist Aggressivität, bei den anderen Bescheidenheit am Platz. Besonders geschätzte Antworten werden zum Auswendiglernen auf englisch angegeben.

Ein großes Kapitel betrifft die Verpflichtungen, die so stark auf den Japanern lasten und eigentlich ihr ganzes gesellschaftliches Leben ausmachen: Hochzeiten und Beerdigungen. Was tun, was sagen, was schenken, wie sich kleiden? Und vor allem: welchen Gesichtsausdruck »tragen«?

Ich gehe mit dem Eindruck einer fadenscheinigen Welt davon, als streiften die Menschen nur noch wie Schleier über die Oberfläche der Dinge, ohne eigene Überzeugungen und Gefühle zu haben. Es ist ein erschreckender, schrecklicher Eindruck.

Der japanische Film, der uns in unserer Jugend von diesem Land hat träumen lassen, scheint ebenfalls erloschen. Kurozawa und Ozu, Japans große Filmregisseure, gelten hier nichts. Kurozawa hat in Japan niemals Erfolg gehabt, schon gar nicht mit »Rashomon« und den »Sieben Samurai«. Auch sein letzter Film, »Ran«, ist von Ausländern finanziert worden. Die zweiten Internationalen Tokyo-Filmspiele sind gerade abgeschlossen, aber die Jury hat keinen einzigen Preis an neue japanische Regisseure vergeben.

Statt dessen hat der Sohn von John Huston, der seinen kürzlich verstorbenen Vater vertrat, in seiner Abschlußrede geschimpft: »Ich werde euch Japanern ein Lied blasen: Ihr habt die mächtigste Wirtschaft der Welt. Warum macht ihr keine guten Filme mehr? Was ist aus der japanischen Filmtradition geworden? Belebt sie wieder! Einmal hattet ihr immerhin Ozu und Kurozawa ...«

»Das japanische Publikum will sie gar nicht wiederbeleben. Es mag Schnulzen. Es will Märchen erzählt bekommen. Bald wird doch alles wieder in die Luft fliegen«, bemerkte David Russell, ein hier ansässiger 35jähriger Amerikaner mit einem leidenschaftlichen, beinah angeborenen Interesse für dieses Land.

12. Oktober 1987
Der Kaiser ist erkrankt. Es wird nicht ausgesprochen, aber man munkelt, er habe Pankreaskrebs. Presse und Medien trommeln ihre Leute zusammen. Yoichi meint, es kann nicht mehr lange dauern. Um den Kaiserpalast herum treiben Polizisten den Autoverkehr mit Knüppeln an. Anhalten ist nicht erlaubt, weil die Linksextremisten gedroht haben, noch ein paar Raketen ins Palastgelände abzuschießen, um Hirohito das letzte Geleit zu geben.

Zum erstenmal ist ein »lebender Gott« operiert worden, und es konnte auch nur geschehen, weil Hirohito nach dem Krieg seiner Göttlichkeit entsagt hat. Für das Kaiserliche Haushaltsamt hat er sie dennoch so sehr bewahrt, daß er vor kurzem nicht einmal an der Beerdigung seines eigenen Bruders teilnehmen konnte. Als Symbol der Sonne und des Lebens überhaupt darf er niemals mit Tod und Finsternis in Berührung kommen: Der Tod ist nach shintoistischem Glauben eine »Verunreinigung« des Lebens.

Die Vorstellung, daß nun mit Hirohitos Tod gerechnet werden muß, trifft viele Japaner der älteren Generation wie ein Schlag. Yoichi sagt, sein Tod werde für das Land traumatisch sein und das Gefühl der Kontinuität unterminieren, das der schweigsame kleine Mann mit seiner Person über sechzig Jahre hinweg gewährleistet hat.

Man spricht jetzt oft über die kaiserliche Familie, die plötzlich wieder ins Blickfeld gerückt ist. Von Kronprinzessin Michiko, der bürgerlich geborenen Frau von Akihito, fürchtet man, sie könne sich das Leben nehmen, so unglücklich ist sie in ihrer vollkommenen Isoliertheit, in der sogar ihre eigene Mutter sie nur ganz selten besuchen darf. »Es wäre eine schlimme Blamage für das Kaiserliche Haushaltsamt, wenn sie es täte«, sagte ein japanischer Historiker lakonisch zu uns.

Schlimm genug sei, daß der Großkämmerer des Kronprinzen in

einem »Turko« (wie die als Sauna getarnten Bordelle im Anklang an die türkischen Bäder auf japanisch heißen) gestorben ist. »Was machte er denn in der Türkei?« soll der alte Kaiser, die Augen beunruhigt von seinen biologischen Studien hebend, gefragt haben. »Warum ist er nicht in Japan geblieben?«

Prinz Hiro, der erste Sohn des Kronprinzen, der kürzlich seine Studienzeit in Oxford beendet hat und nach Tokyo zurückgekehrt ist, kann keine Frau finden. Die in Frage kommenden Familien schicken ihre Töchter eilig ins Ausland oder durchbohren ihnen zumindest die Ohrläppchen, damit ihr Körper nicht mehr »intakt« sei und sie deshalb ausgeschlossen werden. Keine will als Gefangene von König Blaubart enden, wie Michiko, Hiros arme Mutter, die von ganz Japan bemitleidet wird.

14. Oktober 1987

Die Japaner kaufen und kaufen. Sie kaufen Banken in Amerika, Golfplätze in England, Bierbrauereien in Schottland, Weinberge in Frankreich, Restaurants in Rom, ein Koalabären-Reservat in Australien und das Schloß vor dem Lorelei-Felsen am Rhein, um es in ein Hotel »for Japanese only« zu verwandeln ...

»Ist ihnen denn gar nichts mehr heilig?« fragt ein Deutscher im »Wall Street Journal«. Nein, nichts. Nicht einmal Japan selbst.

Giorgio de' Marchis, der Leiter des Italienischen Kulturinstituts in Tokyo, erzählte uns, ein japanischer Minister sei kürzlich auf dem Kapitol in Rom zu Gast gewesen. Er sei die marmornen Treppen hinaufgestiegen, habe sich in den alten Hallen umgeschaut und dann zu seinen römischen Gastgebern gesagt: »Wir Japaner sind über dieses Stadium hinaus. In unseren Ministerien haben wir Lifts und moderne Möbel.«

Vor einem Jahr stockten Japans Exporte, und das Land schien vor einer Rezession zu stehen. Gerade begann der Westen aufzuatmen, als Japan plötzlich seine Strategie veränderte: Statt Waren zu exportieren, exportierte es Yen, um im Ausland damit Grundbesitz zu erwerben. Heute halten japanische Geschäftsleute ihre Empfänge im ehrenwerten Hotel Waldorf Astoria von New York,

»wo sich die von Japanern gegebenen Empfänge ebenso schnell vermehren wie die Anzahl der japanischen Firmen, die sich in New York niederlassen (drei Banken 1984, 33 Banken heute)«, schreibt die »Japan Times«. Japan besitzt heute 24 Dollar-Milliardäre, nach den USA die zweithöchste Anzahl der Welt.

Yoichi ist über die neue Arroganz seiner Landsleute besorgt. »Wir meinen, wir hätten von Ausländern nichts mehr zu lernen«, sagt er. »Das ist schrecklich, das ist der Anfang von unserem Untergang.«

Yuan Yuan, unsere Freundin aus Peking, die hier als Illustratorin bei einem Kinderbuchverlag arbeitet, kam vorbei und sagte, sie werde nie einen japanischen Freund haben, weil die Japaner die Chinesen hassen: Sie haßten sie, weil während des Krieges so viele ›Nihon jin‹, so viele Japaner, in China gefallen seien und so viele Japanerinnen sich dort prostituiert hätten. »Jetzt aber ist Japan das stärkste Land der Welt«, erklärt ihr der Verleger. »Jetzt hat Japan die stärkste Wirtschaft und die stärkste Währung der Welt, und China ist arm!«

Ein durchreisender deutscher Mitarbeiter des Bayerischen Rundfunks erzählte uns, er sei in Bonn auf der japanischen Botschaft gewesen, um sich nach den Handelsproblemen zu erkundigen. »Wenn ihr Toyotas exportiert, dann wollen wir Mercedes exportieren. Das liegt auf der Hand«, hat er zu seinem japanischen Gesprächspartner gesagt. »Warum haltet ihr dann die Einfuhrquoten so niedrig?«

Nach kurzem Nachdenken antwortete ihm der japanische Diplomat mit steinernem Gesicht: »Mercedes-Wagen werden in Tokyo nur von Yakuza gefahren. Wenn wir die Einfuhrquoten erhöhen, können wir nicht mehr feststellen, wer ein Gangster ist und wer nicht. Sie verstehen, daß das nicht geht.«

Wir müssen zusehen, daß wir uns nicht in eine gefährliche Abhängigkeit von den Japanern begeben. Viele unserer Unternehmen sind unter ihrem Druck bereits kaputtgegangen: Der Westen stellt kaum noch eigene Motorräder, Schreibmaschinen, Fotoapparate, Videorecorder, CD-Abspielgeräte, Kopiergeräte her. Die amerikanische Autoindustrie wankt, und in der Unterhaltungselektronik ist Japan führend. Computer macht auch der Westen, aber Halbleiter, ihr wesentliches Hauptelement, werden jetzt ausschließlich in Japan hergestellt. Wenn wir den Japanern mit Wirtschaftssanktionen drohen, drohen sie uns mit einem Lieferstop von Chips. Damit ist unsere Wirtschaft geliefert.

18. Oktober 1987
David Russell – der in einem grauen Anzug selber wie ein Salariman aussähe, hätte er nicht die hohe Statur eines Amerikaners und den belustigten Blick seiner grauen Augen hinter den Brillengläsern – kam bei uns vorbei und zeichnete uns ein überraschendes Bild von den Personalbeziehungen innerhalb der »Kaisha«, der japanischen Firma. Yoichi hörte zu und kommentierte.

Nicht nur werden die menschlichen Beziehungen innerhalb der Kaisha streng vom Rang bestimmt: Der einzelne setzt zusätzlich alles dran, um den anderen auf seinem Platz festzunageln. Yoichi hatte von einer japanischen Botschafterin gehört, die, um die jüngere und brillantere Frau des Botschaftsrats zu demütigen, diese zwingt, ihre alten Kimonos zu tragen, und ihr verbietet, in ihrer Gegenwart zu reden. David sagte, Ermahnungen unter Kollegen, wie: »Benimm dich, du bist nur Nummer acht!« seien gang und gäbe. Von dieser Behandlung erholt der Angestellte sich erst, wenn er selber Vorgesetzter, »Katcho«, wird.

»Eine Versetzung wirkt sich kaum auf dein Gehalt aus, verschafft dir aber mehr Rang, mehr Ansehen«, erklärt David. »Dieses erhöhte Ansehen überträgt sich auch auf deine Frau, die unter den anderen Ehefrauen ihrerseits einen höheren Rang einnehmen, also größeren Respekt genießen wird.«

Einmal im Monat geht der »Katcho«, der Abteilungsleiter, mit seinen Männern aus. Dann läßt er die Zügel fahren. Wenn sie vom Alkohol gelockert alle nett zusammen um den Bartisch sitzen, hält er dann eine Rede etwa folgenden Wortlauts: »Unsere Firma ist mir ein kümmerlicher Laden! Der Chef hat von rein gar nichts eine Ahnung, der zweite weiß auch nicht Bescheid – ob das gutgehen kann...?« Die Männer hören ihm aufmerksam zu und lernen. Wenn sie selber einmal »Katcho« sind, werden sie eine ähnliche Rede halten müssen. Zweck der Übung ist ein kollektives Sich-Luft-Machen: Entlädt der Chef sich für dich, brauchst du es nicht mehr selbst zu tun.

Ein »Katcho« nimmt sich jeden Neueingestellten einzeln vor und knetet und biegt ihn so lange zurecht, bis er die erwünschte Form angenommen hat, ganz wie es der zen-buddhistische Mönch mit den Novizen macht. Kein Aspekt wird außer acht gelassen, schon gar nicht der des Privatlebens.

»Mit wem warst du gestern abend aus? Ach, mit einem Ausländer! So, so. Mit einem Ausländer, der keine feste Anstellung hat? Du kannst natürlich tun, was du willst, aber an deiner Stelle würde ich solche Typen lieber fahrenlassen. In unserer Firma haben wir nämlich Respekt vor der Arbeit, nicht vor dem Nichtstun...«

Dem jungen Mann wird auf ähnliche Weise auch vom Heiraten abgeraten. Ein Neueingestellter hat der Firma die ersten drei, vier Jahre ungeteilt zur Verfügung zu stehen, anstatt womöglich an seine Frau zu denken. Heiraten kann er später. Die Frau vermittelt ihm in der Regel sein Chef. Wird er von der Firma ins Ausland geschickt, bleibt er ebenfalls an ihrer Leine. Es wird von ihm verlangt, ständig Kontakt mit der japanischen Botschaft zu halten und seine Kinder nur auf japanische internationale Schulen zu schicken, damit die Familie sich ihr »Japanischsein« bewahre.

So werden aus netten Jungen »Firmenkrieger«. David hatte verschiedene gute japanische Freunde, mit denen er während der Studienzeit dauernd zusammen war. Wenige Monate nach ihrem Firmeneintritt war aber schon nicht mehr mit ihnen zu reden, und er mußte die Freundschaft aufgeben.

Ich staune über das Ausmaß des gesellschaftlichen Drucks, unter dem der Mensch hier lebt, weil er mich stark an den in kommunistischen Ländern wie China erinnert.

»Wie halten die Menschen es aus?« frage ich Yoichi. »Enden nicht manche beim Psychoanalytiker?«

»Psychoanalytiker?« fragt Yoichi, der das Wort noch nie gehört hatte. »Was ist das? Ein Wahrsager?«

Wir erklären es ihm.

»Nein«, sagt er. »Davon habe ich noch nie gehört. Wenn Leute es nicht mehr aushalten, dann gehen sie zu einem Wahrsager, oder aber sie schließen sich einer der neuen Religionen an.«

20. Oktober 1987

Börsenkrach – auf allen Märkten der Welt. Man spricht von einem »Schwarzen Montag«, von einer möglicherweise noch schlimmeren Katastrophe als der des »Schwarzen Freitags« von 1929.

»Wie seht ihr die Lage?« fragte Tiziano seine Kollegen im Club, als wir mittags von Tokyos wie leergefegter Börse zurückkamen. Keiner der japanischen Börsenmakler war zum Mittagessen im Club aufgetaucht, und Bruce MacDonald, Peter Hazelhurst und George Baumgartner legten sich den Zeigefinger an die Schläfen und sagten: »Bum!«

Im Club hatte man in letzter Zeit weniger über Politik als über Aktien geredet. »Kaufen oder verkaufen?« war Gesprächsthema Nummer eins, nicht: »Wer wird der nächste Premierminister sein – Takeshita oder Miyazawa?« Es war der Zeitvertreib all derer, die eine Mark gespart und gemerkt hatten, daß man sie mit einem Telefonanruf verdoppeln kann, ein Hazardspiel, wie es bis vor wenigen Jahren nur von Experten gespielt wurde. Heute ist Spekulieren unendlich viel einträglicher geworden als Arbeiten. Die japanische Industrie investiert weniger in Technologie als in Finanzspekulationen, weil sie damit weit größere Gewinne macht als mit der Produktion. Japanische Hausfrauen, die sich bis vor kurzem mit ihren Freundinnen zum Tee trafen und ihnen dabei Küchengeschirr verkauften, besprechen jetzt Geldinvestitionen miteinander. Computer und hochbezahlte junge Finanzzauberer verwalten das Geld der einzelnen und verkaufen, wie diesmal, automatisch, sobald die Verluste unter die kritische Schwelle von zehn Prozent sinken.

Diese automatische Verkaufswelle war es aber, die diesmal eine schlimme Kettenreaktion ausgelöst hat. Nur in Japan hat »big brother« rechtzeitig eingegriffen. Als Reiko nachmittags vorbeikam, um mir Blumen aus ihrem Garten zu bringen, sagte sie, Finanzminister Miyazawa sei sofort ans Fernsehen gegangen und habe zur Ruhe aufgefordert, Japan sei wirtschaftlich mächtig genug, um den finanziellen Schock zu ertragen.

Die kleinen Investoren haben also ihre Fassung bewahrt, die Finanzhäuser konnten sich abwartend verhalten, und die japanische Börse ist, als einzige der Welt, nicht der allgemeinen Panik zum Opfer gefallen.

21. Oktober 1987

Noburo Takeshita ist Japans neuer Premierminister geworden. Die Nachricht ist von gestern, wurde aber vom Börsenkrach überschattet. Gleich nach seiner Ernennung hat Ronald Reagan Takeshita angerufen und gesagt: »Call me Ron.« Er selber werde ihn »Nobu« nennen.

Die Japaner sind enttäuscht. Yasuhiro Nakasone, der abtretende Premierminister, hatte mit Reagan ein für Japan besonders einträgliches »Ron-Yasu«-Verhältnis gehabt und den Japanern endlich das Gefühl ihrer Gleichheit mit den Amerikanern verschafft. Japan war unter ihm zu einer Weltmacht geworden, und Nakasone hatte es im Ausland würdevoll vertreten. Persönlich mochten sie ihn nicht, weil er zu »unaufrichtig«, zu »unjapanisch« ist, das heißt, weil er sich aufspielt.

Takeshita dagegen ist ein in der Partei hochgekommenes Männlein mit abstehenden Ohren, spricht kein Wort Englisch (obwohl er Englischlehrer war), stammt von einer Sake-Brauerfamilie aus der Präfektur Shimane ab und hat zwar erstaunliche taktische Fähigkeiten, aber kein Charisma.

»Eine wirkliche Persönlichkeit kann bei uns nicht zum Premierminister werden«, bemerkte Otomo verärgert. »Alle stammen sie von Sake-Brauern ab. Deswegen hängen wir an der Figur des Kaisers.« Als ehemaliger Linker verabscheut er die kaiserliche Institution; als Japaner zieht er sie der Sippe der Reisweinbrauer vor.

30. Oktober 1987

Gestern waren Andrew und Amanda G. zum Abendessen hier. Sie wohnen über uns, sind Engländer, um die Dreißig, und bei Finanzhäusern in Tokyo angestellt. Wir sehen sie jeden Morgen geschäftsmäßig gekleidet aus dem Hause gehen. Nach siebenjährigem Aufenthalt in Japan kehren sie nun nach England zurück, und wir wollten vorher gerne etwas von ihren Erfahrungen und Eindrücken in diesem Land hören.

In der ersten Zeit wohnten sie in einer kleinen Stadt auf Hokkaido, der nördlichsten der japanischen Inseln. Andrew unterrichtete Englisch. Der Engländer, dessen Zimmer er bezog, hatte zwei Japanerinnen vergewaltigt und war im Gefängnis gelandet. Das Zimmer lag noch voller Schriften und Notizen, »grundsätzlich Selbstmordnotizen«, sagt Andrew. Er meint, Frauen zu vergewaltigen sei wie ein Sie-um-jeden-Preis-besitzen-Wollen, nachdem unzählige Annäherungsversuche an irgendeinen Menschen fehlgeschlagen sind. Er behauptet, kein Japaner werde je mit einem Ausländer über sich selber reden. Wenn er Englisch spricht, sagt er nicht, was er auf japanisch sagen würde, sondern das, was er meint, daß ein Engländer sagen würde. Auch Andrew findet, daß eine wachsende Arroganz an den Japanern zu bemerken sei, ein Wiedererwachen ihres angeborenen und nur vorübergehend unterdrückten Überlegenheitsgefühls.

In den Handelsgesprächen mit Ausländern sei das besonders deutlich, denn da bedienten sie sich einer ausgeklügelten Taktik im Manipulieren der Menschen. Seit eh und je in der hier so lebenswichtigen Kunst geübt, die eigenen Gefühle zu verheimlichen, haben die Japaner Antennen entwickelt, mit denen sie die kleinste Gefühlsregung in ihrem Partner wahrnehmen können. »Der gute Kimonoverkäufer weiß in das Herz einer Frau zu schauen«, sagt ein altes Sprichwort. Japaner fühlen sich in dieser Fähigkeit um so sicherer, als sie merken, wie ungeschult wir (und besonders die Amerikaner, die ihre Gefühle so offen zur Schau tragen) in dieser Beziehung sind.

Diese ihre Kunst üben sie im besonderen aus, um ihren Gegner zu umgarnen. So werden zu einer Geschäftsverhandlung stets verschiedene Leute eingesetzt (wie im kommunistischen China zu einem Verhör). Der »Harte« beginnt, erklärt dann aber, er müsse leider plötzlich verreisen, und ein »Weicher« führt die Verhandlung fort. (Andrew hat diesen »Harten« später in einem Café sitzen und sich ausruhen sehen.) Die Strategie wird genau geplant – ich bearbeite ihn so weit, du so weit –, und das Endresultat steht von Anfang an fest: Man hofft nicht auf irgendeinen Erfolg, man bestimmt im voraus, welcher Art er zu sein hat, und begnügt sich mit nichts weniger. Das Ganze wird so geschickt gehandhabt, daß der arme Ausländer im Gefühl davongeht, er habe immerhin nicht schlecht abgeschnitten.

Ähnliche psychologische Techniken werden von der Mama-san angewandt. Für sie ist der Kunde ein »Kind«, das sie so lange mütterlich behandelt, bis sie merkt, daß sich in ihm der »Mann« regt: Dann schwenkt sie gewandt zur »flirty girl«-Rolle um. Eine Mama-san, sagt Andrew, der von den bewundernswerten Fähigkeiten dieser Frauen ebenso überzeugt ist wie wir, weiß, sobald der Kunde in der Tür erscheint, wonach ihm der Sinn steht.

Die Kunst der Psychologie kann an Folterqual grenzen, wenn es zu Beziehungen am Arbeitsplatz kommt. Andrew und Amanda behaupten beide, die jedem Japaner gesicherte »lebenslängliche Anstellung« sei ein Märchen; nur fünf bis sechs Prozent aller Salarimänner könnten fest damit rechnen. Entlassen werde zwar niemand, aber die verschiedensten psychologischen Taktiken würden angewandt, um Leute wieder loszuwerden.

Für gute, aber überflüssig gewordene Angestellte gibt es den »Fensterplatz«: Sie dürfen da sitzen und hinausschauen, bekommen aber nichts mehr zu tun.

Für Unfähige gibt es den »Kreis«. Es wird ein Kreis auf den Fußboden gemalt, und der Angestellte muß darin stehenbleiben. Tritt er heraus, wird er »wegen Pflichtvernachlässigung« entlassen.

Der Angestellte, dem ein paar Verhandlungen fehlgeschlagen sind, kommt eines Morgens ins Büro und merkt, daß sein Telefon verschwunden ist. Warum? »Um zu sparen«, wird ihm erklärt. Er benützt also das eines Kollegen. Nach dem nächsten Fehler verschwindet auch sein Schreibtisch. Nur noch ein Stuhl bleibt ihm – und er versteht, was man von ihm will, und geht.

Vor keinem Druckmittel schreckt man zurück, wenn es um den Vorteil der Firma geht, sagt Andrew. Im Baugewerbe bedient man sich der Yakuza, um einen Besitzer zum Verkauf zu zwingen. Menschenrechte, Bürgerrechte gibt es hier ebenso wenig wie in China. Was uns Westliche täusche, sei die Tünche, die Höflichkeit, das unweigerlich einwandfreie, demütige Verhalten, hinter dem sich aber die Fähigkeit verbirgt, die Psyche des Partners genau abzuschätzen.

Andrew rät uns, die Studentenbewegung von 1968/69, als die Universität Tokyo über sechs Monate geschlossen war, etwas genauer unter die Lupe zu nehmen. Was die Studenten damals forderten, zeige, was den Menschen fehlt; und die Methoden, mit denen sie zum Schweigen gebracht wurden, beweise, daß das System sich unweigerlich behauptet. In den Tagen der Aufstände haben große Firmen unverfroren Annoncen in die Zeitungen gesetzt, mit denen sie den Studentenführern, eben wegen ihrer Führungsqualitäten, leitende Stellungen anboten. Viele haben sie angenommen. Soviel Zynismus der einen wie der anderen!

Sehr schön hat Amanda beschrieben, wie sie sich beide in Hokkaido zunächst ihrer japanischen Freundesgruppe angepaßt haben; wie sie gelernt haben, sich im Interesse der »gesellschaftlichen Harmonie« stets einer Meinung mit der Gruppe zu erklären; wie sie sich daran gewöhnt haben, niemals ihre Einwände auszusprechen und jedes Gefühl für sich zu behalten – bis sie sich selbst nicht mehr wiedererkannten. Dann sind sie geflohen.

6. November 1987

Dieses Land macht von Beton Gebrauch, als wäre er die Antwort auf alle Probleme. Küsten werden mit Betontetrapoden befestigt, Flußbetten mit Beton ausgekleidet, Berghänge mit Beton übergossen; Autobahnen, Tunnels und Superstraßen aus Beton überziehen dieses Inselreich, so daß man schließlich auf einem Netz aus Beton reist, das sich wie eine grausame, fremde Spinne über die ursprünglich wunderschönen Wälder und Ebenen legt.

Die Eindrücke, mit denen ich von einem Wochenende in den historischen Provinzen Japans zurückkehre, sind niederschmetternd. Immer wieder habe ich das Gefühl: Dies ist ein Volk, das rennt und rennt, ohne sich zu fragen, wohin? Ich habe Angst um unsere eigene Zukunft, spätestens um die unserer Kinder, sollte das wirtschaftliche Entwicklungsmodell der Welt das japanische werden, oder sollten die Japaner dank ihrer wirtschaftlichen Macht das Gesicht der Welt bestimmen. Während nämlich ihr Konzept für eine bessere Lebensform, eine gesündere Welt, eine weniger zerstörte Natur nicht existent ist, ist ihre Strategie, um uns vom »Ausland« aus dem Feld zu schlagen, wohlausgedacht und eisern geplant – wenn sie auch hinter dem Mantel der Verschwiegenheit vorangetrieben wird.

Ein neuer Schauder lief mir heute über den Rücken, als ich hörte, daß Premierminister Takeshita auf Tizianos Frage nach seiner »Vorstellung von Japan in der Welt« geantwortet hat, die ganze Welt sei ein Dorf: Vom Raum aus gesehen sei die Erde ein grüner Garten, Kriege seien undenkbar geworden, alle Völker werden als Bauern friedlich zusammenleben ... Da ist er, der »Mantel der Verschwiegenheit«!

Die Reise (mit Philippe und Machiko Pons, sie war zugleich auch unsere Dolmetscherin) auf der Autobahn Tokyo-Nagoya-Kyoto, eingepfercht zwischen blanken, modernen Lkws, ging zuerst durch ehemalige Reisfelder, deren bäuerliche Schreine an die Reisgöttin Inari nunmehr von Tankstellen und Fabriken umzingelt sind. Nach einer Übernachtung in Kyoto fuhren wir heute morgen durch ländlichere Gegenden weiter in Richtung des alten Eiheiji-Klosters und des Japanischen Meeres.

Moderne, wohlgebaute Bauernhäuser stehen vereinzelt am Rand der Reisfelder, doch fehlt es dieser Erde an Substanz. Es fehlt ihr an Kalk. Und da, wo sie vom Meer und seinen Fischen getrennt leben, leiden die Menschen im Alter an Knochenkrankheiten, wodurch sie sich auf erbärmliche Weise krümmen und verbiegen. An einer Straßenkreuzung beobachteten wir gleich sieben alte Frauen, die, ihre Rücken rechtwinklig zusammengeknickt, in weißen Hauben und langen Wollröcken wie die Hexen im Märchen zusammenstanden und die Mitgift betrachteten, welche eine Braut zum Haus ihrer Schwiegereltern trug.

In herbstliche Nebel gehüllt, umgeben von heiligen Ginkgobäumen, die sich gerade golden verfärben, entdeckten wir schließlich das Eiheiji-Kloster in den Zedernwäldern des japanischen Zentralgebirges. In seinem massiven, oft restaurierten Bau aus dunklem Teak und Zement führen Bonzen und Novizen die zenbuddhistische Tradition fort, die der Mönch Dogen im 13. Jahrhundert hier eingeführt hat.

Auch Eiheiji hat sich dem Massentourismus angepaßt und ist ins Geschäft getreten. Bonzen in Safranroben sitzen in der Eingangshalle an kleinen Pulten, jeder mit eigenem Telefon, und schreiben Gebete für Verstorbene ab. Mit gefalteten Händen nimmt der Besteller das Blatt entgegen und bezahlt 20 000 Yen. Der Bonze steckt das Geld ein, segnet ihn und wendet sich dem nächsten zu. Wir haben uns ausgerechnet, daß die fünf- bis zehntausend Touristen, die täglich das Kloster besuchen, den Mönchen allein mit ihrer Eintrittskarte ein bis drei Millionen Yen pro Tag eintragen – die Spenden, zu denen man von Lautsprechern unaufhörlich angehalten wird, nicht inbegriffen.

Von Novizen in Gruppen aufgeteilt, werden wir eilig durch die dunklen Zellen der Meditation geschleust. Von einem kleinen Fenster aus beobachte ich zwei kahlgeschorene junge Mönche, die goldene Herbstblätter zusammenfegen. Sie fegen gründlich um jeden Stein herum, heben ihn hoch, damit ihrem Besen auch keines entgeht ... Doch weiter, weiter! Vor dem Tor halten schon die nächsten Autobusse. Man rafft in der »Souvenirstraße« schnell noch soviel Junk-food zusammen, wie es geht, und fährt ab. Der Nachmittag ist neblig, und es regnet, regnet unaufhörlich.

Über eine weite Ebene, auf der einmal Burgstädte standen, deren Lehnsherren sich in berühmten Schlachten bekriegten, von denen jedes Schulkind noch weiß, weiter bis Yamashiro. Alle

Burgstädte sind von den Meiji-Neuerern abgerissen worden, weil Japan »modern« sein wollte; und Yamashiro, in dessen heißen Mineralquellen, »Onsen« genannt, die kampfmüden Samurai badeten, ist zu einem modernen Zentrum für »Onsen-Tourismus« geworden und lebt nur noch von seinem alten Namen.

Autobusse entladen ihre Insassen vor zehnstöckigen Onsen-Hotels. Unsere alte, nach Zigarettenrauch riechende »Onsen-Geisha«, die uns zu unseren Zimmern führt, erklärt uns barsch, der Porno-Film beginne um neun Uhr. Oder solle sie uns auch zur »fuck-show« begleiten...? Da Tiziano an einem Bericht über Japans Vergnügungsindustrie arbeitet, trotten wir in Kimono und Holzpantinen nach dem Abendessen durch kalte Straßen hinter der Geisha her. Gästegruppen aus anderen Hotels, mit anderen Kimonomustern, schließen sich uns an.

Man führt uns in einen großen, dunklen Raum, in dem ein Publikum aus Männern und Frauen wie gebannt auf einen beleuchteten Laufsteg schaut. Ein hageres Mädchen erscheint und beginnt, sich zu Diskomusik zu entkleiden. Mit tiefem Ernst, »als schauten sie auf eine Handelsbilanz«, wird es von den Männern in der ersten Reihe inspiziert. Ein Mädchen folgt aufs andere, mit wenigen Varianten. Jede »Nummer« wird von einem aufgeregten Ansager vorgestellt, die Diskomusik tobt, doch bleibt das Publikum bis zum Schluß andächtig und ausdruckslos.

Als wir diese Vergnügungsstadt am nächsten Morgen zur selben Minute wie alle anderen Touristenbusse auch verlassen, stehen die alten Onsen-Dienerinnen aufgereiht vor jedem Hotel und verneigen sich tief hinter den abfahrenden Gästen. Die Busse mit dem nächsten Schub rollen auf der anderen Straßenseite ein.

Wir fahren bis zur nordwestlichen Küste und dann am Japanischen Meer entlang zurück gen Norden. Jenseits liegt Korea. Auf dieser, seiner kalten, rauhen Seite, die eine lange Bergkette wie ein Rückgrat von der milden, pazifischen trennt, ist Japan wenig bevölkert und mit dunklen Wäldern bedeckt.

»Die eigenen Wälder schützen sie und halten sie gut instand«, bemerkt Tiziano. »Damit aber jeder Japaner zu jeder Mahlzeit ein neues Paar Holzstäbchen haben kann, werden die Regenwälder von Sarawak, Brasilien und den Philippinen aufgekauft, und die forstet niemand wieder auf.«

Für Japaner gibt es Japan – und den Rest der Welt. Eine Beziehung zwischen beidem sehen sie nicht. Sie sehen nicht, daß wir alle Einwohner desselben Planeten sind und daß, wenn es auf dem Äquator nicht mehr regnet, das Klima sich auch in Japan verändern wird.

Das Meer ist tiefblau und verlockend. Wir fahren die Noto-Halbinsel hinauf und wieder hinunter, suchen dabei nach einem Lokal an der Küste, in dem man den Fisch dieser Meere bekommt, doch gibt es keinen. Aller Fisch wird direkt auf Tokyos Fischmarkt geschickt, alles Leben spielt sich entlang der Hauptstraßen ab. Lokale, von denen man aufs Meer blicken kann, existieren nicht. 60 Prozent der Küsten Japans und 80 Prozent der Küsten Honshus sind von Menschenhand entstellt. So kehren wir am späten Nachmittag dem Japanischen Meer den Rücken zu und steuern auf Toyama und Takayama los, zwei alte Städte, die zu Füßen der Japanischen Alpen liegen.

»Toyama ist eine alte Burgstadt. Sie hatte einen berühmten Lehnsherrn ...«, hatte Reiko zu mir gesagt und mich um diese Reise beneidet. Es sind die »mo-nin du-ra-ma«, die »Morgendramen« im Fernsehen, die in den Japanern die Illusion der antiken Schönheit ihres Landes wachhalten. Sie zeigen ihnen die Burgen, die nicht mehr stehen, die Städte, bevor sie »modern« wurden, die Landschaft, wie sie einmal war. In Wirklichkeit liegt um Toyama, wie um jede japanische Stadt herum, ein höllisches Las Vegas von Tankstellen, Supermärkten, Love-Hotels, Bowling- und Pachinko-Hallen, ein buntbewimpeltes, grell beleuchtetes Marktland, in dem alles angepriesen, alles feilgeboten wird, ohne Rücksicht auf das, was früher Städtebau hieß und, noch früher, Sinn für Schönheit, Proportionen und Farben.

Darauf folgt ein Häusergürtel, der in tiefer Dunkelheit liegt, und schließlich betritt man das, was die Japaner immer noch »eine sehr alte Stadt« nennen. In einer Art Lichtreklameparadies, mit Plastikblumen und rosa oder hellblau erleuchteten Geschäften, stehen isoliert ein Tempel, ein Turm und zwei traditionelle Sushi-

Lokale, umgeben von McDonald's, Baskin' Robin's, Dunkin Donaught's, Kentucky Fried Chicken ... Wir essen und fahren durch die Dunkelheit sofort wieder weiter bis nach Takayama, das wir erst kurz vor Mitternacht erreichen.

»Das Alte« an Takayama ist wie »das Alte« an ganz Japan: ex novo wieder aufgebaut und gewiß nicht so, wie es früher einmal war. In Takayama gibt es zwar ein paar alte Gassen, in denen jedes Haus noch wie im alten Japan aussieht, aber keines ist mehr bewohnt, alle sind sie zu perfekt restaurierten Andenkenläden geworden und auch das, was die Touristenbroschüre den »Morgenmarkt« nennt, ist in Wirklichkeit nur eine Ansammlung von Ständen, die den Fluß entlang stehen und den Reisenden die Spezialitäten des Ortes verkaufen.

Doch plötzlich entdecken wir einen mächtigen, modernen Tempel, der sich mit seinem schweren Golddach und seiner kolossalen Freitreppe wie der Palast eines babylonischen Königs auf einem Hügel über der Stadt erhebt. Erstaunt erkundigen wir uns, fahren hin, besichtigen ihn und merken, daß sich um das immer wiederkehrende Symbol eines kürzlich erfundenen »Urgottes« der Stern Israels, das buddhistische Hakenkreuz und Japans göttlich-kaiserliche Chrysantheme ranken; daß neben dem Tempeleingang die mächtige Mauer der Inkas steht und in der größten der verschieden großen, hochmodern und luxuriös eingerichteten Marmorhallen ein Shinto-Schrein das Paradies darstellt, in dem eine kürzlich verstorbene »Göttin« residiert. Dieses ist der Sitz einer der neuen Religionen, der Mahikari-Sekte, die 1959 gegründet wurde und heute bereits eine halbe Million Anhänger zählt. Hunderttausende davon sind Ausländer.

Der »Weltfeiertag« der Mahikari fällt ausgerechnet auf diese Tage. Zehntausend ausländische Besucher werden erwartet. Viele sind schon angekommen und gehen, mit lächelndem Gruß einander wahrnehmend, durch die immensen, blanken Korridore, über die Marmorböden der vergoldeten, lichtüberströmten, hochtechnologischen Hallen.

Welche Bewandtnis hat es mit Japans »neuen Religionen«? Was steht dahinter? Wirklich nur der Wunsch der Menschen, einen neuen Gott zu finden? Und woher kommt ihr Reichtum? Tiziano holt sich seine Tasche aus dem Auto heraus und bleibt in Takayama.

Ich fahre mit Philippe und Machiko nach Hause. Sechs Stunden Autobahn bis Tokyo. Wir sind schweigsam. Die japanischen Alpen glimmen in herbstlichen Farben. Beim Ahorn verfärbt sich zuerst ein Blatt, dann zehn, dann der ganze Zweig, und schließlich steht der Baum und bald der ganze Wald in lodernden Farben da. Dieses ist die Jahreszeit, in der die Japaner, mit ihrem Sinn für das Hinfällige, gern heiraten und gern reisen.

Überall zeigen Wegweiser heiße Thermalbäder an. Eine einzige Quelle sprudelt noch frei im Wald. Aus den ausgehöhlten Felsen, in die sich ihr dampfendes Wasser ergießt, erheben sich plötzlich vier nackte Männer und winken uns zu – wie Faune in einer antiken Landschaft.

5. *Dezember 1987*

Weihnachten naht, »Cri-su-mas« auf japanisch. Tannenbäume und Weihnachtsmänner stehen in jedem Geschäft, »Jingle Bells« und »Stille Nacht« ertönen in jedem Laden, aus jeder öffentlichen Lautsprecheranlage, über jeder Ginza.

»Uns gefällt die Weihnachtsatmosphäre«, erklärt mir Reiko strahlend. »Deswegen imitieren wir sie.«

Für uns verbindet sich mit Weihnachten, wenn auch kaum noch Religiöses, so zumindest die eigene Kindheit, deren Erinnerungen wir jedes Jahr feiern – und das ist nicht nachzuahmen. Das entsprechende Fest ist in Japan »Shugatsu«, das Fest zum Beginn des neuen Kalenderjahres (bis zur Meiji-Zeit des neuen Mondjahres), mit seinen Symbolen der Kiefer und des Bambus und seinen verschiedensten Traditionen, die es hauptsächlich auf dem Land noch gibt.

Verschiedene Partys. Jedesmal das Problem, wie man da hinkommt. Straßennamen gibt es in Tokyo nicht. Man fährt in ein Stadtviertel, sucht dort nach einem numerierten Landstück, darin nach einem numerierten Karree und schließlich nach einer Hausnummer. Vom letzten Anhaltspunkt aus (einer U-Bahnstation, einer Tankstelle, einer Post, einem bekannten Lokal) fährt man mit angeknipstem Licht und einem Plan des Stadtviertels auf den Knien langsam suchend weiter...

Da keiner Adresse abzulesen ist, wie sie zu anderen Straßen in derselben Gegend liegt, wird jeder Einladung ein Plan beigelegt, ohne den es keinen Sinn hat, sich auf den Weg zu machen. Taxifahrer erwarten, daß man ihnen diesen Plan vorzeigt oder sie persönlich dirigiert. Kein Plan ist perfekt. Ein fehlendes Detail genügt, und man ist verloren. Keine Einladung vergeht deshalb, ohne daß beim zweiten Gang ein verspäteter, erschöpfter Gast erscheint, der während der letzten zwei Stunden suchend herumgeirrt ist. Die Detektivarbeit kann, je nach Laune, großen Spaß machen oder einen zur Weißglut treiben. Fragen nützt nichts: Niemand weiß Bescheid.

Während eines Empfangs bei Dr. Ambrosius, dem Vertreter der Lufthansa, bin ich dem neuen Manager einer deutschen Autofirma wiederbegegnet. Bei unserer ersten Unterhaltung war er optimistisch gewesen. Ein japanischer Angestellter hatte ihm anvertraut, die Japaner fühlten sich von uns verachtet, und er hatte gemeint, wenn er sie von ihrer menschlichen Seite nähme, dann würde alles laufen. Diesmal war er nicht mehr ganz so überzeugt. Er hatte kaum etwas erreicht, und sein Zahnarzt hatte ihm erklärt, er habe seinen deutschen Wagen wieder verkaufen müssen, weil er sonst seine japanischen Patienten verloren hätte: »Wie kann man einem Zahnarzt trauen, der einen ausländischen Wagen fährt?«

Wir haben bei diesem Empfang die Bekanntschaft eines chinesischen Ehepaars gemacht, ehemaliger Kapitalisten aus Harbin, die Ende des Krieges aus der Mandschurei nach Tokyo geflohen waren. Kollaborateure, Verräter, Opportunisten, was immer man will, die Frau außerdem mit der unaussprechlichen Arroganz der Kuomintang-Damen, doch waren beide so weltgewandt und lebhaft, so kühn und frei, daß man sofort ins Reden kam. Ein gepflegter, älterer Japaner mit Schnurrbart, allem Anschein nach ein ehemaliger Offizier, stellte sich zu uns. China und die Erinnerungen an die Mandschurei interessierten ihn offensichtlich sehr und entlockten ihm manchmal sogar ein Lächeln, doch brachte er es trotz seines makellosen Englisch nicht fertig, ein einziges persönliches Wort dazu zu sagen. Aus der Summe solcher Soldaten setzt sich die japanische Angriffstruppe zusammen.

»Wir haben schon ein stattliches Heer, aber keiner merkt es«, sagte ein sehr netter Mann aus dem Außenministerium zu Tiziano, da sie sich schon länger kennen.

Ambrosius fragt sich: »Wo sitzen hier eigentlich die, welche die Entscheidungen treffen, welche die Verantwortung tragen?« Der Narita-Flughafen wird umgebaut, und Ambrosius möchte erfahren, wo die Kargostelle der Lufthansa hinkommen soll. Der Flughafendirektor, den er zum Essen eingeladen hat, weiß es nicht. Wer weiß es dann? Es ist hier wie in kommunistischen Ländern, wie in der KP, wie in einem Geheimverband: Die gesamte Gesellschaft ist in Zellen unterteilt, und keiner weiß, wo der andere wohnt, was er denkt, was er treibt.

Wer hat hier die Fäden in der Hand? Die Fäden des Landes? Bei wem liegt hier die Macht?

Tiziano fragt sich das schon lange und hört sich um.

»Ein paar alte Männer«, antwortet David Russell. »Dieselben, die sie während der Kriegszeit hatten. Eine absolut patriotische, unkorrupte kleine Gruppe, die Japan großmachen will.«

Wer sie sind, das weiß auch er nicht zu sagen. In der Regierung säßen sie nicht. Eher seien es ein paar hohe alte Chefs der Wirtschafts- und Finanzwelt, die Freitag abends in den eleganten »Ryotei« der Stadt zusammenkommen und beschließen, in welche Richtung das Land gehen soll.

»Fast alles in diesem Land ist meiner Ansicht nach eine One-man-show«, behauptet Donald Richie, der als Amerikaner seit 1945 in Tokyo lebt und als einer der besten Kenner des Landes gilt. »Könnten die Japaner wirklich so erfolgreich sein, wenn sie ihre Beschlüsse kollektiv faßten? . . . Wie in einem Bunraku-Puppenspiel ist da ein Shogun, und hinter dem steht noch ein Shogun, der ihn beherrscht, und dann öffnen sich mehr Schiebewände und dahinter steht eine lange Kette von Leuten, die wiederum andere Leute beherrschen und deren Arme und Beine bewegen, und schließlich, ganz am Ende, aber unsichtbar, ist da dieser kleine Mann in Kamakura, der die Fäden des Ganzen in der Hand hat. So, glaube ich, wird hier die Macht gehandhabt.«

6. Dezember 1987

Heute hat es zum erstenmal auf die noch herbstliche Natur geschneit. Der Übergang der Jahreszeiten gibt den Japanern Haiku-Verse ein – kurze, dreizeilige Verse, die das Wesen eines Augenblicks treffen –, wohl die beliebteste Versform der japanischen Dichtung.

Saskia, die einen Aufsatz darüber schreibt, setzte sich am späten Nachmittag auf den Balkon und betrachtete lange Madame Haras Garten. Später schrieb sie:

Wie kalt, der Abend!
Schnee tropft vom Dach und drückt
Rote Blätter zu Boden.

»Es war der erste Schnee«, fügte sie als Erklärung dazu. »Und obwohl er abends fast ganz zu Boden getropft und geschmolzen war, merkte ich doch, daß sich der Herbst gegen den anrückenden Winter nicht mehr behaupten kann. Durch die Anspielung auf die Kälte, die ich verspürte – es war nicht nur ein körperliches, sondern auch ein seelisches Kältegefühl –, habe ich versucht, meine Traurigkeit über den nahenden Winter bildlich zu machen. Der frühe Schnee drückt die losen Blätter zu Boden und beschleunigt das Ende der Herbstzeit.«

Mit Reiko war ich in dem »alten Haus« im Stadtteil Yoyogi, wo sich jeden ersten Mittwoch des Monats eine kleine Frauengruppe versammelt. Es ist das Haus, in dem die erste und ausschlaggebende japanische Feministin gelebt hat und 1986 neunzigjährig gestorben ist. Dieses »alte Haus« ist aber nagelneu. »Ach, man hat es wohl kürzlich abgerissen und neu aufgebaut«, sagte Reiko gleichgültig. Für sie bleibt es das »alte Haus«.

Ähnlich reagierte sie, als zwischen uns das Gespräch auf die »Nebenfrau« kam, die ein Japaner, wenn er irgend kann, sich hält. Sie lachte nervös. »Davon habe ich nie gehört...« Ich insistierte: Verbringen nicht die meisten Männer ihre Abende mit irgendwelchen Begleiterinnen? »Oh, oh, es steht mir nicht zu, so etwas zuzugeben!« Sie war außer sich. Hatte ich an Fragen gerührt, über die Frauen nicht reden?

In ihrem Buch »A half step behind« über die moderne japanische Frau, die angeblich nicht mehr drei, sondern nur noch einen halben Schritt hinter ihrem Mann hergeht, schreibt Jane Condon, die Japanerinnen könnten mit der Doppelmoral in ihrem Leben nur deswegen fertig werden, weil sie die Augen vor allem, was sie schmerzt, verschließen.

Über anderes sprechen sie sehr offen. Angeleitet von einer schönen, älteren Dame, deren Vater einer der großen Meiji-Männer war, sprachen die Frauen über den wachsenden Militarismus, die gefährlichen Folgen des mangelnden Geschichtsunterrichts in den Schulen (Weltgeschichte wird fast überhaupt nicht gelehrt) und den neuen Nationalismus: 79 Prozent der Oberschulen singen wieder die von der Verfassung abgeschaffte Hymne auf den Kaiser und hängen die japanische Fahne aus.

So lerne ich durch Reiko immer mehr Frauen kennen, die neben ihren mühsamen täglichen Familienpflichten versuchen, sich über die Welt zu informieren und selbständig zu denken.

Wie ist ihr Leben? Wie ein Haiku-Vers: Ein kurzes Aufflammen von Seelen, die sich wenig erlauben.

JAHR DES DRACHEN

Tokyo, den 20. Januar 1988

Nach meinem längeren Aufenthalt in Italien sind wir gleich auf die Izu-Halbinsel nach Atami – Tokyos Capri, Tokyos Travemünde – gefahren, um dort ein typisch japanisches Wochenende zu erleben.

Statt am Meer, das weit und blau hinter der hohen Betonmauer liegt, die den Ort vor Springfluten schützt, verbringt man in Atami seine Urlaubstage in einem der riesigen Onsen-Etablissements, die wie eine mächtige Manschette um die Bucht herum stehen und die heißen Quellen in ihren Kellern einfangen.

Da diese Hotels den Tageslauf ihrer Gäste vollkommen organisieren, landen wir beim Versuch, uns unsere Freiheit zu bewahren, erst einmal in einem Love-Hotel, einem putzigen Bau für »Weekend-honeymooners«, mit winzigen Zimmern im Chippendale-Stil. Pünktlich um 8.30 Uhr sitzen wir am nächsten Morgen zusammen mit den anderen Pärchen beim Frühstück. Dann wird gezahlt, denn tagsüber werden die Zimmer nur stundenweise vergeben. Die mit Schulwitzen bedruckten Mädchenslips, die an der Rezeption zum Verkauf ausliegen, deuten auf die übliche Kundschaft hin.

Für den Tag bietet Atami verschiedene Vergnügungsmöglichkeiten. In einer nachgemachten Daimyo-Burg betrachten wir die Reproduktionen der berühmtesten Ölbilder der westlichen Welt. Um das Porno-Museum machen wir einen Bogen und fahren lieber hinauf zum MOA-Museum für Bildende Kunst, dessen hochtechnologisierter Bau so prachtvoll am Berghang steht.

Das Museum gehört der Sekai Kyusei Kyo, der Sekte »zur Rettung der Welt«, einer der ältesten und mächtigsten unter den neuen Religionen. Sie wurde 1935 mit protofaschistischen Absichten von einem Mann gegründet, der das Letzte Gericht nahen sah und sich selber als einen Messias des irdischen Paradieses hinstellte, das für die Geläuterten auf Erden entstehen werde.

Das MOA-Museum gilt als Modell dieses irdischen Paradieses. Es ist ein supermodernes High-Tech-Paradies aus Marmor, Glas und Stahl, mit audio-visuellen Hallen, in denen die armen kleinen Renoirs und Monets verloren neben chinesischen Göttinnen der Barmherzigkeit hängen. Stumme Frauen – sind es fromme Schwestern? sind es Büßende? – wischen pausenlos mit weißen Lappen über Wände, Fenster, Türen und sogar über das Glas der Bilder, kaum hat man es angehaucht.

Durch zwei unterirdische, taghell erleuchtete Tunnel gleitet man dann auf sanft ansteigenden, breiten Rolltreppen zur »Runden Halle« hinauf – und dort ist man im Paradies angelangt! Ein »göttliches Auge« bestrahlt einen vom Gewölbe herunter mit vielfarbigem, fluorescentem Licht, zwanzig verschiedene Hi-Fi-Lautsprecher umweben einen mit psychedelischer Musik, und man wandelt auf einem von unten erwärmten Marmorboden.

Obgleich eine Broschüre das MOA-Museum als ein »Heiligtum der Schönheit und des Gedankens« beschreibt, das »der noblen Erschaffung einer Kultur der Wahrheit« gewidmet ist, wirkt es – ebenso wie die hochtechnologische Hochburg der Mahikari-Sekte in Takayama – eher wie das Zentrum einer wohlorganisierten Macht, einer Macht, die über immense Mittel verfügt, deren Ursprünge man nicht kennt.

Abends ist Atami leer. Durch die Straßen eilen nur noch »Onsen-Geishas« – wie man die gefallenen Geishas, gealterten Bargirls, verwitweten und geschiedenen Frauen nennt, die sich im Kimono, weiß gepudert und heftig geschminkt, ihr Leben als Dienerinnen in den Thermal-Hotels verdienen.

Wir geben unseren Widerstand auf und verbringen unsere zweite Atami-Nacht in einem dieser Etablissements. In Kimono und Pantoffeln begeben wir uns nach dem Abendessen zum Nachtclub hinauf. Kaum haben wir uns gesetzt, schickt eine Männergruppe uns ein Glas Whiskey herüber, und wir kommen ins Gespräch. Einer will mit mir tanzen.

»You American?« fragt er.

»I am German.«

»Japan number one?«

»Yes, Japan number one.«

»Thank you, thank you. I like Benz!«

»Mercedes-Benz?«

»Yes, Mercedes-Benz!«

Er ist Abteilungsleiter bei einer Maschinenwerkzeugfabrik in Nagoya, dessen Besitzer seine leitenden Angestellten zu diesem Wochenende nach Atami eingeladen hat und jetzt mit ihnen in der Bar sitzt. Als ich meinen Tänzer vor ihm für sein gutes Englisch, sein gutes Tanzen, seine sympathische Art lobe, protestiert der arme Mann ganz erschrocken. »Nein, nein! Nicht ich, mein Chef ist der Beste, mein Chef ist der Intelligenteste!« Auf keinen Fall will er vor seinem Chef ins Rampenlicht gestellt werden, und die Unterhaltung erlischt.

Am nächsten Morgen steigen die Onsen-Gäste, Souvenir-Fischpaketchen unterm Arm, wieder in ihre Autobusse und Züge, und auch wir fahren an der Küste entlang zurück. Die Strecke von Odawara bis Tokyo entspricht dem alten Tokaido-Weg, der Edo, die Residenzstadt der Shogune, mit dem Kaiserhof in Kyoto verband. Wie einen weißen Fächer haben wir den beschneiten Fuji-Berg vor Augen, der von diesem Landstrich aus, auf dem sich soviel japanische Geschichte abgespielt hat, immer wieder gemalt und besungen worden ist. Es ist die klassische japanische Landschaft, die wir durchfahren, wie man sie von den Holzdrucken von Hiroshige und Hokusai und den Haiku-Versen von Basho kennt.

Der historische Tokaido-Weg ist heute zu einer Schnellstraße geworden, an der entlang ein superorganisierter Onsen-Tourismus blüht, mit Love-Hotels, die Namen wie »Andersen«, »Cabin«, »Les Bijoux« und »Treasure Castle« tragen. Auch eine holländische Windmühle sehen wir in der Landschaft stehen. An einem alten Tempel der Stadt Hakone, einem Posten, der über den Pendelverkehr zwischen Edo und Kyoto wachte, steht noch eine gestrenge Maxime aus Tokugawa-Zeiten:

Unter dem Himmel, Frieden
Auf den Straßen, ruhiger Verkehr.

Shimonoseki, den 31. Januar 1988
Das ausländische Pressecorps sitzt im Superexpreß nach Shimonoseki. Der Ausflug wurde vom Pressezentrum des Außenministeriums organisiert, damit die Journalisten sich den »Fugu«, den tödlichen Pufferfisch, ansehen. »Ein Beweis«, sagte Tiziano, »daß es in Japan keine Story gibt.«

Der Fugu ist eine Delikatesse der japanischen Küche – aber nicht nur das. In seiner Haut und Leber sitzt ein tödliches Gift, dem Kurare verwandt und zwanzigmal wirksamer als Zyanid, das, in winzigen Dosen genossen, den Menschen in einen himmlischen Rausch versetzt. Die Japaner waren seinem Genuß verfallen und bereit, unter den heftigsten Krämpfen dafür zu sterben. Es wurde ihnen aber verboten, und so begnügen sie sich heute mit den weißen, faden, vollkommen ungefährlichen Fugu-Filets, die man in spezialisierten Fugu-Restaurants in hauchdünnen Scheibchen zu essen bekommt.

Kaum jemand weiß mehr vom Rausch, dem dieser Fisch seinen Ruhm verdankt. »Ißt man ihn drei-, viermal, wird man sein Sklave«, schrieb ein berühmter Töpfer und Ästhet aus Meiji-Zeiten. »Wer ihn aber aus Furcht vor dem Tode verschmäht, der ist wahrlich ein bedauernswerter Mensch.«

Die Fahrt nach Shimonoseki, das an der westlichsten Spitze der Hauptinsel Honshu liegt, da, wo diese an die Kyushu-Insel grenzt, dauert den ganzen Tag. Im Hotel werden wir um 2.30 Uhr geweckt. Die Fischversteigerung am Hafen beginnt um 3.20 Uhr.

Auf dem nassen Zementboden der Markthalle liegt der zappelnde Fugu-Fischfang des Tages – zehn Tonnen im Wert von 100 Millionen Yen. Dreißig Fischhändler stehen in Gummistiefeln und Mütze um Ono-san, den Versteigerer, herum. Alles Bieten erfolgt »geheim«. Mit einem schwarzen Stoffsack über der rechten Hand, murmelt Ono-san eine geheimnisvolle Litanei, die wie ein Sutra-Gebet klingt, wie: »Wieviel, wieviel, wieviel...« Interessenten schieben ihre Hand in den Sack hinein und machen ihr Angebot durch Kneifen deutlich. Der Meistbietende bekommt die Partie.

Jeder Händler hat seinen spezialisierten Cutter mitgebracht, der sich sofort daranmacht, die giftigen Teile von den Fischen zu entfernen und einzuäschern. Alsdann trennt Japans berühmtester »Häuter« die erste, tödliche, gelbe Fugu-Haut ab und schneidet die nächste in drei hauchdünne Schleier, die gegessen werden dürfen. Das versammelte Pressecorps von Shimonoseki steht um das ausländische herum und fotografiert es.

Ono-san ist ein mächtiger Mann, denn er bestimmt den Fugu-Preis des Landes. »Fugu ist der Diamant der Fische, aber er ist teuer zu fischen«, sagt er, und bietet uns eine heiße Fugu-Suppe, Bier und Coca-Cola an. 200 Boote, jedes mit acht, neun Mann an Bord, bleiben drei Wochen lang auf See zwischen der koreanischen Küste und Shimonoseki, um mit hundert Meter langen Leinen, an denen 9000 Angeln hängen, nicht mehr als fünfzig Pufferfische pro Tag zu fischen. Weil Feinschmecker bereit sind, einen hohen Preis dafür zu bezahlen, riskiert der Fugu auszusterben, wie die Wale, die früher in diesen Gewässern schwammen.

Das Thema Rauschgift wird nicht berührt. Es ist tabu. Auch der liebenswürdige Bürgermeister von Shimonoseki, der uns später von Fischern und Seefahrern erzählt, erklärt uns nicht, warum ein Samurai, wenn er einer Fugu-Vergiftung unterlag, postum Rang und Besitz verlor; warum immer noch ein Dutzend Leute im Jahr an einer verbotenen Kostprobe sterben...

Die blauen Buchten und grünen Zedern um Shimonoseki erinnern an norwegische Fjorde. Jenseits der Meerenge liegt die Kyushu-Insel, das romantische Land der großen Daimyo und kühnen Samurai, das ebensoweit entfernt von Tokyo ist wie von Shanghai, Qingdao und Dairen in China und stolz seinen eigenen Charakter betont. Von Kyushu aus starteten die japanischen Gesandten im 16. Jahrhundert ihre Erkundungsfahrten durch Asien. Hier liegt auch Nagasaki, das, dank der winzigen Deshima-Insel in seiner Bucht, auf der während Japans jahrhundertelanger Isolation immer ein einzelner Holländer leben und Handel treiben durfte, die einzige Türspalte blieb, durch die der Kontakt mit der Außenwelt aufrechterhalten wurde.

Die traditionsbewußten Kyushu-Klans blieben dem Kaiser treu, als die Tokugawa-Shogune in Edo regierten und er vergessen in Kyoto saß. Als die Amerikaner Mitte des 19. Jahrhunderts Japan mit ihren Schiffen bedrohten, war ihre Stunde gekommen, und sie schlossen in Shimonoseki ein Bündnis gegen das Shogunat. Ihre Rebellion beschleunigte den Sturz der Tokugawa und führte schon 1868 zur Restauration des Meiji-Kaisers.

Fürst Ito Hirobuni, der große Meiji-Staatsmann, selber aus Kyushu, der diese Restauration im wesentlichen zu Wege brachte, ist während eines Unwetters einmal in Shimonoseki gestrandet, erzählt uns der Bürgermeister, und hat in einer einfachen Herberge übernachtet, wo man ihm Fugu zu essen gab. So hingerissen war der große Mann von seinem Geschmack, daß er das Fugu-Essen für das ganze Volk freigab. Doch bald kamen die Japaner unter das Joch von neuen Kneblern – diesmal waren es die Modernisierer –, und der Fugu-Rausch wurde wieder verboten.

Zum Abschied – oder ist es zum Trost? – übergibt Shimonosekis charmanter Bürgermeister jedem von uns ein kleines Geschenk: einen Herrn Fugu und eine Frau Fugu aus Porzellan, beide mit Hütchen.

10. Februar 1988

Für seinen Bericht über die japanische Vergnügungsindustrie wollte Tiziano ein paar In-Lokale der »shin jin rui« sehen, der »neuen Menschensorte«, wie sich die junge Generation heute nennt. Kometa-san, ein 24jähriges Mädchen, das für diese Jugend Happenings in den Lokalen der Firma Kirin-Bier organisiert, hat sie uns gezeigt.

An der Kreuzung zwischen der Omotesando-Allee und dem Jugendviertel von Harajuku hat Kirin vor kurzem »Doma« eröffnet. Das Lokal sieht aus wie eine riesige monogolische Jurte. Seine langen Holztische und Bänke erinnern dagegen an eine bayerische Bierhalle, die schummrige Beleuchtung an einen katholischen Dom: daher auch der Name, »Doma«. In dieser Art neuer Designer-Lokale werden Gegenstände und »Atmosphären« der ganzen Welt geschickt kombiniert. Der Stil, der dabei herauskommt, heißt »eth-ni-co«. Er erinnert an nichts Spezielles, so wie »Doma« an nichts Spezielles erinnert, es sei denn an ein vages »Ausland«, ein fernes Traumland hinter Berg und Tal. Deshalb ist beides »in«.

Auch »Sunda«, hinter dem Gebäude des NHK-Fernsehens in Shibuya, ist »in«. Aber »Sunda« ist schon nicht mehr »eth-ni-co«, sondern bereits »supra-national«, wie sein Inhaber uns erklärt, weil sich hier Westliches mit Östlichem, Volkstümliches mit Industriellem vermischt. Der durch die Eintrittshalle rieselnde Quell, die falschen Felsen und die Schlange am Treppengeländer erinnern an Bali und die Sunda-Meerenge, während die mit Messer und Gabel gedeckten Tische Europa abgeschaut sind und das Essen eine undefinierbare, supra-nationale Mischung ist.

Kometa-san ist selber eine typische »shin jin rui«, denn sie weiß von nichts, interessiert sich für nichts, vor allem nicht für ihre Zukunft. Tagsüber arbeitet sie fleißig, wie sie es alle tun, aber Karriere machen, Geld verdienen, vorankommen, von all dem will sie nichts wissen. In ihrem Leben gibt es ein paar Filme, ein paar Songs und ihre Freunde. Mit ihnen sitzt sie in den In-Lokalen und träumt. Sie sitzt da manchmal bis in den Morgen hinein und gibt dabei ihr ganzes Gehalt aus: Die Heirat kommt bald genug, und damit das Ende von allem Spaß.

Kirins Konkurrenz, Heartland-Bier, hat für diese jungen Leute einen »postmodernen« weißen Tunnel kreiert (»postmodern« ist schon länger »in«), in dem die Schwarz in Schwarz gekleideten Mädchen an einer langen schwarzen Bar sitzen und ihr Bier von eleganten jungen Burschen in Schwarz mit weißer Schürze serviert bekommen. Kundinnen wie Kellner gehören zur »neuen Menschensorte« und leben von »Arbeito«, wie Teilzeitjobs auf japanisch in Abwandlung des deutschen Wortes heißen. Auch »Arbeito« ist in. Es gilt für schicker, einen Teilzeitjob als Kellner in einem Modelokal zu haben als eine Salariman-Stellung fürs

Leben. Die Arbeitgeber sind es zufrieden, denn »Arbeito« verpflichtet sie zu nichts.

Ausgerechnet das »Déjà-vu«, der Ausländertreff in Roppongi, wo auch Folco hinging, wo alles sich drängelt und raucht und trinkt und laut durcheinander redet, wo irgendein Poster an der Wand klebt, Kerzen in Flaschen stecken und die Bierdosen auf dem schmutzigen Fußboden rollen, wirkt auf uns erfrischend. Aber Kometa-san drängt weiter, zu Roppongis post-moderner »Boheme«, wo man in einem bis ins letzte Detail gepflegten Milieu auf gepolsterten Flugzeugsitzen oder schwarzen Eisenstühlen sitzt und seinen Drink bei vollkommenem Schweigen in sich hineinsaugt, von mannequingleichen Jünglingen in Schwarz serviert. Jeder Aschenbecher ist geschmackvoll. Spot-lights beleuchten eine weiße Blume hier, ein abstraktes Bild da, und die Musik ist »cool«. Aber es fehlt der Spaß, das Leben.

Ja, wo bleibt das Leben?

Die Welt ist diesen Jungen zu kompliziert geworden. Sie sehnen sich nur noch nach Wenigem, Einfachem.

Von »Salatgedenktag«, dem kleinen Gedichtband einer 24jährigen Lehrerin namens Machi Tawara, die sich als eine »shin jin rui« beschreibt, sind innerhalb weniger Monate 2,5 Millionen Exemplare verkauft worden: ein Bestseller, wie es in Japan nur noch einen anderen und in Europa wohl noch keinen gegeben hat. In kurzen, modernen Tanka-Versen, die »wie Werbesprüche klingen«, schreibt Machi Tawara von den gewöhnlichen Begebenheiten des gewöhnlichen Lebens. Menschen jeden Lebensalters, jeder gesellschaftlichen Schicht haben ihn sich gekauft und waren berührt. Er heißt nach einem dreizeiligen Gedicht an ihren Freund:

Wie gut er schmeckt! sagtest du.
Deshalb ist dieser sechste Juli
Unser Salatgedenktag geworden.

Damit ist Machi Tawara zur Exponentin der »neuen Menschensorte« geworden.

Im winzigen Büro ihres obskuren Verlegers, eines hageren jungen Mannes mit dunkler Brille, der schon zweimal Bankrott gemacht hat und mit diesem Erfolg gewiß nicht rechnete, hat Tiziano sich mit Machi Tawara unterhalten. Etwas verspätet, denn sie hatte vorher noch ein Fernsehinterview, trat sie in einem mit gelben Tulpen bedruckten weißen Seidenkleidchen aus dem engen Lift: ein bescheidenes, hübsches junges Mädchen, das in der Art, wie es die Knie zusammenpreßt, sich mit der Hand durch die Haare fährt und den Kopf zur Seite legt, die typisch »gewöhnliche« junge Japanerin ist. Und als die fühlt sich Machi Tawara auch.

»Der Ausgangspunkt meiner Gedichte ist das Gewöhnliche«, sagt sie. »Ich bin ein gewöhnliches Mädchen, gewöhnlich, wie es meine Freunde sind, darum schreibe ich für die Gewöhnlichen, denn auch sie haben Lieben und Gefühle. Ich versuche, auf einfache Weise vom täglichen Leben zu berichten. Am liebsten verwende ich das Wort ›natürlich‹. Damit habe ich mir die Sympathie meiner Leser gewonnen.«

Nein, es gibt keinen Kampf, zu dem ihre Generation Stellung nehmen, kein Problem, für das sie sich einsetzen will, antwortet sie auf Tizianos Frage. »Unser Lebensideal ist, keinen festen Wohnsitz zu haben, keinen festen Job, von Arbeito zu leben, auf einer Couch zu liegen und auf diese Weise zu verstehen, wer man ist. Ich möchte aber dazusagen, daß wir Jungen nicht faul sind. Wir arbeiten fleißig, nur haben wir andere Werte. Hauptsächlich sind wir aufrichtig.«

Auch Japanerin zu sein bedeutet Machi Tawara nichts Besonderes. »Alle Menschen sind gleich«, sagt sie.

»Was bedeutet Ihnen Japan?« fragt Tiziano sie zuletzt.

Da schweigt sie lange, erstaunt, betroffen. Das hat sie sich noch nie überlegt. »Eine schwierige Frage...« sagt sie nachdenklich und dankt ihm, daß er sie ihr gestellt hat. Aber eine Antwort bleibt sie ihm schuldig. Wie anders als all die Salarimänner mit ihrem »Japan number one!«

Otomo erklärt uns, als wir wieder nach Hause gehen, daß es für Japaner nicht ein Japan gibt, sondern viele. »Welches Japan meinst du?« wird man gefragt. Das des Krieges liegt weit zurück, und es ist immer noch nicht erlaubt, darüber nachzudenken. Die neue Generation kennt nur das Japan, in dem sie aufgewachsen ist, ahnt nicht, daß es vor kurzem noch ein Japan gab, in dem die Menschen Hunger hatten. Erinnerungslos lebt sie in ihrer Welt. Eine andere kennt sie nicht und will sie auch nicht kennen.

Otomo, der um die Widerstandsfähigkeit des japanischen Systems weiß, tut den Einfluß, den diese jungen Menschen auf die Gesellschaft haben könnten, mit wenigen Worten ab. »Sentimentalität von Städtern«, sagt er. »Träumereien einer Gefangenen.«

12. Februar 1988

Der Nobelpreis für Medizin ist letztes Jahr an Professor Tonegawa vergeben worden, einen Japaner, der sein Land vor zwanzig Jahren verlassen hat und heute als Forscher bei Chicagos M. I. T. arbeitet. Zuerst haben die japanischen Zeitungen begeistert und stolz über ihn berichtet, doch sind sie plötzlich verstummt, als Tonegawa erklärte, er verdanke diesen Nobelpreis der Tatsache, daß er aus dem japanischen Universitätssystem ausgestiegen sei.

Es herrscht an Japans Universitäten dasselbe feudalistische Rangsystem, das die gesamte Gesellschaft gefangenhält. Wie im Büro, so gilt es auch innerhalb der akademischen Welt als ungezogen, einen Älteren mit den eigenen Leistungen zu übertreffen, kühn und frei zu denken, eigene Theorien aufzustellen und damit die von anderen umzustoßen, besonders wenn es die eines »Sensei«, eines Lehrers, sind. Um das zu dürfen, muß der Betreffende warten, bis er selbst den ehrenwerten Rang des Professors erreicht hat; das heißt, er muß warten, bis er alt ist.

Während aber die hierarchisch organisierte Gruppenarbeit in Firmen und Fabriken zu Ordnung und verblüffenden Erfolgen geführt hat, erweist sie sich auf dem Gebiet der wissenschaftlichen Forschung – wo es auf unabhängiges Denken ankommt – als unergiebig und hemmend.

»Japanische Universitäten bilden Nicht-Individuen aus. Sie brechen jedes Genie«, hat Vater Del Campana, der ehemalige alte

Rektor von Tokyos Jesuiten-Universität Sophia, einmal mit Bitterkeit zu uns gesagt. Als jahrelanger Erzieher nimmt er ihnen das übel.

Forschung – wie sie im Westen im Rahmen der großen Universitäten und Forschungsinstitute getrieben wird – wird in Japan deshalb hauptsächlich innerhalb der großen Konzerne gefördert und von diesen finanziert. Den Universitäten kommt dagegen eher die Aufgabe zu, eine Kaste von Gentlemen (hier »old boys«, kurz »o. b.« genannt) auszubilden, das heißt, von vertrauenswürdigen, ausgesuchten Menschen, denen die Führung des Landes anvertraut werden kann.

An der Spitze der Hierarchie der Universitäten steht die Universität Tokyo (»Todai« genannt). Es folgen die beiden Privatuniversitäten Keio und Waseda, die Universität Kyoto . . . bis hinunter zu denen, deren Abschluß weniger als ein Abitur gilt.

Wer die Aufnahmeprüfung zu einer der Eliteuniversitäten des Landes besteht, der gehört automatisch zur »ruling class«: Von Todai hat er Zugang zu den Hauptministerien; von Keio und Waseda zu den Spitzenkonzernen wie Mitsui und Mitsubishi. Von der Jesuiten-Universität Sophia gehen die zukünftigen Intellektuellen, die Medienleute wie Yoichi und Verlagsleute wie Chigusa ab. Alle anderen Menschen sind zu einer »inferioren« gesellschaftlichen Rolle verdammt.

Die entscheidende Schlacht seines Lebens kämpft der Japaner also als Schulkind. Da es die Schulen sind, welche die Auswahl der Universitätskandidaten vorbereiten, geht es beim Konkurrenzkampf um eine »gute« Schule um alles. So beginnt der »Examenskrieg«, sagt Reiko.

Die einzige Verbündete des Schulkinds ist seine Mutter. Um ihm einen Vorsprung vor den anderen zu verschaffen, schicken ehrgeizige Mütter ihre Kinder bereits mit zwei oder drei Jahren auf eine Nachhilfeschule.

»Wozu?« sagt Reiko, die selber drei Kinder an verschiedenen Schulen hat und das ganze System verdammt. »Damit es auf einen guten Kindergarten kommt, der es auf eine gute Grundschule vorbereitet, von der es auf ein gutes Gymnasium kommt, das ihm Zulaß zu einer guten Universität verschafft ... wonach ihm ein guter Job gesichert ist.«

Nachhilfeschulen – »Juku« und »Yobiko« genannt – laufen wie ein paralleles, privates Schulsystem neben dem offiziellen her, »bügeln die Schwächen des Schülers aus, drillen ihn wie private Trainer und trichtern ihm die möglichen Antworten auf Examensfragen ein«.

Auf der Universität angelangt, kann der Student sich dann etwas erholen. Da Firmen und Ministerien ihre Angestellten am liebsten selber am Arbeitsplatz trainieren, gilt die Studienzeit als die »Ferienzeit« im Leben eines Japaners – als die Atempause, die zwischen der »Examenshölle« seiner Schulzeit und dem »Gefängnis« seines Firmenlebens liegt.

So wenigstens drückt man sich hier allgemein aus.

17. Februar 1988

Im American Club, einem gediegenen amerikanischen Milieu, wo einmal pro Woche die College Women Association of Japan (CWAJ) tagt, sprach heute der Sozialkritiker Ohmae Kenichi – ein unverhohlener Exponent des neonationalistischen, antiamerikanischen neuen Japan – über die Fehler und Mängel der japanischen Gesellschaft.

»Genug mit unserer Unterwürfigkeit den Siegern des Zweiten Weltkriegs gegenüber! Genug mit dem Geschufte der Nachkriegszeit! Wir sind eine starke, unabhängige Nation, tüchtiger als alle anderen, wir wollen etwas vom Leben haben!«

Schuld an der von ihm bemängelten, unterwürfigen Menschensorte hat, seiner Ansicht nach, das japanische Schulsystem, das keine Individuen, sondern »Papiergenies für Ministerien« produziert, »lauter Genies japanischen Stils, die lernen und wieder ausspucken, was sie gelernt haben. Nutzlose Leute, sobald man sie ins Ausland schickt!« Er dagegen verlangt nach Menschen, die lernen, »Warum?« zu fragen, statt sich immer nur unterwürfig als »Mittelklasse« zu fühlen und zu behaupten, sie seien zufrieden.

»Wir sind ein Land von 120 Millionen monoton erzogenen Menschen!« rief er ungeduldig.

Reiko ist Mitglied dieser japanisch-amerikanischen Frauenvereinigung und hat mir ihre Bekannten vorgestellt. Es sind Frauen, die studiert haben, mit erfolgreichen Männern verheiratet sind, selber aber keinen Beruf haben.

»Unser Job ist das Aufziehen der neuen Generationen«, bemerkte eine jüngere Frau ironisch. »Als Bardamen und Mama-san werden unzählige Frauen gebraucht, aber von Arbeiten, welche auch Männer tun können, hält man uns mit allen Mitteln fern.«

Mutterschaftsurlaub gibt es nicht. Sobald sie ein Kind bekommt, verliert die Frau ihre Arbeit, und wenn sie über 900 000 Yen im Jahr verdient (weniger als unser Dienstmädchen), werden ihrem Mann alle Familien- und sonstigen Sonderzulagen von seinem Gehalt gestrichen, so daß es ihn teuer zu stehen kommt, wenn seine Frau arbeitet.

»Sind eure Männer denn mit ihrem Leben zufriedener?« frage ich die Damen an meinem Tisch.

»O ja!« ruft es wie aus einem Munde.

»Egal wie oft ich meinem Mann klarmache, daß sein Leben leer und eingeengt ist, daß er überhaupt kein eigenes Leben hat, er ist zufrieden damit«, bemerkt eine der Frauen. Selber benützen sie ihre Freizeit, um sich zu informieren, und sind offensichtlich enttäuscht über den beschränkten Horizont ihrer eingespannten Gatten: »Man kann sich mit ihnen wirklich über gar nichts unterhalten, sie sind zu ungebildet!«

Behaupteten das nicht früher die Männer von den Frauen?

Die Mehrzahl der Scheidungen findet in Japan deshalb erst nach der Pensionierung statt. Sich ganztägig mit einem Mann abzugeben, den sie niemals geliebt oder respektiert hat, ist mehr, als manche japanische Frau ertragen kann. Für die Gatten, die ihr Leben lang nur unterwürfig und »milde« behandelt worden sind, ist es ein furchtbarer Schock – das konstatieren meine Damen mit erstaunlicher Kühle.

Eine ist unter ihnen, Miho, die mir mit ihrer lebhaften, warmen Intelligenz auffällt. Klein und sehr soigniert, spricht sie fließend Englisch, da sie ihre Schulzeit in New York verbracht hat, und arbeitet freiberuflich als Dolmetscherin bei NHK, dem halbstaatlichen Erziehungsfernsehen. Gewiß ist sie konventioneller als Reiko (sie alle sind es), doch wirkt sie auch weit selbstsicherer und mutiger als die anderen Frauen, die eine innere Hand zurückzuhalten scheint.

Miho ist es, die ein verständnisvolles Wort für ihren Mann, einen Ingenieur bei Hitachi, einlegt. »Er behauptet, ich sei kein vollständiger Mensch, weil ich keiner Organisation angehöre«, sagt sie. »Mir dagegen tut er leid: Zu Hause untersteht er mir. Im Büro untersteht er seinem Chef. Seine Freunde sind zugleich auch seine Kollegen, mit denen er konkurriert. Er hat niemals ein eigenes Leben ...«

Der Preis, den sie alle, wie sie da sind, für den Erfolg ihres Landes zahlen, ist eben riesengroß. In den Schulen, den Büros, ja sogar in der Familie bezahlen sie für Japans Wirtschaftserfolg mit ihrer Seele. Sie zahlen freiwillig – niemandem wird das Opfer ausdrücklich abverlangt –, einem sanften gesellschaftlichen Druck nachgebend, der jeden allmählich zur Selbstaufgabe zwingt.

Was mich am meisten entsetzt, je länger ich hier lebe, ist die Fähigkeit der Menschen, all das zu erdulden.

»Und dabei ist Japan nicht mal ein kommunistisches Land!« ruft Miho, als wir zusammen zur U-Bahn gehen. »Wir sind eben alle Kamikaze.«

19. Februar 1988

Es regnet. Ich sitze mit Miho und ihrer Cousine Yoko in einem Café von Shinjuku, viele Stunden lang. Cafés sind, wie David Russell sagt, das »pied-à-terre« eines Japaners in der Stadt. Er verschafft sich mit der Tasse Kaffee Zugang zu einem gemütlichen Ort, in dem er unterschlüpfen kann.

Yoko, die als Frau eines Managers des Handelskolosses Itoh erst vor kurzem mit Mann und Kindern nach mehreren Auslandsjahren in die Heimat zurückgekehrt ist, fällt es schwer, sich wieder an die japanische Schulmühle zu gewöhnen.

»Das Erziehen der neuen Generationen ist für die japanische Mutter eine dramatische Aufgabe«, sagt sie. »Vor dem Krieg tat sie es für den Kaiser, heute tut sie es für die Wirtschaft. Nie kann sie ihr Kind werden und sein lassen, was es selber will.«

Die Wirtschaft verlangt nach fügsamen Angestellten? Das Schulwesen liefert sie ihr. Aussteiger bleiben am Wege liegen. Das System kennt keinen Pardon.

»Lieber vergeudet man Talente, als daß man mit eigenwilligen Individuen Unordnung in die Wirtschaft bringt«, sagt Miho. »Menschen zu vergeuden kann die Wirtschaft sich leisten. Unordnung nicht.«

70 Prozent der japanischen Eltern sind mit dem Schulwesen unzufrieden. Psychologen warnen davor. Aber die Eltern stehen selbst unter dem »entsetzlichen Druck« der Gesellschaft. Also spielen sie mit.

Um des Schulerfolges ihres Kindes sicher zu sein, gehen die Mütter methodisch vor. Die unerbittlichsten heimsen damit den Spitznamen »education mama« ein, doch gibt es keine Frau, die den Werdegang ihrer Kinder nicht genau plante und sich sorgfältig auf alle Entscheidungen vorbereitete, die sie allein zu treffen hat: Welche private, welche öffentliche Schule? Welche Nachhilfeschule? Vor jeder Aufnahmeprüfung (Kindergarten, Grundschule, Mittelschule, Oberschule, Universität) stellt sie eine Liste der von ihr bevorzugten Institutionen auf, meldet das Kind dort an und hinterlegt die jeweilige Prüfungsgebühr, jeweils um die 100 000 Yen. Sie spielt sozusagen auf verschiedenen Tischen, um auf einem das Spiel zu gewinnen.

Wem die Mittel fehlen, dem bleibt das öffentliche Schulsystem, das durch die Existenz des parallelen, privaten, vollkommen ins Hintertreffen geraten ist.

Alle Aufnahmeprüfungen finden in der zweiten Februarhälfte statt. Mindestens ein halbes Jahr vorher muß der Schüler sein Leben radikal ändern, Sport und Musik fallenlassen und nur noch büffeln. Dieser plötzliche Lebenswandel wirkt sich oft schlimm auf den Stoffwechsel aus. Das Kind übergibt sich, fühlt sich übel, hört zu essen auf oder bekommt die Fettsucht. Miho, die Nachhilfestunden in Englisch gibt, hat unter ihren Schülern einen kleinen Zwölfjährigen, der so müde und angestrengt ist, daß er schon ein paar graue Haare hat. »Kinder mit Silberhaar!« sagt sie kopfschüttelnd. »Es ist zum Weinen.« Aber es hilft alles nichts. Erst bei den Prüfungsergebnissen wird sich herausstellen, ob die letzten Februartage »die Erfolgstage der Mutter« sind – oder die ihrer Schande.

In japanischen Schulen wird eisern auf Disziplin geachtet. Alle Kinder stecken in Uniform. Strenge Schulregeln schreiben auf den Millimeter vor, wie lang das Haar, die Hosen, die Röcke, ja die Socken zu sein haben. Schlagen als Strafe ist nicht ungewöhnlich.

Die Aggressionen, die solch militärische Härte in den Schülern auslöst, werden auf die Schwachen, die Unbegabten, die »anderen« entladen. »Ijime« – Gängeln, Quälen oder Niedermachen – ist ein in japanischen Schulen stark verbreitetes Phänomen. Am schlimmsten geht es auf der Unterstufe des Gymnasiums zu, als machten die Kinder dort einen letzten, verzweifelten Versuch, sich selbst und ihre Jugend zu verteidigen.

»Schließlich geben die meisten ihren Widerstand auf und lernen sich anzupassen, weil es das einfachste ist«, sagt Yoko. »Wenn das Kind auf die Oberstufe des Gymnasiums kommt, ist es müde und nicht mehr jung. Es sucht keine Freundschaften mehr, spielt nur noch mit dem Familiencomputer und wird apathisch. Der Streß ist furchtbar . . . Es muß etwas geschehen!«

22. Februar 1988

Verwundert über die Zeitungsnotiz, aus der hervorgeht, daß ein sich als Universitätsprofessor ausgebender Mann mit Leichtigkeit auf der Straße Studentinnen und Hausfrauen dazu überredet, mit ihm in ein Love-Hotel zu gehen (um sie zu bestehlen!), hat Tiziano den Artikel Ayako gezeigt und sie nach den Sitten der modernen Japanerinnen gefragt.

»Worüber wundert er sich?« fragt sie mich später. »So benehmen sich doch die meisten Mädchen! Bei euch nicht?«

»Bei uns gehen sie in der Regel nicht mit einem völlig Fremden ins Bett.«

»Ach, das gilt hier für altmodisch. Heute geht man mit jedem ins Bett.«

Otomo sagt, Schulmädchen und Studentinnen zögen ältere Männer schon deshalb vor, weil sie Geld von ihnen bekommen. Auch verheiratete Frauen fingen jetzt an, sich irgendeinen Mann zu halten, was Otomo die »innere Scheidung« nennt, die Japanerinnen der tatsächlichen vorzögen. Es gibt Klubs, in denen verheiratete Frauen sich einen Begleiter mieten können, während frustrierte Hausfrauen zur Flasche greifen: Man nennt es »Küchentrinken« ...

»Ich weiß gar nicht, ob ich Männer überhaupt noch mag«, erklärt Ayako, angewidert vom Zusammenbruch aller Sitten und Werte, der den neuen Wohlstand begleitet. »Manchmal hasse ich sie. Ich glaube, ich bin lieber mit meinen Freundinnen zusammen.«

Abends zeigt uns Otomo einen Ballsaal im grauen Arbeiterviertel von Iriya (das »Nachtigallental«), in dem Frauen sich ihre Tänzer mieten.

Angelehnt an eine Pachinko-Spielhölle, steht in Iriya ein graues Etagenhaus, in dem wir bis zu einer oberen Etage hinauffahren. Wir bezahlen Eintritt, geben unsere Garderobe ab und gehen dann an einer langen Glasvitrine vorbei, in der versilberte Ballschuhe neben schwarzen Männerlackschuhen ausgestellt sind, bis zu einer Art Galerie. Von dort aus sehen wir auf ein Tanzparkett hinunter, auf dem Carmens im roten Flamenco-Kleid und Ballerinen im Tüllkostüm mit Herren im schwarzen Anzug herumwirbeln. Sie geben sich dem Tanz ganz hin, biegen sich im Plier, den Arm dramatisch in die Luft gestreckt, fallen rücklings ins Casqué – die einen können es besser, die anderen schlechter. Als wir aber die Treppe hinuntergehen, merken wir, daß all diese Damen und Herren in Wirklichkeit betagte, abgearbeitete Aschenbrödel sind, die hier eine kurze Stunde tanzen.

Der Ballsaal beschäftigt 65 »Tanzlehrer« und ist von 18 bis

23 Uhr geöffnet. Die Hausfrauen kommen an, werfen sich in ihre Verkleidung, mieten sich für 1 500 Yen die halbe Stunde einen Mann und tanzen los. Ein Orchester spielt Walzer, Tango, Fox und Tscha Tscha Tscha. Ein Tenor singt. Kellner gehen mit Getränken herum, müde Paare ruhen sich in Plüschlogen aus. Es ist alles wie in der großen Welt. Aber pünktlich um 22 Uhr, wenn die Ehemänner von ihrem Karaoke-Abend heimkehren, muß auch das Aschenbrödel wieder nach Haus. Eine Frau nach der anderen legt eilig die Seidenschühchen und das Silberkostüm ab, bezahlt ihren Tänzer und entflieht in Windjacke und Jeans. Nur ein paar Tanzlehrer bleiben noch eine Weile auf dem Parkett und üben kompliziertere Schritte. Ihre unterernährten, ungelenken Körper wirken komisch und tragisch zugleich.

Tiziano gefällt dieser Ort weit besser als all die »In«-Lokale von Roppongi. Es rührt ihn an diesen Menschen ihre Sehnsucht nach Leben und Gefühlen. Wir sprechen mit einem Mann, der neben einer Fünfzigerin in silbernem Minirock und armlangen Laméhandschuhen steht.

»Ihre Freundin?«

»Nein, ich zahle, zahle ständig«, sagt er auf englisch und seufzt. Er möchte sie gerne zu seiner Freundin machen, aber sie hat schon viele andere Männer . . . »So warte ich, und die Zeit vergeht.«

Ich sehe erschrocken auf meine Uhr.

»Nein«, sagt er. »Nicht die Zeit, es vergeht das Leben.«

7. März 1988

Während eines Abends bei italienischen Freunden amüsierte uns Giorgio de' Marchis, der Leiter des Italienischen Kulturinstituts, mit einem seiner Bonmots: Alles in diesem Land sei Imitation. Imitation eines Menschen, Imitation einer Einladung, Imitation einer Unterhaltung . . . Es trifft recht gut, wie einem hier zumute sein kann.

Ein italienischer Geschäftsmann schüttelte den Kopf. »Wir lachen, haben aber wenig Grund dazu«, sagte er. »Wir haben es hier mit dem zähesten Volk der Welt zu tun. Die Japaner sind äußerst fähig und äußerst gefährlich. Sie wissen genau, was sie tun. Es hat in der Geschichte der Menschheit noch keine ähnliche Akkumulation von Kapital gegeben wie heute in Japan. Die Geldreserven des Landes sind schwindelerregend. Es braucht sich vor keiner Rezession zu fürchten, dazu ist es zu reich!« Es war, als verspräche er sich einen Zyklon von diesem Volk.

»Gut, auch die Japaner haben Probleme, aber sie werden sie lösen«, fuhr er fort. »Sie wissen, daß ihr Schulsystem miserabel ist, also werden sie es reformieren; sie wissen, daß die Männer phantasielos und unerfinderisch sind, also werden sie die Frauen einsetzen. Sie werden sie auffordern, Physik, Chemie, Biologie zu studieren . . . Die Frauen haben eine derartige Kraft!«

Ich stimmte ihm zu.

»Denk an ihre Geschichte«, sagte er zu mir. »Auf dem Reisfeld und im Fischerboot hat dieses Volk gelernt, als Gruppe, als Team zu arbeiten und einem einzigen Chef widerspruchslos zu gehorchen. Gehorchen oder untergehen! Das war und bleibt ihr Motto. Heute kommt ihnen dieser Gruppengeist mehr denn je zustatten.

»Wir Westlichen machen uns ein Idealbild von der Welt und halten uns daran als an etwas Festes, Endgültiges. Für die Japaner gibt es nichts Festes, Definitives, absolut Wertvolles. Für sie besteht die Welt aus immer wechselnden Erscheinungen, deren jeweiligen Gegebenheiten man sich anpaßt. Niemand erhebt sich hier über die Dinge, niemand macht sich eine Idealvorstellung vom Leben, wie es sein könnte oder sollte. Jeder ist pragmatisch, anpassungsfähig, flexibel. Darin liegt die Stärke dieses Volkes.«

Er hat mir einen Schrecken eingejagt.

15. März 1988

Mit flatternder Fahne sind wir heute morgen in zwei schwarzen Limousinen der Nachrichtenagentur Kyodo durch das Sakashita-Tor ins Palastgelände hineingefahren. Yoichi konnte uns diesen Besuch möglich machen, weil sich Hirohito nach seiner Operation mit seiner Gattin in die kaiserliche Villa bei Shimoda, an der Küste der Izu-Halbinsel, zurückgezogen hat.

Zwei Kyodo-Journalisten empfangen uns – zwei der 47 beim Kaiserlichen Haushaltsamt ständig akkreditierten japanischen Journalisten – und geben uns in der spartanischen »Halle der Guten Absichten«, die vor dem Palastamt am Parkrand steht, eine kurze Einführung. Dann beginnt die Führung.

Sie beginnt mit dem modernen, offiziellen Palastgebäude halbtraditionellen Stils – das alte, auf den Fundamenten der Burg der Shogune stehende, ist während des Krieges abgebrannt –, von dem der Kaiser sich zu seinem Geburtstag dem Volke zeigt. Mit seinem smaragdgrünen Dach und den verschiedenen Repräsentationsräumen, wirkt es wie ein ins Riesige erweitertes japanisches Haus. Auf dem lachsrosa Teppich des Thronsaals – ein riesiger Raum mit milchigem Fensterglas – stehen lediglich zwei kleine Sessel für das Kaiserpaar. Ein Beleuchtungskörper aus Kristall, der sich über die ganze Zimmerdecke zieht, taucht den Raum in strahlendes Licht. Es ist der einzige Schmuck. Und man sucht auch vergeblich nach irgendwelchen sichtbaren Spuren der »ununterbrochenen Kette von Kaisern«, die der Legende nach über das Land geherrscht haben.

Hinter dem Palast wölbt sich ein Azaleenhügel, und damit endet nicht der Prunk – denn von Prunk kann nicht die Rede sein –, es endet die Sorgfalt, der Wille zur Gestaltung, den man von einer kaiserlichen Umgebung erwarten würde. Viel eher scheint es, daß da, wo niemand ihn sieht, Japans geheimer Gott wie ein einfacher Sterblicher behandelt wird.

Auf einem Landweg fahren wir in den Wald, in den verwahrlosten, geheimnisvollen, von Krähen durchflatterten wilden Wald, der die kaiserliche Enklave bedeckt, und kommen bald zu einer Lichtung mit drei schlichten, hölzernen Shinto-Schreinen. Sie sind fest verriegelt, denn sie enthalten Spiegel, Schwert und Juwel, die drei uralten Regalien des Landes, die den göttlichen Ursprung seiner Kaiser verbriefen. In diesen Schreinen zelebriert Hirohito als oberster Shinto-Priester die alljährlichen, archaischen Fruchtbarkeitsriten. Gegenüber liegt auch das kleine Reisfeld in das er, mit Wasserstiefeln angetan, im Frühling das erste Reispflänzchen setzt. In diesem Monat März, in dem die Natur noch schläft, liegt es ebenso brach und verlassen da, wie alle anderen Felder des Landes. Es hat etwas Dörfliches, Friedliches, das einen an eine verflossene, stille bäuerliche Welt erinnert.

Der Waldweg führt weiter zu dem bescheidenen Cottage mit dem wissenschaftlichen Labor, in dem derselbe Mann, der als Shinto-Priester antike Riten zelebriert, seine Nachmittage am Mikroskop verbringt. Hier hat Hirohito mit Hilfe von japanischen Biologen, die sich an seiner Seite abwechselten, seine wissenschaftlichen Publikationen recherchiert.

Um Hirohitos Privatresidenz, die tief im Park versteckt liegt, müssen wir leider einen weiten Bogen schlagen.

Eine Gruppe von Bauersfrauen aus Hokkaido, mit weiß und blau karierten Hauben und kurzen weißen Schürzen über der Hose, nimmt sich einer Ecke des Waldes an. 15 000 Freiwillige aus ganz Japan, aufgeteilt in Einheiten von zwanzig bis dreißig Personen, werden jährlich für je eine Woche zur Instandhaltung des Parks eingesetzt, dessen Fläche der von 26 Fußballstadien entspricht. Etwas unterhalb der Straße sind einige von ihnen gerade mit einer wertvollen Sammlung von uralten Bonsai-Bäumen beschäftigt, die in numerierten Töpfen auf Holzbrettern stehen. Einer ist über 300 Jahre alt.

»Kommt der Kaiser manchmal vorbei, um sich diese Bonsai anzusehen?« fragt Tiziano einen Palastgärtner.

»Nein, er kommt nie«, antwortet der traurig. »Ihm gefallen natürlich gewachsene Bäume viel besser.«

Im dichten Gestrüpp des Waldes hausen die verschiedensten Tiere. Große Fallen sind für Wildkatzen und Ratten aufgestellt, aber Füchse und Dachse, von denen es früher so viele gegeben haben soll, sind ausgestorben – wie die meisten Singvögel auch. Über eintausend Krähen flattern statt dessen krächzend hin und her und verteidigen ihr angestammtes Revier gegen Eindringlinge, die aus dem Meiji-Park herüberfliegen.

»Ja, die Krähen sind wahrlich eine Pest!« flüstert ein verängstigter Gärtner uns zu. »Aber keiner traut sich, sie abzuschießen, denn wer auf eine Krähe schießt, der erblindet...« Seine Stimme verliert sich vor Angst.

Wieder am Parkrand angelangt, fahren wir erst an einer unansehnlichen neuen Theaterhalle vorbei, dann an der bescheidenen kleinen Klinik, in der der Kaiser im vergangenen September operiert worden ist, und sehen die kaiserlichen Rolls-Royce auf einem Seitenweg unter freiem Himmel stehen.

Ein Rittmeister in Reithosen, dunkelblauem Blazer und Krawatte, zeigt uns mit hölzerner Würde die Remise mit den Staatskarossen – verstaubte Museumsstücke, die noch zur Meiji-Zeit in England bestellt worden sind: Hirohitos Krönungskutsche, Prinz Akihitos Hochzeitskutsche und eine dritte, die manchmal von Botschaftern zur Überreichung ihres Beglaubigungsschreibens benutzt wird. Nur die Karosse für den kaiserlichen Sarg bleibt verborgen, »denn es wäre kein gutes Omen, wenn der Tenno sie zu Gesicht bekäme«, sagt der Rittmeister.

Es war uns, als wandelten wir durch das Gelände eines Dornröschenschlosses, durch ein von der Zeit vergessenes Dorf. Niemand war da zu sehen. Kein Wächter, kein Stallknecht, kein Diener oder Gendarm. Man hätte sich fürchten können, so verwunschen und vergessen wirkte diese Welt.

Doch hier verbringt der Kaiser sein schlichtes Leben.

Während die 1 030 Angestellten des Palastamts die Fäden hinter der Bühne ziehen, kümmern sich 21 Personen – zehn offizielle und zehn private Kammerdiener und einer der fünf Ärzte, die sich bei ihm abwechseln – ständig um Seine Majestät. Es ist ein auf künstliche Weise archaisch gehaltenes Dasein, von Männern erdacht, die wissen, daß sie einen »Schatz« behüten. Ein Kaiser in unserem Sinne ist Hirohito nicht. Dafür sieht sein Domizil zu verkommen, ja beinahe herrenlos aus. Es ist auch nicht zum Anschauen gedacht. Wir haben Dinge gesehen, die sonst verborgen bleiben.

Durch dasselbe Tor, durch das wir in den Park hineingefahren sind, fahren wir wieder hinaus. Jenseits des Palastgrabens liegen Marounochi und Yurakucho, die großen Banken und Handelshäuser – Macht und Arroganz des modernen Japan.

19. März 1988
Gestern abend bogen wir in eine der goldgelb beleuchteten, schummrigen Seitengassen von Nakameguro ab und setzten uns in eine düstere Karaoke-Bar. Sofort gesellte sich, zerzaust und angetrunken, ein Salariman zu uns und fing an, über »Japan«, den »starken Yen« und »die dummen Koreaner« zu faseln. Er wurde wütend, als wir lachten, beruhigte sich aber wieder, als Otomo zu ihm sagte: »Mein Herz fühlt wie deines« – ein Standardsatz zum Einrenken solcher Situationen.

Ein zweiter kam hinzu, starrte uns an, wollte offensichtlich etwas sagen, war aber schon zu betrunken dazu und lallte nur etwas vom »guten Japaner«.

Am Karaoke-Gerät standen Männer und sangen, ihre Augen auf den Bildschirm geheftet, auf dem ein schluchzendes Mädchen erschien, umwirbelt von fallenden Herbstblättern.

Tiziano stand plötzlich auf und ging grußlos hinaus. Ihm ist dieser Grad an Sentimentalität zuviel.

»So ist es«, sagte heute nachmittag Madame Suzuki, die Inhaberin eines der stilvollen alten Ryotei im Stadtteil von Kagurazaka. »Die Männer sind nicht mehr, was sie waren – und auch die Geishas sind es nicht.«

In einem grauen Nachmittagskimono erwartete sie uns vor dem Tor ihres Ryotei und verbeugte sich formell, als wir, von Otomo und ihrer Nichte Fumiko geführt, über das huppelige Kopfsteinpflaster der alten Gasse ankamen. Eine gewundene Fichte, eine Steinlaterne, geharkter Kies hinter einem schwarzen Tor: Nur der erlesenste Geschmack kennzeichnet diese Häuser, wie auch die Frauen, die sie halten.

Madame Suzuki wurde mit dreizehn von ihrer hungrigen Familie an ein Geisha-Haus verkauft. Nach einem bewegten Leben ist sie heute, mit 67, die charmante Inhaberin dieses Hauses, in dem sie für hohe Manager der Stahlindustrie abendliche Zusammenkünfte veranstaltet. Sie bittet uns in einen der fünf traditionellen Räume, in denen sie am Abend jeweils sieben, acht Herren empfängt. Das Diner bestellt sie bei einer der Küchen, die ausschließlich erlesenes Kaiseki-Essen für Ryotei zubereiten. Die Geishas läßt sie durch das Geisha-Haus von Kagurazaka kommen. Sie selber spielt mit ihren Kunden manchmal Go.

In der Intimität dieser Abende, wenn die Männer auf Kissen um tiefe Tische lagern und die Geishas neben ihnen knien und sie bedienen, werden bei Essen und Trinken, Scherzen und Schäkern wichtige Informationen und Geheimnisse aus Politik und Wirtschaft ausgetauscht – man könnte sagen: wird das Land regiert. Kunst und Aufgabe der Geishas ist es, redend und zuhörend, spielend und flirtend die Atmosphäre herzustellen, in der gesagt werden kann, was am hellichten Tag niemand über die Lippen bringt.

Wenige junge Mädchen haben heute mehr Lust, Jahre ihres Lebens mit dem Erlernen der traditionellen Raffinements zu verbringen, die zu einer Geisha gehören. So ist Tokyos jüngste Geisha über vierzig, die älteste – sie führte bis vor kurzem noch ein unter Politikern beliebtes Ryotei – ist 82. Ihre Kunst stirbt aus. Auch die Männer, die früher den Kopf für eine Geisha verloren, die Nächte mit ihr im Ryotei verbrachten, ein Vermögen für sie ausgaben und manchmal Kinder mit ihr zeugten, »gehen heute um Mitternacht nach Haus«, wie Madame Suzuki verächtlich sagt. »Sie sind auch kaum noch fähig, die Beziehung mit einer Geisha durchzuhalten, die früher durchaus zur Lebensart des feinen Herrn gehörte.«

Hohe Politik wird mehr und mehr auf dem Golfplatz betrieben, und ein Ryotei nach dem anderen schließt. Von den 6000 Geishas, die 1960 allein in den Ryotei Kagurazakas beschäftigt waren, sind heute nur noch 84 übriggeblieben. In ganz Tokyo sind es nicht mehr als 800.

»Aber Geishas wird es immer geben«, sagt Madame Suzuki stolz. »Und auch das Ryotei wird weiterleben ...« Eine Welt ohne schattige Sphären, ohne geheimnisvolle Künste und raffinierte Spiele, kann sie sich eben nicht vorstellen. Wenn sie sich zurückzieht, möchte sie deshalb die Führung dieses Hauses ihrer Nichte überlassen. Aber Fumiko-san hat anderes im Sinn, und bald wird auch das Haus der »Zarten Kirschblüte« auf immer seine schwarzen Tore schließen.

22. März 1988

»Japan stellt gute Wagen her. Stellt es auch gute Individuen her?«

Wir sitzen mit einem jungen Fernsehproduzenten in einer großen Halle des NHK, des halbstaatlichen Erziehungsfernsehens in Shibuya. Miho ist als Dolmetscherin dabei.

»Unsere Industrie konnte in der Nachkriegszeit so florieren, eben weil es bei uns keinen Individualismus gibt«, antwortet der Mann. »Jeder arbeitete für die Industrie – nicht für den Kaiser, nicht für Geld – für die Industrie, und war infolgedessen bereit, eine riesige Menge von Büroarbeit zu bewältigen. Wenn wir so erfolgreich waren, so nur, weil es bei uns keinen Individualismus gibt. Wo es ihn gibt, da wird er ausgemerzt, nach dem alten japanischen Sprichwort: ›Der herausragende Nagel wird niedergehämmert.‹ Oder dem anderen: ›Wer seine Meinung äußert, muß es büßen.‹«

Es sind alte Sprichwörter, die fast jeden Tag noch in der Zeitung stehen.

»Jetzt aber sind wir an einem Wendepunkt angelangt«, fährt er fort. »Unsere Firmen gehen jetzt ins Ausland – ›Internationalisierung‹ heißt die neue Parole –, und dazu brauchen sie Leute mit Persönlichkeit und Eigeninitiative. Und da beginnt das Dilemma, denn gerade diese beiden Eigenschaften hat man den Japanern zugunsten des absoluten Gehorsams ausgetrieben.«

Nach einer längeren Unterhaltung über dieses Thema zeigt der Produzent uns einen Dokumentarfilm, den er in einer gewöhnlichen Klasse von elf- bis zwölfjährigen Gymnasiasten gedreht hat: 45 Kinder pro Klasse, voller Stundenplan. Nach der Schule, von 15 bis 16 Uhr, Sport und andere Aktivitäten; von 18 bis 20 Uhr Nachhilfeunterricht; von 20 bis 22 Uhr Hausaufgaben. Dann aber, um 22 Uhr, klappen die Kinder ihre Bücher zu und schließen sich mit dem Familiencomputer in ihr Zimmer ein – und ihr eigenes Leben beginnt.

Der Film zeigt, wie sie am nächsten Tag apathisch und todmüde auf den Bänken liegen und pennen. »Solltet ihr nicht lieber früher ins Bett gehen?« fragt der Interviewer. »Nein, das geht nicht«, antwortet der eine wie der andere bestimmt. Auf die zwei Stunden mit ihrem Computer, ihrem besten Freund, können sie nicht verzichten!

Vor der Zukunft haben sie Angst. Angst vor der Welt, vor dem Ausland, vor dem erschreckenden, bedeutungslosen Wort »Internationalisierung«. Alle hassen den Englischunterricht, wollen die Sprache nicht lernen. Auch die Frage »Möchtest du bald erwachsen sein?« haben 55 Prozent der befragten japanischen Gymnasiasten mit »Nein!« beantwortet. Ihre Begründung: »Weil es leichter ist, ein Kind zu sein.« Und: »Weil ich Angst vor der Zukunft habe.«

Der Produzent hat selbst zwei kleine Kinder, und es graut ihm vor dem Tag, an dem er sie dem japanischen Erziehungssystem anvertrauen muß. Er fürchtet, wie so viele Eltern, sie könnten dann langsam erlöschen.

»Japanische Kinder sagen nicht, was ihnen auf dem Herzen liegt, denn sie fürchten sich vor den Augen der Leute. Ich merke aber, daß sie leiden, auf menschlicher Ebene leiden, und daß sie mir das mitteilen wollen«, sagt der sympathische Mann. »Zwanzig Prozent aller Gymnasiasten fallen Quälereien zum Opfer, werden apathisch und depressiv und verlassen die Schule. Zwanzig Prozent der Kinder sind wir bereit, zu opfern, um aus den übrigen achtzig Prozent brauchbare Bürger zu machen! Und oft sind es die besten, die untergehen – die mit einem eigenen Traum.«

Als ich heute über den Bahnhofsplatz von Shibuya ging, begegnete ich einem Journalisten, der bei jenem Gespräch schweigend zugehört hatte. Wir gingen zusammen in ein Café.

»Theoretisch ist das Erziehungsministerium für das Schulwesen verantwortlich ... In Wirklichkeit steht eine andere Macht daneben: die Industrie, wie Sie verstanden haben werden«, sagte er plötzlich. »Manchmal, wenn wir unsere Programme planen, sagt das Erziehungsministerium nein! ›Sie‹ wollen es nicht. Wer sind ›sie‹? wollen wir wissen. Und man antwortet uns, ›die Organisation‹. Ihr Mann sollte das einmal untersuchen ...«

Seltsam. In China war es die Partei, der das Individuum Rechenschaft abzulegen hatte. Hier scheint es ›die Organisation‹ zu sein, die über allem steht. Wenn aber – in China wie in Japan – das Individuum die Partei bzw. ›die Organisation‹ als den Feind identifiziert, dann erstattet es niemandem Bericht, sondern stellt ein konspiratives Einvernehmen mit Ausländern her.

»›Sie‹ sind sehr clever«, fährt der Journalist fort, der früher einmal ein Linker gewesen sein muß. »Als die Amerikaner 1945 ihr demokratisches System in Japan einführen wollten, haben ›sie‹ es zugunsten der Wirtschaft im japanischen Sinn verbogen... Heute haben wir keine Ziele mehr, für die wir kämpfen könnten. Es wäre schön, wenn wir die Welt wenigstens wirtschaftlich führen würden. Aber wie? Wir suchen nach Ideen. Es kommen uns keine.«

24. März 1988

In der ersten Frühlingssonne bin ich mit David Russell von Iriya, dem »Nachtigallental«, bis nach Asakusa spaziert, wo die Shitamachi, die volkstümliche »tiefe Stadt«, hier und da noch überdauert. Wir sind durch ein ländliches Labyrinth von stillen, sonnigen Straßen gegangen, an einfachen Sushi-Lokalen, Badehäusern und Ryokan für in die Stadt kommende Bauern vorbei, bis wir von hinten auf den großen Asakusa-Tempel gestoßen sind.

Dieser buddhistische Tempel, der im Krieg zerbombt und dann mit modernem Material wiederaufgebaut worden ist, stand bis vor ein paar Jahrzehnten im Mittelpunkt des volkstümlichen Vergnügens. Ein geschlossenes Kabuki-Theater, ein kaum bewohntes Geisha-Haus, Tokyos erstes Kino und ein großes, altmodisches Karussell finden sich noch in seinem Umkreis, denn wer zum Beten in den Tempel ging, der ging danach auch ins Theater und ins Freudenhaus – es gehörte alles zur selben Welt. Aber nur in der engen, von einem großen Torii-Bogen auf den Tempel zuführenden Gasse werden immer noch Fächer, Kimonozubehör und Reiskekse verkauft. Es riecht dort nach einer Vergangenheit, die erst vor kurzem um die Ecke gebogen und verschwunden ist.

Etwas weiter liegt Yoshiwara, das größte der von den Shogunen eingerichteten Freudenviertel, das Tokyos Menschen drei

Jahrhunderte lang, von 1617 bis 1958, als »Stadt der Liebe« oder »Revier des Spiels« gedient hat. Es war ein ganz und gar umzäumtes Gebiet, von Kirschbäumen beschattet, in dessen Häusern 3 000 Frauen hinter Gittern lebten. Obgleich sie von armen Bauern dorthin verkauft oder als Kinder von Yoshiwara-Frauen dort aufgewachsen waren, erreichten manche einen hohen Grad an Anmut und Raffinement, wie Utamaros berühmte Holzschnittserie jener »Schönheiten« zeigt.

»Dieses große Lizenzrevier war das Zuhause der Kunst des Holzschnittdruckers; es war der Brunnen der volkstümlichen Literatur, der Schlüssel zum Kabuki, der Ort des wahren ›Iki‹ – der wahren Eleganz des Lebemanns«, schreibt Donald Richie, der sein Tokyo kennt. »Niemals wird es auf der Welt einen ähnlichen Ort mehr geben. Man sollte ihm ein Denkmal setzen.«

Statt dessen stirbt das Nachtleben der »Shitamachi«, der »tiefen«, volkstümlichen Altstadt, langsam aus. Ihre Lokale schließen oder ziehen nach Chiba, in Richtung Flughafen um, in eine neue, aus Feldern gestochene Peripherie, in die Tokyo sich jetzt ergießt. Yoshiwara, das ich vor einigen Abenden mit Tiziano und Otomo durchstreifte, ist zu einem »Soaplando« geworden – einer Ansammlung illegaler Bordelle, die sich als türkische Bäder tarnen. Die Lebenskunst, von der Donald Richie spricht, verharrt noch in den Proportionen der Straßen und, hier und da, in einem Kirschbaum.

27. März 1988

Der »Sensei«, der japanische Privatlehrer, lehrte »aus tiefstem Herzen« und verlangte kein Geld dafür. Die Familie belohnte ihn mit Geschenken, der Schüler mit Respekt und Achtung sowie mit der Verpflichtung, die er empfand, es zu etwas zu bringen. Es war ein »heiliges Verhältnis«.

»Heute arbeiten die Schulen Hand in Hand mit der Industrie«, sagt Miho. »Privatschulen sind selber zu einem Big Business geworden, vor allem die Nachhilfeschulen, die Yobikus und Jukus.«

Gegenüber der U-Bahnstation Yoyogi befindet sich der Hauptsitz von Yoyogi-Seminaru, Japans größtem Nachhilfeschulenimperium, mit Filialen im ganzen Land: für Universitätskandidaten und durchgefallene Abiturienten, die hier »Ronin«, »herrenlose Samurai« heißen. Yoyogi betreut dreißig Prozent des »nationalen Ronin-Marktes«, und 70 000 junge Leute gehen jährlich durch seine Mühlen – seine Geldmühlen.

In diesem stark auf Schulbildung orientierten Land ist den Eltern für die Erziehung ihrer Kinder kein Preis zu hoch. Privatschulen beuten ihre Opferbereitschaft aus: »Investiert ihr euer Geld in Aktien, verliert es seinen Wert; investiert ihr es in Schulen, bleibt es euch fürs Leben«, lautet ihr Argument.

Die Resultate der verschiedenen CEE (Universitätszulassungsprüfungen) sind gerade herausgekommen und hängen an den Wänden des modernen Gebäudes. Yoyogi-Seminarus Vizepräsident, Herr Takemura Yasuaki, ist euphorischer Stimmung, denn es ist der Schule wieder einmal gelungen, über 7 000 Studenten auf Tokyos Spitzenuniversitäten zu bringen – 997 auf Todai, 4 035 auf Waseda, 2 166 auf Keio –, weil Yoyogi die Prüfungsfragen haargenau vorausgesehen und jeden Schüler für die zu seinem »Leistungsrang« passende Prüfung gedrillt hat, wie er uns erklärt.

Jeder Schüler hat einen »nationalen Leistungsrang« der seine Fähigkeiten in bezug auf den Schwierigkeitsgrad der verschiedenen, ihrerseits eingestuften Schulen bemißt und deshalb zum wichtigsten Begriff im japanischen Erziehungswesen geworden ist.

»So wichtig, wie Gottes Evangelium«, sagt Miho. »Denn wer seinen Leistungsrang nicht kennt, der bereitet sich mit größter Wahrscheinlichkeit auf Aufnahmeprüfungen vor, die seiner Vorbereitung nicht entsprechen, ist also zum Scheitern verurteilt und vergeudet Zeit und Geld.«

Nur die großen privaten Nachhilfeschulen haben, dank ihrer kostspieligen Computer, die Möglichkeit, die verschiedenen Ränge der verschiedenen Universitäten, Schulen und Schüler des Landes zu bemessen. Sie haben sich dadurch zu einer Schlüsselstellung hinaufmanövriert, durch die sie sich dem japanischen Schüler unentbehrlich machen.

In Yoyogi-Seminaru führt uns ein PR-Mann erst einmal in den »Computerraum«, den man nur mit Pantoffeln betreten darf. Fünfzig Yoyogi-Angestellte und hundert ausgeliehene Fachleute sind da beschäftigt. Riesige Computer verarbeiten Daten und Prüfungsfragen und berechnen, welche das nächste Mal drankommen werden, »damit wir sie als Lehrmaterial benützen können«, wie der PR-Mann sagt.

Mit dem »Computerraum« ist ein »Beratungsraum« verbunden, in dem wiederum ein Computer steht, in dem alle die Schüler betreffenden Daten gespeichert werden. Diese Anlage ist mit den Terminals der Yoyogi-Filialen in ganz Japan verbunden, damit jeder Schüler mittels einer Computerkarte täglich den letzten Stand seines »Ranges« feststellen kann, egal, wo in Japan er sich gerade befindet. Aufgabe dieses »computerisierten Beratungssystems« ist es, für jeden Schüler die seinem Leistungsrang angemessene Universität zu ermitteln.

Außer zwei riesigen Auditorien mit Mikrophonanlage verfügt Yoyogi auch über eine Krankenstation. Es beschäftigt einen eigenen Zahnarzt und einen Psychiater, »der seelisch wackelige Studenten vor den Prüfungen betreut«. Es besitzt Schlafsäle für auswärtige Schüler, eine Mensa und ein Fernseh-Studio, das Werbematerial und Video-Kassetten von besonders inspirierten Unterrichtsstunden zum Verkauf herstellt.

Yoyogi benutzt die »Charisma Strategie« – einen Trick, den auch die neuen Religionen anwenden – und verkauft den völlig abgestumpften Schülern Rausch, Inspiration. Anders als die staatlichen, machen sich die Yoyogi-Lehrer deshalb wie »Individuen« zurecht, tragen lange Haare, auffallende Kleider und fahren ausländische Wagen. Yoyogis »Star-Lehrer« fährt einen Lincoln und kleidet sich wie ein Yakuza. Diese Leute sprechen per Mikrophon zu über 500 Schülern und peitschen sie auf mit Parolen wie »Wissen ist Macht!« Dafür bekommen sie vierzig Millionen Yen im Jahr, im Vergleich zu den acht Millionen, die ein Universitätsprofessor verdient.

»Der Schüler ist für uns ein Gott, aber der Lehrer ist für uns ein Supergott!« erklärt uns der euphorische Vizepräsident. »Wir machen es wie die Priester, wie die Götter: Wir inspirieren die Schüler, damit sie ihr Bestes geben. Uns wird man immer brauchen, denn wenn man die Schüler sich selbst überläßt, kommen sie vom Wege ab und gehen ins Verderben!«

Immer exaltierter eilt Herr Takemura davon und fordert uns auf, ihm zu folgen.

Im ersten Stock beginnt gerade eine Diskussion zwischen den Studienleitern und zehn der besten Yoyogi-Studenten dieses Jahres – acht Jungen und zwei Mädchen –, an der auch der Vizepräsident teilzunehmen hat. Man spricht über das, was gut gelaufen ist, und das, was noch besser hätte laufen können. Yoyogis eigene Fernsehmannschaft filmt das Gespräch. Miho und ich sind als einzige Zuschauerinnen zugegen. An den Wänden klebt das Motto der Schule: »Jeder Tag ist Wettbewerbstag!«

Angestellte in kurzen beigen Jacken mit weinrotem Armband, auf dem die weißen Schriftzeichen »Yo-Semi« stehen, laufen wie eine Armee kampfbereiter Roboter herum und tragen militärisches Benehmen und totalen Gehorsam zur Schau. Noch erstaunlicher sind die Schulvorsteher selbst. Der untersetzte Vizepräsident, in hellblau gemustertem Anzug mit oval ausgeschnittener Weste, hat ein zuckersüßes Lächeln und ein allzu flinkes Auge. Seine Rede ist mit amerikanischen Brocken gespickt: ». . . Buddying flowers, . . . happy faces, . . . high record, . . . number one prestigious school«, höre ich. Er kommt gerade aus Los Angeles zurück, wo er über die Möglichkeit eines Kommunikationssatelliten gesprochen hat, Yoyogis großes neues Projekt. »Dreams will come true . . . Youth is not a time of life, but a state of mind, said MacArthur . . .« Es ist eine riesige Show.

Die zehn Schüler sitzen vor Bier, Saft und Kuchen, ausgelaugt und stumm. Sie gehören zu den erfolgreichsten des Landes, danken es Yoyogi-Seminaru aber nicht, denn sie haben teuer dafür bezahlt: 500 000 Yen pro Schuljahr, 700 000 Yen mit Sommerkursen. Sie beklagen sich, im Gegenteil, über schlechtes Lehrmaterial, brutale Lehrer, langweilige Vorlesungen. Ein Zynischer sagt: »Wenn die Eltern reich sind, dann schafft es jeder, mit oder ohne Yoyogi.«

Aufgefordert, ihre Lehrer zu beurteilen und zu kritisieren, während der Vizepräsident sich Notizen darüber macht, tun sie es auf distanzierte, vollkommen gefühllose Weise, bis eines der beiden Mädchen, das auf Todai Chemie studieren wird, plötzlich ausruft: »Ich fürchte mich hier, alle sagen solch grimmige Dinge! Wenn man nur das Ziel hat, ein Examen zu bestehen, dann wird man egoistisch ...«

Die Sitzung wird aufgehoben, doch gelingt es uns, den Zynischen um ein privates Gespräch zu bitten. Er gibt uns seine Telefonnummer.

27. März 1988

Professor Haras Park ist dem Erdboden gleichgemacht. Seine Witwe hat sein Versprechen an die Nachbarn, den Garten nach seinem Tode in einen öffentlichen Park zu verwandeln, nicht eingehalten. Erst sind Grundstücksmakler darin herumgeschlichen und haben ihn vermessen; dann sind Männer mit Sägen und Kränen gekommen, haben die riesigen Bäume, die Palme, die Zierkirsche und die verschiedenen Ahornbäume gefällt; sie haben den giftlila blühenden Prunus und das schimmernde Moos ausgerissen und alles, auch die Azaleen und Hortensien, davongetragen.

Ein wertvoller Park, voller Bäume aus aller Welt, in dessen Dunkel die Nachtigallen sangen, ist vor unseren Augen vernichtet worden! Nichts verbietet das hier. Kein Gesetz schützt in Japan die Natur. Jeder darf mit ihr umgehen, wie er will.

Werden sie ihr Entwicklungsmodell auch ins Ausland exportieren? fragt sich Tiziano.

Frankie Sionil, der bekannte philippinische Schriftsteller, dessen Bücher auch auf Deutsch erscheinen, wohnte kürzlich ein paar Tage bei uns und sagte, die Japaner kämen »wie die Staubsauger« in sein Land, rafften die Bodenschätze hinweg und hinterließen gar nichts: keine Infrastruktur, kein Know-how, keine Jobs.

»Die Spanier haben uns wenigstens den Katholizismus und ihre Kathedralen vermacht; die Amerikaner den Begriff der Demokratie und Menschenrechte. Das sind immerhin Kulturwerte«, überlegte er sich, an die vergangenen Kolonisatoren der Philippinen zurückdenkend. »Die Engländer haben in all ihren Kolonien die parlamentarischen Institutionen eingeführt. Nur die Japaner bringen einem nichts, denn sie glauben an nichts, außer an sich selbst.«

Sionil, der sich für einige Monate mit einem Stipendium der Japan-Stiftung in Kyoto aufhält, wo er an einem neuen Roman schreibt, fürchtet jedoch, daß seine Landsleute nicht in der Lage sein werden, der korrumpierenden Macht der japanischen »Entwickler« zu widerstehen.

1. April 1988

Galaabend im Restaurant »El Toulá« von Omotesando. Gastgeber sind Dino Volpicelli von der italienischen Botschaft und Koko, seine schöne japanische Frau. Alle Herren im Smoking, alle Damen in Designer-Kleidern. Geladen ist die japanische elegante Welt, die mir in so kompakter Form noch nicht begegnet war, dazu ein paar Botschafter, ein paar Fernseh-Persönlichkeiten und eine Tochter des Kaisers, die hier aber kein weiteres Aufsehen erregt: Der Vater ist ein Gott, die Kinder sind gewöhnliche Sterbliche. Außerdem die Vertreter von Fiat, BCI, Alitalia.

Man kommt ins Reden und schließlich singen alle »Funiculi, Funicula«, mit einem Italiener am Klavier und einem anderen am Mikrophon. Den Japanern gehen die Augen über, so schön finden sie das Leben »all'italiana«.

Ich habe mich mit einem japanischen Diplomaten unterhalten: beste Familie, beste Schule, beste Universität und schließlich, beste Karriere. Er war zuletzt an der japanischen Botschaft in Rom.

»Mir gefällt Italien, weil es sexy ist«, sagt er mit gewollter Ungezwungenheit. »Auch Frankreich ist sexy, aber auf gedämpftere Weise.«

»Wie ist denn Japan?« frage ich.

»Angespannt«, antwortet er. »Erschöpft.«

Auch er, wie so viele Japaner, habe es satt, sich unter höchstem

Druck und für wenig Geld, »für nichts«, abzuschuften. Seit er in Italien gelebt hat, träume er von der Lebensweise der Italiener.

»Was wären Sie bereit, für diese Lebensweise herzugeben? Ihre Karriere?«

Er zögert. Prestige und Karriere, die nicht. Dazu sind die Japaner zu ehrgeizig, dazu sind sie erst zu kürzlich in den Genuß von Geld und Ansehen gekommen, die will keiner von ihnen so schnell wieder preisgeben.

»Wir stehen erst seit wenigen Jahren auf der internationalen Bühne, auf der die Engländer und ihr anderen euch seit Jahrhunderten bewegt«, antwortet er, als wolle er sagen: jetzt sind wir an der Reihe, jetzt wollen wir nachholen, was wir so lange verpaßt haben! »Außerdem sind wir gar nicht so reich, wie ihr immer annehmt«, fährt er fort. »Geld haben die großen Konzerne, der einzelne Japaner hat keins. Als Nation besitzen wir noch längst nicht all die Schätze, die die Engländer sich im Laufe ihrer Geschichte in der ganzen Welt zusammengesammelt haben. Wenn England heute auch kein reiches Land mehr ist, so nennt der einzelne immerhin Möbel, Bilder, Kunstgegenstände und Antiquitäten sein eigen, von denen sich kein Japaner träumen läßt.«

Japans neues Vorbild scheint das British Empire zu sein. Ich sage nicht, wie ich möchte, daß Japan auch eine Menge Kunstschätze besitzen würde, wenn es sich nicht so radikal modernisiert und selbst zerstört hätte. Ich sage nur, ich fände die rapide Verwestlichung Japans schade, da von der japanischen Vergangenheit kaum noch etwas übriggeblieben ist. Er erstarrt, ich habe meinen Finger auf einen wunden Punkt gelegt und merke, wie der Zorn in ihm aufwallt.

»In unserem Herzen bleiben wir trotzdem Japaner. Das werden wir niemals aufgeben«, entgegnet er kalt.

»Wenn Sie einen Wunsch aussprechen dürften,« frage ich einlenkend, »welcher würde es sein?«

»Geld«, sagt er. »Ich will mehr Geld, nichts anderes. Nur mehr Geld. Und eventuell auch eine schöne und dazu intelligente Frau. Japanische Frauen unter dreißig sind albern. Sie werden erst später erträglich.« Er ist geschieden.

2. April 1988

Der zynische junge Abiturient, Shinji Hashimoto, der seine Kritik an der Yoyogi-Nachhilfeschule so kühl und unbeteiligt von sich gegeben hatte, war gern zu einem Gespräch mit uns bereit. Groß und stark, eckiges Gesicht und schmale Schlitzaugen, erschien er in Bluejeans und Windjacke im Club. Wir haben uns mit ihm an einen Tisch gesetzt, Miho als Dolmetscherin zwischen uns, und er hat Coca-Cola bestellt, entschlossen, auch diese Prüfung in der ungewohnten Umgebung der Auslandskorrespondenten noch zu überstehen.

Als einer der hervorragenden Abiturienten seines Landes in diesem Jahr, ist er von der Spitzenuniversität Todai angenommen worden, wo er Medizin studieren wird.

»Eine gute Schule verhilft einem zu einem guten Job, und der sichert einem ein gutes Gehalt. Alle sehnen sich nach finanzieller Sicherheit«, antwortet er sachlich, als wir ihm zu seinem Erfolg gratulieren. Er will an einem guten Krankenhaus Arzt werden, weil das ein sicheres Brot ist und auch, fügt er hinzu, weil es ihn interessiert. Sein Vater ist Universitätsprofessor, und auch seine Mutter hat studiert.

»Würdest du an eurem Schulsystem, das euch zu einem so harten Konkurrenzkampf zwingt, etwas ändern?«

»Weil 97 Prozent aller Schüler aufs Gymnasium wollen, es aber nur wenige gute Gymnasien gibt, ist ein harter Konkurrenzkampf notwendig. Wenn man die Konkurrenz abschafft, hat man den Sozialismus. Ich bin gegen Sozialismus.«

»Hast du noch nie von Demokratie gehört, von gleichen Chancen für jeden, unabhängig vom Einkommen der Familie?«

Es beunruhigt ihn, daß wir von dieser Möglichkeit sprechen. Im Grunde will er nichts davon hören. Sein Kopf ist so programmiert, daß er nur will, was für ihn möglich ist. Was das ist, darüber ist er genaustens informiert, und darauf geht er los. Er weiß auch, wieviel Aussteiger es gibt (110000 im Jahre 1986), wieviel Kinder Selbstmord begehen oder apathisch in ihren Zimmern hocken; und er weiß, daß mancher Schüler mit Geld und Beziehungen erreicht, wofür er hat kämpfen müssen, aber es empört ihn nicht. Er nimmt es hin als eine »Tatsache des Lebens«.

»Interessierst du dich für Politik?«

»Nein. Wir sprechen nie über Politik. Keiner meiner Freunde will Politiker werden, aber eine Beamtenstellung in einem Ministerium, die möchten viele haben.«

»Findest du es richtig, daß euer Erziehungsministerium alle Schulbücher für den Geschichtsunterricht zensiert?«

Er findet es dumm. »Japaner sollten über das Massaker von Nanking genau informiert sein. So ein dummes Benehmen sollte sich nicht wiederholen.«

»Bedeutet Religion dir etwas?«

»Mir und meinen Freunden sind die neuen Religionen suspekt, weil sie einem das Geld aus der Tasche ziehen und sich damit große, protzige Gebäude bauen. 99 Prozent meiner Freunde glauben an nichts. Wir haben das Gefühl, Religion sei eine Falle ...« Er drückt sich mühsam aus.

»Und was hältst du von der Internationalisierung?«

Er schweigt eine Weile. »Das ist ein zu großer Begriff, man kann ihn nicht verstehen. Und überhaupt«, sagt er, sichtlich verwirrt und ungeduldig, »ich bin nicht an abstrakte Gespräche gewohnt. Wir unterhalten uns niemals über abstrakte Dinge.«

In der Schule hat er gelernt, auf genaue Fragen genaue Antworten zu geben, keine Meinung über »Dinge, die er nicht versteht«, zu haben, wie Miho mir später erklärt. Solange er auf diesem schmalen, für ihn vorgezeichneten Pfad bleibt, braucht er nichts zu fürchten, macht er sich nicht lächerlich und behält die Kontrolle über sein Leben. Er muß aber gemerkt haben, daß wir von seinen ausweichenden, kurzen Antworten enttäuscht sind, denn er faßt plötzlich einen Entschluß und macht uns das folgende bestürzende Geständnis:

»Einige aus dem Ausland zurückkommende junge Leute äußern ihre Meinung klar und deutlich und isolieren sich dadurch von ihrer Gruppe. Im allgemeinen neigen die jungen Leute dazu, sich in Schweigen zu hüllen, nach dem alten Sprichwort: ›Wickle dich in deinen Obi‹ (die lange Kimonoschärpe), bleib, wo du hingehörst. Mag sein, daß das nicht besonders gut ist, aber wir Jungen sind so. Weil die Welt, in der wir leben, so kompliziert geworden ist, gibt es bei uns viel Streß und Neurosen. Deshalb werden so viele von uns apathisch, denken nur an sich selbst und geben sich mit keinen größeren Fragen ab. Die Generation unserer Eltern hat noch über Krieg und Frieden und die Liebe diskutiert – es waren die Kinder der sechziger Jahre, des Vietnamkriegs und des Sicherheitspakts mit Amerika. Wir Jungen sind wie die alten Männer: Wir werden immer konservativer. Jung fühle ich mich nur, wenn ich mit anderen wetteifere und versuche, sie zu schlagen.«

Miho findet ihn überdurchschnittlich intelligent, aber in seiner Einstellung zum Leben typisch für viele.

7. April 1988

Sonntag. Heute nachmittag hat Yoichi Tiziano mit Sasagawa Ryoichi bekannt gemacht, der ein großes Fest in seinem »Schloß« in Mita, in der Nähe des Tempels der 47 Ronin, gab. Sasagawa ist ein ehemaliger Kriegsverbrecher, der heute, als Boß einer kleinen Mafia von Ultrarechten und ehemaligen Faschisten, einer der einflußreichsten Männer des Landes ist. Ein Mann, der es sich erlauben kann, zu sagen: »Ich bin der reichste Faschist der Welt!«

In den dreißiger Jahren hatte er Geschäfte mit Gold, Diamanten und anderem gemacht und war in seinem Privatflugzeug zu Mussolini geflogen, um das Achsenbündnis anzubahnen. Als die Amerikaner ihn 1945 verhafteten, wurde er von seinen Anhängern in einer Prozession mit Musik zum Gefängnis begleitet. Kurz davor hatte er zu General Tojo gesagt: »Laß dich von den Amerikanern hängen und schütze den Kaiser. Du wirst dafür zum Helden werden, dafür sorge ich!« Und so ist es gekommen.

Als die Kommunisten in China die Macht ergriffen, wurde Sasagawa, wie die meisten japanischen Kriegsverbrecher, von den Amerikanern aus dem Gefängnis entlassen und ins Feld der antikommunistischen Alliierten herübergeholt. Er machte sich sofort daran, wieder eine Machtposition für sich aufzubauen. Sein riesiges Vermögen erwarb er durch sein Monopol auf die halblegitimen Motorboot-Wetten. Er wurde zum Patenonkel von Leuten aus den Bereichen Finanzen und Wirtschaft, Sport und Film.

Zum heutigen Empfang sind sie dann auch zu Hunderten aus ganz Japan angereist. Als einer der reichsten Männer der Welt gibt Sasagawa über hundert Millionen Mark im Jahr für Wohltätigkeit aus. Er hat die UN-Universität und die Carter-Bibliothek finanziert, ist von Ronald Reagan und Maggie Thatcher empfangen worden, und er ist Kandidat für die Légion d'Honneur, da er der Universität Bordeaux 20 Millionen Dollar zur Errichtung eines Sasagawa-Instituts gestiftet hat. Mit all diesen Spenden will er erreichen, daß man ihm den Friedens-Nobelpreis zuerkennt. Bei dem kürzlichen großen Zwist zwischen zwei Yakuza-Lagern war es Sasagawa, der Frieden gestiftet hat.

Tiziano hält ihn für die Quintessenz des neuen japanischen Banditentums, d. h. all der Leute, die meinen, daß man sich mit Geld alles kaufen kann: Freundschaften und Frieden.

10. April 1988

Zu meinem Geburtstag sind wir ins Fairmont-Hotel gezogen, ein etwas altmodisches Hotel hinter dem Yasukuni-Schrein, in das früher Ausländer gingen. Es war die einfachste Reise, die man machen konnte – ohne viel Fahren, Warten, Im-Verkehr-Steckenbleiben.

Vom Fairmont sind wir zu den Antiquaren von Kanda gefahren und haben uns Bücher gekauft; von dort sind wir zum Fischmarkt von Tsukiji gegangen, dem größten Fischmarkt der Welt, wo täglich bei Morgengrauen 400 verschiedene Fischsorten und Berge von Meeresfrüchten versteigert werden und in dessen kleinen Fischlokalen man erst versteht, was Sushi sein kann oder einmal war. Gegenüber vom Fischmarkt, an einer sonst völlig hygienischen Straße, ist noch ein dunkler Holzladen stehengeblieben, in dem sich volkstümliches japanisches Tongeschirr auf dem Fußboden türmt. Wir haben davon jadegrüne und schwarze Schalen nach Hause schicken lassen.

Nachmittags sind wir wie Tausende andere unter den blühenden Kirschbäumen am Palastgraben entlangspaziert – das dunkle Bollwerk und die schwarzen Bäume der kaiserlichen Enklave schimmerten dunkel durch die hellrosa Spitzen hindurch – und haben uns abends zu den Menschenmassen gesellt, die jedes Jahr wieder eine Kirschblütenorgie im Stadtpark von Ueno feiern.

Am nächsten Tag ist Saskia dazugekommen. Zu Mittag haben wir mit ihr das koloniale Menü im Hotel gegessen und sind dann im Taxi wieder nach Haus gefahren. Es war wie eine wirkliche Reise.

16. April 1988

Wieder eine Kirschblütenparty in den Gärten von Shinjuku. Gastgeber war diesmal Premierminister Takeshita. Er hat keine Rede gehalten, sondern sich lediglich unter einen Kirschbaum gestellt, seine Frau im hellrosa Frühlingskimono zur Seite, und hat einem Strom von Sterblichen die Hand gedrückt: ja, auch die Verbeugungen schienen abgeschafft. Als ich ihn so betrachtete, war es mir seltsam zu denken, daß dieses Männlein mit dem ewigen Lächeln jetzt dem unaufhaltsamen weltweiten Vorstoß Japans vorsteht.

»Hat Japan den Krieg gewonnen?« fragte Tiziano einen amerikanischen Diplomaten, der über den Rasen ging.

»Ja. Aber ich kann es nicht zugeben, sonst kämpfe ich nicht weiter«, erwiderte der Mann.

Tatsache ist, daß der Westen kaum kämpft und sich oft auch kaum Rechenschaft ablegt, von dem, was sich hier zusammenbraut. So können die Japaner ungestört fortfahren, Terrain zu gewinnen und sich immer weiter voranzupirschen in unseren Ländern, »wie ein primitiver Stamm, der von keinen Zweifeln zernagt wird«, sagt Tiziano.

Aus Hawaii haben sie bereits »einen Vorort von Tokyo« gemacht, wie der Gouverneur jenes amerikanischen Staates klagt. In Australien fahren sie mit Immobilienmaklern durch die Städte, lassen sich im Vorbeifahren den Preis der jeweiligen Objekte nennen und entscheiden, ohne auszusteigen: »Ich kaufe.« – »Ich kaufe nicht.« Andere bleiben in Tokyo vor ihren Video-Geräten sitzen und erwerben per »Television-shopping« Immobilien in New York. Die nächste verlockende Zielscheibe ist das an Bodenschätzen so reiche Indonesien.

»Ja, sie haben Hawaii und sind so tief in den USA verschanzt, daß unsere Wirtschaft zusammenbräche, wenn wir sie wieder hinausschmissen. Amerika befände sich dann in derselben Lage wie ... wie Panama!« rief eine Amerikanerin, die mit ihrem Mann, einem Redakteur von »Time-Magazine«, aus Washington gekommen war. Wir saßen mit ihnen in der Bar des Okura-Hotels.

»Japan hat Amerika bereits fest im Griff«, sagte der Journalist aus Washington. Er erzählte uns folgende Geschichte: Einer der Direktoren von Nomura, dem größten Finanzkonzern der Welt, hat den Amerikanern vorgeschlagen, den Dollar an den Yen zu koppeln, um das amerikanische Defizit zu sanieren. »Gut«, war die Antwort der Amerikaner. »Und was wollt ihr dafür?« – »Kalifornien«, hat der Japaner lakonisch gesagt.

»Vielleicht machte er nur Spaß«, meinte unser Journalist. »Aber Spaß hat oft etwas mit dem zu tun, was man ernsthaft denkt.«

18. April 1988

Der Gedanke, daß die Welt vielleicht schon in japanischer Hand ist, lähmt uns seitdem.

Amerikas Macht mag zur Neige gehen, die Macht Japans mag steigen, aber nicht seine Fähigkeit zur Führung. Selbst während seines »Untergangs« gehen von Amerika immer noch die Gedanken und Initiativen aus, mit denen die Menschheit versucht, einige der großen Probleme unserer Zeit zu lösen. Die AIDS-Forschung, die Untersuchungen über das Ozonloch und die klimatischen Veränderungen, die Forschungen über das Verschwinden von ganzen Tierarten und Wäldern, über das Wachsen der Wüsten – all das sind Alarmglocken, die vom Westen geläutet werden.

Die Japaner tun, als hörten sie nichts, als ginge sie das Ganze nichts an, obwohl sie in vielen Fällen zu den Hauptschuldigen gehören. Es ist erschreckend, wie sie die Regenwälder in Borneo und auf den Philippinen abholzen. Da die Erde in japanischen Augen nicht ein Stern ist, für den alle gleichermaßen verantwortlich sind, pflegen sie nur das eigene Land, »aber wenn ich auf Reisen gehe, kenne ich keine Scham«, wie ein altes Sprichwort ja heißt.

Wie kann ein Land mit dieser Weltanschauung jemals ein führendes Land sein?

19. April 1988

»Beschwerden? Hier sind sie!«

Eine Hausfrau aus Odawara, einer Kreisstadt auf der Izu-Halbinsel, hat in einem Leserbrief an die »Asahi«-Tageszeitung in wenigen Sätzen gesagt, worunter das Volk stillschweigend leidet. Es leide unter dem Zwang, sich nicht nehmen zu dürfen, was ihm zusteht: nicht den Acht-Stunden-Tag, nicht die Bezahlung für Überstunden, nicht die jährlichen Urlaubstage, nicht den Feierabend, den jeder Mann gerne mit seiner Familie verbrächte. Das Gehalt, das der Angestellte dafür bekommt, sei so lächerlich niedrig, daß an ein Eigenheim nicht mehr zu denken sei. »Wenn man sich dagegen die Firmen ansieht, merkt man, daß viele über so viel überschüssiges Geld verfügen, daß sie ausländisches Besitztum aufkaufen und fremde Länder damit verärgern.«

Da in Japan zu einem solchen Brief, der den Schleier vom Gesicht der »harmonischen Gesellschaft« reißt, viel mehr Mut gehört als bei uns, wollte ich diese Frau gern kennenlernen und habe sie heute zusammen mit Ayako besucht.

Drei Stunden dauerte die Fahrt mit Zug und Eilzug, quer über die Izu-Halbinsel. »So eine schöne Landschaft!« sagte Ayako. Ja, sie muß es einmal gewesen sein. Kleine Ortschaften am Rande dunkler Hügel und hellgrüner Reisflächen, aber zerstückelt und mit Fabriken durchsetzt. Jede Stadt sieht wie Tokyo aus, nur kleiner, als müsse das einmal für richtig erkannte Modell nun im ganzen Land wiederholt werden.

Vor dem Bahnhof von Odawara springt Madame Ohno Mitsue, 47, kurzes Haar, helle Hose und T-Shirt, aus dem von ihrem Mann chauffierten Wagen und überrascht mich gleich mit ihrer Frische und ihrem Verzicht auf lähmende Formalitäten. »Sie sind die erste Ausländerin, der ich begegne«, sagt sie auf japanisch, »aber ich habe das Gefühl, wir kennen uns schon lange.«

Ihr Haus ist geräumig, mit einem schönen Tatami-Zimmer und einer modernen Küche. Während sie uns ein vorzügliches japanisches Mahl vorsetzt, erklärt sie, ihren offenen Brief habe sie nur schreiben können, weil ihr Mann kein »Salariman«, kein Firmenangestellter, sei. Andernfalls hätte sein Chef ihn zu sich gerufen: »Sieh mal, was deine Frau da für dummes Zeug schreibt!«, und es ihn bitter büßen lassen. Soviel zur Meinungsfreiheit, die theoretisch jeder hat.

Als Hausfrau – jemand also, der zu »den freien Menschen dieser Gesellschaft gehört« – sorgt Madame Ohno sich um den Salariman, den Pfeiler des japanischen Wirtschaftswunders, der langsam zu einem »Robotman« gemacht wird, ohne daß irgend jemand für ihn einsteht: »Die Gewerkschaften nicht, weil sie lieber mit den Arbeitgebern Golf spielen; die Regierung nicht, weil sie mit der Großindustrie unter einer Decke steckt.« Ihr Mann war selber zehn Jahre lang Salariman und hat sie als Frau nicht verstanden. Nun hat er sich selbständig gemacht und unterstützt sie.

Viele Frauen denken wie sie, behauptet Madame Ohno. Manche hätten ihr sogar heimlich zu ihrem Brief gratuliert, doch wage es keine, selber den Mund aufzutun, »aus Furcht vor den gesellschaftlichen Strafen.« Es sind Strafen, die in der Ächtung seitens der Gruppe bestehen und die für einen Japaner ebenso unerträglich sind, wie für einen Katholiken die Exkommunizierung.

In dieser Gesellschaft, wo keiner außerhalb einer Gruppe existieren kann, bewegt sich Mitsue Ohno als freies Individuum. Sie beweist damit, daß dieses möglich ist, und beklagt es um so mehr, daß die Jungen »mehr und mehr nach einem Schema erzogen und in ein und dieselbe Form gepreßt werden«. Ihre beiden Söhne hat sie ohne Nachhilfeschule aufgezogen und die kopfschüttelnden Mütter damit verblüfft, daß beide mit dem besten Abschluß von der Schule abgegangen sind.

Sie selber stammt aus einer einfachen Familie und konnte nicht studieren, hat aber von Kind auf ihre Beobachtungen über die Gesellschaft in ein Tagebuch geschrieben.

»Da wir Japaner aber nicht mögen, daß unsere eigensten Gedanken und tiefsten Gefühle unter die Leute kommen, verbrenne ich diese Tagebücher alle paar Jahre wieder«, sagt sie. Den ersten Schub hat sie am Vorabend ihrer Hochzeit in die Flammen geworfen und drei Abende lang das Feuer zum Bad damit geschürt. Sie lacht nur, als ich sie anflehe, das in Zukunft zu unterlassen.

Ihre Überzeugungskraft, ihr Charme, ihr Humor sind erfrischend. »Ich frage mich, wie eine solche Frau plötzlich in Erscheinung treten konnte«, sagte Ayako nachdenklich, als wir gegen Abend wieder im Zug nach Tokyo saßen.

Sie war offensichtlich noch faszinierter von ihr als ich.

26. April 1988

In Japan spielt sich jede Beziehung, auch die Liebesbeziehung, vertikal ab, das heißt, zwischen einem höher- und einem tiefergestellten Menschen. In der Liebesbeziehung muß die Frau, will sie sich behaupten, »kalt und gefühllos bleiben . . . Lieben macht uns nur schwach«, schreibt eine Autorin der kürzlich erschienenen Anthologie »To Live and Write«, die Werke von japanischen Schriftstellerinnen aus den Jahren 1913 bis 1938 präsentiert. Da lieben sich ergeben heißt, sei die Liebe ein Luxus, den keine Frau sich leisten könne. »Für uns besteht die wahre Liebe höchstens aus der gehegten Erinnerung an einen leidenschaftlichen Augenblick.«

Den wenigen »Exzentrikerinnen«, die dennoch eine ebenbürtige Beziehung mit einem Mann anstreben, wird diese Grille bald ausgetrieben. Ihre Mütter wiederholen ihnen, was sie ihnen von klein auf eingetrichtert haben: »Es irritiert die Leute nur, wenn du aus der Reihe tanzt!«

Das Entsagen ist den Frauen so in Fleisch und Blut übergegangen, daß sie gegen den eigenen inneren Widerstand ankämpfen müssen, wenn sie sich befreien und unabhängig machen möchten. »Ob ich, wenn ich älter bin, es wohl fertigbringen werde, mich von diesem Wunsch, diesem Drang, eine gute Ehefrau zu sein, zu befreien? . . . Wie gern wäre ich eine Frau, deren Lebenszweck von innen kommt!« schreibt Uno Chiyo, eine der schriftstellernden Frauen.

Man kann sich die Qualen vorstellen, mit denen starke und leidenschaftliche Charaktere – von denen es im japanischen Volk bestimmt nicht weniger gibt als in anderen Völkern – ihre Gedanken und Gefühle zum Schweigen bringen.

Was uns so verschieden macht, ist die Geschichte. Wir befinden uns in einem so materialistischen Augenblick, daß sie uns nebensächlich erscheint, doch sind die Japaner, wie sie sind, weil sie während 300 Jahren dazu erzogen worden sind.

Unserer Spätrenaissance, Aufklärungszeit und Romantik entspricht in Japan die Tokugawa-Zeit (1600–1868). Es war eine Epoche, in der »der Mangel an Ordnung synonym mit allem Bösen war« (Richard Storry, A History of Modern Japan) und das Individuum, das bei uns in jenen Jahrhunderten seine Fühler in alle Richtungen ausstreckte, mit allen Mitteln fügsam gemacht wurde.

Genaue Verhaltensnormen regelten jede Phase des täglichen Lebens. Ein kompliziertes Hierarchiensystem nagelte den Menschen dort fest, wo er hingeboren war. Ein ausgeklügeltes Kontroll- und Spionagesystem machte jeden Bürger zum Spitzel. (»Wie finden Sie diese Definition, die mir ein japanischer Student gegeben hat?« fragt Lafcadio Hearn seinen Freund Chamberlain: ›Ein Freund ist ein Mensch, dem ich all meinen Argwohn mitteilen kann.‹ Oder diese: ›Wenn ich vor die Tür trete, sehe ich elf Feinde.‹«) Aus diesem »Prototypen des absoluten Polizeistaates« sei das moderne Japan hervorgegangen, schreibt Storry.

Lafcadio Hearn selbst nennt in seinem letzten Werk, »Japan. An Interpretation«, den Preis, den die Japaner für die von ihm zuerst so bewunderte Gesellschaft bezahlt haben. All die liebenswürdigen Manieren seien »im Laufe des letzten Jahrtausends auf der Spitze des Schwertes herangezüchtet worden«. Die allseitige Höflichkeit und Friedfertigkeit käme daher, »daß generationenlang jeder Zwist mit außergewöhnlicher Härte bestraft wurde«. Das beliebte Lächeln erkläre sich damit, »daß es einen das Leben kosten konnte, wenn man, von Schmerzen gepeinigt, nicht lächelte«. Auch könne man sich nicht vorstellen, »wieviel Leid, wieviel unsagbares Leid« die Heranbildung der lieblichen japanischen Frau erfordert habe.

24. April 1988
Wir waren auf einer Party bei Jean Pearce.

Jean, um die sechzig, ist die tröstende Stimme der englischsprachigen »Japan Times«, für die sie zweimal die Woche die Spalte »Getting Things Done« schreibt und sich darin mit den verschiedensten täglichen Problemen dieser Gesellschaft befaßt. Sie lebt seit 25 Jahren in Tokyo, wo sie sich nach ihrer Scheidung von einem amerikanischen Militärattaché ein Leben als Journalistin aufgebaut hat.

Zur Einweihung ihrer neuen kleinen Wohnung hinter dem Park der australischen Botschaft kamen viele Ausländer, besonders Amerikaner, die – wie sie – aus persönlichen Gründen in Japan hängengeblieben sind. Man nennt sie »expatriats« oder kurz »expats«. Manche sind schon 1945 als junge Dolmetscher mit den Besatzungsmächten hier angekommen und haben sich in das Land verliebt. Alle haben sie hier eine Nische als Übersetzer oder Mittler der japanischen Kultur gefunden. Donald Richie, Edward Seidensticker und Donald Keene sind international bekannt geworden, doch waren sie diesmal nicht zugegen.

Ich sprach mit einem, der eine PR-Firma in Tokyo hat; mit einem anderen, der an der Sophia-Universität Psychologie lehrt; mit einer geschiedenen Frau, die über das japanische Kunstgewerbe schreibt; mit dem Leiter eines Reisebüros. Obwohl sie alle versuchen, in einem möglichst noch »japanischen« Stadtteil zu leben und auch oft mit Japanern umgehen, stehen sie am Rande der japanischen Gesellschaft. Keiner lebt wie ein Japaner. Das wäre für westliche Individuen zu schwer.

»Für einen Japaner – nicht für uns – ist das Polizeisystem noch sehr lebendig«, hat Donald Richie einmal gesagt. »Wenn ich Japaner wäre, würde ich keine fünf Minuten in diesem Land bleiben. Ich würde Selbstmord begehen – oder in das Wassergeschäft (die Vergnügungsbranche) abgehen.«

So haben sich die meisten »expats« von Japan innerlich allmählich abgewandt. Es ist nicht mehr das Land von Tanizakis »Schatten«, dessen kleine Verstecke und Geheimnisse sie verführten; und es ist immer noch das Land, das mit Fremden nichts anzufangen weiß. »Ich liebe nicht Japan, ich liebe mein Leben in Japan«, sagen sie deshalb. Ihr entwurzeltes, freischwebendes, erlebnisreiches Leben.

Interessanterweise hat aber keiner von ihnen das Buch geschrieben, das uns erklärte, was sie im Laufe ihres langen Hierseins von diesem Land verstanden haben.

28. April 1988

Im International House in Roppongi sprach heute die sozialistische Abgeordnete Kato Shizue. Wie konnte ich ahnen, daß sie mit der Baronin Ishimoto Shizue identisch ist, deren 1935 erschienene Memoiren »Facing Two Ways« mir so gefallen haben? Wie konnte ich ahnen, daß sie noch lebt?

Sie ist jetzt 92 und hat, stehend, fast zwei Stunden zu einer Gruppe von Frauen gesprochen, die im Ausland gelebt haben und ihren Geist weiter wachhalten wollen. Während ihrer Rede, die Miho für mich flüsternd übersetzte, konnte ich ihre schönen Hände betrachten, ihren beweglichen Hals, der von einer silbergrauen Rüschenbluse mit Bernsteinkette umschmeichelt war; die Art, wie sie den Kopf zur Seite legte ... Disziplin und Anmut der Samurai-Tochter, auf das moderne Leben übertragen.

»Gehorcht nicht!« rief sie den Frauen zu. »Gehorcht weder der Regierung noch euren Eltern. Denkt mit eurem eigenen Kopf! Laßt euch zehnmal am Tag von etwas rühren, seid unabhängig, und macht euch in der Gesellschaft nützlich. Das ist auch das Geheimnis meines eigenen Lebens.«

Welche der braven Frauen, die ihr etwas schockiert zuhörten, wird ihr das nachmachen können?

»Warum sind Hausfrauen so geduldig, so still? Das frage ich mich«, fuhr sie fort. »Keine japanische Frau hat ein eigenes Leben, alle machen sich die Karriere ihres Mannes und die Erziehung ihrer Kinder zum einzigen Lebenszweck. Kein Japaner scheint mehr ein Ideal zu haben. Keiner an ideelle Werte zu glauben ... Und die Schulen halten die Kinder dazu an, Comics zu lesen.« Über die abgestumpfte Jugend war sie besonders traurig.

»Rüttelt die öffentliche Meinung auf, erst dann werdet ihr Einfluß auf die Politiker ausüben können! Denn laßt euch nichts vormachen: Wir haben zwar das Stimmrecht, aber keinerlei Einfluß auf die Machenschaften der Politiker und der großen Konzerne, die über unser Leben entscheiden.«

Nach ihrer Rückkehr aus Amerika, wo sie mit der Frauenbewegung in Kontakt gekommen war (damit endeten ihre Memoiren), hat sie sich von Baron Ishimoto scheiden lassen und in Japan die Bewegung zur Geburtenkontrolle gegründet. Als General MacArthur den Japanerinnen 1946 das Stimmrecht verschaffte, wurde Shizue, die inzwischen den Sozialisten Kato geheiratet hatte, als erste Frau ins japanische Parlament gewählt. Ihren Sitz als sozialistische Abgeordnete hat sie 29 Jahre lang innegehabt.

»Sie wirken so jung!« sagte eine schüchterne Frau zu ihr.

»Ja, ich bin noch jung, denn ich habe noch eine Zukunft vor mir«, antwortete die alte Dame. »Ich habe noch etwas zu schreiben, zu lesen, zu sagen und zu hoffen.«

Und das mit 92!

29. April 1988

Es regnet auf Professor Haras einstigen Park, der zu einer matschigen Fläche geworden ist.

Kürzlich standen zwei Männer mit Aktenmappe vor unserer Tür, der Chef einer Baufirma und sein Assistent. Sie verbeugten sich mehrmals sehr tief vor uns, legten ihre Visitenkarten auf den Tisch und sagten: »Wir sind gekommen, um uns zu entschuldigen, daß auf dem Grundstück vor Ihren Fenstern die Bauarbeiten bald beginnen und der Lärm und der Staub Ihnen Unannehmlichkeiten bereiten werden.«

Sie überreichten uns zwei kleine Frotteetücher, damit wir den Staub damit wegwischen können, außerdem einen »Kastela«-Kuchen und den Grundriß des zukünftigen Etagenhauses. Mit vielen Verbeugungen und Entschuldigungen sind sie dann wieder gegangen, um ihre Runde in der Nachbarschaft fortzusetzen. Zu uns ist Madame Hara nicht mitgekommen, dazu sind wir ihr wahrscheinlich zu »unberechenbar«, aber sonst ist sie mit den beiden Männern, von denen der jüngere dem älteren zu Diensten stand und der ältere das Wort führte, von Haus zu Haus gepirscht.

Man nennt diese Bemühungen »guten Willen kundtun«, »Demut bezeugen«, »Eintracht und Harmonie anstreben«. Es sind Bemühungen, wie sie von jedem Japaner erwartet werden und wie sie jeder auch ausübt.

Heute ist der Geburtstag des Kaisers. Die »Goldene Woche« beginnt. Goldene Frühlingstage, vier oder fünf Ferientage, in denen – wer kann – auf Reisen geht.

8. Mai 1988

Der Erzbischof von Straßburg hat dem Fimmel junger Japaner Einhalt gebieten müssen, die – von einem japanischen Reisebüro in Osaka organisiert – plötzlich vor einer kleinen Kirche bei Colmar im Elsaß standen, um sich, wie das Brautpaar in einer gewissen Schnulzenoper, katholisch trauen zu lassen.

Diese Manie, alles und jedes zu kopieren, die aus ihrem Land ein Disneyland gemacht hat, läßt die Japaner nun auch den Rest der Welt als Disneyland betrachten, wo man sich als dies und das verkleidet, mal als shintoistische Braut geht und mal als christliche und dabei das Kreuz schlägt. Das Bewußtsein, daß Riten auch einen ernsten Inhalt haben, ist verloren.

Mit derselben Leichtigkeit, mit der sie die politischen und wirtschaftlichen Systeme anderer Völker übernommen haben, übernehmen die Japaner auch die fremden Wertsysteme – (das beste Beispiel ist die Demokratie) –, mit dem Ergebnis, daß nichts wirklich Wurzeln schlägt, nichts in die Tiefe greift. Werte werden wie Kleider getragen, aber drinnen steckt kein Körper mehr, kein Fleisch.

»Sie sind damit beschäftigt, nach der Oberfläche unserer Welt zu haschen«, sagt Donald Richie.

Seit Beginn der Meiji-Zeit geht es so. Damals haben die Japaner aufgehört, Japaner zu sein, und angefangen, die Rolle von Japanern zu spielen.

Tiziano betrübt diese Nivellierung der Welt und ihrer Traditionen und Werte.

»Zu denken, daß es auf dieser Erde, dieser wunderbaren Erde mit ihren verschiedenen Kulturen – der europäischen, der arabischen, der indischen, der chinesischen, der japanischen –, bald keine Vielfalt mehr geben wird! Heute gibt es nur noch ein einziges Modell, das westliche, das alle imitieren wollen. Mao hat als letzter nach etwas anderem gesucht, aber er ist gescheitert.«

Das sagte er heute morgen. Inzwischen ist er mit Yoichi und dessen Neffen im Auto in Richtung Yokosuka unterwegs, wo die Amerikaner einen Militärstützpunkt unterhalten. Er fährt von einer zubetonierten Bucht zur nächsten, von einer Plastikperipherie zur anderen. Soeben hat er aus der Imitation eines westlichen Cafés angerufen – ärgerlich über all die Ausländer, die hier gelebt und immer nur das alte, niemals aber dieses Japan beschrieben haben.

Yoichis Neffe, ein aufgeweckter junger Mann, hat zu Tiziano gesagt: »Meine Freundin will nach Frankreich. Erzähl mir etwas über Frankreich. Über die französische Kultur. Über die Gefahren in Frankreich. In Italien soll man sich vor Männern vorsehen. Und in Frankreich? Was ist der Unterschied zwischen Japan und Frankreich?« Gewöhnt, alle fertigen Antworten in Handbüchern zu finden, bestellt er sich eine über Frankreich, wie er sich ein Sushi bestellen würde.

»Da die Japaner unsere Welt nehmen und sie rigoros bis zu ihren letzten Konsequenzen führen«, sagt Tiziano, »ist es für uns hier interessant, zu entdecken, wie unsere eigene Zukunft aussehen wird. Japan gibt uns also die Möglichkeit, über den Weg nachzudenken, den wir selbst eingeschlagen haben.«

12. Mai 1988

Im Land verbreitet sich Unzufriedenheit mit der eigenen Lebensqualität. In wachsenden Zahlen reisen Japaner ins Ausland und sind überrascht, wie gut es sich dort lebt. Wie in diesem Land der Statistiken bei einer kürzlichen Umfrage herausgekommen ist, sind 94 Prozent der ins Ausland versetzten Firmenangestellten samt Frauen und Kindern besonders gern dort. Es gefallen ihnen die weiträumigeren Wohnungen, die kürzere Anfahrt zur Arbeit, der volle Genuß der Freizeit. Zugleich sind sie natürlich stolz auf ihr erfolgreiches Land. Sie hätten gern beides: ihre Wirtschaft und unsere Welt. Das eine schließt aber das andere aus.

Gestern eine Diskussion zwischen Japanerinnen und Amerikanerinnen im Lesezirkel der CWAJ, über das Buch »To do Business with the Japanese«. Miho hielt ein Einführungsreferat.

Das Treffen fand in Roppongi, im Wohnzimmer einer Europäerin statt. Zur Debatte standen hauptsächlich Organisation und Gruppengeist einer Firma, wobei die USA auf der ganzen Linie schlecht abgeschnitten haben. Keiner Amerikanerin ist es jedoch eingefallen, hervorzuheben, daß Ordnung und Disziplin auch einen hohen Preis haben, den die Amerikaner offensichtlich nicht bereit sind zu zahlen.

Interessant war die Stimmung. Als Endzeitstimmung konnte man sie bezeichnen. Ein Gefühl der Panik, der totalen Niederlage läßt die Amerikanerinnen vor dem methodischen Näherrücken der japanischen Maschinerie die Waffen strecken. Unter den Japanerinnen dagegen, Miho an der Spitze, Stolz und Selbstgefälligkeit, beinah Triumph.

»Wir sollten auf unsere Firmen stolz sein!« sagte sie.

23. Mai 1988

Die japanische Wirtschaft floriert, aber nicht allen geht es besser.

Reikos Mann ist in der Stahlindustrie beschäftigt, die sich kaum noch über Wasser halten kann. Als angesehener Ingenieur, hat er seine Stellung nicht verloren, mußte aber, wie alle anderen leitenden Angestellten auch, sich selbst das Gehalt kürzen. Wegen der verdoppelten und verdreifachten Bodenpreise sind zugleich die Grundbesitzsteuern erheblich gestiegen. Resultat: Reiko mußte sich eine Stellung als Englischlehrerin suchen. Familien mit solchen Problemen nennt man die »neuen Armen«.

Zugleich wächst in Japan eine Klasse von Leuten heran, die sich mit Boden- und Immobilienspekulationen enorm bereichert. Man bezeichnet sie als »new richies«, die »neuen Reichen«, und ihr Luxusleben wird zunehmend Gegenstand von Zeitungsberichten. Das bisher einheitlich bescheidene Gesicht dieser Gesellschaft – in der es zwar Ränge, aber keine Klassen gab – hat sich damit vollkommen verändert. Manche sehen darin den Grund zu zukünftiger Unruhe und Unzufriedenheit.

Wir waren bei Robert Wilk und Joseph Precker, die Nakasones Privathaus aus Beton und Stahl in Toshima-ku gemietet haben. Im Salon wimmelte es von Leuten der Diamantenfirma De Beer, die gerade von einem Firmentreffen in einem japanischen Ferienort zurückgekommen waren. Wilk, der für sie hier Marketing betreibt, hat diese Party ihnen zu Ehren arrangiert.

Den Engländern hüpfte das Herz ob der plötzlichen Kaufkraft und Kauflust der Japaner: »Sie sind irrsinnig reich, sie können sich absolut alles leisten!«

»Ist das nicht beunruhigend?«

»Es ist toll! Es ist faszinierend! Diese Gesellschaft befindet sich im Umbruch, das ist ausbeutbar! Wir brauchen nur herauszufinden, was sie haben wollen – und schon haben wir es ihnen angedreht!«

Was sie haben wollen, sind europäische Sportwagen, Designer-Armbanduhren, Dunhill-Anzünder, Louis-Vuitton-Taschen – und Diamanten. Japan, das Land der Firmenkrieger, ist plötzlich zum zweiten Diamantenmarkt der Welt geworden. Sechzig bis achtzig Prozent der hier verkauften Diamanten werden von japanischen Frauen gekauft, die sie sich selbst zum Geschenk machen, wie einer der De-Beer-Leute belustigt erzählte. »Der beste Freund der Japanerin ist jetzt der Diamant!«

Diese Engländer sind fasziniert vom Schauspiel der »new richies«, denen sie all ihre Waren in den Rachen werfen können, eine Tätigkeit, die sie begeistert. Sie irren sich aber, wenn sie meinen, sie könnten mit ihnen anstellen, was sie wollen. Erstens sind es die Japaner, die zum weit größeren Teil uns Dinge in den

Rachen werfen, und wir sind die, die alles schlucken. Und zweitens entspricht das gesamte Schauspiel einer Strategie, die von denen, die hier die Fäden in der Hand haben, genau geplant ist – als sei es eine Verlängerung des Krieges, sagt Tiziano.

Mit dieser Meinung steht er nicht allein. Auch Clyde Habermann, Chef des Tokyo Office der »New York Times«, hat sich ähnlich pessimistisch geäußert, als er uns vor seiner Versetzung nach Rom besuchte: »Uns bleiben zwei Möglichkeiten. Entweder wir werden selbst wie die Japaner; oder wir lassen uns von ihnen überholen. In beiden Fällen haben wir ausgespielt.«

29. Mai 1988

Folco hat seine ersten Examen in Cambridge hinter sich, Saskia ihr Abitur. Gestern war der Abschlußball, und sie fuhr in ihrem roten Kleid im Jeep eines Freundes davon. Beide stehen da, wo wir gestern standen – wenigstens scheint es mir so –, und schon ist das Familienleben mit den zwei Kleinen, die im Nebenzimmer schlafen, vorbei.

Ein japanischer Diplomat, ein Bekannter aus früheren Zeiten, hat uns ins Wohnquartier des Außenministeriums eingeladen, das wenige Minuten zu Fuß von unserer Wohnung entfernt liegt. Die Reihe von uniformen Fertigbauten und das finstere Treppenhaus, das voller Fahrräder steht, erinnern an die Wohnblocks im kommunistischen China und zeigen einmal mehr, wie knapp die Japaner von ihrer Regierung gehalten werden, wie spartanisch und sparsam sie zu leben gezwungen sind. Das Wohnzimmer war aber hübsch eingerichtet. Der Tisch stand voller Essen, hinter einem Wandschirm kochte die Frau noch mehr, es gab chinesischen Shaoshin-Wein, und es wurde ein interessanter Abend.

Der Diplomat war in Begleitung eines Ministers zum erstenmal wieder in Chinas »Nordosten« gewesen, wie die früher von den Japanern kolonisierte Mandschurei heute heißt. Eine heikle Visite. Als der Minister in Shenyang, dem früheren Mukden, ankam, war er darüber so vergnügt, daß er auf seiner Mundharmonika spielen wollte. »Tun sie es lieber nicht – noch nicht!« hatte ihm der Diplomat geraten, und dieses »noch nicht!« klang mir wie die Order an ein verschanztes Heer, das auf der Lauer liegt, aber nicht angreifen soll.

Noch nicht!

Der Vater unseres Freundes, ein hochgestellter Mann, hatte sich am selben Tag das Leben genommen, als der Kaiser Japans Kapitulation über das Radio verkündete, aus Empörung über diesen Beschluß. Er war ein beispielhafter Japaner gewesen und hatte sich in jeder Phase seines »Seppuko«, seines rituellen Selbstmords, genau nach der Tradition verhalten, bis er im Sitzen, mit dem Schwert im Bauch, still verblutet war.

Auch jener Journalist der »Asahi«-Zeitung, der mit uns eingeladen war, gehört einer der traditionsbewußten japanischen Familien an: Familien, die insofern immer noch zählen, als ihr Japan-Ideal seit der Meiji-Restauration und über den Pazifischen Krieg hinaus die Schicksale dieses Landes im geheimen weiter bestimmt. Ihre Kinder sind heute die einzigen, die von ihren Eltern noch Ideale und Werte mit auf den Weg bekommen haben. Und sie sind manchmal glühende Patrioten.

Zu vorgerückter Stunde, als alle schon etwas angetrunken waren, sagte Tiziano plötzlich, es interessierten ihn im Augenblick zwei japanische Phänomene: das der neuen Religionen und der Fall Okuno.

Dieser Okuno, ein Vize-Außenminister, mußte kürzlich von seinem Posten zurücktreten, weil er die Tatsache, daß chinesische Totenköpfe zusammen mit japanischen Schwertern in eine Haustür von Nanking geritzt worden waren, sowie Chinas wiederkehrende Versuche, Japan zum Eingeständnis seiner Kriegsschuld zu bringen und zur Reue zu zwingen, unerträglich fand und dagegen protestiert hat. Japan kennt keine Reue und weigert sich auch, eine solche pro forma kundzutun.

»Wir denken alle wie Okuno«, sagt der Diplomat spontan. »Aber es war beschlossen worden, darüber zu schweigen. Okuno ist dumm gewesen, er hätte seinen Mund halten sollen.«

»Von wem war das beschlossen worden . . . ?«

»Es war der allgemeine Konsens gewesen. Da zur Zeit des Kriegsverbrecherprozesses keiner den Mut aufgebracht hat, gegen das Urteil zu protestieren, sollte man es auch heute lassen.«

»Gut. Okuno ist dumm gewesen, weil er ausgesprochen hat, was ihr alle denkt, aber nicht laut sagen wollt. Warum gibt es dann aber so viele Okunos? Warum hat jede Regierung ihren Okuno?« fragte Tiziano weiter. »Vielleicht, weil das Volk wissen soll, daß jeder Japaner im Grunde seiner Seele wie Okuno zu denken hat?«

Der Diplomat sah den »Asahi«-Mann an und schwieg.

Tiziano erzählte, wohl um sie zu provozieren, was man in China über das kürzliche Eisenbahnunglück bei Nanking munkelt, in dem fast eine ganze Klasse von reisenden japanischen Schulkindern ums Leben gekommen ist. Man flüstere sich zu, die Opfer des Massakers von Nanking hätten beim Vorbeifahren des Zuges ihre Arme aus der Erde gestreckt, um die japanischen Kinder zu sich hinunterzuziehen!

Der Diplomat verstummte vor Zorn. Er sagte, die Chinesen erlaubten sich solche Aussprüche auch auf Regierungsebene, fragten, wieso sie den Eltern der Kinder wohl Schadenersatz bezahlen sollten, wo die Japaner in Nanking doch 200000 Chinesen niedergemetzelt hätten? »So kann man nicht argumentieren!« rief er empört.

Über die Substanz wird nicht geredet. Sie steht nicht zur Debatte.

Der Diplomat gab zu, daß eine neue Arroganz unter der Jungend aufkäme, ein Gefühl von: Wir sind reich, wir sind stark, wir können uns alles erlauben! Ihm, der an die Klandestinität glaube, wolle dieses Protzen gar nicht gefallen, denn er finde, daß man damit seine Karten unnötig aufdecke. Nach Soldatenart ist er offenbar der Meinung, daß die Politik eines Landes geheim bleiben muß.

Erstaunlich ist, was alles geheim bleiben muß. Er erklärte uns zum Beispiel, sein Sohn interessiere sich sehr für geschichtliche Tatsachen. Er erkläre sie ihm auch, aber nur privat, nur unter vier Augen. »Niemals würden wir über Geschichte in der Öffentlichkeit sprechen!«

»Ihr Japaner solltet euch aber von der Welt nicht nur für ›Transistorverkäufer‹ halten lassen, wie General de Gaulle euch so verächtlich genannt hat«, hielt Tiziano ihm entgegen. »Ihr solltet euch das heute nicht mehr gefallen lassen. Wenn die Chinesen von euch verlangen, daß ihr eure Geschichtsbücher revidiert, dann solltet ihr sie zum Teufel schicken! Ihr tut es nur nicht, weil ihr ihnen eure Fernseher verkaufen wollt...«

Der Sohn des Diplomaten kam ins Zimmer und setzte sich aufmerksam zuhörend dazu. »Man nimmt euch nicht ernst«, fügte Tiziano noch hinzu.

»Doch, man nimmt uns schon ernst«, meinte der Diplomat.

»Nein, kein Mensch nimmt uns ernst!« rief sein Sohn leidenschaftlich.

Im Laufe des Gesprächs vertrat Tiziano die Überzeugung, daß Japans wirklicher Wert nicht in seinem Handelstalent liege, nicht in seinen kommerziellen Erfolgen, sondern in seiner Geschichte, seinen Kriegen, seinen Klöstern, seiner Kunst, und daß diese Werte der Jugend unbedingt beigebracht werden müßten. Der Diplomat wiederholte dagegen nochmals, daß über diese tiefen, wirklichen Werte niemals in der Öffentlichkeit, sondern nur »privat« gesprochen werden sollte – als wäre es ein Geheimnis, an dem sich nur wenige Auserwählte laben dürfen, als wäre die Übertragung dieser Werte eine heilige Handlung, einer Initiation gleich, welche die Menschen auf große Taten vorbereitet und der sich deshalb nur zukünftige Führer unterziehen dürfen. Seinem Sohn wird er sie übermitteln, aber unter vier Augen.

Als wir im Regen zurück nach Hause gingen, bemerkte Tiziano, daß das Erziehungsministerium – das konservativste der japanischen Ministerien – die neuen Generationen genauso erziehe, wie es die der dreißiger Jahre erzogen hatte – minus Ideologie. »Durch Disziplin und Gehorsam werden die jungen Menschen zu Stahlbehältern gemacht, in die aber eine Ideologie, von der Art, wie sie der Augenblick erfordern mag, jederzeit nachgefüllt werden kann«, sagte er.

4. Juni 1988
Wir kommen von vier Tagen auf Miyakejima zurück, einer kleinen vulkanischen Insel, vierzig Flugminuten südlich von Tokyo. Es ist ein Paradies mit duftendender Vegetation und wilden Hortensien, ohne metallische Stimmen, die einen unentwegt belehren, und ohne zu viele Verbeugungen. Zum Baden war es noch zu kalt. Leider wird dieses natürliche Paradies, das vor ein paar Jahren zur Hälfte unter einem Lavaausbruch ergraut und erstarrt ist, nun auch vom Projekt eines Militärflughafens für amerikanische Basen bedroht.

Wir haben in einem kleinen Tatami-Zimmer bei einer einfachen Familie gewohnt und viele Bücher über das Japan der Kriegszeit gelesen. Tiziano beschäftigt sich gerade mit der Einheit »731«, einer Sondergruppe der Kaiserlichen Armee, die im Zweiten Weltkrieg mit der Entwicklung bakteriologischer Waffen beauftragt war und in ihren geheimen Laboratorien in der Mandschurei mehrere hundert Chinesen zu grausamen Experimenten mißbraucht hat. Dieser Einheit, der übrigens Hirohito selbst einen Orden verlieh, wurden einige der brillantesten japanischen Wissenschaftler zugewiesen. Keinem von ihnen ist nach dem Krieg ein Prozeß wegen »Verbrechen gegen die Menschheit« gemacht worden.

Was Tiziano interessiert, ist nicht so sehr, was die Mitglieder der »Einheit 731« während des Krieges, sondern was sie danach getan haben. Ein alter japanischer Journalist, der kürzlich zu uns kam, hat unter großen Schwierigkeiten und Gefahren sein Leben damit zugebracht, die Überlebenden der Einheit »731« ausfindig zu machen und eine Geschichte jener Gruppe zusammenzustellen. Manche der dafür verantwortlichen Offiziere konnten ihre Forscherkarriere nach dem Krieg innerhalb der Industrie und der Universitäten fortführen.

Die Tatsache, daß das gesamte Kapitel immer noch ein absolutes Tabu ist, scheint Tiziano ein weiterer Beweis dafür zu sein, daß Japan die von der übrigen Völkergemeinde geteilten moralischen Prinzipien nicht anerkennt und deshalb hochgefährlich ist.

Unser kleines Flugzeug kreiste bei der Rückkehr aus Miyakejima mehrmals über Tokyo. Was aus dieser Stadt geworden ist, ist erschreckend. Diese Megalopolis an der Mündung des Sumida-Flusses hat ihr Gesicht verloren. Wie ein gigantischer Polyp schickt sie ihre grauen Betonarme, auf denen der Schnellverkehr entlangrollt, über die Dächer, legt sie um das Wasser herum und streckt sie über die Bucht bis zu den »Bettenstädten« aus, in die so viele der zwölf Millionen Einwohner verbannt worden sind. Das menschliche Leben zählt gar nichts mehr; es kommt nur noch auf die Wirtschaft an.

»Es gibt nichts Geheimnisvolles mehr in diesem Land«, sagte Tiziano, als wir im Taxi durch diese Mondlandschaft fuhren. »Alles ist kalt, finster, dumpf. Zu denken, daß die Japaner diese Lebensweise auch exportieren könnten . . .«

Ein Drittel der Bevölkerung dieses Landes wohnt in Groß-Tokyo. Die Stadt hat ihre Grenzen erreicht, brandet über, hat keinen Platz mehr. »Ein so arrogantes, revanchistisches Volk ohne Lebensraum – es ist furchterregend«, meint Tiziano.

Es beunruhigt ihn, daß sich hier etwas Ungeheuerliches, etwas Ungesteuertes entwickelt, das sich über den Rest der Welt ergießen könnte. Daß sich nicht voraussehen läßt, wo das alles hinführt, quält ihn, als wäre er seiner Aufgabe nicht gewachsen, als werde er ihr nicht gerecht.

Abends wurde in Tokyos altmodischem Hauptbahnhofshotel eine Picasso-Ausstellung eröffnet.

Die Japanische Staatsbahn, JNR, ist letztes Jahr privatisiert worden und nennt sich jetzt schlicht JR. Auch sie hat die Wirtschaftskrise zu Rationalisierungsmaßnahmen benutzt. Überflüssige Angestellte sind mittels subtiler Unterdrucksetzungstaktiken dazu bewogen worden, in den Ruhestand zu treten, und sitzen jetzt in den Bahnhöfen und verkaufen Lotteriekarten. So demütigend ist das für einen loyalen, pflichtbewußten japanischen Angestellten, dessen ganzer Lebensinhalt die Firma war, daß sich allein im Jahr 1987 27 entlassene JR-Angestellte das Leben genommen haben und 200 »geistig verwirrt« sind, wie ihre Gewerkschaft meldet.

Samurai-Rüstung – ein Symbol bis heute

Oben: *Der Fuji-Berg am Yamanaka-See.* Unten: *Drei Love-Hotels zu Füßen des Fuji bei Gotemba*

Oben: *Shinto-Schrein bei Yamanaka.* Unten: *In den Freiluft-Thermalquellen der Präfektur Gumma*

Füchse, die Boten der Reisgöttin

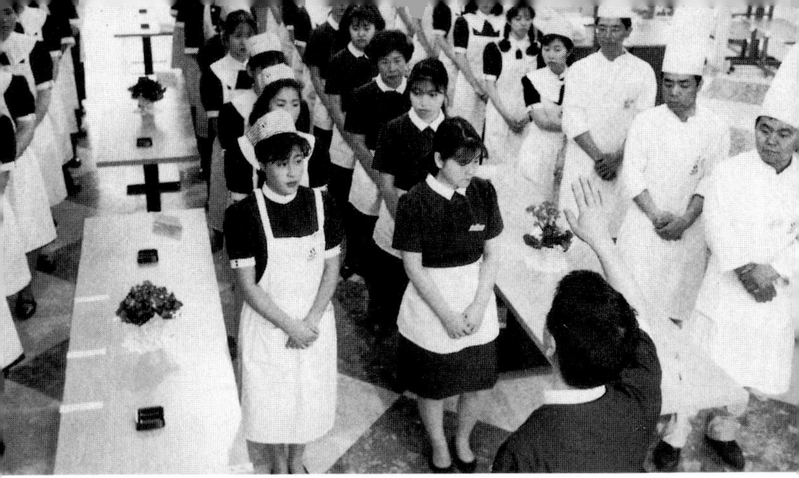

Oben: *Arbeitsantritt in einer Konditorei.* Unten: *Yakuza-Treffen vor dem Yasukuni-Shinto-Schrein in Tokyo; er ist dem Gedenken an die Kriegsgefallenen geweiht*

Oben: *Unsere Nachbarschaft 1985. Nakameguro vor der großen Neuerung.*
Unten: *Verkrüppelte Bäuerinnen in einem Dorf der Präfektur Shiman*

Oben links: *Tokyo. Salarimänner versuchen einer Hausbesitzerin ihren alten »Kaninchenstall« abzuschwatzen.* Oben rechts: *Tokyo. Modernisierte Altstadt.* Unten: *»Glücksdorf« bei Obihiro auf Hokkaido*

Tokyo. Eine typische »Ginza« – die Einkaufsstraße jeder Nachbarschaft

Der Philosoph Maruyama Masao in seinem Haus in Tokyo

Oben: *Der Journalist Yokobori Yoichi mit der Nachricht vom Tod des Tenno.* Unten: *Philippe Pons, Otomo, Fiedel-Spieler. Tiziano in einer Sake-Bar in Nagoya*

Oben: *Mit Miho bei Madame Shizue Kato, der ehemaligen Baronin Ishimoto.*
Unten: *Schriftsteller Henry Scott Stokes mit Bonzen in einem Tempel von Ibaraki*

Tokyo. Straßenkreuzung in Shibuya

Tokyo. Ein typisches Cafe – eine »Seifenblase«

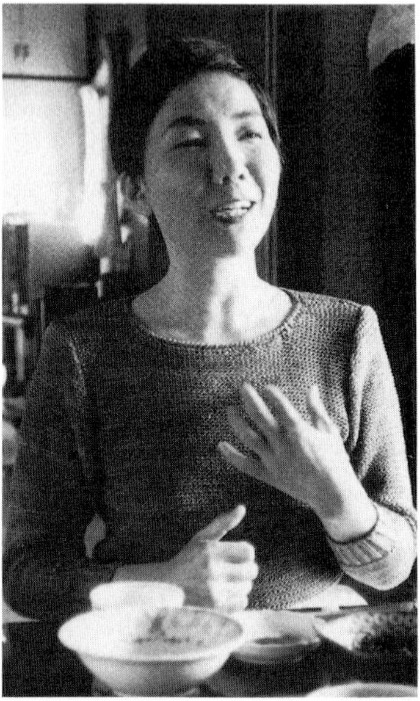

Oben links: *Ohno Mitsue, eine »Proteststimme« aus der Provinz.* Oben rechts: *Chigusa und ihr Mann, der Sozialkritiker Takeda Toru, in einem Cafe der Vorstadt.*
Unten: *Kirschblüte. Miho und Reiko auf Miyajime*

Oben links: *Kanazawa Yukio.* Oben rechts: *Bestseller-Romancier Murakami Haruki.*
Unten links: *Journalist Karel van Wolferen.* Unten rechts: *Der Japanologe Steven Platzer*

Oben: *Tokyo. Gesamtansicht mit Bucht und Schnellstraße.* Unten: *Tetrapoden an der Küste vor dem großen Heiligtum von Izumo*

Bei der Vernissage standen die JR-Direktoren im dunklen Anzug um das Büffet herum und manchmal auch vor den Picassos. Ein freundlicher Herr, der die JR mit Schienen beliefert, erzählte mir, er sei bereits dreimal geschäftlich in Deutschland gewesen. Ich fragte ihn, ob er sich erinnere, wie der erste deutsche Hersteller von Dampflokomotiven hieß. Er nannte mir den Namen einer japanischen Firma. Ich sagte: »Nein, ich meine die deutsche Firma, die, welche die ersten Dampflokomotiven gebaut hat. – War es Krupp, war es Borsig?« Er sah mich entgeistert an: »Wieso, hat auch Deutschenland Dampflokomotiven hergestellt?« Soviel er weiß, ist Japan dem Westen in allem Technischen voran und Europa nicht viel mehr als ein altes Museum.

Es waren aber deutsche Ingenieure, die vor hundert Jahren Japans erste Eisenbahnlinie zwischen Tokyo und Yokohama gelegt haben. Sie wohnten an der Strecke, im Vorort Ota-ku, wo im Umkreis der Deutschen Schule heute noch eine größere deutsche Gemeinde lebt. Tokyos Hauptbahnhof wurde zur selben Zeit dem Bahnhof von Amsterdam nachgebaut... Aber das würde der freundliche Herr mir nicht glauben.

Yokohama, 15. Juni 1988

Nach unseren erfolgreichen Wochenenden in Tokyos Fairmont Hotel und auf Miyakejima, verbringen wir jetzt eines in Yokohamas »Grand«, wie das ehemalige Grandhotel an der Bucht heute heißt. Seine Salons mit Plüschsesseln aus der Kolonialzeit sind zur bevorzugten Kulisse für anspruchsvolle Hochzeitsbanketts geworden, wie sie von Hochzeitsfirmen organisiert werden.

In Yokohama hat Japans Industrialisierung begonnen. Die große Hafenstadt liegt nur eine Eilzugstunde von unserem Nakameguro-Bahnhof entfernt. Vor 120 Jahren war sie noch ein Fischerdorf, wo es den ersten englischen und amerikanischen Unterhändlern erlaubt war, zu wohnen. Kaufleute, Diplomaten und Missionare folgten, und heute erstreckt sich zwischen Tokyo und Yokohama ein einziges Industriegebiet, das die beiden Städte ineinanderfließen läßt.

In den großzügigen Straßen um das »Grand« hat Yokohama sich seine eigene, kosmopolitisch-städtische Atmosphäre bewahrt. Dahinter liegt Japans einzige Chinatown, mit zwei rotbemalten Ehrenbogen, die das südliche und das nördliche Ende ihrer Hauptstraße zieren.

Wir sind zum »Bluff« hinaufgefahren, auf die grüne Anhöhe über dem Hafen, wo die ersten Ausländer ihre Häuser und Kirchen bauten. Ein krummes Häuschen, nach Erdbeben und Bombardements restauriert, ist heute ein Museum der Zeit; man geht in ihm wie durch ein Bilderbuch.

Gegenüber liegt der »Ausländerfriedhof«, zu dem ein Lautsprecher wie zu einem Zirkusstück ruft: »Kommt und seht, wie die Ausländer begraben werden...!« Das schöne Gelände, dicht mit verwitterten Grabsteinen besetzt, zieht sich mit seinen alten Bäumen den ganzen Hang bis zum Wasser hinunter. Alte Freunde treffen wir dort wieder, Reisende, Abenteurer, Entdecker, die uns ihre Bücher hinterlassen haben, mit denen wir heute durch Asien reisen. Besonders froh sind wir, das Grab einer Amerikanerin, E. R. Scidmore, hier zu finden, die das in sich zusammenfallende kaiserliche China mit dem Talent einer begabten Journalistin beschrieben hat, bevor sie im sich schnell modernisierenden Japan Asiens neue Helden fand und neue Hoffnung schöpfte.

Inseln der Vergangenheit in einer sonst grauen und abgearbeiteten Millionenstadt!

Motomachi, die »Altstadt«, ist zum Symbol des neuen Japan geworden. Nichts ist dort mehr japanisch. Jedes Geschäft trägt einen fremden, unsinnigen, falsch geschriebenen Namen. Wir stehen an einer Straßenecke, lassen den Blick umherschweifen und lesen auf den Geschäften: »Bremen Cookies«; »Italian Gelato Terme«; »Rococo«; »Please – Natural Shic Salon«; »Ces puzzles«. Ein Möbelgeschäft heißt »New Georgian Court«, auf Telleruntersätzen steht »Guten Abend, Gute Nacht«, auf einem Koffer »From Boston to London«. Königin Elisabeth I. von England wird als Statue verkauft. Der Laden gegenüber heißt »La Pianta di Cafè« – es ist ein Modeladen. Ein Schulheft ist mit dem Wort »A-Bomb« verziert... Tiziano fragt sich, ob zwischen dem Ding und seinem Namen keine Beziehung mehr bestehe, ob der Name nur noch Dekoration sei?

Wie jede Stadt hat auch Yokohama ein nächtliches Vergnügungsviertel mit Love-Hotels. Eines erkennt man schon von weitem. Auf seine leere Seitenwand ist ein großes, buntes Erkerfenster gemalt mit einer Julia, die wartet. Romeo, eine ausgestopfte, altmodisch gekleidete Stoffpuppe in menschlicher Größe, klettert die Seiltreppe zu ihr empor. Ein Scheinwerfer beleuchtet die nächtliche Szene.

Ich fliege jetzt ab, nach Italien.

Tokyo, den 5. Oktober 1988

Der Tenno, der Himmlische Herrscher, liegt seit dem 19. September im Sterben. Die Stadt, in die ich vor kurzem zurückgekehrt bin, wartet beklommen auf das große Ende.

Eine Epoche geht mit Hirohito dahin, die Showa-Zeit, die über 62 Jahre gewährt hat. Selten hat ein japanischer Kaiser so lange auf dem Thron gesessen, und selten hat einer so umwälzenden Ereignissen vorgestanden wie er. Unter diesem unscheinbaren, disziplinierten kleinen Mann hat Japan halb Asien erobert, den Pazifischen Krieg gegen den halben Westen geführt, ihn verloren und dazu noch das Entsetzen der Atombombe erlebt, um davon als Wirtschaftsmacht wiederaufzuerstehen, die heute die Welt in Schach hält.

Für Yoichi und seine Generation ist das Verschwinden Hirohitos dramatisch. In seiner Jugend war der Kaiser für ihn der Mann gewesen, der auf einem weißen Roß vor seinem Volk erschien, um ihm die märchenhaften Siege der Truppen zu verkünden. Später war er die Figur, um die sich die Diskussion über Japans Erneuerung und Demokratisierung drehte. Immer bezog man sich auf ihn.

Für die Jungen, die heute weder von jenen ersten Siegen noch von den späteren, aufgeregten Neuerungsversuchen wissen, bedeutet das Hinscheiden des Tenno höchstens noch, daß sie hoffen, sich mit dem nächsten Kaiser »zu verjüngen«, oder fürchten, mit ihm insofern »zu altern«, als sie der vorigen Ära angehören.

Für jeden Japaner ist das Ende einer kaiserlichen Epoche bedeutungsvoll, da sie seiner Lebensspanne ihren Stempel aufdrückt. Die unablässige Mühe, der hartnäckige Kampf, der abwechselnd zu Niederlagen und atemberaubenden Erfolgen führte, das ist das Gesicht der Showa-Zeit.

Man fragt sich nun, wie wohl die nächste Epoche, die Epoche Akihitos, Hirohitos Sohns, aussehen wird. Nationalisten und Ultrakonservative, die den rechten Flügel der führenden LDP-Partei ausmachen, möchten den Kaiserstaat so wiederherstellen, wie er vor der Niederlage von 1945 war: eine pyramidal aufgebaute Gesellschaft archaischen Typs, mit einem Gott-Kaiser an der Spitze und Hierarchien von Untertanen unter ihm, die in seinem Namen für Japan arbeiten und handeln. Dieses System besteht in hohem Maße bereits, doch könnte es noch vervollkommnet werden.

Andere, wie die Kommunisten und alten Linken, möchten anläßlich Hirohitos Tod das Kaisersystem gänzlich abschaffen, um aus Japan endlich die moderne Demokratie zu machen, die dem Volk durch die Nachkriegsverfassung und Hirohitos Göttlichkeitsentsagung versprochen worden war. Ihre Stimmen dringen aber kaum an die Öffentlichkeit, da die von der LDP kontrollierten Massenmedien dem Volk einheitlich suggerieren, ein Gott läge danieder.

10. Oktober 1988

Dem gesamten Land ist ein Gefühl des Sterbens, der nationalen Besorgnis aufgezwungen worden, ein Gefühl der totalen Trauer, ohne daß irgend jemand einem zu erklären wüßte, wer es veranlaßt habe. »Wir halten uns an die allgemeine Atmosphäre«, ist die stereotype Antwort, die man allenthalben bekommt.

Seit drei Wochen strömen die Menschen nun zum Palastamt und zu den großen Shinto-Schreinen des Landes, um sich dort in die Listen einzutragen, die dem Kaiser »eine baldige Genesung«

wünschen. Denn das ist das Seltsame: Obgleich jeder weiß, daß Hirohito an Pankreaskrebs leidet (der Arzt, der ihn im vergangenen Herbst operierte, hat es in seinem Testament notiert, bevor er selber starb), wagt keiner das Wort in den Mund zu nehmen, spräche er damit doch des Kaisers Todesurteil aus. Man redet also vage von Gelbsucht, zu hohem Blutdruck, Entzündung des Gallentrakts und wünscht, mit einer zweideutigen Neigung des Kopfes, »daß es dem Kaiser bald wieder besser gehen möge . . .«

In ihrer Ungewißheit, welches in einer Situation wie dieser wohl das »korrekte Verhalten« sei, wirken die Menschen beklommen, befangen, in hohem Grade unnatürlich. Jeder übt »Zurückhaltung« aus, wie die Medien anerkennend bemerken, und schaut dabei auf die anderen.

»Du weißt dich nicht zu benehmen?« versucht Yoichi uns zu erklären. »Dann tust du am besten, was die andern tun. Sie sagen alle Empfänge und Ausflüge ab, prosten nicht mehr mit ›kampai‹ (er lebe hoch), vermeiden lustige Farben und Slogans in Schaufenstern und Werbung? Dann machst du es am besten ebenso. Du hältst dich an die allgemeine Atmosphäre, die allgemeine Luft . . . Wie kannst du dich auch Luft widersetzen?« fügt er ironisch hinzu.

»Wir tun immer, was ›sie‹ wollen, aber niemand weiß, wer ›sie‹ sind«, sagt Miho beunruhigt, als führe sie jemand in die Irre. »Es zeigt sich bei dieser Gelegenheit, wie sehr es einem Japaner unmöglich ist, sich im wahren Sinn des Wortes individualistisch zu verhalten. Da ist diese allgemeine Atmosphäre, diese Stimmung, die uns einmal hierhin, einmal dorthin treibt, und von der es für uns kein Entrinnen gibt. Wer von der Norm abweicht, der läßt sich tatsächlich auf einen sehr einsamen Kampf gegen die gesamte Gesellschaft ein.«

Es ist aber nicht nur die »allgemeine Atmosphäre«, welche die Japaner dazu verleitet, »Zurückhaltung« zu üben. Es ist auch regelrechte Angst. Journalisten, Akademiker, Linksgerichtete, die versucht haben, über die Rolle zu reden, die der Kaiser in Japans jüngster Geschichte gespielt hat, und sich weigern, eine Trauer zur Schau zu tragen, die sie nicht empfinden, sind ohne Ausnahme von den Ultrarechten mit anonymen Briefen und Telefonanrufen bedroht worden. Statt dagegen zu protestieren, schweigen sie nun.

»Während des Krieges und davor wußten wir genau, wer in unserem Land die Macht hatte«, sagt Takeda Toru, Chigusas Freund, ein blasser junger Schriftsteller mit Brille, der sich als Sozialkritiker zusehends einen Namen macht. »Heute sind die maßgebenden Leute unsichtbar, denn sie bewegen sich hinter den Kulissen. Wir wissen nicht, daß wir nicht mehr frei sind. Das ist das Erschreckende.«

11. Oktober 1988

In der Rainbow Bar des Imperial Hotel, einem der eleganten Treffpunkte der Stadt, haben Tiziano und Philippe Pons ein Gespräch mit einem der Hauptexponenten der Rechtsnationalen geführt. Ich saß dabei.

Nomura Shiusuke, etwa 55, ein großgewachsener, auffällig gekleideter, herrischer Mann mit zernarbtem Gesicht, der achtzehn Jahre Gefängnis hinter sich hat, erwartet uns in einem Sessel. Neben ihm steht sein Leibwächter, der ihn nicht aus den Augen verliert, ihm Zigaretten reicht, sie ihm anzündet und zuletzt die Rechnung bezahlt, obgleich die Journalisten doch die Gastgeber sind. Ein gepflegter, wohlduftender jüngerer Industrieller in einem Anzug von Gianni Versace kommt später dazu. Nomuras langjähriger Vertrauter? Wohl auch sein reicher Gönner.

Nomura ist von der heutigen japanischen Gesellschaft, von ihrem Materialismus und Mangel an Idealen angeekelt. Wie einst der Schriftsteller Mishima Yukio wünscht er sich die Disziplin und den Glauben an Großjapan und den Kaiser zurück, einen Glauben, für den man kämpft und stirbt.

»Der Kaiser gehört zur japanischen Landschaft – einer Landschaft, welche die Japaner lieben. Deshalb ist es falsch, seiner Rolle eine politische Interpretation zu geben«, erklärt er. Er und seine Gruppe führten einen ideologischen Kampf und beeinflußten damit auch Journalisten, Rechtsanwälte, Geschäftsleute und andere Freiberufler. Zweck dieses Kampfes sei hauptsächlich, die in Yalta und Potsdam festgelegte Weltordnung abzuschaffen und das Verdikt des Kriegsverbrecherprozesses wieder rückgängig zu machen. Dann erst könnte der Nationalismus sich der neuen Zeit anpassen »und seine alten Kleider ablegen, genauso wie Menschen sich hin und wieder eine neue Garderobe zulegen, und doch dieselben Menschen bleiben.«

Leute wie Nomura machen aber nicht nur Worte. So aufgebracht sind sie über das, was aus dem Japan der Kriegszeit geworden ist, so unerträglich ist ihnen jede Kritik am Kaiser, daß sie alle, die sie, wenn auch vorsichtig, über die Lippen bringen, mit Drohungen verfolgen und, wenn das nichts nützt, mit Taten. Als Tiziano sich nach diesen Einschüchterungsaktionen erkundigt, die dem Bürger immerhin sein Recht auf freie Meinungsäußerung nehmen, antwortet ihm Nomura verächtlich: »Die Japaner sind Konformisten. Wenn einer den Arm hebt, heben alle ihn. Nicht vor den Rechtsradikalen fürchten sie sich. Sie fürchten sich vor ihren Nachbarn!«

Hirohitos Tod wird Nomura zufolge das Kaisertum in keiner Weise schwächen, da ihm ja sein Sohn, Akihito, folgt. Man rechne an jenem Tag aber mit zahlreichen Selbstmorden unter den Rechten. »Keine andere Nation besitzt diese Tradition, das eigene Leben mit Harakiri und einem Gedicht zu beenden. Auch sie gehört zur japanischen Landschaft«, sagt er stolz; er selber schlösse den rituellen Selbstmord nicht aus. »Mein Leben hat sich unter dem Showa-Kaiser abgespielt und wird in gewisser Hinsicht mit ihm enden.«

Läuft da nicht ein roter Faden, der Nomura mit dem Diplomaten und Sasagawa verbindet? Ein Faden, der den japanischen Kaiserstaat wieder zusammennähen will?

Ein wahres Volksfest ist dagegen auf Yumenojima, der »Trauminsel« in Tokyos Bucht, im Gange, einem kürzlich aus Müll und Unrat gewonnen Stück Land, wo die Kommunisten ihr »Akahata Matsuri«, ihr Fest der KPJ, feiern. Arbeiter und Handwerker sind aus ganz Japan zusammengekommen, haben ihre Stände aufgestellt und rufen ihre Spezialitäten aus.

Politische Reden werden geschwungen, Lieder gegen den Kaiser werden gesungen, Musik und Händeklatschen füllen die Luft. Am Himmel kreisen die auf Landeerlaubnis wartenden Flugzeuge. Im goldenen Herbstwetter sieht es wie ein Stück Leben der Nachkriegszeit aus; es erinnert an die Jahre des Aufbruchs, der kämpferischen Gewerkschaften, der Hoffnung auf neue, demokratische Zeiten, als die Meinungen noch frei zum Ausdruck kommen konnten und man noch dachte, Tokyo könne das Paris des Ostens werden.

23. Oktober 1988

Reiko ist eine von denen, die sich nach 1945 der Illusion hingegeben hatten, das Kaisersystem könne abgeschafft und Japan zu einer modernen Demokratie werden. »Bis in die sechziger Jahre hinein sprach man noch davon, und dann ... Ich weiß nicht, was dann geschehen ist.«

Heute will es der »allgemeine Konsens«, daß man von jenen Hoffnungen weder redet noch schreibt. Nur innerhalb der Familie und mit ihren engsten Freunden läßt Reiko ihre Gedanken über den Kaiser verlauten. In der Öffentlichkeit oder gar vor der Klasse, in der sie unterrichtet, behält sie ihre Ansichten für sich.

»Es gibt dieses stillschweigende Übereinkommen, diesen Konsens, daß man nicht mehr darüber redet«, erklärt sie mir und fragt sich beunruhigt, von wem er wohl ausgegangen sei.

Ihre siebzehnjährige Tochter Misako und deren Generation fragt sich nicht einmal mehr das. Sie interessiert sich nicht für Politik. Ihr ist nur noch das »feeling« wichtig – ein harmloses »feeling«, das sich ebenso auf ein Café wie auf einen Jargon, auf die Mode, Schwarz zu tragen, wie auf den Fimmel, vor einer bestimmten Eisbude in Roppongi Schlange zu stehen, beziehen kann. Reiko befürchtet jedoch, daß jemand dieses hübsche »feeling« mißbrauchen könnte, um die Jugend für sich zu gewinnen, sie wieder zum Militarismus und in einen neuen Krieg zu führen.

Das japanische System ist eines, das noch nicht beschrieben worden ist, wenn nicht fälschlich als »Konsens-System«, weshalb wenige sich seiner Besonderheiten bewußt sind oder sie gar fürchten. 300 Jahre Tokugawa-Diktatur, gefolgt von der Meiji-Order zur totalen Industrialisierung, haben die Leute zwar an den absoluten Gehorsam gewöhnt, doch ist der »Konsens« heute ebensowenig spontan wie früher. Er ist das, was auf allen, sogar auf uns Ausländern lastet: das Gefühl, nicht aus der Reihe tanzen zu dürfen, nicht anders sein zu dürfen als die andern.

»Und wer sind die Erfinder dieses japanischen Systems?« will Tiziano wissen.

Steven Platzer, sein neuer Freund und Verbündeter, ein amerikanischer Japanologe von der Chicago University, behauptet: eine Gruppe von ideologisch gefärbten Denkern, die sogenannten Philosophen der Kyoto-Schule, die es in den dreißiger Jahren erfunden und ausgearbeitet hätten. Seitdem würden die japanischen Staatsmänner fortfahren, sich an ihrem Modell zu orientieren, das – zu Japans Glück – von allen Systemen das bei weitem erfolgreichste sei, da es dem Land dazu verholfen hat, eine Wirtschaftsmacht zu werden, die alle anderen schlägt. Endzweck des Systems sei die Beherrschung der Welt. Sein Preis: die vollkommene Kontrolle des Bürgers.

»Und wer hat heute die Fäden des Systems in der Hand? Wer sind seine Manipulatoren?« fragt Tiziano weiter. Platzer sagt, die Frage sei nicht leicht zu beantworten, aber die Manipulatoren gäbe es. Das System sei zu perfekt und werde zu lückenlos angewandt, um »ohne Kopf zu sein«.

Ich entsinne mich des Diplomaten, der uns im Mai gestanden hatte, die Japaner handelten stets unter dem Mantel der Verschwiegenheit. Lieber stellten sie sich dumm, als daß sie zu verstehen gäben, was gespielt werde ...

»Kannst du das glauben?« unterbricht mich Platzer. »Kannst du glauben, daß ein so erfolgreiches Volk dumm ist? Es gehört zur Strategie, daß man uns das glauben macht. Und wenn wir es wirklich glauben, dann haben die Japaner uns erst richtig in der Tasche. Sie stellen sich dumm, um niemandem Rede stehen, um keine Fragen beantworten zu müssen!« Einer der Denker der Kyoto-Schule habe einmal erklärt: Wir haben die Welt erst dann unter Kontrolle, wenn wir unter Kontrolle haben, was die Welt von uns denkt. »Soviel zu ihrer Dummheit«, fügt er hinzu.

Platzer meint, das japanische System sei ein in allen Details ausgefeiltes, sei ein System, in dem jedes Individuum und jede Institution ihren Platz in bezug auf den Kaiser einnehme. »Darin, daß er ein absoluter Bezugspunkt ist, liegt die zentrale Wichtigkeit des Kaisers. Zu sagen, er sei ein ›Symbol‹, ist zu wenig. Der Kaiser ist der absolute Bezugspunkt des Individuums, ist die Bienenkönigin, ohne die der Bienenstock auseinanderbräche.«

Unser neuer Freund ist Mitte Dreißig, spricht fließend Japanisch und ist zum zweitenmal für einen mehrjährigen Aufenthalt in Japan, um seine Forschungen über die Ideologen der Kyoto-Schule, die als Buch erscheinen werden, fortzusetzen.

27. Oktober 1988

Wenn Reikos Tochter Misako und ihre Freunde sich wünschen, daß die Showa-Epoche bald zu Ende gehe, damit sich ihnen die neue Epoche, die Epoche des »feeling«, auftut, machen sie ihre Rechnung ohne den Wirt.

Ein kolossales Begräbnis ist in Vorbereitung. Mehr und mehr ist es, als läge tatsächlich ein Gott im Sterben. Die Fernsehkanäle richten sich auf fünfzig bis siebzig Sendestunden ein, Magazine und Zeitungen auf Sonderausgaben über die Showa-Zeit. Alle Medien sind seit dem 19. September in ständiger Einsatzbereitschaft. Die Nachrichtenagentur »Kyodo« hat sich eine ganze Flotte von Wagen samt Fahrern gemietet, um Tag und Nacht sprungbereit zu sein. Dasselbe haben auch die anderen Medien getan. Die Kosten von zehn Millionen Yen pro Tag kann »Kyodo« aber nicht mehr lange verkraften, weshalb den Angestellten bereits verkündet worden ist, sie müßten auf den Jahresbonus und womöglich auch auf ihr volles Gehalt verzichten. Ähnlich schlecht steht es um die Hotels, da längst angesagte Empfänge, Hochzeiten und Betriebsausflüge, die gewöhnlich in die schöne

Herbstzeit gelegt werden, wegen der »Atmosphäre des Augenblicks« wieder abgesagt werden mußten, was eine Kette von finanziellen Verlusten nach sich zieht.

Nach der ersten Rührung sind die Leute es leid. Sie sind des Kaisers Fieberkurven leid, seines rektalen und oralen Blutverlusts, seines Pulsschlags, dieses gnadenlosen Bulletins, das jeden Tag in jeder Zeitung an derselben Stelle steht. Alle hoffen, daß »das Ende bald kommen möge«. Und nach Premierminister Takeshita zu urteilen, der alle Termine abgesagt hat, dürfte es nicht mehr lange auf sich warten lassen.

9. November 1988

Gestern abend dachte man wieder, der Kaiser werde die Nacht nicht überstehen. Schnell sind wir zum Palace Hotel am Palastgraben gefahren, wo Otomo schon auf uns wartete. Von seinem Restaurant auf der obersten Etage sieht man auf das große Dunkel des kaiserlichen Parks hinunter. Man sieht das Sakashita-Tor und die grell angestrahlte Fassade des dahinter befindlichen Palastamts, welches das Leben und jetzt auch den Tod von »Japans Symbol« verwaltet.

Alles schien ruhig. Trotzdem haben wir die Runde aller Palasttore gemacht. Vor dem hübschen Palasteingang mit der Niju-Brücke und dem alten Wachtturm, den man auf Postkarten sieht, standen wenige Journalisten und ein einziges älteres Ehepaar, das mit gesenktem Haupt betete. Vor dem Sakashita-Tor dagegen lagerte eine eindrucksvolle Menge japanischer Presseleute, wegen der »ernsten Lage« heute in verdoppelter Schicht. In Wolldecken gewickelt, mit Jacken über Regenmänteln und Strickmützen oder Handtüchern auf dem Kopf, kampieren sie da seit dem 19. September auf Klappstühlen oder in Zelten. Die Fernsehleute standen auf dem Verdeck der Pressebusse wie Soldaten am Geschütz. Am Palastgraben parkte die Flotte der gemieteten Limousinen, aber ihre Chauffeure dösten. Presse stand auch vor dem »finsteren« nordöstlichen Tor, aus dem traditionsgemäß die Leichen der Palastangestellten getragen werden, wie auch vor dem südöstlichen

Tor, das nur von hohen Besuchern, wie Kronprinz Akihito und dem Premierminister, benutzt werden darf.

Vor dem Akasaka-Park, in dem nicht nur der Kronprinz mit seiner Familie, sondern auch die niederrangigeren Prinzen und Prinzessinnen wohnen, wiederum Presse. Besonders viele Journalisten lagen vor Akihitos Ausfahrt auf der Lauer, denn führe er heute nacht dort heraus, würde es bedeuten, daß sein Vater . . . Ein paar Journalisten warteten auch vor dem Tor, das dem großen Rest der kaiserlichen Verwandtschaft vorbehalten ist.

Aus dem Palastamt kamen und gingen Polizisten, Ärzte und Regierungsbeamte, wie sie es seit bald zwei Monaten tun.

Ausgerechnet in diesen Wochen, in denen die große Showa-Epoche zu Ende geht, wird die Regierung von einem Korruptionsskandal zerrüttet, dem sogenannten »Recruit-Skandal«, in den wirklich alle Politiker der regierenden LDP-Partei verwickelt zu sein scheinen. Tägliche Enthüllungen verlängern die Liste um neue Namen und zeigen, wie sich diese Leute durch den gesetzeswidrigen Ankauf von Aktien bereichert haben, die ihnen von Recruit-Chef Ezoe Hiromasa unter dem Tisch zu Vorzugspreisen zugeschoben wurden, vermutlich gegen Protektion seines ständig wachsenden Informatik- und Immobilienimperiums. Auch Finanzminister Miyazawa Kiichi scheint schwer impliziert zu sein, ohne deswegen zurückzutreten.

Die Showa-Zeit endet also mit einer Blamage für die LDP-Regierung. Für Ministerpräsident Takeshita ist das kein Grund, darauf zu verzichten, die Staatsoberhäupter der Welt – man träumt schon von Königin Elisabeth und Michail Gorbatschow – zur kaiserlichen Beerdigung nach Tokyo (nach Canossa!) zu bitten, um sie alle um sich zu haben, die Schuldner, und sich ihnen als das zu zeigen, was man wirklich ist: eine riesige Wirtschaftsmacht, ein Staat, ohne den niemand mehr auskommen kann. Vor dem aufgebahrten Hirohito werden sich alle die verneigen müssen, die ihn im Krieg besiegt haben, und Japan wird triumphierend neben seinem Sarg stehen.

11. November 1988

Die Tatsache, daß mit Hirohito der letzte der Verantwortlichen des Zweiten Weltkriegs von der Bühne abtritt, bietet in Tizianos Augen eine gute Gelegenheit, um sich die jüngste Geschichte noch einmal zu vergegenwärtigen. Gewiß kann es kein Luxus sein, gerade ein Land wie Japan, dessen Seele uns zugegebenermaßen undurchsichtig und geheimnisvoll bleibt, genauer zu betrachten. Wir müssen zu verstehen suchen, welche unterirdischen Strömungen das Gestern mit dem Heute verbinden, welche verschiedenen Stellungen der Kaiser, in dessen Namen gelebt und gekämpft worden ist, jeweils eingenommen hat. Tiziano wehrt sich allerdings gegen die Tendenz, von der sich auch Ausländer erfassen lassen, daß man einem alten Mann, der im Sterben liegt, Respekt schuldig ist und über die Sünden seines Leben schweigt.

Bei seinen Begegnungen mit Gelehrten und Akademikern ist Tiziano kürzlich auf einen betagten Shintoismus-Experten gestoßen, der ihm dargelegt hat, wie sich jede konservative Regierung der Nachkriegszeit um die Restauration des Shintoismus bemüht hat, obgleich die neue Verfassung ihn als Staatsreligion verbietet. Das kolossale shintoistische Staatsbegräbnis, das für Hirohito vorbereitet wird, stelle die Krönung dieses Versuches dar.

Ein Mann, der ihm bei seinen Forschungen oft weiterhilft, ist Yoichis guter Freund Kanazawa Yukio, ein linksgerichteter Gelehrter, dessen Hauptinteressen auf dem Gebiet der modernen japanischen Geschichte liegen. Kanazawa ist der erste Korrespondent des Organs der KPJ »Akahata« in Ost-Berlin gewesen, wo er während der ersten Hälfte der sechziger Jahre mit seiner Frau, einer Ärztin, und seinen zwei Kindern gelebt hat. Er ist vor über zwanzig Jahren aus der Partei ausgetreten und lebt jetzt als Privatgelehrter in Tokyo.

»Japan, das der Welt gegenüber so freundlich gesinnt scheint, ist wegen seines vollkommenen Mangels an moralischen Kontrollen in Wirklichkeit in äußerstem Maße gefährlich«, sagte er, als wir ihn eines kalten Morgens in seinem winzigen Holzhaus im Stadtteil Iidabashi besuchten: einem Puppenhaus mit Zimmern, die nicht viel größer sind als Streichholzschachteln, die er aber ganz und gar mit Büchern und Dokumenten ausgefüttert hat. Yukio meint, man wolle jetzt den Kaiser dazu benutzen, um dem gesamten System einen würdevoll archaischen Anstrich zu geben, der Japans auch geistige Überlegenheit hervorhöbe.

Schon einer der anerkanntesten Erzieher und Schriftsteller der Meiji-Zeit, Fukuzawa Yukichi, hatte gesagt, in Japan werde »die Moralität als etwas aufgefaßt, das den Interessen derer dient, welche die Macht haben«. Interessant ist, daß Tiziano mit seiner Frage nach der Ethik dieses Landes bei so verschiedenen Menschen wie dem ehemaligen Marxisten Kanazawa und der uralten ehemaligen Baronin Ishimoto, heute Kato Shizue, auf sehr ähnliche Bedenken gestoßen ist.

Wir haben die große alte Dame in ihrer Wohnung im Stadtteil Meguro besucht, wo sie uns auf ihrem Sofa sitzend – noch etwas zierlicher als zuvor, aber darum nicht weniger schlagfertig – erwartete. Nicht Reispapier, sondern weiße Mattscheiben in den großen Fenstern verbreiten dort das von Japanern so geliebte milchige Licht. Das Mobiliar ist westlich. Während eine Bedienerin mit immer wieder neuen Erfrischungen kam und ging, erklärte die alte Dame lachend, sie sei entsetzt über die Richtung, die ihr Land eingeschlagen habe.

»Niemals zuvor waren wir so tief gesunken! Wir haben zwar Wissen, aber keinen Verstand mehr. Takeshita ist der erste dieser Unsinn-Führer, die nichts in ihrem Kopf und nichts in ihrem Herzen haben!«

Sie sprach ein schönes Englisch, ohne jemals nach einem Wort suchen zu müssen oder eine Anspielung zu überhören, mit anstekkender Lebhaftigkeit und Lust zum Lachen. Als Tiziano sie aber fragte, warum die Japaner es so hartnäckig vermieden, über ihre jüngste Geschichte nachzudenken, ja sich ihrer auch nur zu erinnern, wurde sie plötzlich sehr nachdenklich, eigentlich traurig, und holte dann zu einem Statement aus, das ich nur verkürzt festhalten kann:

– Die Japaner haben nichts in ihrem Herzen. Sie haben kein Gewissen. Hinter dem industrialisierten Westen steht immerhin das Christentum, so daß auch unreligiöse Menschen wissen, was gut und böse, was recht und unrecht ist. Uns Japanern fehlt dieser Maßstab. Man versucht sich selbst treu zu bleiben, man sagt sich: Ich muß an meinem Glauben an den Kaiser und die japanische Fahne festhalten! Man sagt sich das, obwohl diese Ideale sich als falsch erwiesen haben; andere gibt es nicht.

– Es gibt absolut keine Freiheit in diesem Land. Es gibt nur Unterdrückung und Verbannung.

– Kein Mensch übernimmt hier mehr Verantwortung. Dem ›Bushido‹, dem Ehrenkodex der Samurai zufolge, nahm der Verantwortliche sich nach einer Blamage das Leben. Dieser Geist ist erloschen. Statt dessen regieren Beamte das Land. Alles untersteht ihrer Kontrolle, auch das Parlament, denn sie, die Absolventen der Elite-Universitäten, wissen sich zu behaupten.

– Eine ungute Vorahnung bedrückt die Nation, aber die, welche uns regieren, wissen ihre Worte sorgfältig zu wählen, damit das Volk sich ruhig verhält. Wer gegen diesen Trend angeht, wird von den Rechtsradikalen bedroht.

»Wie kann man dieser Verwirrung, dieser Bedrückung und Einsamkeit des japanischen Volkes abhelfen?« fragte sie. »Unsere armen, ungebildeten Minister haben keine Weltkenntnis, da sie nur Handelsbeziehungen mit dem Ausland unterhalten. Es gibt keinen Grund, weshalb solch unwissende Männer an der Macht bleiben sollen. Wir armen Idioten werden hin und her getrieben, und in Japan regiert das Geld. Das Ende muß kommen, und ich hoffe, es kommt bald.«

13. November 1988

Heute fand in der Budokan, der Halle für Kriegskünste, eine große Feier statt, zu der auch Tiziano eingeladen war. Gefeiert wurde Sasagawa, Japans bekanntester Faschist, dem er im Frühling vorgestellt worden war. Kadetten der Sasagawa-Akademie, welche auch die Piloten für Sasagawas Motorboot-Wettrennen ausbildet, regelten den Verkehr vor der Budokan. Das Fest war als »Nationales Treffen der Sänger von Shinji« getarnt.

»Es war das geheimnisvolle Japan, das da zusammenkam«, sagt Tiziano. »Das Japan der Frauen mit den weißgepuderten Gesichtern und der Männer in schwarzen Anzügen mit einem Abzeichen im Knopfloch ...«

Zuerst hielt der französische Botschafter eine Rede auf Sasagawas Frau, die einen französischen Orden für ihre »kulturellen Verdienste« bekommen hat. Dann verteilte Sasagawa selbst ein Dutzend Preise. Zuletzt kam die Darbietung: ein riesiges, faschistisches Spektakel. In der Mitte einer Bühne voller Lichter und Schatten saß Sasagawa in der ersten Reihe, allein, wie ein König. Und wer saß hinter ihm? Lauter Botschafter von afrikanischen Staaten, die von ihm Millionen beziehen. Es wurden Schwerttänze in traditionellen Kostümen aufgeführt, und zuletzt wurde gesungen: Die Männer von Shinji huldigten ihrem Gönner mit dunklen, tiefen Stimmen.

Als Sasagawa im Sugamo-Gefängnis saß,
Dachte er an den Meiji-Kaiser.
Als Sasagawa wieder befreit wurde,
Dachte er an seine Mutter.
Sie hatte nicht geweint,
Als die Amerikaner Sasagawa
Zum Kriegsverbrecher stempelten ...

Das Ganze endete mit einer »American parade«.

Mittels solcher Darbietungen und seiner üblichen üppigen Spenden, verfügt Sasagawa über Tausende von Wählerstimmen, die ihn zu einem der mächtigsten Männer des Landes machen.

15. November 1988

Steven Platzer war gerade wieder hier. Er hat mir erzählt, daß seine Frau mit ihren beiden kleinen Söhnen nach Amerika zurückgekehrt ist; sein hartnäckiges Interesse an Japan sei ihr zuviel geworden ... Und sogleich kam das Gespräch wieder auf Japan.

Ich erzähle ihm von einem Besuch Donald Richies und daß er Japan eine Ideologie abspreche; vielmehr werde das Land von

Beamten und Bürokraten regiert, welche die Macht für sich selber suchten. Aber Platzer verzieht den Mund. Diese Auffassung sei für den Mythos verantwortlich, »daß Japan unverständlich ist«. Es sehe zwar so aus, aber eine Ideologie, ein allgemeines ideologisches Konzept gäbe es sehr wohl: Erst kürzlich habe Nakasone, einer der ausschlaggebenden Politiker des Landes, sich wieder auf die Philosophen der Kyoto-Schule bezogen.

Karel van Wolferens mit Spannung erwartetes Buch »The Enigma of Japanese Power«, der erste Versuch, das japanische System analytisch zu beschreiben (den Tiziano gerade heute abend bei Karel im Manuskript zu lesen bekommt), stößt bei Platzer ebenfalls auf Skepsis. Van Wolferens These, daß Japan ein Land sei, in dem niemand eine Machtstellung habe, also niemand verantwortlich gemacht werden könne, und daß in dieser Kopflosigkeit des Landes die Gefahr für die äußere Welt liege – befriedigt ihn nicht.

»Wenn es um die Philippinen ginge, um ein Land, das auseinanderbricht, wäre es vielleicht gerechtfertigt anzunehmen, niemand habe das Ruder in der Hand. Aber bei einem so fabelhaft funktionierenden Organismus, wie dem japanischen?!« Nein, sagt Platzer, die Verantwortlichen gibt es sehr wohl, sie zeigen sich nur nicht, um ihrem Volk nicht Rede und Antwort stehen zu müssen. Seit 1500 Jahren sei dieses Volk an eine »Regierung hinter den Kulissen« gewöhnt (wie sie G. B. Sansom in seinem klassischen Werk »Japan. A Short Cultural History« nennt): Im Vordergrund stand der Kaiser, hinter ihm der Shogun und hinter diesem manchmal noch einer und wiederum einer. Regierungsmethoden, die für einen Reagan und eine Margaret Thatcher allerdings vollkommen unverständlich sind.

Donald Richies bekannten Ausspruch: »Die Japaner haben nur eine Religion, und die heißt: Japan« – der oft zur Erklärung herangezogen wird, weshalb dieses Volk »wie im Kult eines Gottes geeint handelt« –, nennt Steven Platzer »verschwommen«, »mystisch«. Wenn man das Problem so sehe, vermeide man, es sich zu erklären.

20. November 1988
Ein Professor S. war zum Abendessen da. Er lehrt an der Universität Kyoto, wo schon sein Vater einer der angesehensten linksliberalen Akademiker war, und spricht fließend Deutsch. Eigentlich hatte er Tiziano besucht, um ihm seine volle Übereinstimmung sowohl mit seiner Beurteilung der Rolle des Kaisers als auch mit seiner Frage nach der moralischen Verantwortung für den Zweiten Weltkrieg auszudrücken. Als er aber mit anderen Gästen zusammen um unseren Tisch herum saß, wurde er plötzlich scheu und wagte kaum noch, ein Wort zu sagen oder einen Namen zu nennen. Wir fragten ihn nach dem Grund, und er sagte, es könne gefährlich sein, wenn man das Kaisersystem so öffentlich kritisiere. Denen, die beim »großen Konsens« nicht mitmachten, werde von den Rechtsradikalen das Handwerk gelegt.

Er sah sich dabei behutsam im Zimmer um, als nähme er an einer heimlichen Verschwörung teil. Da jeder von uns frei und unbefangen über Dinge redete, die für uns an der Tagesordnung sind, empfanden wir seine Umsicht als etwas lächerlich. Sie zeigt aber, wie eingeschüchtert die Menschen sind, wie gut es Nomuras und anderen nationalistischen Organisationen gelungen ist, Terror unter den Menschen zu verbreiten und ihnen den Gedanken auszutreiben, daß – nur weil sie eine demokratische Verfassung haben – sie ihre Rechte auch ausüben dürfen ...

Was hatte Nomura gesagt? »Intellektuelle, die behaupten, sie könnten ihre Meinung heute nicht mehr frei ausdrücken, benützen das als Vorwand, um ihrer Verantwortung aus dem Weg zu gehen.« Es klang herausfordernd, aber in gewisser Weise auch einleuchtend. Doch hatte er wie nebenbei hinzugefügt: »Wer den Kaiser nicht angreift, den greifen auch wir nicht an.« Und das klang bedrohlich.

Wenn die Mehrzahl der Einwohner dieses Landes sich innerlich auch gegen die Rückkehr zur Vergangenheit sträubt, macht ihr Stillschweigen sie schließlich doch zum willigen Werkzeug in der Hand der Nationalisten.

24. November 1988
Ayako hatte mich vor vielen Monaten gebeten, vor dem Mütterkomitee der staatlichen Grundschule des Stadtteils Setagaya, auf die auch ihre kleine Tochter geht, einen Vortrag über die Erziehung unserer Kinder im Ausland zu halten. Angesichts der »Internationalisierung« des Landes sei dies ein Problem, das viele japanische Familien anginge. Die Verabredung war für heute getroffen worden, und so haben wir uns frühmorgens im strömenden Regen auf den Weg gemacht.

Die Schule erinnerte mich in ihrer spartanischen Schlichtheit, ihren Zementfußböden und Holzkohleöfen an die kommunistische Volksschule des »Duftenden Grases« in Peking, auf die Folco und Saskia einige Jahre gegangen sind, und ich fühlte mich ganz wie zu Hause. Ich wurde im Zimmer des Schulleiters von diesem, einem pensionierten Kollegen von ihm und einem Erziehungsbeamten des Stadtteils Setagaya, wie auch von drei Repräsentantinnen des Mütterkomitees begrüßt. Zwei jüngere Beamte eilten geschäftig herbei, um mich nach meiner Bankverbindung zu fragen: Wie im kommunistischen China handelt auch in Japan jeder stets unter den wachsamen Augen eines Kollegen und Zeugen.

Im Vortragsraum saßen Reihen stummer Frauen, auf deren Gesichtern Mühe, Enttäuschung und guter Wille zu lesen waren. Mit Ayako als Dolmetscherin zur Seite, habe ich ihnen von der unorthodoxen Erziehung unserer Kinder erzählt, wie wichtig dabei Märchen, Abenteuer und Reisen sind, kurzum: von all den Dingen, die einem Kind erst Lust machen, erwachsen und unabhängig zu werden, während das Büffeln vom zweiten Lebensjahr an diese Lust töte. Ich habe auch von der maßgebenden Rolle des Vaters gesprochen: Was er kann, das möchte nicht nur der Sohn, sondern auch die Tochter können. Vater und Mutter sind überhaupt die wesentlichen, täglichen Vorbilder, an denen Kinder sich orientieren. An ihnen beobachten sie, wie man sich in den verschiedenen Lebenslagen benimmt, was Verantwortung, Freundschaft, Treue, Mut, Großherzigkeit sind. Haben sie das verstanden, sind sie freie Menschen: auch unter einem totalitären Regime. Insofern ist es ganz egal, wo Kinder zur Schule gehen, das bißchen Schulstoff lernen sie mehr oder weniger überall. Was nicht zu ersetzen ist, ist die Familie.

Nach beendeter Rede haben sich die Frauen in drei Gruppen geteilt. Jede Gruppe hat sich während zwanzig Minuten einen Kommentar und eine Frage überlegt. Aus den Kommentaren ging hervor, wie sehr sie die Wichtigkeit von Märchen und lebendigen Vorbildern bei der Erziehung interessierte, aber auch, wie sehr sie mich um die aktive Rolle meines Mannes bei der Kindererziehung beneideten.

»Mich überzeugt jedes Ihrer Worte«, sagte eine entmutigte Mutter. »Aber wie soll ich sie anwenden? Morgen werde ich mich wieder genauso verhalten müssen wie heute.«

Die Schlußrede hielt der Erziehungsbeamte. Er habe Mitleid mit den japanischen Frauen, sagte er, die mit so schlappen, untauglichen Kerlen verheiratet seien. Er sei betrübt darüber, daß die Japaner alle menschlichen Beziehungen der Wirtschaft aufopfern. Er sei froh, daß er unter diesen Umständen kein Kind mehr sei... Die Mütter brachen immer wieder in nervöses Kichern aus und erklärten mir später, kein Beamter dürfe öffentlich so reden, es werde bestimmt ein Verfahren gegen ihn eingeleitet werden. Wieder mußte ich mir sagen: ganz wie im kommunistischen China!

Im Zimmer des Schulleiters erwartete uns ein mit zehn kleinen Tabletts gedeckter Tisch. Auf jedem standen eine Flasche Milch, ein Napf Reis, Fisch und Gemüse, gekochte Kartoffeln und Suppe: das (westliche) Essen, für das die Schule einen Preis bekommen hatte. Beim Essen blieben die Frauen stumm, die Männer wortkarg. Ich fragte nach dem Kaiser.

»Einige Eltern sagen, er sei der Beste der Menschen, andere, er sei der Schlechteste. Mir ist er gleichgültig. Sein Grab ist bereit. Wenn er stirbt werde ich seinen Tod verkünden, und damit ist die Sache erledigt. Wir möchten die Zeit jedenfalls lieber nach christlicher Zeitrechnung als nach kaiserlichen Epochen bemessen.«

Der Erziehungsbeamte erstaunte mich noch mal, als er mich nach der Universität von Bologna fragte. »Ich möchte nämlich aussteigen«, erklärte er, als er meine Verwunderung bemerkte.

»Ich verstehe die Kinder, die aussteigen und unserem Land den Rücken zukehren.«

Als ich anfing zu erklären, die Stadt Bologna habe eine kommunistische Verwaltung, warf der Schulleiter kühn dazwischen, die Kommunisten seien ganz wie das Wasabi-Gewürz: Ohne es schmeckte das Sashimi nicht! – und mir fiel ein, daß die japanische Lehrergewerkschaft bis in die siebziger Jahre hinein stark und unabhängig, ja, daß sie linksgerichtet gewesen war. Die Erinnerung an das Zunichtewerden aller demokratischen Hoffnungen sitzt diesen bemerkenswerten, aber zutiefst enttäuschten alten Männern noch im Mark.

Da einige Frauen noch etwas weiterreden wollten, luden sie mich nach dem Essen in ein Café ein.

»Kommt der Vater im Westen wirklich zum Abendessen nach Hause?« fragte mich eine. »Wann arbeitet er dann?«

»Während der acht Tagesstunden.«

»Ach so! Hier sind alle menschlichen Beziehungen eben so kompliziert, daß sich dadurch alles verlangsamt.«

Mit der mir mittlerweile vertrauten Nüchternheit sagten die Frauen, ihre Männer seien faul, ließen sie jede Entscheidung allein treffen und wüßten kaum noch etwas von den Sorgen zu Hause. Einige Firmen hätten deshalb Kurse für Manager über die Wichtigkeit der Familie eingerichtet, nach dem Motto: Nur wer sich in der Familie behauptet, behauptet sich auch im Büro!

»Bei uns hat eben alles einen ausschließlich wirtschaftlichen Zweck«, bemerkte Ayako trocken, als sie mich im strömenden Regen wieder zur U-Bahn begleitete.

1. Dezember 1988

Im Okura-Hotel ist soeben ein dreitägiges Forum über die »Asiatische Ära« zu Ende gegangen, dessen Schlußsitzung ich mit Tizianos Sondereinladung beiwohnen konnte, da er selbst verreist ist. Die Öffentlichkeit war nicht zugelassen.

»Asiatische Ära« ist, wie »Pazifisches Jahrhundert« und »Internationalisierung«, eines der Schlagworte, mit denen Tokyo die erwünschte neue Weltordnung beschreibt, in der es eine seiner Wirtschaftsmacht entsprechende Führungsrolle zu übernehmen beabsichtigt. Da den Japanern eine ideelle Vorstellung der Welt fehlt, geht es dabei im Grunde um Fragen der nackten Macht.

Gastgeber Hamada Takujiro bemerkte einleitend, Japan fühle sich von den mächtigen Wirtschaftsblocks bedroht, die sich im Westen (USA und Kanada; EG) bildeten. Es wolle deshalb seine »Vorkriegserfahrung« exportieren, um seinen Einfluß auf Asien zu verstärken.

Das Wort »Vorkriegserfahrung« muß in den Ohren der anwesenden Vertreter von Thailand, Indonesien, Malaysia, Singapur, Süd-Korea, China und den Philippinen bedrohlich geklungen haben. Da sie aber allesamt von Japan Kredite annehmen und die japanischen Investitionen brauchen, konnten sie ihren Vorbehalt nur zaghaft vortragen. Dennoch haben sie es getan.

Sie haben geklagt, man habe während der Tagung zwar viel über »Japan als Führungsmacht Asiens« gesprochen, doch sei die Frage, was Japan in dieser Rolle für Asien zu tun bereit sei, unbeantwortet geblieben. Die Wahrheit sei, daß Japan sich überhaupt nicht für Asien interessiere, sondern beständig nach Amerika und Europa hinüberschaue.

»Die Japaner wissen von uns, was wir essen und kaufen, aber nicht viel mehr. Wir bitten also nicht um mehr Geld oder Technologien, sondern um eine großzügigere Einstellung unseren Kulturen gegenüber«, sagte der Vertreter von Singapur.

»Wir kaufen eure Ware, wir essen euer Essen, wir sehen, wie ihr unsere Strände überflutet, aber wir kennen euch nicht, denn ihr bleibt immer unter euch. Wie kann das die Basis zu einer zukünftigen Zusammenarbeit sein? Japan muß sich ändern!« rief der Indonesier.

Und der Vertreter Malaysias: »Wir erwarten eine Art ›Kulturrevolution‹ in der japanischen Seele. Manche eurer Vorstellungen sind für die Völkergemeinschaft unannehmbar. Das ärmste Land hat seinen Stolz, den müßt ihr respektieren. Ihr müßt so viel Feingefühl entwickeln, daß ihr eure Ziele verfolgt und uns gleichzeitig auch unsere verfolgen laßt.«

Unter den Japanern war einer – er ist Direktor der Bank of Japan –, der zugab, daß es Japan für eine Zusammenarbeit mit Südostasien an »politischer Weisheit« fehle. Auch der Vorsitzende der Mitsui Bank gestand, daß »Japan immer nur nach Europa und Amerika hinblickt, sich nicht als zu Asien gehörend fühlt und sich um andere asiatische Kulturen auch noch nie gekümmert hat«. Das müsse sich ändern.

Die Asiaten bedauerten, daß Japan sich Märkte erobere und seine Exporte dort absetze, den japanischen Markt aber nicht für Importe öffne. Sie sagten, daß während Amerikaner und Europäer vollen Gebrauch von örtlichen Arbeitskräften machten, die Japaner ihr Management aus Tokyo mitbrächten und es deswegen keinen »transfer of know-how«, keine wahre Entwicklung, keine Ausbildung von lokalen Arbeitskräften gebe.

»Führung, aber kein Imperium!« rief der Malaysier, fügte aber hinzu: »Leider eignen die Japaner sich nicht zur Führerrolle. Sie sind untauglich dazu.«

Die dunkelhäutigeren Asiaten wirkten weit differenzierter und nachdenklicher als die Japaner, die mit der Macht ihres Geldes auf sie losgingen und sie unablässig mit Fragen bombardierten, selbst aber mit keinen Antworten herausrückten.

Zuletzt sprach der Thailänder, ein ehemaliger Botschafter und Minister, noch einmal für sie alle. »Ihr Japaner habt in diesen Tagen viele Fragen an uns gerichtet«, sagte er. »Jetzt werde ich euch eine Frage stellen in der Hoffnung, daß ihr sie mir beantworten werdet: Welche Vorstellung habt ihr, mit eurer weltweiten Erfahrung, von der Zukunft? Kleinere Länder haben keine, aber erzählt uns nicht, daß auch ihr keine habt, denn wir werden es euch nicht glauben.«

Auch diese Frage blieb unbeantwortet.

Statt dessen wurden die Japaner immer aggressiver und mitleidloser. Die Asiaten sollten ihnen lieber helfen, die Lasten zu tragen, statt Dinge von ihnen zu fordern. »Japan hat schon immer das beste Erziehungssystem gehabt und neigt als Nation zu individuellen wie technologischen Höchstleistungen«, sagte ein hoher Vertreter des Außenministeriums. Eben dieses Herausragen sei die Grundlage zu

Japans Erfolg; kein Land könne mit Japans hochqualifizierten Arbeitskräften konkurrieren. »Mit diesen Arbeitskräften werden wir immer raffiniertere Technologien erfinden!«

Sie redeten aneinander vorbei. Die Japaner sprachen von Produzieren und Konkurrieren, die anderen Asiaten von Verständnis und Respekt für ihre Kulturen. Respekt für eure Kulturen? schienen die Japaner zu sagen. Wir Japaner können arbeiten, ihr könnt das nicht. Das berechtigt uns, in euren Ländern nach dem Rechten zu sehen.

Schließlich blieb den Asiaten, die schon längst nicht mehr auf Japans Wirtschaftshilfe verzichten können, nichts anderes übrig, als die Waffen zu strecken.

»Japan ist eine Lokomotive, der der Dampf wahrscheinlich nicht ausgehen wird«, gab der Malaysier zu. »Deswegen brauchen wir Japans Präsenz in unseren Ländern.«

3. Dezember 1988

Heute war ich in Chichibu, einem waldigen Naturschutzgebiet nördlich von Tokyo, benannt nach dem jüngeren Bruder des Kaisers, dem an Tuberkulose gestorbenen Prinzen Chichibu. Wir waren eine gute Gruppe: Otomo mit Fumiko, Jean-Pierre La Fosse (ein befreundeter französischer Diplomat), Dan Naoki (der japanische Kunsthistoriker), Ian Lambot (ein englischer Fotograf aus Hongkong) und ich – jeder auf seine Weise an Japan interessiert.

Chichibu feiert am 3. Dezember jedes Jahres sein »Matsuri«, sein Tempelfest, zu dem gewöhnlich gut hunderttausend Besucher kommen. Das ganze Dorf ist auf den Beinen. Jeder Sake-Stand, jede Eßbude, jeder Andenkenverkäufer verdient genug Geld für den Rest des Jahres. Die Onsen-Herbergen zu Füßen der Berge füllen sich mit Reisenden. »Wenn hunderttausend Leute kommen und jeder hundert Yen ausgibt, macht das zehn Millionen Yen; wenn jeder tausend Yen ausgibt; macht es hundert Millionen Yen. In Wirklichkeit gibt jeder weit mehr aus«, sagte Otomo, um mir die wirtschaftliche Wichtigkeit von Japans Tempelfesten zu erklären: Sie halten die Dörfer am Leben.

Diesmal hat aber der Bürgermeister von Chichibu in letzter Minute von Tokyo die Order bekommen, wegen der »Atmosphäre des Augenblicks« das Dorffest abzusagen. Nur wenige Besucher stiegen am Bahnhof aus, und die Dorfbewohner begannen zu murren. Die Besitzer von Karren und Ständen hatten sich auf eine große Kundschaft eingerichtet, und der Verdienstausfall ist für viele nicht zu verkraften. »Nächstes Jahr halten wir unser Matsuri, auch wenn der Kaiser noch im Sterben liegt«, drohen Männer, die vor dem alten, ganz und gar bemalten Shinto-Schrein stehen, von dem die Festlichkeiten ausgehen.

Ein Mann mit Maske führt auf einer offenen Noh-Bühne einen archaischen Kagura-Tanz auf. Zwei aufgezäumte Rennpferde stampfen ungeduldig im Sand. Männer mit brennenden Fackeln und prächtig geschmückte Wagen stehen bereit, und schon setzt das Wirbeln der Trommeln ein, die, ganz wie beim Voodoo, das Blut der Menge langsam erhitzen sollen.

Vergebens. Nur zum Schrein gehen darf man, vor dessen Eingang ein dickes Tau aus frischem Reisstroh hängt. Große Sake-Fässer stehen daneben, auf daß jeder sich in Ekstase trinke. Es ist beim Matsuri wie bei unserem Karneval: Einmal im Jahr läßt man die Zügel schießen.

So hat dieses Volk durch die Jahrhunderte gelebt: in sich gekehrt, mit seiner harten Arbeit auf den Reisfeldern und auf dem Meer, mit seinen Festen und Riten. Dann kam die Meiji-Zeit, »und seitdem sind die Japaner nicht mehr glücklich gewesen«, wie Otomo angesichts Chichibus ländlichen Friedens sagte.

Von Fumiko chauffiert, sind wir in einem gemieteten Auto durch das Tal des Naturschutzparks Tama gefahren, an dessen Eingang ein heiliger Berg, der Chichibu-Berg, steht. Ein bemooster Waldweg mit verwitterten Stelen führt zu seinem alten Tempelbezirk hinauf, dessen erster Schrein aber kürzlich in eine moderne Drahtseilbahnstation verwandelt worden ist. Zwei Steintafeln aus dem Kriegsjahr 1943 stehen noch davor. Ihre Inschrift preist »den Geist Yamatos, der sich in die vier Ecken der Welt verbreiten wird«.

»Yamato« ist der Urname Japans – und plötzlich umweht einen wieder das Gespenst kürzlicher Ambitionen.

7. Dezember 1988

Steven Platzer kam auf seinem Fahrrad vorbei und brachte uns eine kleine Topfpflanze, von denen schon so viele in der Wintersonne unseres Wohnzimmers stehen. Er hatte sein braunes Haar mit einem Gummiband zusammengebunden und sah wie ein Apache aus.

Seine englische Bearbeitung von Horios Buch «Educational Thought and Ideology in Modern Japan – State Authority and Intellectual Freedom« ist beendet. Professor Horio Teruhisa, der Dekan der Pädagogischen Fakultät an der Universität Tokyo, untersucht darin das japanische Erziehungssystem und die Hervorbringung des »wünschenswerten Japaners«, wie ihn »das System« sich bestellt hat.

Horio zeigt, wie mit dem Kaiserlichen Erziehungserlaß von 1890, der allgemein als einer der Pfeiler des Meiji-Erfolgs gilt, die Schulerziehung zum Training von »dem Staate nützlichen« Sklaven wurde. Angesichts des »religiösen Vakuums« in diesem Land, wurde der Staat selber zum einzigen Träger geistlicher Werte, dem gegenüber das Individuum mit seinem eigenen Gewissen machtlos war. Alle kaiserlichen Untertanen wurden, in Horios Worten, in die fertige Form einer nationalen Moralität gepreßt.

1945 versuchte das demokratische Grundgesetz all das rückgängig zu machen und »den Menschen nicht ausschließlich als ein Mittel zum Zweck zu behandeln, sondern als Zweck seiner selbst«. Sobald aber die Besatzungsmächte 1953 wieder abgezogen waren, wurden auch die demokratischen Ideale wieder preisgegeben. 1964 kam das Konzept des »Vorbilds des wünschenswerten Japaners« zustande, eines Menschen, der als »einzigartig japanisches Wesen« gesehen wird, »das vollständig in seiner Arbeit aufgeht«. Die Heranbildung dieses Menschen war nötig, um den Erfordernissen der Wirtschaft zu genügen, die gerade zu jener Zeit zur Eroberung der Welt mobil machte.

»Individualität ist seit langer Zeit wieder ein totes Wort«, schreibt Horio.

Platzer sagt, in diesem Land, dem eine moralische Tradition (wie z. B. die jüdisch-christliche) fehlt und in dem der Kaiser nicht nur die höchste weltliche, sondern auch die höchste geistliche Instanz personifiziert (er ist sozusagen Kaiser und Papst zugleich), werde das Kaisertum immer überdauern. Es werde überdauern, weil es für die absolute Tugend steht, und solange man die habe, könne man auch korrupte Politiker haben. Die schadeten dann nicht mehr. Japan sei gerettet.

Vom Recruit-Skandal meint Platzer, er stehe in direkter Beziehung zum Tod des Kaisers. Wenn es seinem Nachfolger, Kaiser Akihito, gelinge, das Palastamt unter seine Kontrolle zu bringen, und wenn einige in den Recruit-Skandal verwickelte Minister abtreten und andere verhaftet werden, dann werde sich in Japan etwas ändern, dann gäbe es wieder Hoffnung für dieses Land. Wenn aber Hirohitos Tod ein neues Erstarken der Rechten zur Folge hat und die in den Recruit-Skandal verwickelten Persönlichkeiten straffrei ausgehen, »dann bleibt kein bißchen Moral mehr übrig – dann ist hier alles erlaubt«.

9. Dezember 1988

Und nun liegt der Kaiser wieder im Sterben. Seit Monaten geht es schon so. Alle denkbaren Vermutungen sind von der Presse angestellt worden: daß man ihn zum letzten Wochenende im September sterben lassen würde; zum Herbstmond; zu Beginn des Recruit-Skandals, um davon abzulenken; vor der Verabschiedung der neuen Mehrwertsteuer, um den Ärger aufzufangen; rechtzeitig, um die Beerdigung noch vor Weihnachten abhalten zu können; rechtzeitig, um den Namen der neuen Ära auf die neuen Kalender drucken zu lassen . . .

Tatsache ist, daß Hirohito noch lebt und sich in den Händen der Palastbeamten quält. Jeder Blutverlust des Tenno wird mit frischem Blut ausgeglichen. Man ernährt ihn intravenös. Man läßt ihn in der eisernen Lunge atmen. Sein Magen wird mittels einer Nasensonde entleert, und seine »Lebenszeichen« werden uns Tag für Tag mit peinlichster Genauigkeit mitgeteilt. Keine sehr kaiserliche Behandlung.

»Warum läßt man ihn nicht einfach sterben, damit wir ihn betrauern können?« fragt sich Reiko. »Auf diese Weise werden wir seiner nur müde!«

Bald kommt Neujahr, das größte Fest im japanischen Kalender, das aber nicht gefeiert werden darf, wenn es in der Familie einen Toten gegeben hat. Die Japaner sehen sich von der »Atmosphäre des Augenblicks« dazu gezwungen, den Kaiser als Teil ihrer eigenen Familie zu betrachten, und ärgern sich darüber. Hatte die demokratische Nachkriegsverfassung ihnen nicht ganz anderes versprochen? Ihre Glückwünsche tauschen sie zum »Jahr 1989« aus, da es schlechter Geschmack wäre, sich zum »Showa-Jahr 64« zu gratulieren, wo doch ungewiß ist, wie lange es noch währt. Auch ist der Name der neuen Epoche noch nicht bekannt. Gefunden soll er zwar sein, doch bleibt er Japans bestgehütetes Geheimnis.

Der Name einer Dynastie muß vollkommen unbefleckt sein. Es muß ein Name sein, der noch für nichts verwendet worden ist, weshalb »Asahi«, »aufgehende Sonne«, den manche sich vorgestellt hatten, nicht in Frage kommt.

Seit dem Sommer leben wir hier nun ohne Folco und Saskia. Er studiert in England, sie benützt ihr freies Jahr, um Italien etwas besser kennenzulernen. Zu Weihnachten möchten wir sie besuchen, fragen uns aber wie alle, die versuchen, Pläne zu machen, ob das angesichts der Ungewißheit des Augenblicks wohl geht?

Jahr der Schlange

Tokyo, 4. Februar 1989 *Jahr 1 der Heisei Epoche*

Kaiser Hirohito hat diese Welt verlassen.

Man hat ihn am 7. Januar, in der Nacht von Freitag auf Samstag, sterben lassen, damit die beiden darauffolgenden Trauertage auf ein Wochenende fielen und nicht für Arbeit und Schule verlorengingen, und in genügendem Abstand zu Neujahr, damit das Volk nicht um seine wichtigsten Festtage gebracht würde.

»Fahrt ruhig ab!« hatte ein japanischer Parlamentarier vor Weihnachten zu uns gesagt. »Verschiedene Abgeordnete werden um Neujahr verreisen, was zeigt, daß sich nichts ereignen wird.« Ruhig sind wir trotzdem nicht gewesen, weil wirklich niemand damit gerechnet hatte, daß der letzte Atemzug des Himmlischen Herrschers auf diese Weise bestimmbar sei.

Man hat den Tenno also sterben lassen, und die Bevölkerung hat aufgeatmet. Beim Bekanntwerden der Nachricht sind die Leute erst mal in die Videogeschäfte geströmt, um sich ein paar Filme für die Trauertage auszuleihen und sich die fünfzig bis siebzig Sendestunden über die Showa-Epoche damit zu ersparen, die jeder Fernsehkanal sofort zu übertragen begonnen hat.

Die Heisei-Epoche soll der »Vervollkommnung des Friedens« dienen.

Als ich zwei Wochen später aus Italien zurückkam, schien mir die Stimmung des Landes unverändert. Vom erwarteten Aufbruch zu einer neuen Ära war nichts zu spüren. Der Maler Kobayashi Yutaka, den ich bei einer Party bei Vollmers wiedertraf, sagte melancholisch, die japanische sei eben eine geschlossene Gesellschaft; nichts verändere sich je in ihr. Aus Sehnsucht nach Freiheit und Weite malt er nur noch große menschenleere Wüstenlandschaften.

Auch der Chef der auswärtigen Abteilung des kaiserlichen Palastamts war zugegen, und Tiziano hat ihn in ein langes Gespräch über die moralische Verantwortung des Kaisers verstrickt. Er konfrontierte den Mann mit der Tatsache, daß die Deutschen für die Nazi-Verbrechen auf die eine oder andere Weise bezahlt haben, während die Japaner frei ausgegangen sind und dem Kaiser, in dessen Namen sie ihre Kriegsverbrechen begangen haben, jetzt ein riesiges Staatsbegräbnis bereiten.

»Jeder Mann gehört seiner Zeit an«, sagte der Diplomat vom Palastamt ausweichend und erhob sich. »Akihito ist weit gelokkerter und moderner als sein Vater...«

Tatsächlich hat er – zum Entsetzen der Konservativen – bereits erklärt, er werde sich an die Verfassung halten. So etwas wollen sie von ihm nicht hören!

Das Volk wird jetzt auf das große kaiserliche Begräbnis am 24. Februar vorbereitet, zu dem 163 Vertreter von Staaten und internationalen Organisationen erwartet werden. Hinter dem »Chrysanthemenvorhang« scheint sich aber ein großes Ringen um die Modalitäten abzuspielen. Das Palastamt und der rechte Flügel der regierenden LDP bestehen auf einem Shinto-Begräbnis, das einer Ehrung Hirohitos wie eines Gottes gleichkäme. Nicht nur die Opposition sträubt sich dagegen; Vertreter von Staaten, die während des in Hirohitos Namen geführten Krieges schwer gelitten haben, könnten daran unmöglich teilnehmen. Man hat sich also auf eine zweiteilige Feier einigen müssen: eine shintoistische und eine staatliche.

Das Volk weiß kaum noch, was Shintoismus ist. Reiko hat sich ein Buch darüber gekauft, weil sie plötzlich soviel davon reden hört, aber nicht versteht, worum es geht.

Ich selber habe bei jener Party mit einem angespannten, intelligenten Mann gesprochen, einem Mann ohne Lächeln, der Werbekampagnen für das Kaufhaus Seibu erfindet. Er sagte, die jungen Leute interessierten sich für den Shintoismus etwa so, wie sie sich für den Buddhismus oder den Lamaismus interessierten: »nicht als Gedanken oder Religion, sondern als ›feeling‹«.

»Interessieren sie sich für Japan? Für ein starkes, mächtiges Japan?« habe ich ihn gefragt.

Keine Antwort. Er selber interessierte sich offensichtlich dafür, denn es lag Verachtung in der Weise, wie er über den Westen sprach. Für die Jugend dagegen ist alles nur noch Erscheinung. Jede Substanz ist aus ihrer Welt gewichen. Die Werbung der versammelten japanischen Industrien hat dafür gesorgt, daß sie nichts anderes mehr im Kopf hat, als zu kaufen.

»Weil die Konservativen befürchteten, das Volk habe sein Identitätsgefühl verloren, wurde der Tenno wieder in den Mittelpunkt des Lebens der Nation gerückt«, sagte Miho, als ich sie wiedertraf. »Aber niemand interessiert sich für ihn.«

Niemand interessiert sich für den Kaiser, niemand interessiert sich für den Shintoismus, niemand interessiert sich für Japan – darin eben sehen die konservativen und nationalistischen Gruppen eine Gefahr. Vierzig Jahre lang hat man den Japanern eingehämmert, sie seien eine friedliebende Nation, und nun glauben sie es. Also muß man sie wieder an den Gedanken gewöhnen, »daß Krieg führen nicht unbedingt schlecht ist«, wie Tiziano sagt.

Einige Helden wie Admiral Togo – der Sieger über die Russen in der historischen Seeschlacht zu Tsushima von 1905, der ersten Schlacht überhaupt, in der eine asiatische Nation eine weiße besiegt hat – wurden deshalb wieder in den Geschichtsunterricht aufgenommen, aus dem sie verbannt worden waren. Deshalb wurde auch den Schulen die Anweisung gegeben, bei besonderen Anlässen die Sonnenfahne (Hinomaru) wieder aufzuhängen und die Hymne auf den Kaiser (Kimigayo) zu singen, was ebenfalls abgeschafft worden war.

»Es ist unglaublich, was sich in den Schulen alles tut«, sagte Steven Platzer.

Der einzige LDP-Politiker, der es gewagt hat, seine Bedenken bezüglich des Kaisers öffentlich auszusprechen, ist Motoshima Hitoshi, der Bürgermeister von Nagasaki, der im vergangenen Dezember, zum 47. Jahrestag von Pearl Harbour, erklärte, Hirohito sei für den Krieg, also auch für den Atomangriff auf Nagasaki, mitverantwortlich. Er ist deswegen von den Rechtsradikalen mit Mord bedroht worden und mußte unter ständigen Polizeischutz gestellt werden.

Tiziano, der nach Nagasaki gefahren ist, um ein Gespräch mit ihm zu führen, ist beeindruckt zurückgekehrt. Der Mann hat ihm erzählt, er sei Katholik. Zuerst als Schulkind, dann als Soldat und jetzt als Politiker sei er immer wieder vor die brennende Alternative gestellt worden: »Wer ist dir wichtiger, Christus oder der Kaiser?« – als könne er nur einem von beiden treu sein. Tiziano ist überzeugt, daß er sich so anders als die meisten Japaner verhält, weil er sich an der christlichen Moral orientiert.

10. Februar 1989

Wir waren mit Otomo beim Ise-Schrein, Japans großem Shinto-Heiligtum an der Bucht von Nagoya, um uns geistig auf das kaiserliche Begräbnis vorzubereiten.

In Ise wird seit über tausend Jahren die Sonnengöttin Amateratsu verehrt, von der die japanischen Kaiser seit 2400 Jahren in ununterbrochener Linie abstammen sollen. Seit der Meiji-Zeit versteht sich die Pilgerfahrt zu ihren Schreinen, die jeder Japaner wenigstens einmal in seinem Leben zu machen versucht, auch als Pilgerfahrt zu den Quellen der Rasse, wie sie der Kaiser – der lebende Gott – verkörpert.

Das große Ise-Heiligtum liegt in einem dunklen Zedernwald und besteht aus einigen schlichten, hölzernen Pfahlbauten, wie sie sich der Mensch vor tausend Jahren zimmerte. Sie werden alle zwanzig Jahre wieder abgerissen, um aus frischem Holz genau, wie sie waren, neu aufgebaut zu werden: Die Handlung ist eine der feierlichsten des Landes und wird auch als sinnbildlich für das Sich-immer-Gleichbleiben dieser Nation verstanden. Lafcadio Hearn nannte den Shinto-Glauben, in dem der Mensch seine Vorfahren – das heißt, sich selbst – anbetet, »die Religion des Patriotismus«.

Vom großen Torii, dem Ehrenbogen, der jeden Shinto-Schrein bezeichnet, gehen wir erst einmal lange auf knirschendem Kies zwischen zwei steilen, dunklen Zedernwänden durch den Wald. Wir kommen am Stall des Heiligen Pferdes vorbei, dann an der Küche der göttlichen Speisen, bis plötzlich die unscheinbaren Schreine am Wegesrand auftauchen. Vor ihnen muß man anhalten, ihnen darf man sich nicht nähern. Ein feiner weißer Schleier weht symbolisch vor dem Eingang zur ersten Hütte, und man weiß, daß die dahinterliegende dritte Hütte den Spiegel birgt, der die Sonnengöttin selbst darstellt. Dieser Spiegel ist eines der drei heiligen Embleme des Landes, die kein Sterblicher je zu Gesicht bekommen hat. Ein Meiji-Politiker, der den Schleier einmal übermütig mit seinem Degen lüpfte, ist von einem Fanatiker dafür erstochen worden.

Ganze Bauerndörfer, ganze Schulklassen, Soldateneinheiten, Yakuza-Gruppen und Bürobelegschaften, die von Autobussen vor dem großen Torii entladen werden, kommen auf der langen Kiesallee hinter dem Fähnchen ihrer Führerin anmarschiert. Vor den Schreinen machen sie kurz halt, senken den Kopf im Gebet und kehren dann sofort zu ihren Autobussen zurück, um sich in den Tausenden von Love-Hotels und Nachtlokalen zu vergnügen, welche heute die einst berühmten Buchten der Perlenfischer umstehen. Ein Inselchen der Bucht, Watakanojima, ist mit 29 Freudenhäusern bespickt und lebt nur vom alten Gewerbe.

Es wiederholt sich also in Ise das Lebensmodell des ganzen Landes. Hat man einmal vor dem Schrein seine Pflicht getan und den Kopf gesenkt, darf man danach auch in die Bordelle gehen. Nie aber ist mir so wahr erschienen wie in Ise, was manche sagen: daß in Japans Mitte die Leere liegt. Der dunkle, einheitliche Zedernwald war leer; leer war der Marsch über den Kies und besonders der Ritus, der verlangt, daß man den Kopf vor leeren, unbetretbaren Tempeln senkt, in denen ein Spiegel aufbewahrt wird. Besonders für die Bauern, die an all ihre Fuchsschreine, an all ihre Fruchtbarkeitssymbole gewohnt sind und hier nicht wußten, wie sie sich verhalten sollten, muß Ise ein rätselhaftes Erlebnis sein.

Dieses große Rätsel steht für die heilige Seele des Landes, vor der du zittern, gehorchen, aber nicht nachfragen sollst.

Auf den Feldern außerhalb von Nagoya hatte Otomo uns zwei kleine Schreine gezeigt, die noch dem uralten shintoistischen Fruchtbarkeitskult angehören und in der Meiji-Zeit der Zerstörungswut solch peinlicher Stätten entgangen waren. Der eine ist der Vagina, der andere dem Phallus gewidmet, und beide enthalten sie verschiedenste Steine und Baumstümpfe in allen Größen, die den Geschlechtsteilen auf verblüffende Weise gleichen. Bauern haben sie im Laufe der Jahrhunderte auf den Feldern aufgesammelt, in den Schreinen zusammengetragen oder um sie herum in großer Zahl aufgestellt – als Fruchtbarkeitssymbole. An jenem regnerischen Wintersonntag, an dem wir dort waren, kam ein modernes Pärchen nach dem anderen im Auto angefahren, neigte den Kopf vor den totemistischen Emblemen, schlug die Hände zusammen und flüsterte seine geheimen Wünsche im Gebet.

Man sagt, daß zur Tokugawa-Zeit, als das tägliche Leben streng geregelt war, die Städter ihre Pilgerfahrten nach Ise hauptsächlich unternahmen, um aus Tokyo herauszukommen und sich am Wege in den Geisha-Häusern zu vergnügen. So ist es scheinbar heute noch, denn an der ganzen breiten Straße, die von Nagoya über Matsuzaka nach Ise führt, stehen Pachinko-, Bowling- oder Heiratshallen, Love-Hotels und Pornomuseen dicht an dicht. Es war für uns schwer vorstellbar, daß diese Straße zum Allerheiligsten des Landes führte.

Der volkstümliche Shinto-Glaube, wie er dem Volk noch im Blut liegt, kennt keine sexuellen Tabus. Er ist im strengen Sinne auch keine Religion, denn er besitzt keine heiligen Schriften, keine Lehre von einem künftigen Leben, keine Theologie, keine eigene Ethik, keine Vorstellung von der menschlichen Seele. Der Tod ist etwas Unreines. Nichts überlebt. Begriffe wie Schuld oder Sünde sind dem Shinto-Glauben unbekannt. Dafür kennt er Verbote – der Inzest zum Beispiel ist nicht erlaubt – und eine Fülle strenger gesellschaftlicher Verhaltensregeln, die das Zusammenleben und -arbeiten einer Bauerngemeinde möglich machten. Unendlich viele Riten beschwören und beschwichtigen die 8000 Milliarden »Kami« (Schutzgottheiten), die Berge, Steine, Bäume, Flüsse,

Tier, Blitz und Donner – kurz: die gesamte, vom Menschen nicht beherrschbare Natur – bewohnen.

Es waren die Meiji-Staatsmänner, die großen, gewaltsamen Veränderer, die diesem bäuerlichen Glauben einen Staatsshintoismus übergestülpt haben, der – wie im Westen das Christentum – als geistliche Macht neben der weltlichen walten sollte. Sie bedienten sich dazu einer Theologie, die ein Gelehrter aus Matsuzaka, Norinaga Motoori, am Ende des 18. Jahrhunderts ausgearbeitet hatte. Damals erst wurde der Mythos zu Geschichte, der Kaiser zu einem Gott und der Staatsshintoismus selbst zur Triebfeder eines rassebetonten, ausländerfeindlichen japanischen Nationalismus, der nicht viel älter als hundert Jahre ist. In der Shinto-Universität zu Ise wird diese »Theologie« immer noch gehütet und gelehrt.

»Japans faschistische Propaganda lebt heute im Ausland weiter«, behauptete Otomo herausfordernd, als wir abends in der öden Sushi-Bar eines Riesenhotels der Toba-Bucht saßen, das Herrn Yamaha, dem Hersteller der Yamaha-Motorräder und Yamaha-Klaviere, gehört. Es ärgerte Otomo, was zur Zeit alles über die japanische »Geschichte« geschrieben wird. »Angesichts der verschwommenen Ursprünge der Japaner fährt man einfach fort, die faschistischen Mythen über die Reinheit der Rasse und die göttliche Abstammung ihrer Kaiser zu propagieren. In Wirklichkeit verliert sich bei uns alles, was vor dem 7. Jahrhundert liegt, im Mythos.«

Unsere Reise hatte in Nagoya – auch Toyota-City genannt – begonnen, der Welt schrecklichster Stadt. Hier wächst kein Baum mehr: Drei habe ich im ganzen gezählt, und alle drei waren sie mit Lämpchen behangen, als seien es Wunder der Natur.

Über das eintönige Schachbrett von Nagoyas Straßen wölben sich nur noch Schnellstraßen, Überführungen und Lichtreklamen. Es ist eine Stadt voller stummer, niedergeschlagener Fabrikarbeiter und Verbraucher, wie Toyota sie sich wünscht.

»Die Leute hier scheinen mir nicht sehr froh zu sein«, sagte Otomo.

Nur wenige ausländische Besucher dringen bis in dieses Hinterland vor, bis in diese Peripherie der Sklaven, die für Japans Erfolg arbeiten und bezahlen. Nur so kann ich mir erklären, daß Claude Lévi-Strauss, der große französische Anthropologe, während seines kürzlichen Besuchs in Kyoto von der »geistigen Hygiene« der Japaner sprechen konnte, die zum Vorbild zu nehmen er dem Westen anriet. Er hatte eben nur Kyoto und das schöne Ritual, die erlesenen Formen zu sehen bekommen. Was Lévi-Strauss »geistige Hygiene« nennt, ist für Steven Platzer die »Konsensualität«, die Einträchtigkeit der Japaner – ihr tragisches Erdulden.

19. Februar 1989

Noch fünf Tage bis zu Hirohitos Begräbnis, »einem der großen Ereignisse dieses Jahrhunderts«, wie die Zeitungen schreiben.

Tokyo sieht wie eine südamerikanische Stadt unter Kriegsrecht aus. 32 000 Polizisten in dunkler Uniform mit Helm und Schlagstock bewachen die Straßen, denn die 163 erwarteten Staatsoberhäupter samt Entourage könnten ein willkommenes Ziel für Terroristen sein. Jeder Lkw, der sich in die Nähe der kaiserlichen Enklave wagt, wird angehalten und nach Waffen oder Bomben durchsucht. Wohnungen werden durchwühlt, Seitenstraßen gesperrt. Roppongis Nachtklubs stehen zum erstenmal leer, da die Salarimänner lieber zu Hause bleiben, als sich von der Polizei immer wieder kontrollieren zu lassen. Im Akasaka-Palais, einem japanischen Versailles für Staatsempfänge, stellen Handwerker die letzten Lampen auf. Nachts rattern Hubschrauber über den Himmel und proben ihre Route vom Flughafen zur Stadt.

Das Volk bleibt gleichgültig. Große Begeisterung wird schon wegen des erniedrigenden Schauspiels nicht aufgebracht, das Abend für Abend über den Bildschirm zieht und die gesamte politische Führerschaft des Landes wegen ihrer Verwicklung in den »Recruit-Skandal« auf der Anklagebank zeigt. Premier Takeshita wurde gestern sieben Stunden lang von der Opposition verhört. Die ersten Verhaftungen sollen morgen beginnen.

Einer Außenwelt, die bis jetzt noch in der Überzeugung gelebt hat, »die Japaner seien vollständig unkorrumpierbar und zu Wundern fähig«, wie ein Amerikaner schreibt, zeigt dieser Skandal nun, wieviel um sich greifende Unmoral hinter der einwandfreien Fassade verborgen ist. Doch welche politische Absicht steckt hinter dieser gnadenlosen Aufdeckung des Skandals? Wer kann gewollt haben, daß ausgerechnet zu dieser Sternstunde des Landes seine Regierung »ohne Gesicht« dasteht? Die Rechten? Könnten es die vom ideologielosen Materialismus der LDP-Politiker so angewiderten Rechtsradikalen sein?

»Takeshita ist ein kleiner Affe, ein Taschenaffe«, hatte Nomura Shiusuke in der Rainbow Bar zu Tiziano gesagt. »Und Affen haben Angst.«

Oder stimmt Karel van Wolferens Theorie, daß »das System« sich selbst zerstört? Die Vorstellung der »harmonischen« Gesellschaft ist auch für Platzer eine Illusion. Er behauptet, die verschiedenen wirtschaftlichen und politischen Einheiten bekriegten sich heute ebenso gnadenlos wie damals, in den Zeiten der Klankriege.

21. Februar 1989

Gestern fand im Pressezentrum das Briefing über den Verlauf der Feierlichkeiten statt. Zwei Beamte des Palastamts, ihre Unterlagen in traditionelle Baumwolltücher geknüpft, hoben unmerklich ihre Augenlider, als die Journalisten bei der Ankündigung, Beethovens »Eroica« werde zur shintoistischen Beerdigung intoniert, in Gelächter ausbrachen, und über ihre maskenhaften Gesichter flog ein Schatten des Erstaunens und unaussprechlicher Verachtung.

Zeitungen drucken besorgte Artikel über eine mögliche Rückkehr in die Vergangenheit. Oda Makoto, ein Schriftsteller, der einer Bürgergruppe vorsteht, die Bundespräsident von Weizsäcker in einem offenen Brief gebeten hat, die Japaner doch an ihre Kriegsverantwortung zu erinnern, sagte zu Tiziano, es sei bedenklich, daß es in diesem Land »keine deutliche Trennungslinie zwischen konservativer Politik und Faschismus gibt«.

Und tatsächlich könnte sich der enorme Publicityaufwand des Begräbnisses immer noch gegen Japan kehren. Die angereisten

Presseleute bekunden plötzlich die Absicht, ihr Publikum über die Verantwortung des Showa-Kaisers für die vergangenen Kriegsverbrechen aufzuklären: »You cannot cover this man without discussing that«, meinte Fernsehredakteurin Mary Alice Williams vom amerikanischen Kanal CNN.

24. Februar 1989

Es regnete, und die Luft war eisig, als Hirohito heute bestattet wurde. Tokyo war wie ausgestorben, sein wirres Leben wie weggefegt. Niemand ging über die Straßen, kein Fenster öffnete sich, als wir im Morgengrauen von Sperre zu Sperre bis zum Shinjuku-Park fuhren, wo die Trauerfeier stattfand. Um Punkt acht Uhr verschwand Tiziano mit der Presse hinter den Toren des Parks, und ich ging mit Otomo ins Café des U-Bahnhofs von Setagaya.

Nicht allein weil es der kälteste Tag des Winters war, standen nur spärliche Gruppen von Menschen mit aufgespannten Regenschirmen an den Straßen, durch die sich der Trauerzug bewegen sollte. In unserem rauchigen Bahnhofscafé kamen und gingen die Kunden, ohne mehr als einen zerstreuten Blick auf den Bildschirm zu werfen, und wir blieben die einzigen, welche die Feier von Anfàng bis Ende verfolgten.

Während die Ehrengäste in ihren Autobussen in Shinjuku anrollten und dann im Park verschwanden, tauchte der Kaiserpalast auf dem Bildschirm auf. Ein schwarzer Leichenwagen stand davor, in den Hirohitos Sarg geschoben wurde. Dann formierte sich der Kondukt, der aus sechzig gleichen schwarzen Automobilen bestand. Im ersten saß Akihito, der neue Kaiser; im zweiten Kaiserin Michiko, deren kränkliche Züge hinter einem schwarzen Schleier verborgen waren; im dritten Kronprinz Hiro; im vierten der aus Oxford zurückgekehrte Prinz Aya; dann kam eine Schwägerin Hirohitos in Vertretung der kranken Kaiserin-Witwe. Premier Takeshita folgte im nächsten Wagen: Alle trugen sie westliche Kleidung.

Im Schrittempo fuhren die Automobile durch die stumme, vollkommen ungeschmückte Stadt, der eine zu perfekte Organisation jedes Gefühl genommen hatte. Zehn Militärkapellen waren an der beinah menschenleeren Strecke verteilt und stimmten beim Vorbeifahren der Kolonne den von einem Deutschen komponierten kaiserlichen Trauermarsch an.

Ich mußte an die Beerdigung von Präsident Kennedy denken, an die von Mao mit all den roten Fahnen, aber auch an die des Taisho-Kaisers: Hirohitos Vater begleiteten nachts bei Fackellicht anderthalb Millionen Menschen, und sein Sarg ruhte auf einem Ochsenwagen. Wie seelenlos und mechanisch ist Japan doch geworden!

Im Shinjuku-Park hielt der Trauerzug vor den schwarz-weiß gestreiften Zelten an, in denen die Ehrengäste saßen und an deren anderem Ende der Shinto-Schrein stand. Autotüren wurden geöffnet, schwarze Schirme gebracht, ein Zeppelin der Polizei schwebte am Himmel und überwachte die Zeremonie von oben. Dann formierte sich eine shintoistische Prozession, um die letzten neun Minuten Weges zu Fuß zurückzulegen. Während 120 Männer sich den Sarg aus schwarzlackiertem Zedernholz auf die Schultern hoben, wurden weiße und gelbe Standarten entfaltet, und die Kapelle des Palastes stimmte die »Melodie der Großen Traurigkeit« an.

Gleich hinter der Bahre ging ein hoher Shinto-Priester in weißem Gewand, die kaiserlichen Strohsandalen auf seinen Händen tragend. Ihm folgten Akihito, seine Frau, seine Familie, jeder mit seinem schwarzen Regenschirm, und 225 Personen in traditionellem Gewand. Das Knirschen der Schritte auf dem Kies und das Krächzen der schwarzen Krähen am Winterhimmel hatten endlich etwas Echtes, Wahres, Feierliches, über das sich das Lied der altertümlichen Flöten klagend erhob.

Als der Sarg hinter das Torii gestellt wurde, fiel der weiße Vorhang, hinter dem die Shinto-Zeremonie, die erste der beiden Feiern, in aller Intimität abgehalten wurde, und die 163 Staatsoberhäupter durften sich inzwischen die Füße vertreten.

»Das Begräbnis ist mißglückt«, sagte Otomo zu mir. »Nicht feierlich. Zu bürokratisch. Ärgerlich für Takeshita. Sehen wir uns an, was auf den Straßen los ist.«

Im Stadtteil Nakano hielten die Linken eine ihrer Protestkundgebungen ab. Von Polizisten in weißen Gummimänteln zuerst durchsucht und dann umzingelt, saßen sie im strömenden Regen auf einem matschigen Bauplatz, unkenntlich gemacht mit Hilfe von schwarzen Brillen, Tüchern um den Mund oder Helmen, und protestierten gegen »den Kriegsverbrecher« und »die Verherrlichung des Kaisertums« – eine armselige, von den Passanten fast unbeachtete kleine Schar. Sonst war nichts Ungewöhnliches zu bemerken.

Um Punkt 12 Uhr mittags – wir befanden uns gerade in der Hauptgeschäftsstraße von Shinjuku – begann die staatliche Feier mit der angekündigten Schweigeminute, die aber niemand, nicht einmal die Polizisten, befolgte. Sogleich rief eine tiefe Männerstimme die 163 Staatsoberhäupter und Vertreter der internationalen Organisationen nacheinander auf, damit sie dem Showa-Kaiser huldigten. Dieses war der wahre Zweck, der Höhepunkt, auf den das große Staatsbegräbnis ausgerichtet war, und seine Bedeutung ist selbst dem gleichgültigsten Japaner nicht entgangen. Der Anblick der Staatsoberhäupter dieser Welt, der gekrönten wie ungekrönten – angefangen mit dem König von Tonga, dem König von Belgien, Prinz Philip von England bis zu den Präsidenten Mitterrand, von Weizsäcker und Bush, um nur einige zu nennen –, die sich vor dem toten japanischen Kaiser verneigten, wird hier nicht so bald wieder vergessen werden. Sie verneigten sich zögernd, manche widerwillig, manche unmerklich, aber sie huldigten ihm, Hirohito, und das genügt den Japanern.

Am frühen Nachmittag begleitete die kaiserliche Familie und eine kleine Schar japanischer Würdenträger den Showa-Kaiser zum Mausoleum von Musashino, wo auch sein Vater, der Taisho-Kaiser, begraben liegt. Im fahlen Nachmittagslicht folgte der Bahre wieder der weißgekleidete hohe Shinto-Priester mit den kaiserlichen Sandalen. Die Familie ging unter schwarzen Regenschirmen rasch hinterher. Alles schwieg. Nur die Flöten sangen ihre Klage.

26. Februar 1989

Das Gefühl, etwas hinter sich gebracht zu haben, ist schwer zu beschreiben. Wir sind alle etwas müde und etwas benommen, reden und kommentieren und ruhen uns aus.

Heute ist Sonntag und auch die Sonne ist wieder da. Nach den letzten Empfängen gestern – jede Botschaft feierte das eigene Staatsoberhaupt; wir waren zu Ehren von Weizsäckers und Genschers in der deutschen Vertretung – sind wir etwas unter den Hippies am Meiji-Parkrand spaziert. Mit dem allmählichen Verschwinden der Polizisten tauchen auch die Einwohner von Tokyo wieder auf, die Teenager mit ihren Plüschtieren im Arm, die jungen Männer mit ihren seltsamen schwarzen Hüten.

Wir waren mit Peter Küng unterwegs. Er war als Beauftragter des Internationalen Roten Kreuzes in Asien mit den Königen und Präsidenten sogar beim Staatsempfang im Akasaka Palais gewesen und erzählte davon. Belustigt hat ihn, daß es auch in einer so erlauchten Versammlung solche gibt, die sich einsam und verlassen fühlen: Während nämlich Bush und von Weizsäcker eine ununterbrochene Prozession von Gesprächspartnern an sich vorbeidefilieren sahen, richtete niemand das Wort an Portugals Präsidenten Soares.

Jeder Vertreter eines Landes ist gestern von Premierminister Takeshita einzeln empfangen worden. Während jeweils ein paar Worte gewechselt wurden, nannte die monotone Stimme eines Fernsehkommentators die Höhe der Geldanleihe, die der Betreffende für sein Land erbeten hatte. Nur ein einziger Staatsgast hat gesagt, er sei gekommen, »um zu meditieren«.

Trotz einiger gewagter Versuche ist es den Linken nicht gelungen, die Begräbnisfeier zu stören. Von den Rechten hat keiner aus Trauer um den Tenno rituellen Selbstmord begangen, auch Herr Nomura nicht. Doch haben sie gestern schon, nur einen Tag nach der Beerdigung, Nagasakis mutigem Bürgermeister Motoshima eine warnende Kugel per Post zugeschickt.

Heute abend telefonierte ich mit Miho.

»Wir Japaner lieben das Bild der Weide, die sich im Wind biegt«, sagte sie. »Ich glaube, es bedeutet, daß wir keine Moral haben. Wir stellen die Dinge auf zweideutige Weise dar, und alles bleibt, wie es war. Unser Herz ist nicht dabei, aber der Ritus ist da, und der ist uns wichtig. Ihr Ausländer erwartet an Tagen wie diesen irgendeinen Sinn, ein Gefühl. Es gibt sie nicht in Japan. Bei uns gibt es nur die Form.«

3. März 1989

Für die übrigen asiatischen Nationen war die internationale Ehrung des japanischen Kaisers bitter. Japans Überzeugung von der eigenen »Einzigartigkeit« verletzt die anderen Asiaten; und Fernsehprogramme wie das beliebte »Around-o the world-o«, das sein Publikum mit immer neuen Beispielen hoffnungsloser Rückständigkeit von Japans Nachbarländern laut zum Lachen bringt, machen die Dinge nicht besser.

»Viele Philippiner empfinden es als Ungerechtigkeit, daß der besiegte Feind, uns im Gedanken an seine Greueltaten bei der Besetzung und Befreiung unseres Landes immer noch verhaßt, so schnell wieder aus der Asche auferstehen konnte, während wir weiter in Armut und Rückständigkeit verharren...«, schreibt der »Philippine Daily Inquirer«.

Bei den Beerdigungsfeierlichkeiten hat sich wieder gezeigt, wie pragmatisch und von moralischen Zweifeln unbeschwert Tokyo auf sein Ziel losgeht. Während der Westen seine Wirtschaftshilfe an Birma eingestellt hat, bis Ranguns Generäle den Wahlsieg der Opposition respektieren, hat Tokyo sich beeilt, ihr Militärregime anzuerkennen, damit auch ein Birmese beim kaiserlichen Begräbnis anwesend sein konnte. Sogar ein Vertreter Südafrikas (eines Landes, gegen das der Westen wegen seiner Apartheidpolitik ein totales Handelsembargo verhängt hat, mit dem Japan dagegen einen um so einträglicheren Handel treibt) war zugegen. Dieses hat Tokyo allerdings erst zugegeben, als alle Staatsgäste schon wieder abgereist waren, und es ein »Versehen« genannt: Der Südafrikaner sei der 164. Staatsgast gewesen. Umgekehrt sind Arafat, Fidel Castro und Kurt Waldheim, die schon zugesagt hatten, wieder ausgeladen worden, als Tokyo merkte, daß wichtigere Partner sich an ihrer Anwesenheit stoßen würden.

Es ist dieses Fehlen eines moralischen Maßstabs, das uns irritiert. An seiner Stelle steht hier der Begriff der »Selbstbeherrschung«. »Verschwindet aber die Notwendigkeit zu religiöser und gesellschaftlicher Unterwürfigkeit, wird keinerlei Selbstbeherrschung mehr gezeigt«, wie Lafcadio Hearn Ende letzten Jahrhunderts an Basil Chamberlain schrieb.

»Die Japaner kennen weder Gut noch Böse, weder Recht noch Unrecht, sie kennen nur den Begriff ›praktisch‹«, sagte Vater Thomas Immoos, ein alter schweizerischer Gelehrter und Kenner der japanischen Kultur, als er uns vor einigen Tagen besuchte. Er lebt seit vierzig Jahren in Japan und hat bis zu seiner Pensionierung an der Jesuiten-Universität Sophia in Tokyo gelehrt. »Sie haben den Krieg nur deshalb aufgegeben, weil er zu keinen praktischen Erfolgen geführt hat, weil mehr dabei herauskommt, wenn man sich die Regierungen von Manila und Djakarta kauft, als wenn man sein Heer auf sie losläßt. Also tun sie das.«

»Und was bleibt Japan von seiner Vergangenheit?« frage ich.

Vater Immoos: »Der begeisterte Untertan!«

In Amerika erscheinen jetzt die ersten Bücher, welche Washingtons Japanpolitik in Frage stellen. Die Wellen schlagen hoch!

Clyde Prestowitz, ehemaliger Berater für Japanische Angelegenheiten im US-Handelsministerium, behauptet in »Trading Places«, Washington habe nach 1945 den Fehler begangen, Japan als armes Entwicklungsland zu behandeln, obgleich es bereits vor dem Krieg eine gefährliche wirtschaftliche Großmacht gewesen sei. James Fallows schreibt in seinem Essay »Containing Japan«, ein Land wie Japan, mit expansionistischen Zielen, aber keiner globalen Perspektive und keiner Vorstellung von einer Gemeinschaft der Nationen, sei gefährlich für die Welt.

»Ja, die Welt muß sich überlegen, wie lange sie sich die Japaner überhaupt noch leisten kann«, sagte Vater Immoos. »Noch nie hat es ein Volk gegeben, das so geeint auf sie losgegangen ist, wie dieses; ein Volk, das mit modernster Technologie alle Meere leerfischt, alle Regenwälder abholzt, selber aber für die Welt nichts tut.«

Die Japaner sind weltweit die größten Importeure von Bodenschätzen. 50 Prozent aller tropischen Hölzer, 25 Prozent aller Rohstoffe und 50 Prozent des Goldes werden von Japan aufgekauft. Über 300 große Wale werden jährlich von Japanern an Land gezogen – »zu Studienzwecken«, wie angesichts des internationalen Protests behauptet wird. In Wirklichkeit ist das fette Walfleisch hier so beliebt, daß die Bevölkerung nicht bereit ist, auf ihre Walfischrestaurants, und die Fischer nicht bereit sind, auf ihren Gewinn zu verzichten.

Das Gefühl der Angst, das mich überkommt, wenn ich die von keinem Zweifel gehemmte Energie beobachte, mit der man hier auf ein Ziel losgeht, bestätigte mir der alte Herr mit seiner vierzigjährigen Erfahrung im Lande.

Der westlichen Industrie wird heute vorgeworfen, im Vergleich zur japanischen zu langsam und zu wenig aggressiv gewesen zu sein. Doch was bedeutet »langsam«? Wir haben alle ein angenehmes Leben gehabt. Wir haben gearbeitet, aber wir hatten auch Zeit für andere Menschen und eigene Interessen. Unsere Länder haben sich dabei rasch modernisiert. Mehr »Fortschritt« wollten wir nicht. Nun werden wir durch die japanische Konkurrenz zu einem beschleunigten Produktionsrhythmus gezwungen, der unsere Lebensweise ebenso verändern wird wie unsere Umwelt. Darin liegt für uns eine Bedrohung – eine »existentielle Bedrohung«, wie ein EG-Funktionär in Brüssel zu einem deutschen Journalisten gesagt hat, der zusammen mit Vater Immoos bei uns war.

»Napoleon, der warnte: ›Weckt den schlafenden Tiger nicht!‹, und China damit meinte, hat sich geirrt«, sagte Tiziano. »China ist zwar erwacht, doch ist es hinter seiner Mauer geblieben. Der Tiger, dessen Erwachen wirklich zu fürchten war, ist Japan.«

Tokyo hat gemerkt, daß der Wind sich langsam dreht, und schon ist ein erster Artikel erschienen: »Die Japaner – die künftigen Juden?«

7. März 1989
Steven Platzer hat für seine Recherchen über das politische Programm der japanischen Rechten mit einem Yakuza-Boß Kontakt aufgenommen und ist dabei an den fünften Spitzenmann des mächtigsten japanischen Gangstersyndikats geraten. Dieser Yakuza – ein Mann in den besten Jahren mit einer schönen Frau, deren Vater ebenfalls Yakuza ist – hat ihn in seinem weißen Rolls-Royce durch die Stadt gefahren. Er ist mit ihm ins Kino gegangen und dann in die Bar eines der besten Hotels. Er hat seinen Wagen bis vor den Eingang gefahren und ihn da stehenlassen – aber sofort war einer der Männer zur Hand, die vor diesem wie vor vielen anderen Gebäuden der Stadt für ihn Posten schieben, und hat ihn geparkt.

Sie haben sich in die Bar gesetzt, und die Prozession der Sich-verbeugenden hat angefangen. Medienpersönlichkeiten, Geschäftsleute, gewöhnliche Bürger sowie das gesamte Hotelpersonal sind nur unter tiefen Verbeugungen am Tisch des »Boß« vorbeigegangen. Einer ist sogar gekommen, um sich zu entschuldigen, daß er die Bar vor ihm verlasse. Und alle haben ihn erkannt.

Toru Takeda, Chigusas Freund, der immer mehr Beachtung als Sozialkritiker findet, erklärte uns, die japanische Gesellschaft ruhe auf dem Sockel von einigen Tabus, die bewirken, daß sie sich nicht verändern oder entwicklen kann.

Das erste Tabu sei das der kaiserliche Familie und des Priestertums. Ein zweites das der Yakuza. Ein drittes das der Burakumin, Japans Geächteter. Ein weiteres betrifft die Koreaner, von denen rund 700 000 in Japan ansässig sind, die aber weiter als »Fremde« gelten, weil sie keine Japaner sind; sie gehören eben einer anderen Rasse an.

Diese tabuisierten oder »grauen« Menschengruppen stehen abseits der vier Klassen (Samurai, Bauern, Handwerker und Händler) in welche die Tokugawa-Shogune die Gesellschaft eingeteilt hatten, und werden deshalb als »Undiskutierbare« angesehen, als die, welche offiziell nicht existieren. Sie sind das unterirdische

Gesicht der japanischen Gesellschaft. Das Volk ist von ihnen ebenso fasziniert »wie die Christen vom Teufel«, sagt Chigusa.

Das glühendste Interesse gilt den Yakuza. Ganze Magazine und Schnulzenfilme handeln vom guten Yakuza, vom bösen Yakuza, vom tapferen oder einsamen Yakuza: Er ist der freie Mensch, der Held der modernen Stadt. Das »Wassergeschäft«, wie die Vergnügungsindustrie genannt wird, samt Prostitution, Geldwucher, Spielhöllen, Mädchen- und Drogenhandel, ist gänzlich unter Yakuza-Kontrolle. Schon das allein würde genügen, um dieser Schicht einen romantisch verwegenen Anstrich zu geben. Zudem verstehen sich die Yakuza als die wahren Nachfolger der Samurai. Ihre bedingungslose Treue gilt dem Kaiser. Außerdem unterstehen sie innerhalb ihrer feudalistisch strukturierten Gangstersyndikate einem strengen Ehrenkodex eigener Art. In der Vergangenheit traten sie auch als Verteidiger des einfachen Mannes gegen die Willkür der Mächtigen auf, aber jene Zeiten sind längst vorbei.

Als traditionelle Beschaffer von billigen Arbeitskräften für die Bauindustrie sind die Yakuza anläßlich des Baubooms selbst ins Bau- und Immobiliengeschäft eingestiegen und gehören nun zu den rücksichtslosesten Baulöwen des Landes. Auf diese und andere Weise sind sie zu einer Finanzmacht geworden, die ihre Arme weit in die Welt hineinstreckt und hinter dem Wandschirm unscheinbarer Tarnorganisationen auch im Ausland operiert.

Traditionsgemäß mit Japans Rechten liiert, werden die Yakuza zu den verschiedensten Einschüchterungsaktionen eingesetzt, wie man bei Hirohitos Krankheit gesehen hat, als sie gegen nicht genügend »Selbstbeherrschte« Drohungen und »Strafen« austeilten. Eine maßgebende Rolle haben sie in der Nachkriegszeit bei der Unterdrückung der japanischen Arbeiterbewegung und der Zerschlagung der Gewerkschaften gespielt, deren Streiks sie systematisch unterlaufen haben.

Wir fuhren vor einiger Zeit spätabends nach Hause und rollten dabei länger neben einem großen schwarzen Automobil her, das mit Antennen für Radio, Fernsehen und Telefon bestückt war. Fahrer und Beifahrer sahen wie Berufsboxer aus. Im Rücksitz saß ein Boß der inoffiziellen Unterwelt, ein Yakuza-Boß, der mit allen

Kennzeichen seiner zweideutigen Macht ungestört durch die nächtlichen Straßen der Hauptstadt glitt.

Alles andere als Gangster sind die Burakumin, die Nachkommen von Familien, die im alten Japan Totengräber, Schlachter und Gerber gewesen waren und zum Teil heute noch mit diesem Gewerbe zu tun haben. Da diese Tätigkeiten für Shintoisten »unrein« sind, werden sie selber für »unreine« Menschen gehalten, für Paria, mit denen man nicht umgeht, von denen man nicht spricht, die man gänzlich übersieht. Man nennt sie deshalb Japans »unsichtbare Rasse«. Es gibt aber zwei bis drei Millionen von diesen »Unsichtbaren«, die genau wie alle anderen aussehen und auch genau wie alle anderen sind ... »nur, daß sie mit dem Mund direkt aus dem Reisnapf essen«, wie Chigusas Tante zu sagen pflegt und die Stimme dabei zum Flüsterton senkt.

Von jemandem zu behaupten, er sei ein Burakumin, heißt soviel wie, er sei des Teufels. Unmöglich, mit ihm auf irgendeine Weise zu verkehren oder mit ihm Umgang zu pflegen! Sosehr die Burakumin versuchen, ihre Ursprünge zu tarnen, nützt ihnen das doch wenig, da vor jeder Hochzeit und jeder Neueinstellung immer noch ausführliche Recherchen über die Familie des Betreffenden durchgeführt, alte Familienregister und neue Veröffentlichungen über Burakumin-Gemeinden gewälzt werden, um sich seiner »reinen« Ursprünge zu vergewissern.

Dennoch konnten in manchen Fällen Burakumin zu Macht und Geld gelangen. Es gibt Großindustrielle, Ärzte und Schriftsteller, von denen gemunkelt wird, sie seien Burakumin. Man munkelt es sogar vom Schriftsteller Mishima! Die Macht dieser »Unsichtbaren« ist jedenfalls nicht zu unterschätzen. Und so will es keiner gewesen sein, der das böse Gerücht in die Welt gesetzt hat. Diesbezügliche Informationen und Verleumdungen werden nur unter vorgehaltener Hand in Umlauf gebracht.

»Die gesellschaftlichen Schäden sind deshalb nicht weniger schlimm«, sagt Chigusa.

10. März 1989

Ich lese gerade Lafcadio Hearns Briefe aus der japanischen Provinz an Basil Chamberlain, der damals, Ende des 19. Jahrhunderts, den Lehrstuhl für englische Literatur an der Kaiserlichen Universität in Tokyo innehatte. Wunderschöne, gehaltvolle Briefe! Japan, das sich Lafcadio zuerst als Idylle und dann als Land ohne Seele enthüllte, hat ihn auf ungeahnte Weise gequält. In ihnen finde ich auch meine Vermutung bestätigt, daß die Japaner mit der Meiji-Restauration ein Trauma erlebt, daß sie damals kulturellen Selbstmord begangen haben.

»Sie haben ihre Kinderherzen verloren, welche die Götter ihnen gegeben hatten und die schön waren«, schreibt Lafcadio, und sind »zu Japanern im Frack und lauter Krawatte« geworden, die »die zukünftige Demoralisierung vollziehen werden...« Und: »Wir haben Unglückseligkeit in dieses Land bombardiert – das steht außer Zweifel.«

Lafcadio liebte das alte Gesicht dieses Landes, von dem er in seinen Büchern schreibt. Er liebte das in Riten versponnene Volk, das in enger Gemeinschaft mit seinen Shinto-Gottheiten, seinen »Gespenstern«, lebte. Als dieses Gesicht zerstört wurde, enthüllte sich ihm auf grausame Weise die »Kleinheit« des Ganzen.

»Schließlich, was gibt es Großes in Japan außer dem Fuji und den Bergketten? Was hat der Mensch Großes errichtet? Was hat er Großes getan? Was denkt er Großes? Was fühlt er Großes? Seine Götter sind nichts als Gespenster!« – »Und dazu eine Überheblichkeit so hoch wie der Mond; eine unausrottbare Überzeugung, daß sie sich das gesamte Wissen des 19. Jahrhunderts angeeignet haben und der Ausländer eine Art dummer Diener ist, den man zwar benützt, aber nicht als menschliches Wesen behandelt.«

Wie, wenn das Leben dieses Halbgriechen/Halbiren, der, vom japanischen Mythos angezogen, von so weit hergekommen war und an der Wirklichkeit kaputtging; wie, wenn es zum Symbol des Schicksals des Okzidents würde?

Den Japanern, denen die eigenen Shinto-Mythen nur noch aus Lafcadios Büchern bekannt sind, wissen nicht einmal mehr, daß er

Europäer war. Sie kennen ihn nur noch als Koizumi Yakumo und lernen in der Schule, daß er »ein Japaner der Meiji-Zeit war, der auch auf englisch geschrieben hat.«

19. März 1989
Wir waren vier Tage in der »Provinz der Götter«, dem ehrwürdigen Land Izumo in der Präfektur Shimane, in dessen alter Shinto-Welt für Lafcadio Hearn »das Gespenst der Rasse« saß. Hier, an der rauhen, nach Korea ausgerichteten Küste des Landes, wurden die Sonnengöttin Amateratsu und ihr Bruder Susano geboren, mit denen die japanische Kultur begann.

Das große Izumo-Heiligtum ist Susano gewidmet und liegt, wie das von Ise, in einem dunklen Zedernwald am Meer. Im späten Nachmittagslicht, wenn der Regen leise fällt und ein Gongschlag die Opfergabe eines Pilgers meldet, sehen seine mächtigen Pfahlbauten so eindrucksvoll und feierlich aus, als handelte es sich um die Urbehausung des Menschen. Vor ihnen treffen sich jeden Oktober die 8 000 Milliarden Schutzgottheiten des japanischen Archipels.

Auf diesem verträumten, vergessenen Landstrich entdecken wir überall Spuren der ersten Siedler, die übers Meer – aus China und Korea – gekommen waren. Im Tempel von Hinomoseki, etwas nördlicher an der Küste, finden wir ein Holztäfelchen mit den Sieben Glücksgöttern, die Chinas Acht Unsterblichen genau entsprechen – minus des Einbeinigen, der den Japanern nicht gefiel –; sie waren auf der Suche nach dem Paradies von der chinesischen Shandong-Küste aufgebrochen und nie zurückgekehrt. Hatten sie es in Japan gefunden? Der Tempel feiert jedenfalls die Versöhnung zwischen der Sonnengöttin Amateratsu und ihrem Bruder Susano, dem »Verwüster der Reisfelder«, als hätten sich die Einheimischen hier nach langen Kämpfen mit ihren Eroberern versöhnt.

In den Feldern von Izumo führen Steinstufen zu uralten Schreinen hinauf, die knochige Bäume beschatten. Schriftzeichen, die von fernen Ereignissen erzählen, verbleichen auf Stelen. »Der

Tempel des göttlichen Vogelpaars«, »das Feld, auf dem das chinesische Schwert gefunden wurde«... Hier reichen Mythos und Geschichte sich die Hand, hier berührt man die Ursprünge der Rasse. Die verarmten Bauern sind aber in die Städte geflohen, und die hungrigen Priester sind ihnen gefolgt. Die Schreine wurden für Touristen hergerichtet, doch oft sitzt nur ein einsamer Wächter mit seinen Andenken davor.

Wir sind abends in Matsue, der Provinzhauptstadt, angekommen, von der Lafcadio uns eine Beschreibung wie von einem wunderschönen, geordneten, vollkommen intakten Universum hinterlassen hat. Auf einer Anhöhe lag die Burg des Daimyo; zu ihren Füßen das Quartier der Samurai (wo Lafcadio lebte); dahinter das der Kaufleute und Händler, das der Tempel und das des Vergnügens. Auf den Straßen hörte er das Klipp-Klopp der Holzpantinen, das Geschrei der Verkäufer, das Klingeln der Glocken. Abends glitten die Fischerboote mit ihren großen Segeln lautlos über den See nach Hause.

»Als erster und letzter zugleich hat er uns und dem Japan von heute, das sich mit beängstigender Eile von sich selbst fortwandelt, einen Traum vom alten Nippon festgehalten«, notierte Stefan Zweig über Lafcadios Bücher, die zu seiner Zeit in Europa verschlungen wurden und den Traum von »Japans Seele« rasch verbreiteten.

Und heute? Heute sitzen wir im selben Matsue, im Coffeeshop des Hotels Washington und verzehren ein »American breakfast« zwischen Salarimännern in grauer Jacke und Krawatte. Weil aber Shimane so weit von Tokyo entfernt und abseits der Touristenrouten liegt, ist manches Alte noch zu sehen.

Von verschmitzt lächelnden Steinfüchsen flankiert steigen wir, wie Lafcadio, die verwitterten Stufen eines waldigen Hangs zum Fuchs-Schrein hinauf, der die Burg vor Bränden bewahren sollte. Der kleine Schrein selbst ist verlassen und verriegelt, aber die Füchse, diese seltsamen Boten einer niemals personifizierten Reisgottheit, sitzen noch in Scharen – aus Porzellan und Stein – um ihn herum. Diese Füchse, das einzige Abbild, das es im Shintoismus gibt, stehen zu Hunderttausenden überall in der japanischen Landschaft und haben etwas Zähes, Erfahrenes, Belustigtes um die Schnauze, etwas dem Volke Nahes, das mich an das Lächeln der ländlichen Buddhas in China erinnert.

In der Burg dagegen war die Macht zu Hause. Wie alle Daimyo-Burgen, ist auch die des Matsudaira-Klans in Matsue ein schwarzer Holzbau, der auf einem hohen steinernen Sockel steht und mehrere parallel geschwungene Dächer hat: eine unbewohnbare, dunkle Festung, die ausschließlich Kriegszwecken diente. In ihrem leeren, finsteren Inneren verspürt Tiziano denselben unheimlichen Geist, der einen auch aus den eisernen Samurai-Rüstungen anhaucht – einen Geist, den Lafcadio als »die alte moralische Disziplin der Rasse« identifizierte, die Japan bei seiner Modernisierung so gut gedient habe.

Shimane ist die Präfektur, aus der Premierminister Takeshita stammt. Auch ihm ist es aber nicht gelungen, eine bessere Antwort auf die Probleme der Landwirtschaft zu finden als die, jedem Dorf des Landes hundert Millionen Yen zuzustecken, damit es sich damit einen Luxus leiste. »Furusato« – »Zurück zum Heimatdorf!« nennt er dieses Programm.

Wir fahren südwärts, durch große gebirgige Gebiete, deren Wälder und Reisfelder und Dörfer wie ausgestorben wirken. Können die kolossalen Betonbauten, die massiven Staudämme und Kulturhallen, die viel zu breiten Asphaltstraßen und Brücken – mit denen zweifellos Wählerstimmen erkauft worden sind – die Landflucht stoppen? Die grausam verzementierten und entstellten Dörfer gefallen ihren Bewohnern nicht mehr. Die Jungen fliehen zuerst nach Matsue, dann nach Hiroshima, Osaka und schließlich nach Tokyo. Die Alten befürchten, wie uns ein Bürgermeister sagte, daß Japans Landwirtschaft der Industrialisierung geopfert werden könnte. Kriminalität gäbe es nicht, fügte er hinzu. Selbstmorde wohl.

In Kakeyacho, Takeshitas Heimatdorf, besuchten wir, von einem Journalisten in Matsue geschickt, einen alten Landarzt. Als Tiziano ihn fragte, was die Dorfbewohner vom Recruit-Skandal und der Rolle hielten, die ihr Premierminister dabei spielt, antwortete er: »Man hält sich in Japan an das Sprichwort: ›Wo ein Stunk ist, leg' einen Deckel drauf!‹« Zuviel Nachdenken gefiele den Leuten nicht. Der einzige Spielverderber sei er.

Wir hatten in Matsue einen Tempel besichtigt, welcher der Kultur gewidmet war und in dem Großmütter deshalb ihre Enkel spielen lassen. In seinem Hof stand ein großer Bronzebüffel aus alten Zeiten, das Denkmal für ein gutes Tier, das einen Gelehrten vor dem Zorn seiner Mitmenschen gerettet hatte, die ihn nicht leiden mochten, »weil er zu klug war«. Immer wieder dasselbe: Wer aus dem Mittelmaß hervorragt, wird ausgestoßen.

Eben das bekommt auch unser Arzt zu spüren. Wir saßen zusammen in seinem fast leeren Wohnzimmer, das nur mit zwei Fernsehern, einem Kassettenrecorder, zwei Gasöfen und zwei Computern möbliert war. Bläuliches Neonlicht beleuchtete den niedrigen Tisch. Ein Hündchen namens Puck (Shakespeare zu Ehren), wurde von der Frau in Wollsocken und Schürze immer wieder ihrem Gatten hinübergereicht, der das elfenbeinerne Gesicht eines Gelehrten hat.

»Ich sage, was ich denke, denn ich sorge mich um mein Land«, betont er. Die Recruit-Affäre habe wieder gezeigt, wie kurzsichtig die Politiker seien. Vielleicht verdiene sich Japan in zwanzig oder dreißig Jahren mehr Respekt, denn der Versuch, der Welt mit einem Kaiserbegräbnis zu imponieren, sei fehlgeschlagen. Er habe wohl gemerkt, daß die Welt ihre Staatsoberhäupter und Diplomaten nur nach Tokyo geschickt hat, weil sie Japans Geld gebrauchen kann, nicht, weil sie das Land achtet.

»Ja, wo bleibt Japans Geschichte, Japans Kultur?« fügte Tiziano hinzu. »Alles erstickt in Modernität und Technologie, und die Jungen sind ohne Idealismus...«

»Ich denke wie Sie«, unterbrach ihn der Arzt. »Doch schmerzt es mich, dieses aus dem Mund eines Ausländers hören zu müssen«, und ihm kamen die Tränen. »Japan ist wie ein Frosch, der auf dem Grund eines Brunnens sitzt. Wir sehen die Welt nur von dort unten...«

Eine der zaghaften Proteststimmen, die sich immer wieder aus der japanischen Provinz erheben! Sie sind um so rührender, als man weiß, wie viel Mut dazu gehört und wie sehr sich diese Menschen von ihren Mitmenschen isolieren.

Für die Nacht – es war schon spät, als wir gingen, und Kakeyacho schlief –, empfahl der Arzt uns ein Ryokan im Nachbardorf. Er hatte für uns telefoniert, und zwei weißgepuderte alte Onsen-Geishas im Winterkimono erwarteten uns auf der dunklen, zugigen Straße. Sie führten uns aufs Zimmer und brachten uns Essen. Die eine erzählte uns von Noboru Takeshita, den sie gekannt hatte, als er noch ein junger Bursche war. »Ja, Noboru-chan, der kleine Noboru! Wie habe ich ihn vergöttert!«

Sie wissen es einem gemütlich zu machen, diese erfahrenen Frauen der Provinz, die schon so manchen Mann in ihrem Leben getröstet haben. Wir saßen lange zusammen auf dem Tatamiboden, die Beine unter den Tisch gestreckt, unter dem auch ein Heizkörper glühte, und plauderten.

»Wenn du willst, daß ich dich wasche, steig ich mit dir ins ehrenwerte Bad!« sagte Takeshitas ehemalige Spielgefährtin schäkernd zu Tiziano. Sie ist heute weit über sechzig, aber noch hübsch, kokett und ungeheuer geübt in der Kunst, »Frau zu sein«.

26. März 1989

Ostersonntag. Mittags waren wir bei einem Australier eingeladen, einem langjährigen Asienkorrespondenten, der vor zehn Monaten von einem japanischen Geschäftsmann als Chefredakteur eines englischsprachigen Wirtschaftsmagazins angestellt worden ist, um eine Art prestigereiches »Fortune Magazine« daraus zu machen.

Anthony, unser Freund, der bei der Führung des Magazins von Anfang an versucht hat, sich an die Prinzipien zu halten, an die er als puritanischer Angelsachse selber glaubt, ist damit schlecht gefahren. »Seht euch diesen Westlichen an!« hat der Verleger kürzlich vor der Redaktionsversammlung ausgerufen. »Er hat seine eigenen Vorstellungen und macht sie sogar vor seinem Verleger geltend!«

Der Mann ist Anhänger einer der neuen fundamentalistischen Shinto-Sekten, deren Gottheit und Hohepriesterin – die »Kami-sama« – eine Frau in mittleren Jahren ist. Sie hat sich ihren Tempel zwischen die Fichten zu Füßen des Fuji-Berges gebaut, wo sie der zu ihr pilgernden Prominenz aus Politik und Wirtschaft zu Verfügung steht: Sie steht, mit anderen Worten, in enger Verbindung zu den Männern der Macht.

Der Verleger, der mindestens zweimal die Woche zu ihr pilgert, hat von Anthony verlangt, daß er mitkomme. Und bald hat die Hohepriesterin orakelt, er und drei andere westliche Redakteure müßten nach New York übersiedeln, um das Magazin von dort aus per Telefon und Fax zu redigieren. Die übrigen Angestellten sollten in Tokyo bleiben. Als Anthony sich erkundigte, was es mit diesem Ortswechsel auf sich habe, gab sie ihm zwei Orakelsprüche auf:

»Lerne Japanisch, um dein Englisch zu verbessern!«

»Scheuere meinen Tempel und demütige dich!«

Mit anderen Worten: Der Ausländer erlerne die japanische Lebensart und tue wegen seiner Unkenntnis Buße.

Anthony hat daraufhin wissen lassen, sein christlicher Gott erlaube ihm diesen Dienst an einer Shinto-Gottheit nicht. Dann hat er sich einen Rechtsanwalt genommen, der ihm sein Gehalt für die nächsten drei Jahre in New York vertraglich sichern sollte.

Was hinter den mystischen Kulissen der neuen Religionen vor sich geht, ist ein offenes Geheimnis. Die riesigen, steuerfreien Spenden, mit denen sie ihre kostspieligen Tempel finanzieren, eignen sich vorzüglich zur Geldwäsche. Manche sind wie militärische Organisationen aufgebaut, die ihre Anhänger jederzeit mobilisieren können, und werden deswegen von den Rechtsradikalen finanziert. Im Fall von Anthony hat man sich des Einflusses der »Kami-sama« bedient, um ihn wieder loszuwerden.

3. April 1989
Wieder blühen die Kirschbäume. Ihre hellrosa Blütenschleier fallen von den schwarzen Ästen und zieren manches kleine Stück Straße. Man geht auf dem Weg zur Arbeit unter ihnen durch und zollt dem Frühling seinen Tribut.

Steven Platzer zeigte uns Sonntag seine Wohngegend von Gakuei Daigaku. Wir sind zusammen bis zum Eiyuji-Tempel spaziert, dessen Kirschbäume besonders schön blühen, und kamen auf dem Rückweg an einer katholischen Kirche vorbei, die einem italienischen Orden gehört. Da es Mode ist, in ihr zu heiraten, und eine Hochzeit gerade im Gang war, setzten wir uns dazu.

Ein paar Männer in Schwarz mit Silberkrawatte und ein paar Freundinnen der Braut saßen auf den vorderen Bänken. Auf der Bank neben uns lagen die Walkie-talkies und Tonbandgeräte der Hochzeitsfirma, welche die Feier organisiert hatte. Die Braut, in weißem Brautkleid und Schleier, stand mit ihrem Vater am Kirchenende und lauschte den letzten Anweisungen einer Angestellten. Als die Orgel den Hochzeitsmarsch intonierte, setzten die beiden sich in Bewegung. Der Bräutigam kam ihnen entgegen, verbeugte sich vor seinem Schwiegervater und führte das Mädchen zum Altar, wo schon zwei »Zeugen« warteten. Nun erschien auch der Priester, ein Westlicher im Talar, mit einem dicken, rotgebundenen Buch unterm Arm, aus dem er auf japanisch über Eheleben und -treue vorlas. Die überall postierten Fotografen filmten und fotografierten dazu im Sturm.

Das Ganze hatte etwas Beklemmendes an sich. Niemand war in seiner fremdartigen Rolle zu Hause, sondern nur ängstlich darauf bedacht, keinen Fehler zu machen. Alle saßen sie auf den Bänken, als warteten sie auf den Autobus. Ich schaute mich in der Kirche um. Ihre Mauern waren mit Marmormaserungen bemalt. Neben dem Altar standen zwei michelangeleske Gipsstatuen, und die Kuppel war mit Fresken ausgemalt, die von Giotto hätten sein können, wenn ihren Mittelpunkt nicht die Inschrift, »Edo-no Santa« gebildet hätte. »Die Heilige von Edo«? Wer kann das sein?

Nachdem der Tenor das »Ave Maria« zur Orgelbegleitung gesungen hatte und alle sich erhoben hatten, gab sich das Brautpaar das Ja-Wort, und der Priester streifte den beiden die Ringe über die Finger. Alles klatschte, als das Paar durch das Hauptschiff davonschritt – und sofort wieder umkehrte, diesmal ausschließlich für die Fotografen. Scheinwerfer wurden herangerollt, Braut und Bräutigam drappierten sich neben den Priester vor den Altar, das Tonband mit der Orgelmusik wurde ihnen auf einem Tablett überreicht, und der Blitzlichtsturm ging von neuem los.

Bevor der Priester eilig in der Sakristei verschwand, holte Tiziano ihn ein. Der Mann war Slawe, sprach aber gut Italienisch. »Nein, es war auch kein Sakrament. Wir geben ihnen den Segen, wie man ihn jedem Lebewesen gibt, auch Schweinen«, entwischte es ihm. Er schlug Tiziano mit der Hand auf die Schulter, und weg war er.

Das Brautpaar hatte sich Kirche und Priester gemietet und die eigene Hochzeit aufgeführt, als sei sie ein Theaterstück!

Die Kulissen wechseln mit wachsender Geschwindigkeit, aber auf der Bühne stehen immer dieselben Personen: »Vorgesetzter mit Angestellten«; »Chef mit Sekretärin«; »Kollegen«; »Hausfrauen«; »Schulmädchen«.

»Es lockt mich nicht mehr, es interessiert mich nicht mehr«, sagte Tiziano, an sich der geborene Entdecker, als wir Samstagabend im »Baden-Baden« saßen. Wir waren davor im »Rheingold« gewesen und gingen danach in die »Lorelei«: drei Lokale rechts und links der Eisenbahnschienen von Yurakucho, mit mehr oder weniger »deutschtümelnder Atmosphäre«.

In der »Lorelei« steigt man die Treppe hinunter und befindet sich in einem bayerischen Bierkeller. Japanische Kellnerinnen bedienen im Dirndl, ein älterer Japaner spielt auf der Ziehharmonika, ein Salariman legt dazu einen beachtlichen Schuhplattler hin. Es wundert mich nun nicht mehr, daß es in Tokyo auch einen Jodlerverband gibt.

Man sitzt auf langen Bänken dichtgedrängt um die wenigen Tische herum. Wenn die Dirndl-Mädel nicht gerade mit Maßkrügen, Würstchen mit Sauerkraut oder Bratkartoffeln herumlaufen, klatschen sie in die Hände, reichen Liederbücher herum und fordern zum Mitsingen auf. Ich mußte »Vor der Kaserne, vor dem großen Tor« auf deutsch ins Mikrophon singen, und das ganze rauchige Lokal hat auf japanisch mitgebrüllt.

»Dich amüsiert das«, sagte Tiziano. »Mich amüsiert es nicht, immer auf einer Bühne zu stehen, immer unter Schauspielern sein zu müssen.«

Eine Bühne zum Schauspielern ist, was dem Menschen als Ersatz geboten wird für das wahre und wirkliche Leben, von dem er sich immer weiter entfernt.

13. April 1989

Karel van Wolferen hat heute mittag sein Buch »The Enigma of Japanese Power« in Tokyos Amerikanischer Handelskammer vorgestellt. Tiziano saß neben einem Vertreter des MITI, des Ministeriums für Internationalen Handel und Industrie, der sich mit der Frage an ihn wandte: »Was sollen wir Japaner tun, damit wir nicht von allen kritisiert und gehaßt werden?«, selber aber sofort hinzufügte: »Ach, wahrscheinlich waren auch die Engländer unbeliebt, als sie anfingen, ihr Imperium aufzubauen.« Das British Empire ist offensichtlich das Vorbild.

Ein amerikanischer Diplomat, der am selben Tisch saß, erzählte Tiziano, er sei bei einem eleganten Essen anwesend gewesen, bei dem die Herausgeber der großen japanischen Zeitungen besprochen hätten, welche ausländischen Journalisten Japans Image am meisten schadeten: Van Wolferen und James Fallows standen an der Spitze.

Wahrscheinlich haben sie dieses nicht bloß konstatiert, sondern auch etwas dagegen unternommen. Fünfzig französische Journalisten sind letztes Jahr nach Japan eingeladen worden. JETRO, eine Art Handelskammer, hat eine Amerikanerin beauftragt zu ermitteln, welche amerikanischen Journalisten an für Japan heiklen Themen arbeiteten, und sie nach Japan einzuladen. Alle Aktionen seien erfolgreich gewesen, berichtete der Diplomat.

Den Japanern liegt seit der Meiji-Zeit daran, der Welt ein bestimmtes Bild ihrer selbst aufzuzwingen, oder besser, es scheint ihnen wichtig, daß die Welt etwas Bestimmtes von ihnen hält: eine Sorge, welche die Chinesen vollkommen verabscheut haben. Seit dem Rokkumeikan-Versuch haben die Japaner deswegen stets ihre »Propagandisten« gehabt, selber hochgebildete Leute wie Suzuki und Inazo Nitobe, welche im Ausland die Vorstellung Japans als eines Kulturlandes verbreiteten, das so geheimnisvoll sei, daß es von niemandem verstanden werden könne.

Den Satz »Japan kann keiner verstehen« hört oder liest man hier Tag für Tag, aber schon 1925 schrieb der amerikanische Dichter Edmund Blunden, nachdem er länger hier gelebt hatte: »Verankert im japanischen Charakter liegt ein Glaube an die Schönheit des Vagen, aus dem die geliebte Formel entsteigt, Japan besitze ein geistiges Geheimnis, so fein und rar, daß es Menschen anderen Blutes nicht mitzuteilen sei.«

Aufschlußreich ist, daß, sobald ein Japaner auf die kulturelle Vergangenheit zurückgreift, sein Unterfangen in Japan selbst ohne jedes Echo bleibt. Kurozawa mit seinen Filmen »Die Sieben Samurai« und »Rashomon« ist dafür ein klassisches Beispiel.

14. April 1989

In seinem Haus im Stadtteil Yoyogi, nicht weit von uns, hat Karel gestern abend seinen 48. Geburtstag gefeiert. Er ist vor 23 Jahren nach Japan gekommen, hat Englischstunden gegeben, als Fotograf gearbeitet und ist dann Korrespondent des »Rotterdamschen Handelsblatt« geworden. Um sein Buch zu schreiben, hat er sich in der Präfektur Ibaraki, 250 Kilometer von Tokyo, ein Holzhaus im Wald gemietet und sich achtzehn Monate dorthin zurückgezogen.

Gestern abend waren seine Freunde alle beisammen. Da war sein Agent Bill Miller, seine japanische Assistentin, seine Freundin Fusai und die Diplomaten, Geschäftsleute, Akademiker und Journalisten, mit denen er im Laufe der Jahre seine Gespräche über Japan fortgeführt hat. James Fallows wurde erwartet; Clyde Prestowitz war schon wieder abgefahren. Wir saßen bei gedämpftem Licht in dunkelgrünen Plüschsesseln, zwischen Büchern und auf Stative montierten Fotoapparaten und wünschten Karel gute

Reise. Er fliegt in ein paar Tagen nach Amerika, um während einer dreimonatigen Vortragstournee dem amerikanischen Publikum sein japanisches »Enigma« vorzustellen. Es war bei ihm wie in einer kleinen Kirche, wie unter Mönchen, die sich im Refektorium unterhalten – oder wie bei einer Verschwörung im Herzen Tokyos.

Während seiner kürzlichen Pressekonferenz im Club hat der Präsident des französischen Arbeitgeberverbandes die japanische Geschäftswelt aufgefordert, ihr »zerstörerisches Benehmen« auf dem französischen Markt einzustellen: »Konkurrieren bedeutet doch nicht, sich gegenseitig zu vernichten!«

Für die Japaner bedeutet es eben das.

»Es ist den Japanern gleichgültig, was wir von ihnen halten«, erklärte mir gestern ein Freund Karels. »Jeder Angestellte, jeder Manager ist in die Maschinerie seiner Firma eingespannt, und wenn er nachläßt, wenn er aufhört, Hälse umzudrehen, hat er im Nu seinen Job verloren.«

»Win! Win! – Siegen! Das ist unser Motto«, hat ein Hitachi-Manager einmal in großer Aufregung zu mir gesagt.

Ein Geschäftsmann aus Hongkong, der dort für eine japanische Firma arbeitet und sich bei seinen Arbeitgebern beklagte, daß er sich jeden Abend mit ihnen betrinken und zum Karaoke singen müsse, bekam die lakonische Antwort: »So entspannen wir uns. Sie werden sich daran gewöhnen müssen.«

»Wollen wir uns daran gewöhnen? Wollen wir selber zu Japanern werden? Wollen wir unsere Lebensart der ihren anpassen?« Wir müssen uns diese Frage beantworten, sagt Tiziano, da wir die Investitionen und das Geld der Japaner nur annehmen können, wenn wir auch bereit sind, die Lebensbedingungen zu akzeptieren, unter denen allein sie erfolgreich sein können.

16. April 1989

Der Recruit-Skandal ist jetzt in seinem zehnten Monat. Vierzehn Leute, darunter zwei Vizeminister und der Präsident des Kommunikationsriesen NTT sind wegen Bestechung und Verletzung von Staatssicherheitsgesetzen verhaftet worden; drei Minister, darunter Finanzminister Miyazawa Kiichi, mußten demissionieren. Nakasone, unter dem sich das Ganze abgespielt hat, wird wegen seiner Verbindung mit Recruit-Besitzer Ezoe und wegen eines undurchsichtigen Ankaufs von drei amerikanischen Craig-Supercomputern schwer verdächtigt. Takeshita wird sich nicht mehr lange an der Macht halten können, obgleich er immer noch dickfällig wiederholt: »Ich gebe nicht auf! Ich entschuldige mich bei der Partei wegen der Unannehmlichkeiten, die ich verursacht habe, und verspreche, die Schäden wiedergutzumachen.«

Der Grund, weshalb dieser Skandal nicht zu einem Krimi geworden ist, den das ganze Japan mit brennendem Interesse verfolgt, ist, daß die Presse – anders als die amerikanische bei der Watergate-Affäre – keine selbständigen Ermittlungen in die Wege geleitet hat. Immer neue sensationelle Enthüllungen »sickern durch«, welche die Medien nur aufgreifen.

Niemand stellt der Öffentlichkeit aber die entscheidende Frage nach den Hintergründen der Recruit-Affäre. Wer kann es sein, der dieses »Durchsickern« reguliert, das einer Wasserfolter gleicht? In einer so gehorsamen und von oben gesteuerten Gesellschaft wie der japanischen, meint Tiziano, müsse man sich fragen, welche Macht wohl wolle, daß der Skandal fortdauere, wolle, daß immer mehr Trübes an die Oberfläche geschwemmt und die seit der Kriegszeit regierende LDP-Partei diskreditiert werde? Wer könnte wohl Interesse daran haben, am System zu rütteln?

Was wollte Ezoe erreichen? Den Zugang zur Macht? Wohl kaum, da ein reicher Industrieller wie er ihn sich erkaufen kann. Platzer vermutet, die gesamte Recruit-Affäre müsse womöglich andersherum gelesen werden: Nicht um Ezoe gehe es, der die Politiker besticht; sondern um eine Gruppe von Menschen, vielleicht um Nakasone herum, die versucht habe, ein alternatives, rechtsgerichtetes Machtsystem aufzubauen – von Ezoe finanziert.

17. April 1989
Ich war heute morgen wieder im Club. Von dort oben – der 22. Etage des Yurakucho-Denki-Gebäudes – sieht man auf Tokyos Bucht hinunter, wo das technologische Monstrum geboren wird, von dem aus Japan die Welt regieren will. Das Projekt – das größte städtebauliche Projekt der Welt – heißt »Minato Mirai 21«, soll zu Beginn des 21. Jahrhunderts fertig sein und sich bis Yokohama ausdehnen.

Türme werden geplant: Türme in Raketenform, Türme mit Skipisten in ihrem Innern, eine 500 Etagen hohe »Luftstadt« – die höchsten Türme der Welt. Sogenannte »futuristische Projekte« sehen für die Bucht eine Untergrund-Schnellstraße, eine 600 Meter lange »Traumbrücke«, versenkbare Kapseln mit Unterwasserbüros und ein Unterwasserfußballstadion mit Glasdom vor... Publicity, Publicity!

Von einem der Pressetische der Bar winken französische Korrespondenten.

»Wie geht's?« frage ich.

»Schlecht«, antwortet einer. »Schlecht im Kopf. Ich kann nicht mehr denken. Ich muß weg, nach Paris. Japan ist ein Irrenhaus. Wir Franzosen sind zwar ärmer, doch leben wir besser. Wollen wir wie die Japaner leben? Wollen wir wie sie werden?« fragt er, Tiziano persiflierend.

Ein anderer schüttelt den Kopf. Mit unserer verschiedenen Lebenskultur allein könnten wir uns gegen die Japaner nicht mehr behaupten. Welche Strategien haben wir gegen die ihren?

Im Speisesaal sitzen italienische Bankfreunde. Ähnliche Stimmung, ähnliche Gespräche. Die traditionelle italienische Seidenindustrie, für ihr edles Design bekannt, sei nahezu lahmgelegt, weil Japan die gesamte chinesische Seidenproduktion aufkauft. Erst nach harten Verhandlungen mit Peking sei es Rom kürzlich gelungen, zwanzig Prozent des Monopols zurückzuerobern.

Zugrunde gegangen sind dagegen die alten flämischen und französischen Wollspinnereien, weil der japanische Handelskoloß Itoh Indiens gesamte Kashmirwollexporte, die früher an die Europäer gegangen waren, monopolisiert. Jahrhundertealte Traditionen sind damit bei uns untergegangen.

Im Augenblick hat Japan es auf die australische Fleischindustrie abgesehen. Man folgt dabei folgender Strategie: Zuerst wird eine Vieh-Ranch in Australien erworben; dann ein Schlachthaus; dann Gefrieranlagen; dann Transportmittel; und schließlich befindet sich die gesamte australische Fleischindustrie, von der Weide bis zu Tanaka-sans Teller in Tokyo, in japanischer Hand.

Der nächste Angriff soll der europäischen Automobilindustrie gelten. Während die Europäer noch über ihr vereintes Europa diskutierten, hätten die Japaner ihren totalen Krieg längst vorbereitet, schreibt das »Asian Wall Street Journal«.

Abends saßen wir mit französischen Diplomaten im Restaurant »Phnom Penh«. Sie sangen dasselbe Lied. Einer wußte von einem Japaner, der sich in Frankreich gleich fünf Schlösser gekauft hat. Eines der Loire-Schlösser soll in ein Hotel mit Golfplatz – »for Japanese only« – umgewandelt werden...

Ein Schweizer Antiquar, der kürzlich aus Spanien zurückkam, erzählte, in Toledo und Ronda – Hemingways Ronda! – hätte Tokyos MITI Alterskolonien mit eigenen Supermärkten und Golfplätzen für japanische Rentner eingerichtet. Da sie hier mit ihrer Pension nicht mehr auskommen, exportiert man sie und siedelt sie dort an.

»Die Japaner benehmen sich nicht wie Geschäftsleute, sie benehmen sie wie Eroberer«, sagte Tiziano zu den Franzosen. »Deshalb müssen wir sie uns fernhalten.«

23. April 1989

»Is this life?« fragte uns Michael Shapiro, ein junger Amerikaner, der sich einen Salariman vorgenommen hat, ihn in seinem Lebenslauf begleitet und ein Buch darüber schreibt.

Wenn man sich das Land so ansieht, fragt man sich wirklich, ob es sich noch zum Leben eignet.

Das Gesetz zur Einführung von 85 Themen-Parks und Freizeitzentren im ganzen Land; der »Furusato«-Plan, der jedem Dorf hundert Millionen Yen zur eigenen Verplanung bietet; das »Minato

Mirai 21«-Projekt, das Tokyo zu einem Ungeheuer macht; die Slogans vom »21. Jahrhundert«, dem »Pazifischen Jahrhundert«, dem »Japanischen Jahrhundert«, mit denen man hier um sich wirft... Haben die Leute den Verstand verloren, oder sind sie in die Hände einer Werbeagentur gefallen?

Tatsache ist, daß die Aufwertung des Yen, die im September 1985 begann, dem Land in den ersten zwei Jahren beinah 30 Trilliarden Yen in Wechselkursgewinnen eingetragen hat. Der Handelsüberschuß für 1988 allein betrug 3,2 Milliarden Dollar. Und inzwischen weiß man nicht mehr, wohin mit dem Geld.

Hauptsächlich hielt die Regierung Nakasone es für ratsam – schon um das Ausland zu beruhigen –, die sparsamen japanischen Arbeitsbienen in Verbraucher und Ferienmacher zu verwandeln. Der Begriff »Leben mit Yutori (Entspannung)« wurde in Umlauf gebracht, und die Bevölkerung wurde angehalten, »spielorientiert« zu sein. 85 verschiedene Gebiete wurden zur Entwicklung von Freizeit- und Vergnügungszentren ausgewiesen, und die Industrie wurde aufgefordert, in die Freizeitgestaltung zu investieren. Nun schießen die »Themenparks« und »Freizeitländer« wie Pilze aus dem Boden: »Raumwelt«, »Raumhafen«, »Asialand«, »Europaland«, »Hollanddorf«, und wie sie alle heißen.

Zum 130. Jahrestag der Erbauung des Hafens von Yokohama ist im März die »Yokohama Exotic Showcase '89« (»YES«) eröffnet worden, der bisher größte aller Themenparks überhaupt. Auf einem über 69 Hektar großen, zum Teil neu gewonnenen Stück Land, das später in das »Minato Mirai 21«-Projekt eingegliedert werden soll, haben dreißig japanische Mammutkonzerne ihre Pavillons auf den Asphalt gestellt – riesige Silberzelte aus Kunststoff, mit blauen und roten Wimpeln und dreidimensionalen Reklamekonstruktionen versehen, die in der milden Aprilsonne bedenklich blenden und flimmern. Ich war gestern mit Reiko da, und mir war, als hätte man uns in eine Wüste voller technologischer Ungeheuer katapultiert.

»YES« hat als Thema »Raum und Kinder«, wozu sich jeder Konzern seine eigenen Variationen ausdenken konnte: »Lob des Lebens und der Menschheit« (Japan Tobacco); »Kommunikation und Liebe« (NTT); »Nur die Erde« (Nippon Oil); »Boten der Sterne« (Fuji-Coca Cola); und so fort. Mit Schlangestehen und Warten kann man aber in einem Tag kaum mehr als drei, vier Pavillons besichtigen.

Mitsuis »Gulliver-Zelt« betritt man durch einen riesigen Ärmel des reisenden Abenteurers. »Von den Ländern, die Gulliver besuchte, ist Japan das einzige, das wirklich existierte«, versichert einem die Broschüre. Dann kommt die Enttäuschung: Keine technologischen Wunder, sondern ein ganz normaler Film wird einem gezeigt. Wer will, darf mit Computern spielen.

NTT – Japans Kommunikationsriese (dessen Präsident wegen seiner Recruit-Verwicklungen jetzt im Gefängnis sitzt) – hat sich die »Arche Noah« zum Thema erkoren. Man gelangt dort von der Dinosaurierzeit über die technologische Gegenwart stracks in die Zukunft – die »Kommunikationszeit« –, und da erreicht man dann Yasuragi, die Entspannung.

»Die Japaner können nicht entspannen, aber sie versuchen es«, bemerkte Reiko trocken.

Man starrt im Dunkeln in eine Glaskuppel hinauf, wo Felder und Wiesen zu ohrenbetäubender elektronischer Musik langsam kreisen und das »Themenlied« auf japanisch heult:

Wir wollen wie der Wind sein,
der die Blumen küßt
und Träume bringt;
flieg, flieg von dannen ...

»Kinder werden mit Träumen und Hoffnungen davongehen; Erwachsene mit einer Gefühlsbereicherung«, verkündet einem die NTT-Broschüre.

Sumitomo, mit seinen »Träumen von Raum, Mut und Hoffnung«, hat als verkapptes Unterthema: »Japan über alles!« Gezeigt wird ein »Hi-Fi-Drama«, ein Film namens »Himiko«.

»Sein Inhalt ist ziemlich faschistisch«, bemerkte Reiko, die ihn mir übersetzte. Ein Junge namens Nagi (wie Nogi, der vergötterte General), will sein Land Yamatai (Japans Urprovinzen), von den bösen, fremden Orion-Menschen befreien, die sagen: »Wir hassen das Land Yamatai. Es ärgert uns, seine Menschen da so friedlich leben zu sehen. Gebt uns die üble Macht, ihr Land zu zerstören!« Nagi fleht Himiko, Japans erste Königin, an, ihm beizustehen, und besiegt all die ausländischen Ungeheuer. Himiko sagt zu ihm: »Nagi, du bist der mutigste Junge der Welt, denn du hast deine Schwäche von selbst überwunden. Was die Menschen dieses Landes empfinden, nenne ich LIEBE. Adieu, Yamatai, und dank dir!«

Die Sumitomo-Broschüre hofft, man möge »den Traum, den dieser Pavillon ausdrückt«, würdigen.

Überhaupt spielen die meisten Pavillons mit dem Wort »Traum«, sprechen von »Traumanbetung«, versprechen »das phantastische Theater, von dem wir träumen«. Die meisten tun, als respektierten sie die Natur und den Menschen, und werben doch nur für ihre zerstörerische Technologie. Eine Rekonstruktion des alten Yokohama mit kostümierten Männern und Frauen zieht aber die größte Menge an.

»Hier gibt es nämlich eine menschliche Note«, erklärte mir Reiko. »Wir wollen keine Technologie mehr sehen. Wir sehnen uns nach dem ›feeling‹ der alten Welt.«

Um Japans Rolle in der neuen Welt zu definieren, ging Nakasone mit dem Aufruf zur »Kokusaika«, der »Internationalisierung«, an die Öffentlichkeit. Es ist ein Aufruf, der so alt ist wie die Meiji-Restauration, da »das Land seitdem den Kokusaika-Booggie mit wachsender Geschwindigkeit aufs Parkett gelegt hat«, wie ein in Tokyo ansässiger Ausländer sagt. Worte wie »Globaldorf« und »Globalfamilie« sind nun dazugekommen.

Steven Platzer behauptet, der unvermeidliche Begriff »postmodern«, der das 21. Jahrhundert beschreiben soll, bedeute für die Japaner in Wirklichkeit: Ende des Individualismus. Beginn des Massenmenschen.

Und wieder erhebt sich aus der Provinz ein kleines Stimmchen, das klagt: »Wie utopisch euer Land sein muß! Wo befindet es sich? Was hat es für eine Geschichte? ... Ich werde anfangen, es zu suchen – irgendwo zwischen der Trauminsel und dem verlorenen Kontinent von Mu.«

6. Mai 1989
Während der ersten Maiwoche, der Goldenen Woche, wenn ganz Japan auf Reisen geht, war ich in Hongkong und Bangkok, Tiziano bei Folco und Saskia in England.

In Hongkong erklärte mir ein Taxifahrer: »Mir sind die Japaner nicht sympathisch, denn sie haben kurze Beine, und Kurzbeinige wollen einen beherrschen. Ich schließe niemals Freundschaft mit jemandem, der unter fünf Fuß hoch ist. Ein großgewachsener Mensch ist aufrecht, würdevoll ...«, und er reckte sich am Steuer.

Während ich in Bangkok war, ist Takeshita zurückgetreten, oder besser, er hat verkündet, er werde es tun, sobald sich ein Nachfolger finde. Tag für Tag hatte es neue Enthüllungen über seine Verwicklungen in die Recruit-Affäre gegeben: Jemand wollte ihm wohl klarmachen, daß seine Zeit gekommen sei.

Zur selben Zeit hat Aoki, seit dreißig Jahren Takeshitas Privatsekretär, sich das Leben genommen. »Endlich einmal ein gutes, japanisches Benehmen!« schrieb eine Tageszeitung anerkennend, während in Takeshitas Büro jemand bemerkt haben soll: »Das war der erste Befehl, den Aoki in den letzten sechs Monaten korrekt ausgeführt hat.«

Die Japaner sind überzeugt, daß Aoki sich das Leben hat nehmen müssen. »Ein Telefonanruf genügt, um einem getreuen Samurai den Tod nahezulegen«, sagte Miho, als ich sie wiedersah. »Sein Verschwinden stoppt die Ermittlungen und rettet Takeshita. Unter Eid hätte Aoki Zeugnis ablegen müssen. Nun können alle anderen sagen: »Ich weiß es nicht. Aoki wußte Bescheid ...«

Loyalität und Opferbereitschaft sind tief empfundene Tugenden, die jeden Japaner berühren.

Im Kabuki-Theater wird gerade ein Stück gegeben – »Terayoka«, eines der beliebtesten des klassischen Kabuki-Repertoires überhaupt –, das ich mir eines Nachmittags angesehen habe. Ein Daimyo, der mit einem anderen auf Kriegsfuß steht, versteckt seinen kleinen Sohn vorsichtshalber bei einem seiner getreuen Samurai. Als der feindliche Daimyo dem Mann seine Recken ins Haus schickt, um sich das Kind zu holen, übergibt der Samurai ihnen den eigenen Sohn und versichert ihnen, es sei der Sohn seines Herrn. Die Männer führen ihn ab, hauen ihm den Kopf ab und legen ihn in eine Schachtel. Die Schachtel wird auf die Bühne getragen, der Kopf wird hervorgezogen und dem Samurai (dem Vater!) – und uns – präsentiert. Ohne zu zögern, bestätigt der getreue Mann, es sei in der Tat der Sohn seines Herrn. Erst als der Rumpf des Kindes in einer Sänfte davongetragen wird, bricht seine Gattin (die Mutter!) in Tränen aus. Ihr Mann schilt sie wegen ihrer »Schwäche«.

»Takeshita zahlt für Nakasone, und Aoki zahlt für Takeshita. Immer ist es der Untergeordnete, der die Drecksarbeit tun muß«, meint Miho. »Schweigen, lieber sterben als den Mund auftun, gilt hier als höchste Tugend. Wer die Wahrheit verrät, wird verachtet.« Sie schweigen aus Patriotismus.

Seit zwei Wochen sickert nichts mehr durch. Die Ermittlungen erstrecken sich jetzt auch auf die Oppositionsparteien. »Regierung, Opposition, Beamtentum – alle sind sie involviert. Also kann alles beim alten bleiben«, wie David Russell zynisch sagt.

7. Mai 1989

Sonntag. Pünktlich nach der Goldenen Woche beginnt die Regenzeit. Die Straßen liegen in vollkommenem Schweigen, die Häuser sind so still, als stünden sie leer. In Bangkok und Hongkong war es, als wüchsen die Menschen ein wenig wie Pflanzen oder Tiere vor sich hin. Hier stehen sie still wie Autos auf einem Fließband. Nicht einmal Aokis Selbstmord – dieses Anhalten aller Ermittlungen vor einer Grenze, über die sich alle einig sind: die Aufrechterhaltung des Systems – rüttelt die Leute mehr auf.

Steven Platzer kommt vorbei. »Japan drückt mich nieder. Es lastet auf meinen Kopf. Fünf Jahre war ich im ganzen hier. Gut, daß ich bald gehe . . .«, sagt er. Und ich muß an Sebastian Froboenius denken, einen deutschen Journalisten, der seit Jahren in Tokyo lebt und kürzlich meinte, Japan sei der direkteste Weg in den Wahnsinn, »aber keiner schreibt das – ich auch nicht«.

Die Tatsache, daß es bei der Recruit-Affäre zu keinem öffentlichen Protest gekommen ist und auch die Opposition ihre Chancen nicht gewahrt hat, sind für Platzer schlechte Vorzeichen.

»Es ist die Totalität des Systems, die so erschreckend ist, weil sie sogar die Vorstellung einer Opposition unmöglich macht. Sogar den Begriff einer ins System eingebauten Opposition kennt man nicht – die Opposition selbst kennt ihn nicht. Man kennt nur ›den Feind‹«, sagt er. »Das Volk gehorcht. Ein paar Männer geben Befehle. Sind ihre Befehle falsch, wie im Zweiten Weltkrieg, ist da niemand, absolut niemand, der sie stoppen könnte. Darin liegt die Gefahr für die Welt.«

Steven hat nur noch Lust, mit den Yakuza umzugehen, weil sie außerhalb des Systems stehen. Er sagt, sie verachteten die Politiker, die sie als korrupt und ohne Ehrgefühl abtun. Für sie stehe fest, daß Aoki nicht Selbstmord begangen hat, sondern umgebracht worden ist.

»Wir werden sowohl von der Regierungspartei als auch von der Opposition angeschmiert«, hat ein Taxifahrer zu Platzer gesagt. »Aber die Opposition ist am ärgsten, denn sie tut, was sie kann, um nicht an die Macht zu kommen.«

14. Mai 1989

Wir waren in Nikko – einer der schönsten und berühmtesten Ortschaften dieses Landes – dessen Name mit »kekko« (schön) gleichgesetzt wird: »Sag nicht ›kekko‹, bevor du sahst Nikko!«

Man steigt in Tokyos Tobu-Asakusa-Bahnhof in die Tobu-Privatbahn und in Tobu-Nikko wieder aus. Es gäbe auch eine Staatsbahn, die weit billiger wäre, aber der Tobu-Konzern (dem in Nikko auch das exklusive Tobu-Onsen-Hotel gehört) hat die Strecke so gut wie monopolisiert.

In alten Zeiten wurden in Nikko die drei Bergspitzen verehrt, die man in der Ferne sieht. Das Grab Ieyasus, des 1616 gestorbenen Gründers des Tokugawa-Shogunats, und die Mausoleen, die man ihm und seinen Nachfolgern errichtet hat, sind noch ganz im chinesischen Stil. Ieyasu hatte Japan zwar versiegelt, doch war der chinesische Einfluß im Land geblieben, und er war stark. Das

Land hatte damals noch nichts von der Steifheit, die es während seiner 300jährigen Isolierung bekam. Nikkos Tempel sind mit bunten Friesen voller Blumen und Tiere verziert und liegen mit großer Natürlichkeit in den Furchen der Berge. Jahrhundertealte japanische Zedern – sie stehen steil und hoch wie mächtige Zypressen – prägen die Landschaft. Man geht in grünlichem Licht und bläulichen Nebeln an Sturzbächen und Felsen vorbei, vor denen kleine steinerne Jizo- und Buddhafiguren in lebhaften Gruppen stehen – wie Waldzwerge, Gnome oder kautzige Berggottheiten.

Ausländer fuhren immer schon gern nach Nikko, das sie an Europas Norden erinnert. Neben den vielen modernen Onsen- und Ski-Paradiesen für die drei Millionen jährlichen Besucher, steht da noch eine kleine protestantische Kirche und ein altmodisches Hotel. Wir wohnten in einem Cottage, das sich ein Skandinavier in den Moosgarten eines alten Tempels gebaut hat. Unsere Gastgeber waren ein Amerikaner und seine japanische Frau, und ich muß sagen, daß diese Frau, durch ihre Ehe von ihrer traditionellen Rolle erlöst, noch weit natürlicher und informeller war als wir anderen und daß sie dominierte.

»Die japanische Frau äußert ihre Meinung nie, außer wenn sie mit einem Ausländer verheiratet ist: dann tut sie es zu oft«, bemerkte ihr Mann belustigt.

Wir fanden es etwas befremdlich, daß der schöne Moosgarten mit dem alten Grabstein neben dem Teich in seiner Mitte rein ornamental war, wie so vieles in diesem Land: Man betrachtet eine Aussicht oder einen Garten wie ein Bild, das aus der Landschaft herausgeschnitten worden ist, geht aber nicht hinein und blickt auch nicht darüber hinaus. Außerhalb des Bildes lag in diesem Fall ein Müllhaufen.

Das Gefühl, daß im Innern Japans ein unbeweglicher Teich liegt – andere sagen: die Leere; der Tod –, ist uns geblieben. Nichts strömt. Alles ist reglos.

15. Mai 1989
Ein Salariman hat uns gestern besucht, ein Angestellter des Finanzkolosses Nikko Securities. Er kam um 20 Uhr, weil er eine Unterschrift brauchte, und kehrte dann ins Büro zurück. Vor Mitternacht ist er selten zu Hause. (Dabei hat er zwei kleine Kinder und ist selbst gerade erst vierzig.) Morgens tritt er um 7.30 Uhr an. »Wir konkurrieren nämlich mit Nomura Securities und müssen deswegen hart arbeiten«, erklärte er bescheiden.

Einmal pro Woche muß er abends die sieben Neuangestellten ausführen, die er betreut, und sie über ihre privaten Probleme reden lassen. Sie erzählen ihm dann von ihren Heiratswünschen und suchen seinen Rat. »Aber ich überlasse die endgültige Entscheidung meist ihnen«, sagte er, als sei er darin anders als andere. Für solche Abende verfügt er über ein Budget von 20000 Yen, weshalb er nur zwei junge Männer zur Zeit ausführen kann und mit ihnen in einer Sake-Schenke einkehrt.

Einmal pro Woche geht sein Chef mit ihm und seinen Kollegen aus, aber dann ist das Budget schon höher. »In ein Thermalbad zu fahren, da zu essen und zu trinken – das ist das Paradies!« rief er, als wir ihm von Nikko erzählten. Lieber als mit Kollegen führe er einmal mit seiner Familie dorthin. . . Aber das sei undenkbar.

Ein rührender, beflissener Mensch. In seinem bescheidenen grauen Anzug, mit dem Firmenabzeichen im Knopfloch, dem schütteren Haar und dem müden Blick könnte man ihn richtig liebhaben. Aber Millionen solcher Soldaten verändern unsere Welt. . .

Yoichi kam vorbei, sehr müde und traurig, verzweifelt beinah in seiner beherrschten Art. Seine Mutter ist gestorben. Seit dem Tod seines Vaters vor vier Jahren haben sich die Beerdigungskosten auf 1,5 Millionen Yen verdoppelt. Ein Racket offensichtlich, von dem hauptsächlich die buddhistischen Mönche profitieren. Für jedes »erhabene« Wort, wie »wunderbar« oder »tugendhaft«, das sie auf den Grabstein schreiben, verlangen sie extra Geld. »Normale Adjektive sind natürlich billiger, aber wer wird ausgerechnet an seiner Mutter sparen? Es ist ein Alptraum«, seufzte Yoichi.

Mit sechzig tritt er in den Ruhestand. Wie allen Firmenangestellten wird ihm dann eine Summe ausbezahlt, die drei bis fünf Jahresgehältern entspricht, und damit Schluß. Wenn er Glück hat, kann er noch ein Jahr weiterarbeiten, aber zu einem Drittel seines normalen Gehalts.

Für Menschen wie unseren Nikko-Salariman und Yoichi ist das Leben trotz des Booms und aller Gewinne nicht leichter geworden. Man läßt sie nicht daran teilnehmen. Dreißig Prozent der Bevölkerung verdienen weiter nicht mehr als drei Millionen Yen im Jahr und tun sich schwer. Da die Bodenpreise um 200 Prozent gestiegen sind, kostet ein winziges Eigenheim jetzt über hundert Millionen Yen – und damit ist auch der Traum dahin, mit einem Häuschen eine Spur der eigenen Existenz auf Erden zu hinterlassen.

Wer sich hingegen an der Börsen- und Bodenspekulation beteiligt, der kann sich plötzlich die absurdesten Sorten Luxus leisten. Man hört von goldenen Golfschlägern, von einem stets ausgebuchten Café in der Stadt Nara, wo jede Tasse Kaffee mit einer Prise Goldpuder bestreut ist und 50 000 Yen kostet; von dem Saphircollier, das sich ein Geschäftsmann weder für seine Frau noch für seine Geliebte, sondern für seinen Schreibtisch gekauft hat; von den 327 Wagen, die Rolls-Royce allein 1988 hier abgesetzt hat.

Die Kinder der reichsten Leute wollen die schönsten Kleider, die teuersten Autos und auch die idealsten Ehepartner haben. Für sie gibt es eine Heiratsagentur, die sie – für zehn Millionen Yen – miteinander bekanntmacht und ihre Hochzeit organisiert. Sie heißt »Rodin-no kai« – »Der Kuß von Rodin«.

»Was ist doch aus den Japanern geworden!« klagt Yoichi. »Früher hatten wir soviel mehr Mitgefühl, soviel mehr Rücksicht füreinander! Heute halten sich die Leute lieber Haustiere – je teurer, desto besser.« Er erzählt von einer Bekannten, die sich zwei Katzen zu je drei Millionen Yen gekauft hat und sie in möblierten und klimatisierten Katzenbehausungen hält; von seinen Kollegen, die sich morgens über das nächtliche Tun und Treiben ihrer Mietze unterhalten, ihr Leckerbissen kaufen und die Nägel schneiden. »Dabei wird die menschliche Einsamkeit immer größer«, sagt er.

»Wie steht es mit denen, die aussteigen, mit den Versagern?« frage ich.

»Die Versager sind keine wirklichen Versager«, antwortet er. »Es sind Menschen, die den Streß nicht mehr ertragen, Menschen mit einem guten Herzen und warmen Gefühlen, die Kunst und Musik lieben, aber mit dem Wettkampf nicht fertig werden. Es ist entsetzlich, daß unsere Gesellschaft sie ausstößt und vergeudet. Daneben gibt es allerdings auch schrecklich harte, ehrgeizige junge Leute, welche die Schwachen organisieren und Japan vorantreiben werden.«

16. Mai 1989

»Ich nenne die Universität Tokyo (Todai) Japans Gulag«, sagt Steven Platzer. »Akademiker und Denker werden dorthin verbannt, damit man sie unter den Augen hat. Solange sie in ihrem Elfenbeinturm bleiben, dürfen sie denken und schreiben, was sie wollen, wie die Tatsache beweist, daß ein scharfer Kritiker des japanischen Erziehungssystems wie Horio Teruhisa zum Dekan der Pädagogischen Fakultät werden konnte: Niemand kümmert sich um das, was er schreibt. Als er einmal im Fernsehen etwas gesagt hat, ›das man nicht sagt‹, hat man ihn nur verachtungsvoll angeschaut und nie wieder hinzugezogen. Keiner fragt ihn nach seinen Ansichten, und auch untereinander diskutieren die Akademiker nicht.«

Ähnliches hatte mir Reiko von der katholischen Mädchenschule erzählt, wo sie jetzt Englisch unterrichtet: Ihre Kollegen seien »kompetent und formell«, richteten aber kein persönliches Wort aneinander. »In unserer vollkommen gestuften Gesellschaft bleibt jeder auf seinem Rang. Vertikale Beziehungen zwischen den Rängen gibt es nicht«, sagt sie.

Platzer hat Professor Horio, mit dem er eng befreundet ist und zusammenarbeitet, samt einigen Japanologen der Chicago University, die zu einer Tagung hier sind, zu Tisch mitgebracht.

Horio selbst ist ein angenehmer, heiterer, sehr feiner Mann von Mitte Vierzig, der deutsche Lieder liebt und bei Tisch plötzlich die Augen schloß und »Im wunderschönen Monat Mai« anstimmte. Wie er selbst geschrieben hat, werden Japans Akademiker und Gelehrte nicht nur vom Erziehungswesen, sondern vom Leben des Landes überhaupt ferngehalten. Man behandelt sie als »Spezialisten« ihres Fachs, die vom Zeitgeschehen nichts verstehen und sich darin auch nicht einmischen sollen.

Platzers Professor aus Chicago stand am Rande eines Nervenzusammenbruchs, weil seit dreißig Jahren niemand seine Warnungen vor Japan ernst nehmen wollte. Eine Kassandra zu sein ist hart! Den Rest hatte ihm Oe Kenzoburo gegeben, einer von Japans angesehensten Schriftstellern und möglicher Nobelpreiskandidat, der sich den ganzen Nachmittag mit ihm unterhalten und ihm seine Komplimente gemacht hat, ohne aber auf irgendeinen seiner Gedanken einzugehen.

»Ein Mann wie Oe wäre uns einen Kommentar über die Showa-Epoche schuldig«, sagte Horio. »Aber er hat Angst. Angst vor den Rechtsextremisten. Deshalb schweigt er.«

Horio selbst ist ein Schüler von Maruyama Masao, dem prominentesten japanischen Philosophen dieser Tage, Japans Adorno. Maruyama weigert sich jedoch seit Jahren, zu japanischen Angelegenheiten öffentlich Stellung zu beziehen, weigert sich, Interviews zu geben, und wagt seine Gedanken nur in akademischen Publikationen zum Ausdruck zu bringen.

In einem seiner auch auf deutsch erschienenen Bücher »Denken in Japan« schreibt er über die Rollen, in denen diese Gesellschaft erstarrt. Seit eh und je seien Japaner gewohnt, nur in einer Rolle aufzutreten (also sozusagen nicht als frei improvisierende und reagierende Menschen; ganz wie auf der Bühne wüßten ihre Mitspieler dann ja nicht weiter!) und sich ihrem Status gemäß zu verhalten (es steht einem Intellektuellen nicht zu, in die Rolle des Politikers zu schlüpfen; einem Mann der Opposition nicht, die des Regierungsmitglieds zu übernehmen – nach dem Prinzip: Schuster, bleib bei deinem Leisten!).

Diese Gewohnheit geht noch auf die Tokugawa-Zeit zurück, als jeder sich schon durch seine Kleidung als der auszuweisen hatte, der er war: Samurai, Bauer, Städter oder Händler. Zusammenkünfte von einander Unbekannten habe es bis zur Meiji-Zeit kaum gegeben, schreibt Maruyama. Da heutzutage die Kleidung die Rolle nicht mehr eindeutig zu erkennen gäbe, müsse sie als erstes genannt werden: »Heutzutage nennen wir in Japan auch im Falle eines Besuchs bei einem uns unbekannten Menschen zunächst unsere Rolle. Wenn man nicht voranschickt, ›ich möchte mit dir heute als Freund sprechen‹, oder ›ich komme heute in Vertretung des Abteilungsleiters‹, so ist dem Partner nicht mehr verständlich, in welcher Angelegenheit, in welcher Eigenschaft man da ist.«

Wir hingegen wenden uns zunächst an den Menschen. Um uns an jemanden in einer Rolle zu wenden, müssen wir von ihm etwas Bestimmtes wollen, wie von einem Beamten, einem Polizisten, einem Arzt. Im allgemeinen wenden wir uns an »Menschen«, nicht an »Rollen«.

Jeden Abend läuft nun dasselbe Bild über den Bildschirm: Hohe Politiker, umzingelt von Polizei und Fotografen, steigen in schwarze Autos und fahren zum Staatsanwalt, um verhört zu werden.

Takeshita ist immer noch nicht zurückgetreten. Es findet sich einfach kein akzeptabler Nachfolger. Der alte, ehrliche Ito, ein früherer Premierminister, »Mister Clean« genannt, wäre der Mann für die LDP. Doch hat er die Boten, die gestern zu seinem bescheidenen Häuschen gepilgert sind, um ihn anzuflehen, die LDP zu retten, angeschnauzt: »Nein! Habt ihr nicht verstanden, daß ich gesagt habe: NEIN!?« Man hörte seine zornige, laute Stimme »live« in der Fernsehübertragung.

18. Mai 1989

Im Club eine Veranstaltung zur Rettung des Amazonas-Urwalds. Sting, der angebetete blonde englische Rock-Sänger, ein junger Belgier und vier Indianer aus Brasilien waren die Organisatoren. Es war eine gute Show, die viel Publikum angezogen hat. Der alte

Stammeshäuptling hatte eine riesige, nach außen gespannte Unterlippe, Federn auf dem Kopf und Ketten um den Hals. Noch sind es hauptsächlich solche Menschen, die sich um die Zukunft unserer Erde kümmern.

»Wir können Luft auch künstlich herstellen, sollte es eines Tages keine Bäume mehr geben«, erklärte mir mein japanischer Tischnachbar vom »Japan Industrial Journal«. »Die Welt steht jetzt an einem Wendepunkt: In Zukunft werden wir die Natur mit Maschinen unterstützen. Mit Hilfe unserer neuen Technologien werden wir Natur herstellen, die besser ist als die Natur selbst!« Er erzählte mir von gentechnologisch behandelten Pflanzen, die im Handumdrehen wachsen, nach einem Prinzip, das man bald auf die ganze Natur anwenden werde. Seine Theorien habe er von dem bekannten Philosophen Yoshimoto Takaaki.

Menschen, die dieses Land gut kennen, sprechen immer wieder von der besonderen Naturliebe der Japaner. In Büchern von Reisenden der ersten Jahrhunderthälfte liest man, mit welcher Sorgfalt die Bauern arbeiteten, mit welcher Liebe sie ihre Reispflänzchen setzten und ihre Seidenraupen züchteten, und mit wieviel Ehrfurcht. Sie behandelten die Natur vorsichtig, denn sie fürchteten sie und versuchten mit zahllosen Riten, ihre Gottheiten zu beschwichtigen.

Jetzt meint dieses Volk, in der Technologie die Waffe zur Bezwingung der Natur gefunden zu haben, und seitdem kann es niemand mehr halten. Es hat der Natur den Krieg erklärt.

Der Indianerhäuptling dagegen sagte in Portugiesisch: »Wenn es keine Wälder mehr gibt, dann gibt es auch keinen Schatten mehr. Wo sollen wir dann unsere Hütten hinbauen? Es wird sehr heiß werden auf Erden, und alle werden sterben – nicht nur die Indianer.«

Am Ende der Fragezeit erkundigte sich Tiziano, ob die Veranstalter die japanischen Firmen nennen könnten, die an der Zerstörung des Amazonas-Urwalds beteiligt seien. Ein kurzes Zögern, dann hob der Belgier an: »Mitsubishi, Marubeni, Daie, Mitsui, Sumitomo, Kanematsu ...« und so weiter.

Damit endete die Pressekonferenz.

19. Mai 1989

Liwen, unsere gute Freundin aus Pekinger Jahren, hat – wie 30 000 andere Chinesen auch – in Tokyo Arbeit gefunden: tagsüber als Putzfrau; abends als Barhosteß in einem Lokal, das dem Hauptsitz der Recruit-Gesellschaft genau gegenüberliegt.

Wenn sie morgens die Fußböden wischt, sieht sie die Salarimänner geschäftsmäßig im Büro antreten. Abends begegnet sie ihnen wieder, wenn sie todmüde und mit gelöster Krawatte in ihrer Bar niedersinken. »Ich tröste sie, füttere sie, sie singen etwas und weinen etwas – es sind dann ganz andere, zerschmetterte Menschen«, erzählt sie mir. »Ich gebe ihnen meine Seele, mein Mitgefühl, aber ihnen ist es unmöglich, aus sich herauszukommen. Und wenn er sich morgen erhängen will, wird kein Japaner dir heute sein Herz ausschütten!«

Liwen hat bei uns geduscht, sich geschminkt, ihr nasses Haar in einen dicken Pferdeschwanz gebunden und sich zu ihrer abendlichen Arbeit fertig gemacht.

»Was will die Million Chinesen, die zu Gorbatschows Besuch auf den Platz des Tiananmen geströmt ist?« frage ich sie.

»Meinungsfreiheit und ein Ende der Korruption«, sagt sie mit Bestimmtheit. »Große Freiheiten brauchen wir nicht, aber die, über unsere eigene Gesellschaft nachzudenken und zu diskutieren, müssen wir haben.« Der Physiker Fang Lizhi, mit dem Tiziano vor zwei Jahren in Italien ein langes Gespräch über die ideologische Erschöpfung des Kommunismus und die Aussichten für Chinas Demokratisierung geführt hatte, stehe hinter diesem Protest.

21. Mai 1989

In Peking blockieren jetzt ein bis zwei Millionen Menschen die Panzer, die sie verjagen sollen. Ihre Protestbewegung hat mit dem Tod Hu Yaobangs begonnen, ist bei Gorbatschows Staatsvisite aufgeflammt und in den Hungerstreik von 2000 Studenten übergegangen. Jetzt wird daraus ein Aufstand der Massen gegen die Kommunistische Partei: Es ist das erste Mal, daß das in einer kommunistischen Gesellschaft vorkommt.

Hier klimpert ein Kind auf einem alten Klavier. Das Fernsehen sendet Kochstunden. Die hiesigen Medien hatten die Tragweite der chinesischen Ereignisse zunächst verkannt und lediglich wie einen kleinen Studentenprotest behandelt. Nur langsam versuchen sie jetzt, die Ereignisse einzuholen.

Gestern sind Chigusa und Takeda Toru zum Frühstück gekommen. Takeda hat gerade zehn sozialkritische Essays über die japanische Gesellschaft veröffentlicht, zehn verschiedene Versuche, die Logik aufzudecken, die den Lebensgewohnheiten der Japaner zugrunde liegt. Es scheint mir eine rein ökonomische Logik zu sein, deren einziger Gesichtspunkt der des Profits der großen Konzerne ist.

Mittels psychologischer Tricks erweckt die Werbung in den Japanern Wünsche – oder sollte man sie lieber Grillen, Launen, Gelüste nennen? –, für die eine augenblickliche Erfüllung angeboten wird. Jedes Ding bekommt einen verlockenden Namen – ein trister Apartmentblock wird zu »Chiverly Hills«, im Anklang an Hollywoods »Beverly Hills« – und eine Stimme flüstert: »Es gehört dir!« In Grimms Märchen ist es der Teufel, der so redet, und wer sich ihm verkauft, ist unweigerlich verloren.

Mit den sogenannten »24-hour shops«, die Tag und Nacht geöffnet sind, verschwindet nun auch die stille Nachtzone aus unserem Leben, in der alle Wünsche schweigen und die Gedanken frei umherschweifen konnten.

»Deine Persönlichkeit geht an diesem Angebot kaputt, weil dir die Genugtuung genommen wird, dich langsam an die Erfüllung eines Wunsches heranzupirschen«, bemerkte Chigusa. »Da wir Japaner aber voll innerer Unruhe sind und einer Sache bald wieder müde werden, funktioniert der Trick.«

Im Vergleich zu der großen chinesischen Tragödie scheinen dies kleine Probleme zu sein. Doch sind sie es nicht, denn man kann mit solchen »Tricks« die Seele eines Volks zerstören.

25. Mai 1989
Wir halten den Atem an wegen China.

»Welcher chinesische Kaiser hat je seine Macht aufgegeben?« fragt sich Tiziano in Shanghai, wo er gestern angekommen ist. »Deng Xiaoping wird es auch nicht tun.«

Nakasone hat heute »unter Eid« ausgesagt. Er hat alles geleugnet, erinnert sich an nichts. Da stand er, hochmütig und herablassend, und erklärte, er werde sein Amt als Fraktionsführer keineswegs niederlegen, denn er betrachte es als seine Pflicht, die japanische Politik zu reformieren.

Gegen diesen Mann, der Takeshita lieber zum Rücktritt zwingt und Fujinami, den eigenen Sekretär, lieber ins Gefängnis schickt, als daß er die Verantwortung für das übernimmt, was sich unter seiner Amtszeit abgespielt hat, sind die Japaner hilflos. Die Opposition ist nicht imstande gewesen, ihn mit ihren Fragen in die Enge zu treiben, und – weit schlimmer noch – das Volk ist nicht durch die Straßen marschiert, um gegen die Farce zu protestieren, die den elfmonatigen Recruit-Skandal beendet.

4. Juni 1989
Heute, am frühen Morgen, das Massaker auf Pekings Tiananmenplatz. Tiziano fliegt nach Peking.

7. Juni 1989
Die Nachrichten konzentrieren sich jetzt auch hier auf China, wenngleich hauptsächlich auf die Ängste und Entbehrungen der in Peking gestrandeten Japaner. Ihre Evakuierung hat jetzt begonnen. Eine Frau berichtete bei ihrer Ankunft am Flughafen Tokyo, daß es wegen des Massakers in Peking kein frisches Gemüse mehr gebe.

Ein ums andere Mal wiederholt die japanische Presse den Satz, den ein alter Chinese nach dem Massaker ausgerufen haben soll: »Unsere Soldaten waren weit schrecklicher als die von Chiang Kaishek und der japanischen Armee!«

Hier bahnt sich ein neuer Skandal an. Dieser scheint pikant und vielversprechend zu werden.

Ein Magazin hat den vollkommen ungewöhnlichen Schritt getan, zu berichten, der neuernannte Premierminister Uno Sosuke habe vor drei Jahren eine Affäre mit einer Geisha gehabt. Ebenso unerwarteterweise hat die Geisha, trotz der zu ihrem Metier gehörenden Schweigepflicht, ins Feuer geblasen und öffentlich erklärt: »Es wäre beunruhigend, wenn Herr Uno in der Staatspolitik dieselbe egoistische Einstellung an den Tag legen sollte, die er mir gegenüber gezeigt hat. Es wäre beunruhigend, wenn er dächte, er könne mit einer Frau umgehen, wie er wolle, solange er sie dafür bezahlt. Ein solcher Mann ist kein Mann großer Tugend!«

Wieder wird das ethische Verhalten eines LDP-Führers öffentlich beanstandet. Wieder fragt man sich, von wem? Von den Rechten?

10. Juni 1989

In Peking hat die finsterste Repression begonnen.

Auf der ganzen Welt werden Demonstrationen abgehalten. Regierungen verdammen, Minister beklagen, bedauern... Tokyo schweigt. Tiziano konnte in Pekings Ausländerbezirk beobachten, wie japanische Geschäftsleute an den beiden Hochhäusern, die sie dort bauen, vorsichtshalber zwei lange Banner aufgehängt haben. Auf dem einen stand: »Lang lebe die Befreiungsarmee!« Auf dem anderen: »Lang lebe die stets korrekte chinesische KP!«

Die Zeitungen vergleichen Amerikas »traditionell idealistische diplomatische Haltung« mit der japanischen der »Handelsbeziehungen-an-erster-Stelle«. Hirano Minoru, einer der mutigsten japanischen Kommentatoren, findet, im Vergleich zu den westlichen Regierungen habe Tokyo »unglaublich schwach reagiert«. Was die japanische Presse anginge, so frage er sich: »Ist das noch Journalismus?«

Vergebens wird versucht, die Studenten der Prestigeuniversitäten Todai, Waseda, Keio, wo die zukünftigen Führer dieses Landes ausgebildet werden, zu irgendeiner Stellungnahme zu bewegen. Chinesische Studenten haben Protestkundgebungen organisiert.

»Wir bitten um eure Unterstützung!« haben sie gerufen. »Aber es gab keine Unterstützung«, wie die Tageszeitung »Mainichi« schreibt.

Ein junger Chinese habe bemerkt, die japanischen Studenten seien zwar reich und frei, interessierten sich aber nur für Autos und Diskotheken. »Wenn man sie wegen ihres Mangels an politischem Engagement kritisiert, empfinden sie gar nichts.«

Genau das ist so befremdlich! Daß sie »gar nichts empfinden«. In China hat man alles darangesetzt, um die Gefühle abzustumpfen, aber wie sind sie hervorgebrochen! Nicht einmal der Terror, die Gewehre, der Tod konnten sie dämpfen. Hier erklären die Studenten, sie hätten »keine Ahnung, wie sie die Gesellschaft verändern könnten, deswegen gäben sie den Versuch auf«, wie dieselbe Zeitung schreibt.

Yoichi erzählte, beim Maifest von Todai, der Spitzenuniversität des Landes, hätte sich keine einzige Stimme gegen den Recruit-Skandal und die korrupte LDP-Führerschaft erhoben – geschweige denn gegen die Führerschaft Chinas. Statt dessen hätte man Studenten gesehen, die sich die Tafeln mit den Prüfungsergebnissen in Begleitung ihrer Mütter ansahen. Mancher junge Mann trug einen Teddybären im Arm.

Für Steven Platzer wie auch für Yoichi und andere sind soviel Desillusionierung, Apathie und Zynismus das direkte Ergebnis der versandeten Recruit-Affäre und – im weiteren Sinne – des japanischen Erziehungs- und Regierungssystems überhaupt.

Chinas Erwachen, das die Welt erschüttert hat, ist an Japan spurlos vorübergegangen.

18. Juni 1989

Liwen ist vorbeigekommen. Sie hat ihre Arbeit als Barhosteß verloren. Ihr Boß hatte sie in einem Fernsehbericht entdeckt, wie sie mit erhobener Faust an einem Protestmarsch gegen das Massaker in Peking teilnahm. »Unsere Kunden wollen sich mit dir zerstreuen, doch nicht an Politik erinnert werden!« hat er ihr vorgeworfen. Dabei hatte er ihr gerade eine Dauerwelle bezahlt – so gut kam sie mit den Männern aus!

Beim Gedanken an all die erschossenen jungen Leute hat Liwen geweint. Wir sind ins Büro hinuntergegangen und haben die Fernsehnachrichten angeschaut. Menschen werden festgenommen und abgeschleppt, viele schöne junge Leute verschwinden.

»Deine Regierung ist furchtbar!« sagte Liwen plötzlich zu Ayako, der Sekretärin. »Warum protestiert sie nicht? Warum zeigt sie keine Entrüstung?«

Ayako hat betroffen gelächelt.

»Macht nichts«, sagte Liwen und stand auf. »Wir werden es allein schaffen.«

Tiziano ist heute aus Peking zurückgekehrt. Verhaftungen und Verfolgung haben eingesetzt. Die Leute zeigen sich gegenseitig an, und alles ist noch trauriger als zuvor.

Der Physiker Fang Lizhi, der die Studenten im Laufe der letzten Jahre mit seinen Reden und Schriften inspiriert und aufgerüttelt hat, steht jetzt an der Spitze der Fahndungsliste nach »Konterrevolutionären«. Um sich zu retten, hat er mit seiner Frau in der amerikanischen Botschaft in Peking Zuflucht gesucht.

23. Juni 1989

Der sogenannte Geisha-Skandal wird Premierminister Uno noch seine politische Zukunft kosten. Immer mehr peinliche Details werden ans Tageslicht gezerrt. Man sucht bereits nach einem Nachfolger.

Inzwischen ist ganz Japan in Tränen ausgebrochen! Eine harmlose kleine Geschichte, von ihrem Erfinder im Fernsehen, in Schulen, Firmenversammlungen und sogar Parlamentsausschüssen erzählt, hat die Gemütsbewegung ausgelöst. Und die Story lautet folgendermaßen:

In der Nachkriegszeit, als alle noch arm waren, geht eines Altjahrsabends eine Frau mit ihren beiden kleinen Söhnen in einen Nudelladen, bestellt aber nur eine einzige Schale für alle drei. Der gute Verkäufer hat Mitleid und füllt die Schale recht voll. Jahr für Jahr kommen die drei wieder. Langsam geht es der Familie besser, und sie kann sich zwei Schalen Nudeln leisten. Dann bleibt sie mehrere Jahre weg. Als sie wiederkommt, ist sie wohlhabend geworden und bestellt sich drei ganze Schalen!

Womit hat der Erfinder dieser harmlosen Geschichte einen Nerv in der japanischen Seele berührt? Worüber strömen die Tränen? Die Leute sagen, sie weinten in der Erinnerung an das menschliche Verständnis, das sie einmal empfanden, an das Mitgefühl, dessen sie einmal fähig waren – und auch darüber, »daß sie, dank dieser Geschichte, jene Gefühle in ihrem Herzen wiederfinden«.

Der Sommer ist da. Bald fliege ich nach Italien.

10. Oktober 1989

»Sie leben in Japan?« fragt mich der Japaner, der im Flugzeug von Mailand nach Tokyo neben mir sitzt. »Gewiß vermissen Sie dort die Natur! In Deutschland liegen um jede Stadt Felder und wunderschöne Wälder, überall ist es grün. Wir Japaner haben die Landschaft um unsere Städte herum zerstört. Das bedrückt mich.«

Er ist Mitte Dreißig, Dozent an der Universität Tokyo und kommt von Straßburg zurück, wo er sich in Gentechnik spezialisiert hat. In Frankreich und Deutschland hat er beobachten können, daß Professoren ein hübsches Heim haben, während er selber sich schämen würde, einen ausländischen Gast in seiner Wohnung in Tokyo zu empfangen. Er hat beobachten können, daß französische Techniker nur bis 5 Uhr nachmittags arbeiten und nicht ausschließlich an ihre Karriere, sondern auch an ihre Familie denken. Auch ist ihm aufgefallen, daß die Europäer sich ihre Kultur erhalten haben.

»Warum müssen wir Japaner wohl soviel Westliches übernehmen, warum unbedingt westliche Kunst besitzen? Wir haben selber schöne Gemälde und können uns die europäischen ja ansehen, wenn wir nach Europa reisen. Ich schäme mich meines Landes.«

»Sie sollten im Gegenteil auf seine Wirtschaft stolz sein«, entgegne ich ihm.

»Aber eben nur auf die Wirtschaft«, sagt er nachdenklich. »Wir haben unsere schöpferische Kraft verloren. Es heißt immer, wir seien in Gentechnik gut, aber auch da fehlen uns die erfinderischen Gedanken.«

In Mailand hatte mich ein Freund, ein Wirtschaftswissenschaftler, nach den Japanern gefragt. Was niemand ahne und was auch ihn interessiere, sei, wie es in ihrem Innern aussieht. Innerhalb seiner Gruppe wisse der Japaner sich zu verhalten; sei er außerhalb wirklich verloren und ungezügelt?

Ich hatte mir die Japaner angesehen, wie sie einem in Europa begegnen: übermütiger manchmal und weniger gepflegt im Aussehen als in ihrem Land; oft mit einer Frau unterwegs, mit der sie in einem scheinbar gleichberechtigten Verhältnis stehen. Ich hatte bemerkt, wie labil ihre Nerven sind, wie ihnen beim Anhören eines Liedes, das sie kennen, oder vor einer Postkarte des Fuji die Tränen kommen. Am Bahnhof von Mailand hatte ich beobachtet, wie ein Japaner, der mit mir ausgestiegen war, sich von einer Deutschen verabschiedete, die nach Frankfurt weiterfuhr. Sie streichelte sein Haar, er streichelte ihre Hand, und die Tränen rannen ihm über die Wangen.

»Für einen Japaner«, sagte ich zu meinem Freund, »bedeutet der Aufenthalt im Ausland Entspannung, Romantik, Träumerei. In Japan ist sein Leben Routine und strenges Regiment. Allein schon die gedämpfte Straßenbeleuchtung bei uns, die alten Cafés, die Bäume, die alten Hotels – welche Erholung!«

»Also wird man in Japan bald wieder Gaslaternen sehen?« fragte er.

»Gewiß nicht. In Japan wird gearbeitet und gespart. Wer anderes will, gehe ins Ausland. Was für uns so befremdend ist«, versuche ich ihm zu erklären, »ist die Hierarchisierung der menschlichen Beziehungen. Kein Gefühl, kein Mitleid kann sich darüber hinwegsetzen oder sie durchschneiden. Im alten China verbeugten sich zum Neuen Jahr die Diener vor den Herren und die Herren vor den Dienern, denn jeder wußte, daß man sich gegenseitig brauchte. In Japan entschuldigt sich der Untergebene bei seinem Chef, daß sein Kind gestorben sei und er sich für die Zeitspanne des Begräbnisses von seinem Arbeitsplatz entfernen müsse, wie

Tiziano es miterlebt hat. Dieses fehlende Gefühl für den Menschen an sich, für die Menschheit in ihrer Gesamtheit ist, was die Japaner vom Rest der Welt absondert, trennt. Konfuzianismus, Buddhismus und Christentum denken an den Menschen. Der Shintoismus denkt an den Kaiser und das japanische Volk.«

In Europa hatte ich diesmal eine verbreitete Unruhe und Sorge um die Zukunft der Welt bemerkt, über das sinnlose Rennen, die verlorene Natur, die vernachlässigten Beziehungen zu Familie und Freunden. Ich hatte gespürt, wie besonders unter den Jungen sich viele darum bemühen, rücksichtsvoller zu sein. Wie anders ist das als das sinnlose Konsumieren der Japaner!

Mit Mitbringseln beladen schleppen sie sich nach Japan zurück. »Bring mir etwas mit!« hatten Kollegen und Freunde den Abreisenden gebeten und ihm bis zu 10 000 Yen pro Person zugesteckt. Er mußte das Geld, wenn auch mühevoll, ausgeben. Yoichi, der eine Gruppe von 250 Studenten auf eine Studienreise nach Australien begleitet hat, erzählte, er sei mit eintausend Plüsch-Koalabären an Bord zurückgekehrt – vier Stück pro Mann!

Nach der Stille des Alten Kontinents empfinde ich den Lärm in Tokyo als ohrenbetäubend. Es ist ein Lärm, der nicht von Menschen, sondern von Lautsprechersystemen kommt, von metallischen Stimmen, die einen an Straßenecken, in Geschäften und Bahnhöfen mit monotoner Höflichkeit auffordern, etwas zu tun, etwas zu lassen, etwas zu kaufen, etwas zu beachten. Es genügt schon die gezierte Frauenstimme, die einen am Flughafen belehrt, die einen im Limousinenbus verkündet, er sei jetzt abgefahren, man solle sich anschnallen, sich festhalten, nichts liegenlassen; und schon kommt einem kein einziger eigener Gedanke mehr – was der Zweck des Ganzen ist.

Manchmal erhebt sich aber doch die Stimme von jemandem, der es nicht mehr aushalten kann. »Jeder weiß doch, daß einfahrende Züge gefährlich sind!« schreibt der Romanschriftsteller Agawa Hiroyuki in einer langen Klage in der »Japan Times«. »Man braucht doch niemandem zu erklären, daß er sich in einer Kurve festhalten muß! Oder sind wir Japaner wirklich so kindisch geworden, daß wir ohne diese fortwährenden Ermahnungen auf den Eisenbahnschienen spielen würden?«

15. Oktober 1989

Im Sommer haben die Japaner gegen den Recruit-Skandal, den Geisha-Skandal und das korrupte Benehmen der LDP-Politiker aufbegehrt und bei den Teilwahlen en masse für die Sozialistische Partei gestimmt. Premierminister Uno mußte zurücktreten, Kaifu Toshiki ist sein Nachfolger geworden; trotzdem hat die LDP zum ersten Mal in der Nachkriegszeit ihre Mehrheit im Oberhaus verloren.

Es scheint aber eine einmalige Vendetta gewesen zu sein. Als ich Miho bei »Alfio« in Shibuya wiedersah, sprach sie von »vorübergehenden Proteststimmen gegen die LDP«, von einer »flüchtigen Sympathie« der Wähler für Doi Takako – die neue Führerin der Sozialisten, der die Wahlstimmen nur so zugeflogen seien, nicht zuletzt, weil sie eine Frau und eine Akademikerin, also keine Berufspolitikerin ist. Miho warnte aber vor voreiligen Schlüssen.

»Japan wird im Grunde immer konservativer«, sagte sie. »Niemand will riskieren, durch einen Regierungswechsel das wieder zu verlieren, was er sich so mühsam erarbeitet hat.«

Steven Platzer, der meint, daß, gerade weil die Wirtschaft so floriere, es für dieses Volk keine Rettung mehr gäbe, drückt im Grunde dasselbe damit aus.

Miho – sie kleidet sich immer in leuchtendes Rot, Blau oder Grün (im Gegensatz zum vorherrschenden Schwarz und Grau des Landes) – ist jetzt für ein Fernsehteam der BBC tätig. Wir werden uns deshalb nur noch selten treffen können. Und dabei war sie so offen und gesprächig, so entschlossen, ihre »japanische Zurückhaltung«, wie sie sagte, fahrenzulassen.

»Ich habe eine gute Nachricht!« rief Reiko mir mit der Begeisterung eines jungen Mädchens von ihrem Balkon aus zu. »Nach dreißigjähriger Arbeit darf mein Mann sich auf Firmenkosten fünf Ferientage in einem Thermalbad nehmen – mit Frau, das ist das Neue!«

Fünf Tage, nach all den unbezahlten Überstunden, nach all den in rauchigen Lokalen vertanen Abenden, die er den Sorgen seiner Angestellten gewidmet und seiner Familie entzogen hat – nur fünf Tage?!

»Sind sie sich ihrer Rechte überhaupt nicht bewußt?« fragt sich Tiziano, als ich es ihm erzähle.

Rechte – das Recht auf soziale Sicherheit, das Recht auf Urlaub, auf Meinungsfreiheit, auf Gleichbehandlung der Geschlechter vor dem Gesetz oder auf Chancengleichheit –, all das gibt es hier nicht. Dennoch scheint jeder gern zu arbeiten, gern zu gehorchen, als fände er darin Ruhe und Befriedigung. Oder ist es Resignation?

Die Japaner bauen ihre moderne Welt, wie sie in den Krieg gehen würden: wie Soldaten, die nicht fragen, nicht fragen dürfen, zu welchem Zweck sie kämpfen und welchen Sinn ein solcher Krieg hat. »Sie tun ihre Pflicht. Gehorchen ist eine friedliche Lebensart«, hat ein europäischer Diplomat kürzlich zu mir gesagt.

Der Philosoph Maruyama schreibt in seinem »Denken in Japan«, die Japaner hätten niemals richtig verstanden, was Demokratie ist. Sie hätten sie mit all ihren dazugehörenden Institutionen zwar übernommen, aber ohne sie wirklich zu verstehen und, hauptsächlich, ohne sie in Praxis umzusetzen. Um die Demokratie zu beschützen, hätten sie sie zu einem Tabu gemacht! Demokratie als Tabu? Maruyama erscheint das als die komischste aller Verzerrungen des demokratischen Begriffs überhaupt.

Vielleicht ist es der Demokratie hier ebenso ergangen wie unserer Weihnachtstradition oder der amerikanischen des Halloween: Ganz Tokyo liegt augenblicklich voller Kürbisse, weil ganz Amerika voll davon ist – aus keinem anderen Grund.

16. Oktober 1989

Der Pianist Fou Ts'ong, unser alter Freund, ist aus London eingetroffen, um in Japan drei Konzerte zu geben.

Zu den Ereignissen auf dem Tiananmen-Platz in Peking sagte er, seine Befürchtung, es wäre den Kommunisten gelungen, die

Menschlichkeit der Chinesen zu zerstören, habe sich im letzten Mai als unbegründet erwiesen. Menschlichkeit, schöpferische Kraft und Phantasie seines Volkes seien bei jenem Protest mit aller Macht wieder hervorgebrochen.

»Dann ist China besser dran als Japan«, bemerkte Platzer trokken, der gekommen war, um Fou Ts'ong kennenzulernen. »In Japan ist das menschliche Wesen endgültig zerstört worden.«

Die rein japanische Ideologie – Platzer nennt sie die »Ideologie des Japantums« –, die mit ihrer Vorstellung von Japan als Führernation dieses Volk während des Krieges inspiriert hat und es heute zur wirtschaftlichen Übermacht treibt, frage nicht nach dem Preis, den das Individuum für Japans Erfolg bezahlen muß. Es sei eine Ideologie, die das Individuum dem vom Kaiser sinnbildlich dargestellten Begriff »Japan« unterstellt; die es antreibt, sich für Fortschritt und Aufstieg seines Vaterlands zu opfern. Unsere demokratischen Vorstellungen der individuellen Freiheiten und Rechte werden von ihr vollkommen ignoriert. Nicht nur die geistige Neugier erstickt sie; sogar das Wünschen wird unterdrückt, insofern Wünschen das System destabilisiert. Der einzige Wunsch, der noch geduldet werde, sei der Wunsch nach Dingen, die es auf dem Markt zu kaufen gibt.

Platzer bezweifelt weiterhin die Theorie van Wolferens, daß in Japan niemand die Verantwortung trage, daß dieses ein »kopfloses« System sei. Krankheit und Beerdigung des Kaisers hätten gezeigt, meint er, daß jemand die Trauerzeit fein und schlau manipuliert habe, um die Figur des Kaisers und die Rolle, die er für die Bürger spielt, unendlich zu mystifizieren. Die Tatsache allein, daß sich alle Zeitungen auf gleiche Weise ausgedrückt hätten, beweise, daß jemand an den Kontrollhebeln des Systems sitze.

17. Oktober 1989

Ayako hat mir Teile des »Chinesischen Tagebuchs« einer japanischen Lehrerin übersetzt, die zwei Jahre in einer Schule der nordchinesischen Stadt Baodin unterrichtet hat. Miho hatte mir davon erzählt.

Diese Frau, Asada Hideko, beschreibt die völlig verarmten Chinesen als großzügig und frei, mit einem starken Familiensinn, wie er den Japanern abhanden gekommen sei, und dem Mut, ihren Freunden zu helfen.

»Chinesen ist es gleichgültig, was die Nachbarn von ihnen halten. Sie bleiben ihren Gefühlen treu und stehen zu ihren Freunden. Man kann ihnen deshalb vertrauen. Bei Japanern dagegen weiß man nie, was sie wirklich denken, denn sie verdecken ihre Gefühle aus Furcht vor den Nachbarn. Das mag zwar zur Verhütung von Verbrechen beitragen, doch nicht zum Schließen von Freundschaften.«

Die Japaner seien gewohnt zu borgen, da sie selber nie viel gehabt hätten. Ihre Kultur hätten sie von China geborgt, und heutzutage borgten sie sogar ihre Sprache vom Ausland. Wenn sie geben, dann täten sie es aus Dankbarkeitspflicht (Giri), nicht aus spontaner Großzügigkeit des Herzens. Chinesen hingegen borgten ungern und gäben großzügig (Geschenke, Almosen).

»Vor ihrem verschwenderischen Geben schäme ich mich unserer ärmlichen Gewohnheiten.« Heutzutage gewähre Japan zwar Kredite, aber keine Hilfe. »Dem Empfängerland nützt das wenig, denn es bleibt dadurch auf immer abhängig.«

»Jetzt ist die Zeit, in der wir erkennen sollten, daß Geld den Menschen nicht ersetzt«, beschließt sie dieses Kapitel. »Was in einer internationalen Gesellschaft not tut, ist nicht der Austausch von Waren, sondern von Menschen... Was Japaner sich hauptsächlich aneignen müssen, ist Mut; den Mut, Unbekannte nicht zu fürchten; den Mut, sich Unbekannten zu offenbaren. Dieser Mut muß aber dem Willen zur Freundschaft entspringen; er darf nicht der barbarische Mut zu Profitzwecken sein, wie Japan ihn in der Vergangenheit an den Tag gelegt hat.«

19. Oktober 1989

Madame Asada, die japanische Lehrerin, bemerkt in ihrem Tagebuch, in Japan sorgten die Bürger selber für öffentliche Ordnung, denn sie fürchteten die Strafen ihrer Mitmenschen mehr als die des

Gesetzes. Dann fügt sie hinzu: »Wenn einen niemand sieht, kann man aber tun, was man will. Und wenn alle dasselbe tun, ist das auch recht.«

Diese beiden Ausnahmen werden im täglichen Leben mit zwei oft zitierten Sprichwörtern ausgedrückt, einem alten und einem modernen: »Wenn ich außer Landes bin, kenne ich keine Scham.« Und: »Man darf auch bei Rot über die Straße gehen, vorausgesetzt, daß alle es tun.«

Was gibt das, auf moralische Fragen angewandt?

Ich habe Jenny, Murray Sayles Frau, im ländlichen Papierhaus auf den Ausläufern des Fuji besucht, wo sie mit ihrer Familie lebt. Jenny gibt in einer Schule von Aikawa-cho Englischunterricht und hat auch viele Privatschüler, die zu ihr ins Haus kommen. Nicht nur als Lehrerin, sondern auch als Mutter von drei Kindern ist sie mit japanischen Schulangelegenheiten vertraut.

Sie erzählte mir von verschiedenen Vorfällen, die zeigen, daß japanischen Kindern der Unterschied zwischen Gutem und Bösem nicht unmißverständlich klargemacht wird. »Sieh zu, daß du in der Schule gut vorankommst!« sei bei weitem das wichtigste Gebot.

Wenn die Kinder beim Lügen oder Stehlen ertappt werden, sorgten sich die Eltern hauptsächlich um den Gesichtsverlust: »Wird die Schule die Sache für sich behalten, oder werden die Nachbarn davon erfahren?« Das sei ihre allererste Sorge. Sie eilten zur Schule, um sich mit tiefen Verbeugungen für ihr Kind zu entschuldigen: Damit werde die Sache meistens begraben. Um niemanden in Verlegenheit zu bringen, um die »gesellschaftliche Eintracht und Harmonie« nicht zu stören, gehe man der Missetat nicht weiter auf den Grund.

»Durch ihre Geschichte hindurch scheinen die Japaner diese Unfähigkeit, die Frage des Bösen zu erkennen, bzw. diesen Unwillen, sich mit ihr zu befassen, in gewissem Maße beibehalten zu haben«, schreibt der Japanologe G. B. Sansom in seinem klassischen »Japan. A Short Cultural History«.

22. Oktober 1989
Das Rennen nach Geld wird immer dramatischer.

So unerschwinglich sind die Bodenpreise geworden, daß ein Japaner sich in seinem eigenen Land keinen Quadratmeter Land mehr kaufen kann, während der Rest der Welt für ihn spottbillig geworden ist. Tiziano fragt sich, wer wohl die hiesigen Preise auf so schwindelerregende Höhen getrieben hat, daß dieses nicht zu rechtfertigende Ungleichgewicht entsteht.

Ein italienischer Geschäftsmann, mit dem wir im Club aßen, erzählte uns, ein mit Fresken ganz und gar ausgemalter, riesiger Renaissancepalast im Zentrum Mailands sei kürzlich für sechzig Milliarden Lire von Japanern gekauft worden, einen für Italien astronomischen Preis, der aber lediglich dem Wert der kleinen Zwei-Schlafzimmer-Wohnung unseres Freundes in Tokyo entspricht. »Mir machen die Japaner Angst«, sagte er. »Wenn wir nicht achtgeben, verschlingen sie uns noch mit Haut und Haaren!«

Er brachte uns ein Beispiel ihrer Taktiken. Vor einigen Tagen sei Wall Street dramatisch gefallen. Warum? Die amerikanische Fluggesellschaft United Airlines steht vor dem Bankrott, und es findet sich plötzlich keine einzige japanische Bank mehr, die bereit wäre einzugreifen. Panik! Die Börsenpreise taumeln, die Japaner kaufen am nächsten Tag massive Aktienpakete bis zu 20 Prozent billiger – und die Börse steigt wieder. Der naheliegende Schluß: Tokyos Wirtschaftswelt habe den Amerikanern nur einen Wink geben wollen: Wir kontrollieren eure Wall Street bereits, ihr seid uns ausgeliefert!

»Die Mailänder Börse könnten sie innerhalb von zwanzig Minuten sprengen«, fügte unser Tischpartner hinzu. »Aber wir tun immer noch, als seien wir unbezwingbar.«

2. November 1989
Anfang Oktober hat Sony Hollywoods Columbia Pictures gekauft und sich damit in den Besitz von 2700 der berühmtesten Filme gebracht. Viele der Klassiker der Zelluloidindustrie gehören

jetzt den Japanern, die sie uns, ganz nach Belieben, zeigen oder auch nicht zeigen können. Im Fall von antijapanischen Kriegsfilmen werden sie es sich überlegen. Das amerikanische Nachrichtenmagazin »Newsweek« schreibt, Sony habe sich »Amerikas Traummaschine« und »ein Stück der amerikanischen Seele« gekauft.

Vorgestern hat Mitsubishi das Rockefeller Center in New York und vierzehn andere Wolkenkratzer erworben und ist damit zu 51 Prozent Mitbesitzer der Rockefeller-Gruppe geworden. Zwei Embleme Amerikas, zwei Symbole »of what America stands for«, sind innerhalb eines Monats in japanischen Besitz übergegangen.

Japan kauft sich Amerika, kauft sich die Mittel zur Beeinflussung der Menschheit, kauft sich ihre Führer. Ronald Reagan, der im Augenblick mit seiner Frau als Gast des Elektronikriesen Fujitsu in Japan ist, der von Premier Kaifu, von Ex-Premier Nakasone und vom Kaiser empfangen worden ist, der das Ehrenkreuz für die Besserung der amerikanisch-japanischen Beziehungen bekommen hat und sich von Fujitsu zwei Millionen Dollar für die Gründung einer Bibliothek zustecken ließ – Reagan hat zum Sony-Ankauf nur bemerkt, er hoffe, die Japaner werden wieder »Anstand und guten Geschmack« in Amerikas Filmindustrie bringen.

Ist das alles? Hat er noch nie von Japans Porno-Industrie gehört? Merkt er nicht, wie ominös solche Ankäufe sind?

Für Japan sind es triumphale Erfolge, die das Land kaum zwanzig Jahre nach der Einleitung der »Kampagne zur Mobilmachung der Arbeitskräfte« zu verzeichnen hat, einer Kampagne, die sich die Etablierung der japanischen Industrie auf dem Weltmarkt zum Ziel gesetzt hat. Diese Mobilmachung, der das Leben jedes Individuums untergeordnet worden ist und die der Bevölkerung die größten Opfer abverlangt hat, war nur dank jenes »Krisengefühls« möglich, jener Angst vor Katastrophen und schlechteren Zeiten, die den Japanern seit eh und je in den Knochen sitzt und von jeder Regierung auch geschürt wird.

»Wir nehmen dieses Land nicht ernst genug«, sagte Tiziano angesichts der japanischen Ankäufe. »1905 beging ein japanischer

Bahnvorsteher Selbstmord, weil der Zug, in dem der Kaiser fuhr, ein paar Minuten Verspätung hatte. 1985, als wir in Tokyo ankamen, beging ein Busfahrer Selbstmord, weil er über den Kantstein gefahren war und sich ein paar Passagiere dabei verletzt hatten. Wenn man diese beinah religiöse Einstellung zu Arbeit und Pflichterfüllung mit 120 Millionen Menschen multipliziert, kommen die heutigen Erfolge dabei heraus.

Wir benehmen uns wie reiche Leute, die gewöhnt sind, daß alles gut ausgeht. Die Japaner benehmen sich wie arme Leute, die stets in der Furcht leben, eines Tages zu verhungern. Die Amerikaner hatten nicht einmal gemerkt, daß es ein Rennen war, und haben es bereits verloren.«

3. November 1989

Wir haben uns ein Fernsehinterview mit Mike Mansfield angesehen, Amerikas langjährigem Botschafter in Tokyo, der letztes Jahr in den Ruhestand getreten ist und dem nachgesagt wird, er sei mitverantwortlich dafür, daß die Japaner sich während seiner Amtszeit einen so großen Marktanteil in den USA erobern konnten, während die Amerikaner in Japan kaum präsent sind. Mansfield ist ein Amerikaner der alten Schule, einer der einflußreichsten demokratischen Senatoren, ein Verfechter des »American dream« und des Rechts der Menschen auf Gleichheit und Freiheit. Er sei heute glücklich darüber, führte er aus, daß die Japaner wieder den Respekt der Welt genössen: Genau das hätte er sich nach dem Krieg für sie gewünscht. Ihren Revanchismus, ihren geheimen Schwur, Amerika auf die Knie zu zwingen, hat er niemals wahrhaben wollen. Statt dessen hat er ihre Klagen über den »Rassismus« des Westens und »das Niedermachen Japans« wohl vernommen, denn sie tun einem echten Amerikaner weh. »Das Verhältnis USA/Japan ist das wichtigste Verhältnis der Welt, außer keinem!« wurde zu seinem berühmtesten Ausspruch, den er auch diesmal wiederholt hat.

Besorgt über den augenblicklichen Zustand der USA (heute die erste Schuldnernation der Welt, während sie vor sechs Jahren noch schuldenlos und vor zehn Jahren die erste Kreditgebernation der

Welt war), besorgt über den Niedergang der amerikanischen Erzeugnisse und Arbeitskräfte, sieht Mansfield den »Pacific rim«, den »Rand des Pazifischen Ozeans«, als den Schauplatz, auf dem das große Spiel des 21. Jahrhunderts gespielt werden wird: »Am einen Ufer die Bodenschätze, am anderen Hunderte von Millionen fleißiger, arbeitsamer asiatischer Männer und Frauen. It's got to work!« rief der alte Herr. »Es muß klappen!«

Die Japaner hegen denselben Traum, doch leben in ihrer Vorstellung nicht nur Amerikaner auf dem gegenüberliegenden Ufer, sonst würden sie selber sich nicht so systematisch an der kalifornischen Küste ankaufen.

9. November 1989

Aufgestachelt von Leuten wie Morita Akio, dem Vorsitzenden der Sony, und seinem Freund Ishihara Shintaro, einem prominenten rechtsliberalen LDP-Politiker, haben die japanischen Medien angefangen, sich öffentlich über die Amerikaner lustig zu machen: Sie seien selbstgefällig, lethargisch und faul; ihre Erzeugnisse seien mittelmäßig; ihre Gesellschaft breche auseinander und habe kein präzises Rassebewußtsein.

Morita und Ishihara haben außerdem ein Buch geschrieben, »The Japan that can say ›No‹«, das dem japanischen Publikum beweisen will, wie morsch und untauglich seine ehemaligen Besieger geworden seien, und es auffordert, der Allianz mit den Amerikanern ein entschiedenes »Nein!« entgegenzuhalten und seinen eigenen Weg zu gehen. Das Buch ist aber auch in die Vereinigten Staaten gelangt, wo es in einer fotokopierten Übersetzung unter der Hand zirkuliert, und nun sind die Amerikaner aufgebracht – besonders über Ishiharas Rassismus-Anschuldigungen.

»Wir haben die Japaner besiegt, aber wir haben sie äußerst anständig behandelt. Wir haben ihnen geholfen, ihr Land wiederaufzubauen. Es ist, als hätten sie es vergessen. Wir sind zu großzügig gewesen. Es war ein Fehler«, sagte James Fallows, der zur Präsentation der japanischen Ausgabe seines Buches »More Like Us« aus Washington gekommen ist.

Während Japans »productivity movement«, der Produktivitätsbewegung der Nachkriegszeit, sind japanische Universitätsprofessoren, Firmenleiter und Ingenieure zu Tausenden zu Spezialisierungskursen nach Amerika eingeladen worden und haben sich dabei die wertvollsten Kenntnisse aneignen können. Der Sohn des Toyota-Besitzers hat später bemerkt, mit dieser Erfahrung in den Ford-Automobilfabriken hätten sie selber gelernt, Automobile herzustellen.

Damals dachten die Amerikaner: »Laß sie nur gucken! Sie werden doch nichts lernen ...« Heute, nachdem die Japaner die amerikanische Kühlschrank-, Taschenrechner-, Uhren-, Motorrad-, Fotoapparat-, Fax- und Videoindustrie zerstört haben – um nur einige zu nennen – und die amerikanische Automobilindustrie schwer angeschlagen ist, bedauern sie ihre Naivität.

»Japan sollte versiegelt werden. Eine hohe Mauer sollte darum herumgebaut werden. Alle seine Schiffe sollten versenkt, alle Flugzeuge heruntergeholt werden, denn es ist zu gefährlich für die Welt«, überlegte sich ein Amerikaner, der seit mehreren Jahrzehnten in Tokyo lebt und von dem niemand solch bittere Gedanken erwartet hätte.

»Die Japaner sind uns so fremd. Sie sind so seltsam, so ohne alles Gefühl und alle Moral! Könnte es sein, daß sie Außerirdische sind? Nach dem Krieg wußten sie genau, was sie taten, als sie unsere Geschäftsleute nach Japan einluden, sie auf den Fuji-Berg, ins Kabuki-Theater und in Sushi-Lokale mitnahmen und sie langsam für sich gewannen. ›Wie höflich und arbeitsam die Japaner doch sind!‹ riefen wir. Allmählich haben sie uns korrumpiert – und heute ist die japanische Lobby die stärkste in Washington.

Und wir? Wir sind so dumm, so schwach, so unanständig, daß wir es haben geschehen lassen! Wenn der Krieg kommt – denn ein Krieg wird kommen –, werden wir ohne alles dastehen: ohne Computerindustrie, ohne Automobilindustrie, ohne Flugzeugindustrie, und die Japaner werden ihn gewinnen. Eines Tages wird die Menschheit ihrer müde werden und sich von ihnen befreien. Doch nicht, bevor sie tief in unsere Länder eingedrungen sind und unsere Lebensweise spürbar verändert haben.«

Wieviel Begeisterung Japan doch erweckt – und wie sehr es enttäuscht! In keinem anderen Land hört man Menschen, die lange dort gelebt haben, so bittere Dinge sagen wie von diesem.

13. November 1989

Am vergangenen Wochenende ist die Berliner Mauer gefallen. Durch die Bresche, die sich auf so unerwartete Weise geöffnet hat, sind die einen wieder in die Arme der anderen gefallen. Es ist das zweite Mal, daß uns dieses Jahr ein Volk überrascht – im Mai waren es die Chinesen –, und die von keiner politischen oder wirtschaftlichen Vernunft diktierten Ereignisse entfachen neue Hoffnungen in den Menschen.

Tiziano träumt von einem von Portugal bis zum Ural vereinigten Europa, das sich auf seine alte Geschichte und Kultur besinnt und dadurch den Willen wiederfindet, dem wirtschaftlichen Vorstoß der Japaner zu widerstehen. Er sieht in dieser großen europäischen Vereinigung die einzige Möglichkeit, um unsere wirtschaftliche und also auch kulturelle Unabhängigkeit zu bewahren. Japan, das keine Tat bereut, das seine Kriegsschuld nicht eingestehen will, das das Wohlwollen des Westens hintergangen hat, um sich die wirtschaftliche Vorherrschaft zu erobern, könnten wir Westlichen nur noch diese Fackel entgegenhalten, meint er.

Von Japan gesehen wirkt sein Argument einleuchtend. James Fallows sagte, die Amerikaner werden sich Tokyos Strategie zur Eroberung ihres Marktes langsam bewußt, und es bedürfe nur noch eines taktischen Fehlers der Japaner, um Amerikas öffentliche Meinung gegen sie zu kehren. Er sprach von der »rührenden«, naiven, idealistischen Seite der Amerikaner, die zu ihrer Tragödie geführt habe. Plötzlich hätten sie gemerkt, daß die Soldaten von Pearl Harbour wieder vor ihrer Tür stehen.

16. November 1989
Dr. Funk, Chefredakteur des »Spiegel«, ist zu einem »Spiegel«-Gespräch mit Morita Akio, dem Sony-Vorsitzenden, angekommen. Wir haben die Gelegenheit benutzt, um ihm ein Gesicht Tokyos bei Nacht zu zeigen, wie es sonst Salarimänner, nicht aber der gewöhnliche Tourist zu sehen bekommt.

21 Uhr. U-Bahnhof von Nakameguro. Vom Bahnsteig aus geht der Blick in einen Friseursalon, der auf der dritten Etage eines Wohnblocks liegt. Sechs junge Friseure und vier Gehilfinnen räumen zu dieser späten Stunde auf, bohnern, polieren und stehen plötzlich stramm, als der Chef in die Tür tritt, um den Arbeitstag mit der üblichen Standpauke zu beenden: »Ihr müßt noch flinker arbeiten, noch höflicher sein, noch sauberer putzen...« Nach zwölf Arbeitsstunden hören die Angestellten andächtig zu, und seine Rede dauert fort, als der einfahrende Zug ihn für uns verdeckt.

21.30 Uhr. Bahnhofsplatz von Shibuya. Angestellte in Jacke und Krawatte, die Aktenmappe unterm Arm, schwärmen über den Platz zu ihren Stammlokalen hin: »His Miss«, »Fresh girls« ... Unser auch unter Kennern beliebtes Yakitori-Lokal wird von einer Familie von fünf Brüdern und einer Schwester geführt. Man hockt um eine Holztheke herum und ißt alles, was vom Huhn kommt: in hauchdünne Scheiben geschnittene rohe Hühnerbrust, gegrillte Hühnerflügel, Hühnerhaut, Hühnerleber; auch Pilze, Ginkgonüsse, Wachteleier und Paprika, die auf einem Fächelfeuer geröstet werden. In warme Essensdünste und bläulichen Zigarettenrauch gehüllt, sitzen die Salarimänner Ellbogen an Ellbogen und flüstern sich ihre Geheimnisse zu.

Plötzlich geht die Tür auf. Ein kräftiger Typ mit Glatze, Schnurrbart und schwarzem Rollkragenpullover tritt ein, setzt sich auf den einzigen noch leeren Hocker und fordert mit lauter Stimme fünf weitere Plätze an. Ein Kunde nach dem anderen steht unauffällig auf, zahlt, nimmt seinen Regenschirm und schleicht sich mit gesenktem Blick aus dem Lokal. Nur wir drei Ausländer bleiben ahnungslos an der Theke sitzen. Der Glatzköpfige sieht sich befriedigt um, tritt kurz auf die Straße und kommt mit fünf

Männern zurück, mit fünf Individuen in auffälliger Aufmachung (uniformierte Salarimänner sind es gewiß nicht!), die sich laut redend an der Theke niederlassen. Es sind Yakuza, Gangster, Bosse der Unterwelt, die dieses Vergnügungsviertel unter ihrer Kontrolle haben und denen es heute beliebt, hier einzukehren.

Sie essen eine Menge, unterhalten sich lebhaft, lachen geräuschvoll, während die Familie, ohne den Blick zu heben, weiterhantiert. Nach einer halben Stunde legt der Boß, ein muskulöser Fünfziger mit karierter Tweedjacke, ein paar Geldscheine auf den Tisch, und die anderen gehen laut redend hinter ihm hinaus. Er nimmt auf dem Rücksitz seines direkt vor der Tür geparkten Stretch-Mercedes mit Goldbeschlägen Platz, einer seiner Bullen setzt sich neben den Fahrer, und der Wagen verschwindet in Shibuyas turbulentem Nachtverkehr.

Die anderen Kerle bleiben noch etwas redend auf der Straße stehen und setzen dann ihre Runde fort. Kein Polizist läßt sich blicken. In ihrem Gebiet halten sie, die Yakuza, Ordnung. Überall sieht man ihre weißen Luxuswagen stehen, sieht man sie selber, wie sie mit ihren Informanten reden, zu denen auch die Süßkartoffel- und Kastanienverkäufer gehören, die an allen Straßenecken in kleinen Lkws sitzen, Umschau halten und sich tief verbeugen, wenn ein Wagen mit einem ihrer Bosse vorbeifährt.

Eine Masse junger Leute schwärmt durch die Cafés, Boutiquen, Bierlokale, durch die bunten Seifenblasen, die zu ihrer Unterhaltung da sind. Sie spazieren zum Zauberhügel mit den Love-Hotels, der sich hinter dem Wandschirm der großen Kaufhäuser und Kinos der Hauptstraße versteckt, oder kommen mit ihren etwas verwirrten Mädchen daher zurück. Die kleinen Love-Hotels haben italienische, deutsche, französische und englische Namen – »C'est la vie«, »Casa di due«, »Ich und Du«, »White House« – und ihre Fenster sind mit Jalousien oder riesigen Spielkarten verdunkelt. Rosa oder grünes Neonlicht erhellt die Eingänge, vor denen die Preistafeln stehen. Rast: 2500 Yen; Nacht: 8000 Yen. Um 23 Uhr füllen sich die Gassen mit Paaren, die zur letzten U-Bahn laufen.

Wir kehren in der ersten besten Mama-san-Bar ein. Im winzigen Raum ist höchstens für sechs, sieben Leute Platz. Hinter der

Theke zwei Frauen: eine verwitwete Fünfzigerin im farbig schimmernden Seidenkimono und eine rebellische Dreißigerin in Jeans. Diesseits der Theke wir und ein Japaner, der ab und zu mit schluchzender Stimme ein Lied zum Karaoke singt. Die Frauen wechseln sich ab. Einmal bemuttert uns die Kimonodame, einmal schäkert die Rebellin mit Dr. Funk oder Tiziano, die sie »Papa« nennt. Sie hat ein trauriges, enttäuschtes Gesicht, aber sie kennt ihren Beruf. Sie weiß, wie man scherzt und lacht und den Männern die Hand auf die Schulter legt, wie man schäkert und schilt und die intime Atmosphäre herstellt, in der ein Salariman die Sorgen von Büro und Familie gleichermaßen vergißt.

Der Japaner steht plötzlich auf und verbeugt sich tief vor uns.

»Do you like Japan?«

»Yes!« rufen wir wie aus einem Mund. Tiziano fragt ihn, vorsichtig mit einem hohen Rang und der angesehensten Firma anfangend, ob er ein Abteilungsleiter bei Mitsui sei.

»Nieder mit Mitsui!« ruft der Mann und schleudert seinen Daumen in Richtung Fußboden.

»Bei Mitsubishi?«

»Nieder mit Mitsubishi!« und wieder saust der Daumen hinunter.

»Nieder damit!« wiederholen wir mit ihm.

»Tokyo Corporation?« fragt er mit flehendem Blick.

»Number one!« brüllen wir. »Die Aktien der Firma sind gerade um 40 Prozent gestiegen!«

»Thank you, thank you, thank you . . .« ruft der Mann erleichtert und klappt dabei in einer abermaligen tiefen Verbeugung zusammen.

Dr. Funk ist verblüfft. »Uns in Europa kommen gerade die Zweifel. Wir fragen uns, was soll das Ganze, wo führt es hin, und hier gehen sie wie die Besessenen darauf los?«

Unser Mann – er hat »eine reizende Frau und zwei reizende Kinder«, wie er uns erzählt (»Was macht er dann hier?« fragt sich Dr. Funk) – besteht darauf, daß wir im Taxi heimkehren, das, von seiner Firma für ihn bestellt, vor der Bar auf ihn wartet. Er begleitet uns zusammen mit der Mama-san auf die Straße und winkt uns nach. Dann kehrt er, betrunken und aufgemuntert, selber nach Hause, fällt in sein Bett und fängt am nächsten Morgen wieder von vorne an. Mit ihren Frauen sprechen diese Männer angeblich nicht mehr als zehn Minuten pro Tag. Liegt nicht etwas Blindes, Taubes, Gefühlloses in dieser Gewohnheit, Tag für Tag, Nacht für Nacht, die Probleme eines Lebens zum Schweigen zu bringen?

Unser Taxi setzt uns vor dem Akasaka Prince Hotel ab, fährt aber sofort wieder los, um einem Mercedes und einem weiteren Taxi Platz zu machen. Dem Mercedes entsteigt ein kräftiger Yakuza-Boß in silbergestreiftem schwarzem Anzug, und aus dem Taxi klettern zwei Yakuza-Handlanger mit drei jungen Damen heraus. Lärmend drängen sie sich zu Dr. Funk in den Lift und verschwinden mit ihm in den oberen Etagen dieses hocheleganten Hotels.

18. November 1989

Bei jedem Empfang, bei jeder Party ist nun Deutschland das große Thema. Alle gratulieren einem und drücken einem die Hand.

»Auch ich möchte heute Deutscher sein«, sagte Tiziano bei einem Empfang der Westdeutschen Botschaft, aber die deutschen Gäste sahen ihn zweifelnd an.

Dr. Sander, der Kulturattaché der DDR-Botschaft, der im Mittelpunkt der allgemeinen Aufmerksamkeit stand – es war wie ein spontaner Wettlauf, um ihm die Hand zu schütteln –, flüsterte ihm zu: »Interessant ist, wie die Japaner diesen historischen Augenblick sehen . . .«

»Als neuen Markt?«

»Genau!«

Die Ereignisse haben sich derart überstürzt, daß es für die Japaner noch weit schwieriger geworden ist, mit ihnen Schritt zu halten, als für uns. Gewöhnt, Europa als ein Museum anzusehen und Amerika als den einzig respektablen Handelspartner, hatten sie schon in Hinblick auf die europäische Wirtschaftsunion einen Schrecken bekommen und über die »Festung Europa« geklagt, von der sie ausgeschlossen sein würden. Und nun sollen auch noch die Ostblockländer dazukommen?

»Ich fühle mich in Europa manchmal als Asiatin ...«, sagte eine Japanerin bei einem Empfang der EG-Vertretung zu mir.

»Den Chinesen näher, nicht wahr?«

»O nein, das gewiß nicht!« versicherte sie mir. »Dann fühle ich mich schon eher als Europäerin. Europäer und Japaner teilen dieselbe Kultur.«

Ich fragte bei diesem Empfang einen höheren EG-Funktionär, einen intelligenten, zierlichen, intensiven Europäer, was die Europäische Gemeinschaft den Japanern bedeute.

»Mehr als uns«, antwortete er. »Seitdem es dieses Datum ›1992‹ gibt, wissen sie, daß sie dabeisein müssen. Was Europa ist, das können sie sich im Traum nicht vorstellen, aber sie wissen, daß sie dabeisein müssen. Die Fähigkeit, sich die Geschichte oder die Zukunft vorzustellen, besitzen sie nicht; auch haben sie nicht genug Phantasie, eine Politik für die Welt zu formulieren. Geld? Wer hat Geld? Die Leute nicht und der Staat auch nicht: Japan ist ein an allem armes Land. Die Firmen haben Geld, und sie deponieren es im Ausland.« Er hat den Argwohn, daß die Firmen aus Japan fliehen, weil sie für das Land keine Zukunft sehen.

Dieser Europäer meint, Tokyo sei unfähig, eine langfristige Außenpolitik zu konzipieren und sich an sie zu halten. »Die Japaner gehen nach Amerika, weil Amerika das Symbol des Reichtums ist. Also kaufen sie es sich. Sie hatten zehn Jahre Zeit, um sich mit China ein wirkliches Vertrauensverhältnis aufzubauen, doch ist es ihnen nicht gelungen. Die Chinesen mögen die Japaner heute noch weniger als früher und wenden sich lieber an Koreaner, Taiwanesen und Singapurianer als an sie. Der natürliche Verbündete Japans wäre die Sowjetunion. Aber, wer weiß warum, Japan mag sie nicht.«

Dieser Diplomat behauptete, Japan sei der reiche Onkel, zu dem man läuft, wenn man Geld braucht. Niemand wende sich dagegen an Japan, wenn es darum ginge, eine Lösung für kompliziertere internationale Probleme zu finden.

20. November 1989
Chigusa und Takeda Toru haben geheiratet.

Die Feier hat in einer Kapelle auf dem Campus der ICU (International Christian University) stattgefunden, weil die beiden sich dort kennengelernt haben; sie hatte deswegen einen christlichen Charakter, obwohl beide keine Christen sind. Chigusas Familie, die aus Kyoto stammt, ist im Gegenteil streng shintoistisch.

Japanisch war nur das Ritual, durch das die Verwandten nach der Trauung miteinander bekannt gemacht wurden. Sie saßen auf Stühlen im Halbkreis auf der Wiese, und Chigusas Vater rief sie abwechselnd mit Rang und Namen auf: die beiden Großväter väterlicherseits . . . die beiden ältesten Tanten mütterlicherseits . . . Der oder die Gerufene erhob sich und verneigte sich vor seinem »Gegenstück«. Es war eine absolut formelle, beinah abstrakte Bekanntmachung, und sie hatte Stil.

Chigusa war im weißen Brautkleid. Takeda-san und alle Herren waren im Tight, während mindestens die Hälfte der Damen schwarze Kimonos mit farbigen Blumen am Rand trugen, was besonders schön aussah, wenn sie über die welken Blätter der Wiese gingen.

In einer langen Prozession fuhren wir dann durch den Vorstadtverkehr zu einem großen Hotel, in dem die verschiedensten Feste gleichzeitig stattfanden. Chigusas Empfang war auf der dritten Etage. In einer Vorhalle stand ein Tisch, vor dem sich jeder der 170 Gäste verneigte und seinen Umschlag abgab (mit mindestens 10 000 Yen darin). Dafür bekam er einen Gutschein, mit dem er sich beim Weggehen ein Geschenk abholen konnte. Das junge Paar stand vor einem vergoldeten Wandschirm an der Saaltür – Chigusa amüsiert, Toru in blasser Melancholie. Die Gäste defilierten an den beiden vorbei und verneigten sich vor ihnen.

Die beiden Elternpaare blieben im Hintergrund. Ein drittes Ehepaar steht bei einer Hochzeit Pate und wird auch in Zukunft die Verantwortung für die Ehe übernehmen. Wenn irgend etwas schiefgeht, wendet man sich zunächst an diese beiden Leute, die versuchen werden, eine Lösung zu finden. Gewöhnlich sind sie es auch, die die Heirat vermittelt haben, aber im Fall von Chigusa und Toru, die aus Liebe heirateten, spielten sie eine rein formelle Rolle.

Im großen Saal ist ein riesiges Büffet ausgelegt. Der Hochzeitspate stellt sich ans Mikrophon und erzählt den Gästen, welche Schulen und welche Universitäten Braut und Bräutigam besucht haben, welche Jobs sie gehabt haben, und ruft dann ihre verschiedenen Arbeitgeber nach vorn, damit sie ihrerseits eine Rede auf sie halten. Die Gäste machen sich unterdessen ans Essen.

Die Reden dauern fort und fort. Jeder Arbeitgeber erzählt, wie pflichtbewußt der Betreffende sei, wie pünktlich, wie zuverlässig. Jeder lobt an ihm den Arbeiter, niemals den Menschen. Als Chigusas früherer Chef kommt auch Tiziano dran. Er geht zum Mikrophon und zieht sich mit einer italienischen Floskel aus der Affäre, die dem Brautpaar »Blumenduft und Kinderlächeln« wünscht. Jemand beugt sich zu mir herüber und flüsterte mir ins Ohr: »Er kann es! Ein Berufssprecher, das merkt man sofort!«

Glücksdorf, den 24. November 1989
Haneda-Flughafen. Früher Morgen. Bläuliches Neonlicht, mehrstimmige Belehrungen über das Lautsprechersystem. Ströme gleichaussehender Passagiere kommen von der U-Bahn her. Neben uns ein Yakuza-Boß, ein kecker Typ in breitgestreiftem Anzug. Der Mantel wird ihm von einem Bullen getragen, die Flugkarte von einem zweiten gelöst – ein moderner König.

Das Taxi mit Otomo erscheint wie üblich erst eine Minute, bevor unser Flug geschlossen wird. Tiziano läuft ihm entgegen, hilft ihm beim Zahlen, Aussteigen, Aufsammeln und Tragen seiner verschiedenen Taschen und Kameras, aus denen selten ein Foto kommt. Als wir durch die Abflughalle »Inland« laufen, flüstert eine Polizistin Otomo zu, er solle ihr doch die Pässe der Ausländer zeigen. Er zischt sie an, nur wenn ein Toter unter uns wäre, hätte sie überhaupt das Recht, danach zu fragen – und steigt mit all seinem Gepäck plus der Tasche einer alten Dame in den Passagierbus ein. Durch die daraus entstehende Verwirrung verspätet sich der Abflug.

»Man muß seine Rechte kennen«, sagte Otomo noch.

Wir fliegen nach Hokkaido, der nördlichsten der drei japanischen Hauptinseln, die erst seit der Meiji-Epoche zum japanischen Staat gehört und immer noch als Japans Wilder Westen gilt. Ihre Urstämme, die Ainu, haben nur in einigen Reservaten überlebt. Tiziano, der die Ansicht vertritt, daß es »in Japan alles gibt«, hat auf Hokkaido einige Beispiele im Sinn, die das beweisen.

Eine Flugstunde, und wir landen auf dem Flughafen von Obihiro. Ein Kleintransporter – das deutsche Wort »Glücksdorf« steht auf seinen Türen – erwartet uns und fährt uns über Weiden und Wiesen zu den Kirchturmspitzen und gotischen Zinnen, die man am Horizont gegen den blassen Morgenhimmel sieht. Er entlädt uns auf einem Parkplatz für Hunderte von Wagen, neben einer holländischen Mühle, auf der »Toiletten« steht. Eine junge Japanerin im Dirndl erscheint und begrüßt uns auf deutsch mit: »Willkommen in Glücksdorf, willkommen im Glückskönigreich!« und übergibt uns einen deutschen Spielpaß. »Stille Nacht, Heilige Nacht« durchsäuselt die reine Luft.

Über ein echtes Kopfsteinpflaster aus Leipzig geleitet uns das Dirndl-Mädel an einem Bremer Roland aus Pappmaché vorbei und führt uns dann durch ein verkleinertes Rothenburger Tor auf einen mittelalterlichen Stadtplatz: Zu unserer Rechten steht eine Reihe von Fachwerkhäusern, zur Linken ein herzogliches Palais, vor uns das Rathaus. In der Mitte des Platzes hat man den Brüdern Grimm eine Kopie ihres Denkmals errichtet, und hinter dem Rathaus guckt sogar die Sankt Kathrinenkirche von Steinau hervor, wo der Großvater Grimm gepredigt hatte. In den Fachwerkhäusern (alle ursprünglichen Maße sind um etwa 30 Prozent verkleinert worden) wird deutsche Wurst, Marmelade und Gebäck verkauft. Geplant ist noch ein Schloß Bückeburg, das als Hotel dienen soll.

»Willkommen in Glücksdorf, willkommen im Glückskönigreich!« ruft uns auch der PR-Man zu, der uns in ein warmes Zimmer des Rathauses mitnimmt, um uns den Hintergrund zu diesem »Themenpark«, diesem »dreamlando«, zu erklären. Der Gedanke dazu ist einem japanischen Bauunternehmer, einem Herrn Nishi aus Obihiro, gekommen, der der Insel Hokkaido, die erst vor hundert Jahren »zivilisiert« worden ist, etwas Geschichte und Tradition verschaffen will. Die beiden echten, aus Deutschland importierten Fachwerkhäuser aus dem frühen 18. Jahrhundert, die bei der Sankt Kathrinenkirche stehen, werden uns deshalb als »Hokkaidos älteste Gebäude« gezeigt. Auch deutsche Felder und Äcker will Herr Nishi anlegen. Japanische Touristen sollen auf ihnen Bauern spielen.

»Glücksdorf ist ein Lebensmodell für das 21. Jahrhundert«, beschließt der PR-Mann seine Erklärung. Immer wieder dieser Spruch – das Hirngespinst einer Werbeagentur.

Über den kalten, sonnigen Platz traben Schneewittchen, die Sieben Zwerge, der Wolf, die Kröte – Grimmsche Gestalten in Walt-Disney-Aufmachung – und hüpfen von einem Bein aufs andere, um warm zu werden. Auch ein paar blonde Mädchen im Dirndl und junge Männer in roter Joppe erscheinen und sprechen uns an. Es sind deutsche Studenten, die für 70 000 Yen im Monat in Glücksdorf »echte Deutsche« spielen, die Besucher animieren und mit ihnen Polonaise tanzen. Das Oktoberfest ist zwar vorbei, aber der Nikolaus, die Heiligen Drei Könige und der Osterhase stehen noch ins Land, und zu Weihnachten soll sogar ein echter Pastor aus Deutschland eingeflogen werden: Die Besucher werden dann in der Kirche sitzen und einer deutschen Weihnachtsfeier beiwohnen können.

»Zum Weihnachtsabend letzten Jahres mußte einer unserer Studenten in Lederhosen und Tirolerhut sich an den Altar stellen und das Mozartprogramm auf der Drehorgel abziehen, während der PR-Mann das Publikum zu den richtigen Reaktionen anhielt. Es war der peinlichste Augenblick meines Lebens«, sagt er, den wir bald »den Intelligenten« nennen.

Die jungen Leute frieren, Besucher scheinen keine zu erscheinen, also laden wir sie ins deutsche Restaurant im Palais ein, wo ein deutscher Pianist deutsche Klassiker spielt. Nur ein grüner Frosch bleibt auf dem leeren Rathausmarkt stehen und dreht unberirrt weiter an seiner Orgel. »Er ist Japaner«, erklärt uns einer der jungen Leute, »und ist imstande, vier Stunden lang vor einem leeren Platz zu drehen.«

Langsam tauen sie auf und erzählen uns von diesem seltsamen Disneyland, in das sie eingeflogen worden sind und von dem sie gedacht hatten, es wäre Japan. »Ich mache mir täglich Notizen von all den irren Dingen, die mir hier passieren, um nicht verrückt zu werden ...«, sagt der Intelligente. Tiziano ermutigt ihn, sie eines Tages als »Briefe aus Glücksdorf« herauszugeben.

Obihiro, den 25. November 1989
Frühmorgens schon rauchen die Salarimänner in dem mit Flugzeug- und Hubschraubermodellen dekorierten Frühstücksraum des Hotels in Obihiro wie Schlote. Die Kellnerinnen verbeugen sich vor jedem Kunden. Er grüßt nicht zurück, denn Grüßen gehört zu ihrer, nicht zu seiner Rolle. Jede Frau, die mit einem Salariman eintritt, zählt zur Kategorie »Begleiterin« und ergreift nach dem Frühstück ihre Tasche, um Richtung Bahnhof davonzugehen. Die Salarimänner machen sich zu den hiesigen Filialen der großen Konzerne auf.

Obihiro hat 110000 Einwohner und surrt vor metallischen Stimmen, die an jeder Straßenecke für etwas werben. In jedem Geschäft halten Videoapparate zum Kaufen an. Menschliche Stimmen hört man keine. Nagelneue weiße Wagen fahren auf den wie mit dem Lineal gezogenen Straßen, denn Obihiro rühmt sich, »Japans Washington« zu sein. In Wirklichkeit ist es ein Minibeispiel der idealen, modernen japanischen Stadt: kein Baum weit und breit, wohl aber Lichtreklamen, Lautsprecheranlagen, ein Geschäftszentrum, ein schrecklicher Bahnhofsplatz und ein von Yakuza kontrolliertes Nachtleben. Obgleich Obihiro in der Mitte von grünen Wiesen liegt, also kein Platzmangel besteht, wird das Gefühl vermittelt, jeder Quadratmeter sei unbezahlbar, und Gärten kämen daher nicht in Frage. Bald verstehen wir, wie nötig die Städter das »Glückskönigsreich« haben, in das an manchen Tagen bis zu 10000 Obihiro-Bewohner entfliehen.

»In Japan gibt es keine Stadtplanung. In Japan gibt es nur Spekulation«, hatte ein japanischer Architekt in Tokyo zu uns gesagt. In Obihiro, im obersten Stockwerk des Gebäudes der Zeitung

»Tokachi Mainichi«, haben wir einen dieser neuen »Städteplaner« besucht. Herr Hayashi Mitsushige ist der Besitzer eines blühenden Kommunikationsimperiums, das Zeitungen, Magazine, Werbung und Fernsehen in dieser Region kontrolliert. Betritt man sein Büro, verläßt man das für Sklaven geplante »moderne Japan« und befindet sich im klassischen, heute nur noch hohen Managern vorbehaltenen. Ein japanischer Garten mit Bonsai-Bäumen und geharktem Sand ziert die Dachterrasse, und im Büro selber stehen Palmen, alte Stelen, Steinlöwen und, vor einem goldenen, mit dem Fuji-Berg verzierten antiken Wandschirm, die japanische Fahne.

Herr Hayashi, ein Mann um die vierzig, ist der Japaner, der keine Uniform zu tragen braucht: Er ist der Boß. Sein mokkafarbener Anzug französischer Marke, das lila Hemd, die gestreifte Krawatte und die schlichte Uhr mit Lederband kennzeichnen den, der das Recht hat, einen eigenen Geschmack zu haben – den Mann der Macht. Er und sein Freund, Bauunternehmer Nishi, haben Obihiro und Glücksdorf weitgehend geplant und planen weiter daran. Vorbei sind die Zeiten, als die Bürger noch ihre Stadt selber bauten!

»Obihiro ist eine ökologische Stadt«, erklärt uns Herr Hayashi. Meint er die Felder rundherum? »Weil die Insel Hokkaido aber keine eigene Geschichte, keine eigene Tradition hat, haben wir beschlossen, diese aus Deutschland zu importieren, in der Hoffnung, daß die deutsche Märchenwelt einen guten Einfluß auf die Inselbewohner hat.« Es werden auch noch ein paar deutsche Schlösser dazukommen müssen, denn als »Software« – so drückt Hayashi sich aus – reicht Glücksdorf nicht.

Nach einem längeren Gespräch – es geht dabei auch um das Schloß des Weihnachtsmanns, das Tiziano auf Hokkaido sucht – zeigt Herr Hayashi uns sein mehrstöckiges Bürohaus, von dem aus er über sein Imperium regiert. Gerade sehen wir uns den Fernsehraum an, als plötzlich auf mehreren der vielen kleinen Bildschirme Karel van Wolferen aufflackert, der in dunklem Anzug seine seit langem geplante Rede vor dem amerikanischen Kongreß hält, mit der er die Vereinigten Staaten vor der japanischen Gefahr warnt. Wir verstehen seine Worte nicht, denn sie werden auf japanisch übertragen, aber für Herrn Hayashi sind sie klar. Um so befremdlicher findet er offensichtlich unsere Freude über das unerwartete »Wiedersehen« in Hokkaido mit einem alten Freund.

Das Licht auf dieser nördlichen Insel ist wunderbar scharf und klar. Das flache, bestellte Land erinnert an Schleswig-Holstein, und wir machen uns in einem Mietwagen auf die Suche nach dem Schloß des Weihnachtsmanns: nach dem Schloß, das sich ein japanischer Spielzeughersteller in Schottland gekauft und nach Japan hat schicken lassen, um daraus das Geburtshaus des Weihnachtsmanns zu machen. Hiroo, ein verfrorener kleiner Fischerhafen an der Küste, kündigt sich schon von Ferne als »Santa-Land«, als »Weihnachtsmannsland« an, da sein Postamt sich ausgedacht hat, alle an den Weihnachtsmann gerichteten Briefe und Karten in Empfang zu nehmen und zu beantworten. Über sein Schloß weiß man uns aber nur zu sagen, daß es inzwischen in Hokkaido angekommen sein müsse.

Wir fahren an der grauen Küste entlang, der auch hier Betonblöcke vorgelagert sind. Vögel kreisen über sie hin. Dunkelbraune Algen trocknen am Strand. Als wir am mächtigen Leuchtturm von Kap Erimo anhalten, ist es Nacht. Das Meer schlägt schwarz und wild gegen die Klippen, und wir denken an die Fischerboote, die in Nächten wie dieser an ihnen gekentert sind.

26. November 1989

Das Minshuku an der Hauptstraße des Städtchen Erimo, in das wir gestern abend eingekehrt sind, gehört einem alleinstehenden Mann, der es geschmackvoll eingerichtet hat. Man blickt aufs Meer und hört die Möven schreien, die über die Wellen fliegen. In Bad und Korridor setzt auch nachts die Musik nicht aus.

Die Häuser auf Hokkaido, wo bis vor kurzem noch die Ainu zu Hause waren, scheinen alle ein und demselben Katalog zu entstammen. Es fehlt ihnen eine Katze, ein Kanarienvogel oder ein

Hund, die bewiesen, daß in ihnen Menschen wohnen. Niemand hat dem »Modell« irgendeine persönliche Note hinzugefügt, so daß Tiziano behauptet, die Häuser seien nicht von Familien bewohnt, sondern von Fotos, die Familien zeigen.

Wir suchen weiter nach dem Schloß des Weihnachtsmanns. Wir fahren hinauf bis Chitose, einem ehemals wichtigen Militärstützpunkt der Amerikaner, und finden dann in einem engen Tal – dem »Höllental« – die Schwefelquellen von Noboribetsu, in denen bis vor kurzem nur Ainu und Bären badeten. Heute stehen dort riesige Onsen-Hotels: Das Daichi ist Japans größtes. Krähen schwärmen zu Tausenden über den Himmel und lachen ihr böses »Ha-Ha!«.

Otomo sagt, über Noboribetsu herrschten heute die Yakuza, die Prostitution und Porno-Shows für das Nachtleben der Quellengäste organisieren.

Am späten Nachmittag kommen wir nach Hakodate, Japans größtem Fischereihafen. Tiziano durchfährt das Container-Terminal im Schrittempo – und findet das Schloß des Weihnachtsmanns! In dreizehn mit den Worten »Santa-Express« und einem kleinen Weihnachtsmann bemalten Containern ist es von Schottland per Zug durch die Sowjetunion nach Wladiwostok gereist und von dort per Schiff in Hakodate angekommen. Hier liegt es nun und wartet auf Bauerlaubnis.

Ein bereitwilliger Hafenarbeiter holt einen Kran herbei und setzt einen Container direkt vor uns hin. Ein anderer öffnet ihn für uns: Modergeruch, der Atem feuchter Keller, schimmliger Steine... Und langsam zeichnen sich in der Dunkelheit auch die Steinstufen, die Bogen und Mauerstücke ab, aus denen dieses schottische Schloß einmal bestand.

27. November 1989

Auf einer mehrstöckigen Fähre für den Lastwagenverkehr überqueren wir nachts die Meerenge zwischen Hokkaido und Honshu. Sie erinnert an eine Bahnhofshalle. Otomo schläft mit Lkw-Fahrern und Studenten auf den Matten der Gemeinschaftsräume. Wir bekommen die einzige Kabine. Man ißt im Selbstbedienungsrestaurant zu Abend, badet im gemeinschaftlichen Bad, holt sich Getränke und Lektüre von den Automaten an Bord, und noch vor Morgengrauen ertönen die Lautsprecher, die einen höflich ermahnen aufzustehen, nichts liegenzulassen, nichts zu vergessen.

In Aomori, der nördlichsten Stadt der Hauptinsel Honshu, gehen wir an Land. Es ist noch dunkel. Warm verpackte, lustige Marktweiber hocken neben ihren Fischkörben am Hafen. Sogar zu dieser frühen Stunde findet sich schon ein Taxi, eine Bratküche, die einem ein japanisches Frühstück macht, und auch die Wagenvermietung öffnet bereits um acht. Jede Dienstleistung ist in Japan beinah rund um die Uhr zu haben; niemals verläßt einen der Komfort.

Auf Nord-Honshu sucht Tiziano jetzt nach Christi Grab. Nach zweistündiger Fahrt biegen wir in ein enges Tal ab und stoßen bald auf ein erstes, vielversprechendes Schild: »Willkommen in Jesu Christi Heimatland! Kauft den Jesus-Christus-Kuchen!« Ein anderes wirbt für einen Reiswein der Marke »kirusuto-no-sato« (Christusland) und verspricht »2 000 Jahre Romantik«.

Was macht Christus hier, im Dorf Shingo-miura, Kreis Herai? Dem Laden, in dem wir danach fragen, ist nur die Reisweinmarke bekannt. Als wir aber ein kleines Stück über das Dorf hinausgefahren sind, entdecken wir einen Waldweg, der zu einem versteckten Hügel führt, auf dem zwei verwitterte Kreuze stehen. Eine Tafel berichtet eine erstaunliche Geschichte:

»Es wird angenommen, daß Christus im Alter von 21 Jahren nach Japan kam ...«, steht da. Er habe hier Theologie studiert. Mit 31 sei er nach Judäa zurückgekehrt um dort Gottes Wort zu verkündigen. Die Menschen haben versucht, ihn zu töten, aber Iskiri, sein jüngerer Bruder, habe sich statt seiner ans Kreuz schlagen lassen. Christus selber sei es gelungen, nach Japan zurückzufliehen. Hier habe er im Dorf Herai bis zum Alter von 106 Jahren gelebt. Die beiden Kreuze gedächten seines und Iskiris Grab.

Tatsächlich spürt man auf diesem Hügel, ganz wie in Katakomben, daß sich hier Menschen heimlich getroffen haben, um einander von etwas zu erzählen, das sie langsam immer undeutlicher erinnerten, von dem sie aber niemals vergessen haben, daß es »heilig« war. Dieser Hügel ist gewiß kein »dreamlando«, kein »Glücksdorf«, und obgleich einem im Dorf Shingo, dem früheren Herai, niemand Genaueres zu erklären weiß, scheint es doch wahrscheinlich, daß während der Christenverfolgungen unter den ersten Tokugawa-Shogunen, Anfang des 17. Jahrhunderts, einige Christen in dieses entlegene Tal geflüchtet sind und auf diesem versteckten Hügel Christi Leidensweg, sein Martyrium und seine Grablegung immer wieder aufgeführt haben. Einige Sitten des Dorfes, wie die, jedem neugeborenen Kind ein Kreuz auf die Stirn zu malen, weisen noch auf die frühere Anwesenheit »versteckter Christen« hin.

In den dreißiger Jahren, als der japanische Nationalismus paroxystische Ausmaße annahm, erschien ein Herr Takeuchi in Herai. Er behauptete, er habe Beweise dafür, daß Christus in Japan gestorben sei. Er wies auf eine Familie hin, die von einem seiner Söhne abstamme – und der Mythos, Jesus sei in Japan gestorben, entstand. Ein Nachfahre der »Familie Christi« arbeitet heute im Rathaus von Shingo: ein freundlicher älterer Herr, der selber Buddhist ist und sein Leben lang unter diesem Mythos gelitten hat.

Der Drang, alles zu besitzen, was der Westen hat, ließ die Japaner damals auch behaupten, ein paar riesige, übereinandergelagerte Steine in den einsamen Bergen bei Herai seien die Reste einer »Pyramide«. »Nicht nur Ägypter und Mexikaner hatten Pyramiden... Japan hatte weit kolossalere!« verkündet die Tafel, die davor steht.

Die Reste von Japans eigener Kultur, die alten Burgen und Bauten aus der Samurai-Zeit, wie man sie von Rollbildern und Holzdrucken kennt, sind von den Meiji-Staatsmännern beseitigt worden. Man hat aber das Gefühl, daß jene Staatsmänner schrecklich übereilt und ohne Stolz gehandelt haben, weil sie damit die Voraussetzungen für das erinnerungslose und wurzellose Land geschaffen haben, das Japan inzwischen geworden ist.

Wir fahren jetzt südwärts, heimwärts, durch die wunderschönen, kaum bevölkerten Berge dieser Gegend. Am Towada-See, einem klaren Gebirgssee, an dem auch Kaiser Hirohito manchmal geweilt hat, liegt ein Ferienort, der in diesem Spätherbst wie ausgestorben ist. Aus dem einzigen noch offenen Café sehen wir zwei Menschen nach, die zwischen treibenden Blättern am Ufer entlanggehen.

Wieder im Auto, sinniere ich: »Seen haben etwas Wehmütiges.«

Otomo findet es nicht.

»Und Japaner lieben die Wehmut...«

Otomo wird ungehalten.

»Die Vulkanausbrüche und Erdbeben dieses Archipels müssen auf die japanische Seele abgefärbt haben«, meint Tiziano.

Nun wird Otomo zornig. Es sei absurd, von einer »japanischen Seele« zu reden! Nur Ausländer könnten annehmen, Japaner hätten eine von anderen Völkern verschiedene Seele. Überhaupt sei es dumm, von der Seele eines Volkes zu reden. Einfältiges Japan-Niedermachen sei, was wir täten... Sein Wutausbruch dauert an, während Tiziano immer schneller fährt und nichts mehr sagt.

Japan könne nicht verstanden werden, sagt Otomo weiter. Alle, die es versuchten, sagten nichts als Banalitäten. Das einzige, was wahr bliebe, wäre, daß Japan arm sei und von Amerika ausgebeutet werde. Reich sei nur der Westen; reich, weil er Kunstschätze und Schlösser besitze, während Japan nur Geld hätte, das es den Banken schulde.

»Im Vergleich zum Westen mit seinen riesigen Kunstschätzen ist und bleibt Japan ein Gemüseladen!« ruft er, und ich verstehe endlich, wie sehr er während dieser Reise darunter gelitten haben muß, daß wir immer wieder nur den seltsamsten Versuchen begegnet sind, den Westen zu imitieren, »Japan eine Tradition zu geben«, während Japans eigene Tradition ausradiert wird.

»General MacArthur war ein Schwein!« fährt Otomo immer aufgeregter fort. »Er hat Japan das amerikanische System aufgezwungen, um den Aufstieg der Kommunisten zu verhindern. Eines steht aber fest: Die Kommunisten hätten sich keiner so schamlosen Bodenspekulation hingegeben wie die Liberal-Demokraten.

Unter den Kommunisten wäre uns etwas von unserer Tradition geblieben!«

In Marioka liefern wir den Wagen ab und steigen, wieder versöhnt, in den Superexpress nach Tokyo. Wie ein schlafendes Heer sitzen die erschöpften Salarimänner um uns herum, die nach einem langen Arbeitstag nach Hause fahren. Kurz vor Mitternacht läuft der Zug in Tokyo-Ueno ein und entleert sich hastig. Schnell auf die Rolltreppe, schnell in die U-Bahnen hinein . . . Morgen ist ein neuer Arbeitstag!

Einer aber ist im Zug geblieben. Umsonst versucht man, ihn aufzurütteln, ihn zu wecken. Kalter Schweiß perlt auf seiner Stirn, und er verharrt in schwerem Schlaf, dieses angespannten Lebens sterbensmüde.

8. Dezember 1989

Ich lese jetzt eine Biographie des Fürsten Ito Hirobumi (1841–1909). Er war der Urheber der Meiji-Verfassung, der wahre Schöpfer des modernen Japan. Als mehrfacher Premierminister wurde er schließlich von einem koreanischen Freiheitskämpfer in Harbin in der Mandschurei ermordet. Diese Biographie ist schon deswegen interessant, weil sie ein Meiji-Japaner, Hamada Kenji, geschrieben hat.

Die Reaktion der Japaner auf den Anblick der amerikanischen und europäischen Schiffe, die Mitte des 19. Jahrhunderts vor der Izu-Halbinsel lagen, war eine des absoluten Horrors, schon in Anbetracht der Kontaminierung ihres Landes, das man 300 Jahre lang vor jeder Berührung mit dem Ausland bewahrt hatte. Ito betrachtete das britische Legationshaus wie »ein fremdes Ungeheuer«, das auf »geheiligtem Grund und Boden stand«. Dann aber, von den Kanonen und Dampfschiffen der Ausländer doch neugierig gemacht, begab er sich selbst nach London und merkte dort, daß Japan, was die »materielle Zivilisation« anbelangte, vom Westen viel zu lernen hatte.

»Welche Narren seine Landsleute doch gewesen waren!« schreibt Hamada. »Durch die Jahrhunderte hatten sie geschlafen, leichtfertig zufrieden mit ihrem armseligen Los, ohne sich all der erstaunlichen Möglichkeiten bewußt zu werden, die es in den fortschrittlichen Ländern gab, aus denen die Schiffe kamen!«

Dem Westen wurde also die Überlegenheit in praktischen Dingen, in den »wundervollen Errungenschaften . . . wie Krieg, Handel und Transport« zugesprochen. Um so hartnäckiger bestand man aber auf der »geistigen Überlegenheit« der Japaner. Ihnen wurde die erhabene Rolle zuteil, eine Rasse zu sein, »die dem Höheren und Nobleren hingegeben ist, nämlich dem Geiste Yamatos«.

Es waren die Meiji-Staatsmänner, die das Binom »westliche Technologie – östliche Geistigkeit« prägten, das das Volk über die Rückständigkeit Japans hinwegtrösten sollte. Zur Bekräftigung dieser Theorie wurden die japanischen Traditionen, wie die des Samurai, als etwas Einzigartiges hochgehalten: Samurai zu sein sei »etwas unendlich viel Anspruchvolleres und Tieferes als normaler Soldat«, wie es die westlichen waren – die andererseits aber die Kriegsschiffe und Kanonen besaßen.

Diese gefühlsbeladene Färbung der Tatsachen wird bis zum heutigen Tage fortgeführt. Das japanische Erziehungsministerium, das als treibende Kraft hinter Japans Modernisierung steht, propagiert gleichzeitig auch den Mythos, daß Japan einzigartig und allen anderen Nationen kulturell überlegen sei.

Jahr des Pferdes

Tokyo, den 10. Januar 1990

Nach dreiwöchigem Aufenthalt in der Alten Welt kehren wir gern nach Tokyo zurück. Es war während der vergangenen fünf Jahre immerhin unser Zuhause und wird es für sechs weitere Monate sein. Der Eindruck, daß man von der besonnten Erdhälfte auf ihre schattige, mondhafte fliegt, bleibt jedoch bestehen.

Als wir hier vor fünf Tagen wieder landeten, war die große Ferienwoche noch nicht zu Ende. Der Flughafen war voller bepackter Reisender, die Stadtmitte ausgestorben, der kaiserliche Park von einer schönen, unheimlichen Düsterkeit, die bei Sonnenuntergang, als die Straßenlampen angingen und der Himmel sich rot umrandete, beinah bedrohlich schien.

Unsere Nachbarschaft lag in noch vollkommenerem Schweigen als sonst, und als Reiko gegen Abend vorbeikam, hatte sie mir eine schreckliche Geschichte zu erzählen. Sie hatte Ende Dezember bemerkt, daß eine große Beerdigung im Haus gegenüber stattfand, dem der »patriotischen Familie«, die wir so nennen, weil sie bei jeder Gelegenheit eine japanische Fahne heraushängt. Reiko hatte sich dem Leichenzug einfach angeschlossen, ohne zu fragen, wer wohl gestorben sei. Sie erfuhr es am nächsten Tag von einer Nachbarin: Der neunzehnjährige, einzige Sohn hatte sich das Leben genommen.

Was hat ihn wohl dazu gebracht? Wir haben ihn täglich in seiner schwarzen Schuluniform der exklusiven »Keio«-Schule ein und aus gehen sehen. Reiko, die ihn von Kind auf kannte, sagt, er hätte sich vor einiger Zeit das Bein verletzt und sei deshalb aus dem Baseballteam geflogen. Dann ging es auch in der Schule bergab, er gehörte schließlich zur »Minderheit der Durchgefallenen« und sah keinen anderen Ausweg mehr als diesen.

Bei niemandem hat er Hilfe gesucht, niemandem hat er seine Niedergeschlagenheit zu verstehen gegeben. Reiko selbst hat den Mut nicht aufgebracht, seine Mutter zu besuchen, die sich »wie eine Muschel verschließt«. Statt dessen ist sie nach alter Sitte am Neujahrstag mit ihrer Familie bei der des Verstorbenen angetreten, und alle haben sich vor den Trauernden tief verbeugt. Die menschliche Einsamkeit, in der jeder gefangen bleibt, erschreckt Reiko selbst am meisten.

Wir sind mit guten Vorsätzen für das Neue Jahr zurückgekommen, doch bleiben sie einem im Halse stecken. Im Westen gab es so viel Aufregung wegen der Ereignisse in Osteuropa, so viel Hoffnung für die neue, gänzlich unbekannte und unerwartete Welt, die seit Ende 1989 vor uns liegt.

»Was ist im Jahr der Schlange nicht alles passiert!« rufen wir unseren japanischen Freunden zu.

»Welchem Jahr der Schlange? Ach, war das vergangene das Jahr der Schlange?« antworten sie zerstreut, nicht einmal mehr dieser, ihrer eigensten Tradition bewußt.

Ja, es war das Jahr der Schlange, das mit Hirohitos Tod angefangen hat, zwei Skandale und drei neue japanische Premierminister gesehen hat, die tragischen Ereignisse in China, die überraschenden in Berlin und Bukarest, Gorbatschows Begegnung mit dem Papst und zuletzt noch das Ende von Noriega! Die Japaner haben alles gebührend registriert, aber wie aus weiter Ferne, mit der für sie typischen, geringen Anteilnahme an dem, was anderen Völkern widerfährt.

Kaum sind wir wieder hier, überkommt mich von neuem die Angst, daß die Welt ihrem Ende entgegengeht.

Jeder Kopf Salat, jeder Reiskeks, jeder Briefumschlag werden einzeln in Plastikfolien eingewickelt. Ganze Zimmereinrichtungen stehen morgens für die Müllabfuhr auf der Straße, einfach weil man ihrer überdrüssig ist. Ganze Tropenwälder werden zu Eßstäbchen verarbeitet, die man nach jeder Mahlzeit wegwirft, oder zu Häusern, die bald wieder abgerissen werden. Ein Architekt sagte, in

Japan werde heute nur auf drei, vier Jahre gebaut; eine Freundin hat aus ihrem Fenster zugesehen, wie ein intaktes Einfamilienhaus in Roppongi mit seinem gesamten Mobiliar plattgewalzt worden ist.

1 500 Golfplätze sind in Japan im Gebrauch, 200 im Bau und 500 in Planung: Ihr makelloser Rasen erfordert Unkrautvertilgungsmittel, welche die Erde auf hundert Jahre verderben und auch in die noch bestellten Felder sickern. Diese Verwüstung der Natur ist es, was ich am meisten fürchte, denn sie wird auch exportiert. In ganz Südostasien kriecht die mächtige japanische Technologie bereits über Reisfelder und Kokusnußwälder. Die Regenwälder von Thailand, Kambodscha, Birma und Laos fallen und werden zum Großteil nach Japan verschifft. Die Japaner sind überzeugt, daß es jenseits ihrer kleinen Inseln ein riesiges Reservoir an Hölzern, Ölen, Mineralien und Erzen gibt und daß sie sich davon nur beliebig zu holen brauchen.

Die Welt im Großen sehen sie nicht.

Hasegawa Nyozekan, einer der geachtesten liberalen Denker und Modernisierer dieses Jahrhunderts, machte sich ernsthaft Sorgen über das Verhältnis seines Volkes zur Natur. Er fragt sich in einem seiner Bücher, »Japan. A Cultural Profile«, wie es wohl dazu gekommen sei, daß der Japaner, den die Welt für seine Gartenkunst bewundert, »in seiner intellektuellen Würdigung der Natur sich als so unzulänglich erweist«. Er verwandle die Natur zwar in Formen, die er einzeln bewundert, verstünde aber die Natur in ihrer Gesamtheit nicht. Er liebe den Baum, aber nicht den Wald. Für Hasegawa, der dies 1938 schrieb, war das kein gutes Omen.

15. Januar 1990

Zum Abschluß der offiziellen Neujahrsfeierlichkeiten fand gestern in der Budokan, der Halle für Kriegskünste, eine Vorführung statt, zu der Jean Pearce mich mitgenommen hat. Wir saßen in der ersten Reihe zwischen ein paar Diplomaten, aber im übrigen war die große Halle halbleer. Japaner zeigen im allgemeinen kein besonderes Interesse für ihre eigenen Traditionen.

Obwohl es mindestens zehn verschiedene Kendo-, Judo- und

Karatevarianten gibt und alle von den besten Leuten des Landes vorgeführt wurden, bleiben für unser Auge das kriegerische Ritual, die Schreie, die Kampfbewegungen, das Braun mit Blau oder Braun mit Schwarz der Kostüme ziemlich gleich. Charakteristisch für alle Kampfarten ist die absolute Konzentration auf die Handlung sowie der Mangel an irgendeinem zur Schau getragenen Gefühl. Selbst bei diesen harmlosen Vorführungen hatte man den Eindruck, daß der einzelne sein Äußerstes gab.

»Totale Hingabe«, bemerkte Jean. »Totale Hingabe, was sie auch tun.«

Vollkommenheit ist in Japan das Ergebnis von unendlicher Wiederholung, die einen Fehler schließlich unmöglich macht. Der Kopf wird daraufhin trainiert, sich aller Gedanken zu entledigen, damit in dieser Leere »die richtige Form sich mühelos ergibt«, wie ein Lautsprecher uns belehrte.

Eugen Herrigels Buch »Zen in der Kunst des Bogenschießens«, welches das Bogenschießen als eine mystische Erfahrung darstellt, erscheint mir jetzt eher das Erlebnis eines Deutschen als das eines Japaners widerzuspiegeln. Wie oft beladen wir die japanische Kultur mit unseren eigenen Werten, deuten etwas in sie hinein, das nicht japanisch ist! Ist es nicht eher so, daß der Zen-Mönch, der beim Bogenschießen mit geschlossenen Augen ins Schwarze trifft, dieses kann, nicht weil er mit dem Auge des Geistes sieht, sondern weil er die Handlung so oft geübt und wiederholt hat, daß er sie schließlich auch »blind« vollzieht?

In den vom Zen-Buddhismus abstammenden Künsten der Schwertkunst und des Bogenschießens, der Teezeremonie und des Blumensteckens geht es um die makellose Ausführung einer einzigen Handlung. Der Samurai, der sich in diesen Künsten übte, übte sich in der Ausschließung jeder Überlegung und jedes Widerspruchs – übte sich in Unterwerfung und absoluter Disziplin.

Aus diesem in jeder Geste festgelegten, rituell geregelten Verhalten hat sich eine Ästhetik entwickelt, die uns mit Bewunderung erfüllt. Und da bei uns Gesten auf Inhalte hinweisen, haben wir angenommen, daß sich hinter dem Zen-Ritual eine tief mystische Religion verbirgt. Tatsächlich hat die mit Zen-Buddhismus durchtränkte Samurai-Kultur dem Japaner beigebracht, nicht eigenständig oder eigenwillig zu handeln, vielmehr jede Art von Überlegung aus seinem Verhalten auszuschließen, bereitwillig ein und dieselben Gesten unendliche Male zu wiederholen und kritiklos dem Beispiel des großen Meisters zu folgen. Für das Zeitalter der Technik war das eine Vorbereitung wie kein anderes Volk sie gehabt hat.

16. Januar 1990

Der Pistolenschuß, den ein Rechter kürzlich dem Bürgermeister der Stadt Nagasaki, Motoshima Hitoshi, in den Rücken gejagt hat, um ihn für seinen Ausspruch zu bestrafen, Hirohito teile die Verantwortung für den Krieg, hat wieder zu Leserbriefen geführt, die uns wie ferne Klagen erreichen.

»Es ist allen Japanern klar, daß der Bürgermeister von Nagasaki nur die allernormalste Ansicht über dieses Thema ausgesprochen hat und daß er dem Terrorismus nur wegen der ›Atmosphäre‹ zum Opfer gefallen ist, die andere Japaner völlig mundtot gemacht hat«, schreibt ein Mann aus der Provinz an die »Asahi«. Er schiebt der japanischen Presse eine indirekte Mitschuld an diesem Mordanschlag zu, weil sie, »statt über die Frage der Verantwortung des Showa-Kaisers für den Zweiten Weltkrieg offen zu diskutieren, diese nach 1945 beinahe zu einem Tabu gemacht« hat.

Motoshima selbst hat erklärt, er fände es merkwürdig, daß seine Worte soviel Aufsehen erregen konnten. »Ich muß daraus folgern, daß die unsere eine abnormale Gesellschaft ist«.

»Es gibt immer mehr Tempel in Japan, weil die Leute nicht glücklich sind«, sagte Reiko heute. »Die Jungen, aber auch die Älteren sind unglücklich. Immer mehr Leute sterben am Streß. Wir wissen, daß wir zuviel arbeiten, aber wir können es nicht lassen! Wir wissen, daß wir unsere Umwelt zerstören, und tun es trotzdem.«

Es hat sich hier eine zweifache Situation ergeben: einerseits eine immer explosivere Wirtschaftsmacht; andererseits eine immer erschöpftere Menschheit. Die Salarimänner, die Japans Industrie so selbstlos vorangetrieben haben, klappen jetzt zusammen. Reiko hat heute in der U-Bahn wieder einen beobachtet, der vor sich hinredete und sich gebärdete, als wäre er noch im Büro: »Selbstverständlich, wie Sie befehlen! Ich komme sofort...!«

Als ich gestern durch unsere Ginza ging, ist mir ein gepflegter Bankbeamter entgegengekommen. Plötzlich bückte er sich, versuchte etwas aufzuheben, zu erhaschen, verfolgte es hierhin und dorthin. Da war nichts. Er sah etwas, das es nicht gab.

Immer mehr Männer fühlen sich in der eigenen Familie unwillkommen und gehen zeitweilig gar nicht mehr nach Haus. Kliniken werden eröffnet, in die sie sich dann zurückziehen können, um von dort aus zur Arbeit zu gehen. Immer mehr Manager fallen plötzlich um und sind tot. »Karoshi«, wie dieser plötzliche Tod vor Streß und Übermüdung heißt, ist zu einem gefürchteten Alltagswort geworden. Die Konzerne richten Entspannungsunterricht ein – und spornen ihre Leute weiter an. Es gibt kein Zurück.

Die Zahlen derer, die »evaporieren«, wie man hier sagt, die »sich verflüchtigen«, wächst ständig. Zehntausend Menschen sind allein 1987 von Arbeitsplatz und Familie verschwunden, mit der Bitte, nicht gesucht zu werden. Einige fristen ihr Dasein mit Teilzeitjobs; andere nehmen sich das Leben; die meisten schließen sich einer der neuen religiösen Sekten an und finden dort Zuflucht.

Kürzlich stand der Brief einer Mutter in der Zeitung, die mit viel Mühe aus ihrem einzigen Sohn einen musterhaften Ingenieur gemacht hatte. Mit 27 hat er sich plötzlich verflüchtigt. Nur einmal habe er sie noch angerufen und ihr mitgeteilt, er lebe mit einer christlichen Sekte und verdiene sich sein Leben mit Englischstunden. »Warum hat er das getan? wie konnte mein Sohn sich so verändern? Wenn ich mir diese Frage stelle, empfinde ich nur Leere und Kummer. Eltern zu sein ist eine so schmerzliche, beklagenswerte Sache...« Die Werte, an die sie glaubt, empfindet ihr Sohn eben nicht mehr als solche.

Ayakos Mann unterrichtet an einer Universität und sieht sich die Jugend dabei an. Er hat festgestellt, daß die Studenten sich nicht mehr verlieben. Sie verspüren die Leidenschaft nicht mehr, nicht das Begehren nach dem anderen Geschlecht. Jeder bleibt für sich allein, ohne Gefühlsbindungen, zufrieden mit seinen elektronischen Geräten und seinem modischen Dreß.

Wie soll man den systematischen Vorstoß der Japaner in der Welt, ihre emsige Eroberung jedes Fleckchens Erde, mit den Ergebnissen einer Umfrage über die Jugend vereinbaren, wonach 50 Prozent der jungen Leute in China, den USA, in Süd-Korea und Singapur ihre Interessen denen der Nation opfern würden, während in Japan nur 5,5 Prozent dazu bereit wären – der absolut niedrigste Prozentsatz der Welt? Über ihre Seele, ihr Herz, ihre Gefühle sagt diese Umfrage viel aus: Es sind armselige, unglückliche Menschen.

Wenn man ferner berücksichtigt, daß der Prozentsatz der jungen Japaner, die mit ihrer Arbeit unzufrieden sind und gern wechseln würden, wiederum der höchste in elf befragten Ländern ist (25,3 Prozent – höher als in China), merkt man erst, wie wenig Erfüllung dieses Volk in seinem Schuften findet.

Steven Platzer, unser Freund, ist nach Amerika zurückgekehrt, um dort eine Dozentur anzutreten. Er kam noch einmal auf seinem Fahrrad mit zwei letzten Topfpflanzen vorbei. Er macht sich wenig Hoffnung hinsichtlich dieser Gesellschaft, die nichts mehr berührt, die für alles undurchlässig scheint. Wer versucht, sie umzubiegen, wird ausgestoßen.

»Warum siehst du für Japan so schwarz?« fragte ihn Tiziano.

Platzer zögerte zuerst, sah sich suchend im Zimmer um. Nach einer Weile sagte er: »Man kann ein Ding nur so weit auswringen« – er machte mit beiden Händen die entsprechende Bewegung dazu. »Man kann Menschen nur so weit schinden, dann brechen sie, dann gehen sie kaputt, dann sind es keine Menschen mehr ... Vielleicht kein klares Bild.«

30. Januar 1990.

Sonntag. Folco, der sich von Cambridge ein freies Jahr erbeten hat, ist seit einer Woche hier und schreibt an einem Theaterstück, aber anders als die Friseure und Kaufhäuser dieses Landes wollten wir den Tag des Herrn nicht nur mit Arbeit heiligen und sind durch unsere leblose Nachbarschaft, an den S-Bahnschienen entlang bis zum U-Bahnhof von Gagkuei-Daigaku gegangen. Dort sind wir die steile Treppe eines schäbigen Hauses hochgestiegen und haben im ersten Stock das »Lit d'anguille«, das »Aalbett«, betreten – seit einem Jahr unser Stammcafé. Darüber liegt ein Schönheitsinstitut, das den Namen »Memory« trägt.

Im »Lit d'anguille« setzen wir uns immer an den Tisch vor dem Fenster, das auf die S-Bahnschienen blickt. Die Blumen auf der Fensterbank im Rücken, den engen und langen Raum vor uns, der sich tatsächlich wie ein Aal bis zur Theke im dunklen Inneren durchschlängelt. Er ist mit grünem Filz ausgelegt, seine Holzstühle sind im »Wiener Stil«, kleine Lampen stehen auf den Tischen, und zwei Lautsprecher für das Musiksystem sind an den falschen Balken angebracht. Wenn der Kaffee und die drei Zentimeter hohen Toastscheiben serviert werden und die Sonne uns auf den Rücken scheint, sagen wir uns: »Dieses Lokal wird uns fehlen!« Musik, Zeitung, sanfte Bedienung ... und man entschwebt.

Der Zug durchfährt den Flickenteppich aus Holz- und Plastikhäuschen, der die Ebene zwischen Tokyo und dem Meer bedeckt. In Kita-Kamakura steigen wir aus und gehen auf engen Waldwegen über die Hügel, welche wie ein Hufeisen die Stadt umschließen und sich zum Meer hin öffnen. Alte Zen-Klöster liegen in den Wäldern verstreut – wir kommen auch an dem vorbei, wo Eugen Herrigel das Bogenschießen erlernte – und bewahren eine kurze, große Vergangenheit auf, denn Kamakura war von 1192 bis 1333 Hauptstadt und der Sitz von Japans erster Militärregierung. Zur gleichen Zeit blühte auch der Zen-Buddhismus und entfaltete eine rege Bautätigkeit.

Die berühmten Wälder, die im Herbst feuerrot glühen und im Frühling weiß aufblitzen, sind jetzt winterlich grau mit einigen dunklen Kiefern. Die Luft ist rein und sonnig. Man begrüßt die anderen Wanderer und trifft sich schließlich vor dem »Daibutsu«, Japans größtem Bronzebuddha, der in der kleinen Stadt vor dem grünen Vorhang der Hügel unter freiem Himmel sitzt.

Eine kleine Trambahn fährt uns die Küste entlang bis vor die Insel Enoshima. Dieses heilige Inselchen mit seinen Tempeln und Klöstern war einst das beliebteste Ausflugsziel der »Edo-Kinder«, der vergnügungssüchtigen Bürger des alten Tokyo. Es war auch das Ziel der Darsteller des Romans »L'honorable partie de campagne« (»Die ehrenwerte Landpartie«), den ein französischer Diplomat 1928 unter dem Pseudonym Thomas Raucat veröffentlichte und der seitdem als das hübscheste und richtigste Buch über Tokyos Menschen gilt. Es sind Menschen, die Zerstreuung über alles lieben, die sich in kleine Details verlieben und es unmöglich finden, den vorgeschriebenen Weg zu verlassen. Die seltenen Male, wo das Gefühl mit ihnen durchgeht und sie aus ihrer Rolle fallen, überkommt sie eine große Traurigkeit über die Nichtigkeit ihres Daseins, und sie nehmen sich das Leben.

Die Insel hat ihren Zauber verloren. Ein betonierter Damm ersetzt den Holzsteg, über den die Mönche und die Kimonofräulein gingen; eine mit Neonlicht erhellte Rolltreppe bohrt sich durch den Berg bis zum Gipfel hinauf, und vor der großen Aussicht auf Meer und Fuji, der wie ein Hauch am Himmel schwebt, stehen Spielmaschinen und ein Mini-Eiffelturm. Nur der Strand, auf dem das hübsche Kimonofräulein unseres Romans ihre letzte Nacht verbrachte, ist noch so, wie er damals war.

Zufällig erfuhr sie während einer »ehrenwerten Landpartie« nach Enoshima – wohin ihr ein Schweizer Bewunderer samt einem halben Dutzend japanischer Geschäftsfreunde gefolgt war –, daß die Hochzeit mit einem ihr Unbekannten arrangiert worden sei. Damit waren ihre Jugend und aller Spaß dahin. Nachts lief sie verwirrt zum Strand hinunter und begegnete dort einem einsamen Studenten. Sie erzählte ihm von ihrem Kummer, und unter dem Antlitz von »Tsuki-sama«, dem ehrenwerten Mond, verliebten sie sich ineinander. Als der Morgen kam und der Student erwachte, lag er allein am Strand. Das Mädchen hatte sich ertränkt.

31. Januar 1990
Die Wahlen nahen. Zum ersten Mal in der Nachkriegszeit riskiert die LDP eine Niederlage. Die Leute sind über Korruption, Mehrwertsteuer, wuchernde Bodenpreise und die untragbaren Kosten von Schulen und Universitäten erbost. Die Großindustrie setzt wie immer auf die Regierungspartei – das eiserne Binom! – und finanziert ihre Wahlkampagne mit noch riesigeren Summen als zuvor.

Wenn aber, wie bei Sumitomo, die Bleistifte gezählt werden, die man im Büro benutzt, die Minuten, die man auf der Toilette verschwindet, und die Male, die man dort zieht; wenn, wie bei Toyota, sonntags gearbeitet werden muß, weil der Strom dann billiger ist; dann freut man sich als Wähler nicht, daß dieselben Großkonzerne mit Bestechungsgeldern um sich werfen.

Madame Doi, die Vorsitzende der Sozialistischen Partei, hat ein wahres »Doi-Fieber« ausgelöst, einen japanischen »Madonna-Boom«. Gleichzeitig wird einem aber versichert, daß das nicht von Dauer sein wird. Niemand will einer Frau – und schon gar nicht einer sozialistischen Akademikerin (die noch dazu einen riesigen Teddybären in ihrem Büro sitzen hat, wie Tiziano bei einem Gespräch bemerkt hat) – die Kompliziertheit der japanischen Politik anvertrauen. Wenige möchten wohl wirklich einen Regierungswechsel riskieren.

Wir machen es wie die Japaner und vergessen die Welt in einigen Stammlokalen. Spätabends gehen wir, Hände in den Taschen, mit Folco durch unsere kalte Ginza, wo dann nur noch die rosa Plastiklaternen brennen. Alle Lichtreklamen sind erloschen, alle Geschäfte geschlossen; ihre Besitzer haben sich im ersten Stock zur Ruhe gelegt. Die Lautsprechermusik ist abgestellt. Nur im öffentlichen Badehaus, einem Nachtcafé und der Videoausleihe ist noch Betrieb.

Sobald wir nach rechts in das gewisse dunkle Sträßchen abbiegen, sehen wir auch schon den erleuchteten Vollmond aus gelbem Glas, auf dem das schwarze Schriftzeichen für »Sushi« steht. Gebückt treten wir durch die niedrige Schiebetür ein – und sind in unserer warmen Höhle. Eine Theke mit sechs Schemeln, zwei kleine Tische und eine Tatami-Ecke – das ist alles. Hinter der Theke hantiert der Sushi-Meister in makellosem Weiß. Sein Sohn, auch er in Weiß, steht ihm zur Seite; seine alte Frau bringt Tee, Bier, Sake und »O-shibori«, die heißen Waschlappen. Der Alte, der sich das Haar schwarz färbt, ist schlagfertig und hat Humor, und sein Lokal ist immer voll, denn es hat »funiki«, Atmosphäre. Wir setzen uns an einen der beiden kleinen Tische.

Ein Salariman, der an der Theke hockt – Firmenabzeichen der Sanwa-Bank im Knopfloch, schon etwas angeheitert –, dreht sich um und spricht japanisch auf Tiziano ein. Er haut ihm kameradschaftlich auf die Schulter, steht aber auf, um die Stelle zu massieren: »Do you like Japan?« Auch die Barhosteß, die unter dem Pornokalender bei der Tür neben ihrem Kunden sitzt, mischt sich ins Gespräch mit ein. Endlich steht der Sanwa-Mann auf, schüttelt jedem von uns die Hand, nimmt seinen Mantel und geht.

Nun drehen sich die beiden älteren Frauen um, die an der Theke hocken, und fragen uns genau dasselbe...

Als letzter Akt des Abends das »O-furo«, das ehrenwerte Bad, die weiseste Einrichtung des Landes. Die japanische Badewanne ist tief und kurz, und man sitzt in ihr bis zum Kinn in heißem Wasser. Die Spannungen lösen sich, das Blut pulsiert wieder in den Adern, und man wird durch und durch warm.

Endlich sinkt man auf das Futon vor dem milchigen Papier des großen Schiebefensters nieder, auf das die Straßenlampe Licht und Schatten wirft.

3. Februar 1990

Könnte es sein, daß Murakami Haruki den Roman geschrieben hat, der das heutige Japan am besten beschreibt? Seine »Wilde Schafsjagd«, kürzlich auch in Amerika erschienen, ist Lichtjahre von allem entfernt, was man von anderen zeitgenössischen japanischen Schriftstellern sonst liest.

Das Leben des Hauptdarstellers spielt sich zwischen rauchigen Bars, geometrischen Straßen und tristen Apartments ab – im trostlosen Rahmen der modernen japanischen Stadt – und sinkt von Verlust zu Verlust. Seine ehemalige Freundin wird von einem Auto überfahren: So beginnt der Roman. Seine Frau zieht zu seinem besten Freund. Dann aber begegnet er einem Mädchen mit wunderschönen Ohren, und es passiert ihm etwas Seltsames: Ein Mann tritt mit ihm in Verbindung und trägt ihm auf, ein Schaf zu finden, ein ganz besonderes Schaf, das ein braunes Kreuz auf dem Rücken hat.

Dieser Mann, stellt sich heraus, ist die rechte Hand des großen Bosses der Ultrarechten und hat eine für solche Leute typische Vergangenheit. Wegen seiner Verwicklungen in die japanischen Machenschaften in der Mandschurei wird er nach 1945 zum Kriegsverbrecher der Klasse A erklärt. Von den Amerikanern bald wieder freigelassen, baut er sich in der Nachkriegszeit abermals eine einflußreiche politische Karriere auf, mit besonderem Interesse für Nachrichtendienst und Werbung.

Und wofür steht das geheimnisvolle Schaf? Für die faschistische Ideologie, würde man denken, für den »einzigartig japanischen Yamato-Geist«, für das Geheime, das im Bauch dieses Landes brodelt und es aus dem Untergrund regiert.

Am Ende des Buches ist der junge Mann noch schlimmer dran als zuvor. Er verrät seinen Freund Ratte, weil er sich als Köder benutzen läßt; er verliert seine Freundin mit den schönen Ohren, weil die Rechten sie nicht um sich haben wollen; er verliert seine kleine Werbeagentur, weil die Rechten ihn zwingen, sie zu schließen. Er verliert alles und gewinnt dafür einen großen Scheck. Ohne sich den Betrag anzusehen, gibt er ihn weg und setzt sich auf die letzten fünfzig Meter Strand, die noch nicht voller Hochhäuser stehen, und bricht in verzweifeltes Weinen aus.

Murakamis Sprache ist die kühle, trockene, unbeteiligte Sprache gewisser moderner amerikanischer Schriftsteller. Seine Botschaft? Unsere Gesellschaft ist ein Gefängnis geworden. Die Natur ist zerstört. Die Menschen sind verwirrt. Dazu kommt diese teuflisch genaue Informiertheit der Rechten, die in direkter Telefonverbindung mit Gott stehen und alles von jedem wissen ... Kontrollieren sie deswegen das Land?

Gestern mittag hat er uns besucht, Murakami Haruki, »der Mann, der Japans Buchszene vollkommen beherrscht«, »das literarische Idol der jungen Japaner«. Schmächtig, vierzigjährig, in Bluejeans und Schottenhemd, mit Tweedjacke und Krawatte, sieht er einen mit in schüchterner Verwunderung erstarrtem Gesichtsausdruck an, der durch einen leichten Silberblick noch rätselhafter wird – ohne ein Lächeln, das nach Sympathie heischte oder von ihr zeugte.

Er ist ein Antistar. Wir wissen zuerst nicht recht, ob er wirklich originell, ob er überhaupt intelligent oder ob er vollkommen eingeschüchtert ist, doch stellt sich bald heraus, daß Murakami ein starker Mensch ist, der sich vor der Gesellschaft versteckt, um die Erinnerung an etwas zu bewahren, das ihm teuer ist: ein paar Freunde, die Natur, wie er sie während seiner Studentenzeit noch erlebt hat, und ein Friedensideal, wie es damals noch existierte. Alles, was danach gekommen ist, das Ende der Studentenbewegung mit der Verhärtung der Verhaltensregeln, die allgemeine Mobilmachung zu Japans Expansion in der Welt, all das fürchtet und flieht er – und beschwört es in seinen Romanen wieder herauf. Er weiß nicht, er fragt es sich auch nicht, ob die Jungen ihn lesen, weil sie in einer ähnlichen Verzweiflung leben wie er. Die japanische Gesellschaft als solche erschreckt ihn, er will ihr nicht angehören. »Es ist eine Gesellschaft, die an nichts glauben kann«, sagt er.

Sie »langweilt« ihn auch. Er lebt und reist nur mit seiner Frau, die er seit Universitätszeiten kennt. Kürzlich war er mit ihr in Italien. Sie haben sich einen Sportwagen gekauft und sind damit durch ganz Europa gefahren. Das Auto hat ihm nichts als Probleme bereitet, aber er hat es trotzdem nach Japan eingeführt. »Ich mag diesen Wagen«, sagt er. »Er bricht zusammen, aber wenigstens langweilt er mich nicht.«

Wir essen Spaghetti zusammen. Murakami erzählt uns, niemand hätte letztes Jahr gewußt, daß er mit seiner Frau in Venedig war, aber plötzlich seien in der Hotelhalle einige Japaner auf ihn zugekommen: die Vertreter einer japanischen Biermarke (derselben, die einer seiner Romanhelden trinkt), die ihn für Werbezwecke einspannen wollten. Murakami hat sie empört davongejagt. Doch wie konnten sie, die mit diesem präzisen Auftrag nach Europa geschickt worden waren, unverrichteter Dinge nach Tokyo zurückkehren? Sie stellten ihm weiter nach, verfolgten ihn, stöberten ihn überall auf, bis er Venedig heimlich verließ, um sich in Österreich zu verstecken. Dieser Vorfall hat ihn schockiert.

»In ›Wilde Schafsjagd‹ sind Sie Japan gegenüber sehr kritisch...«, beginnt Tiziano.

»Mehr als kritisch«, unterbricht ihn Murakami. »Ich bin enttäuscht. Ich habe für dieses Land alle Hoffnung aufgegeben. Meine Generation hat gegen diese Gesellschaft gekämpft, aber heute ist sie verzweifelt und fühlt sich nicht mehr verantwortlich dafür. Es ist eine reiche Gesellschaft ohne Ziel.«

Um ihr zu entfliehen, war er ins Ausland gegangen. Dann wollte er es noch einmal versuchen, ist zurückgekommen und wohnt jetzt in Shibuya. »Ich werde aber wieder fortgehen«, sagt er. »Das ist das Traurige.«

Das Bild des Schafes habe sich in seiner Vorstellung geformt, und um es herum habe er die »Wilde Schafsjagd« geschrieben, um zu zeigen, wie schwierig es für das Individuum ist, sich in der immer komplizierter werdenden heutigen Gesellschaft zurechtzufinden.

Daß aber das Schaf für die rechtsnationale Ideologie stehen könnte?

»Mir gefällt diese Interpretation!« ruft er, endlich erregt. Sie erstaunt ihn, er kommt immer wieder darauf zurück. Wir können es ihm kaum glauben, daß er sich dessen nicht bewußt gewesen war, da die Figur und Lebensgeschichte des geheimnisvollen Bosses der Ultrarechten im Roman fast haargenau Sasagawa Ryoichi entsprechen, dem Boß der Ultrarechten, der sich »Japans reichster Faschist« nennt.

»Wir haben Ihren Roman unter dem Eindruck gelesen, daß dieser von Computern gesteuerten Gesellschaft etwas Dunkles zugrunde liegt, etwas Erschreckendes, Primitives«, erklärt ihm Tiziano.

»Ja, daß ihr etwas Dunkles zugrunde liegt, das fühle ich allerdings«, erwidert Murakami. »Japan ist ein seltsames Land. Seit der Meiji-Epoche ist es seltsam geworden. Something got twisted«, sagte er auf englisch. »Etwas ist verbogen worden. Das kann ich aber nur zu euch sagen. Japaner würden mich nicht verstehen«, fügt er hinzu.

Seltsam zu denken, daß dieser Schriftsteller sich von den eigenen Landsleuten, deren Idol er ist, im Grunde unverstanden fühlt.

16. Februar 1990

Die erste Ausländerin, die von der Yasuda Feuer- und Marineversicherungsgesellschaft eingestellt worden ist – der Firma, die seit zwei Jahren van Goghs Sonnenblumen besitzt und sie auf die 42. Etage ihres Bürogebäudes hinter kugelsicheres Glas verbannt hat –, ist eine dreißigjährige Italienerin, Maria Luisa Cicognani, die gestern zum Abendessen hier war. Sie hat ihren Job als Rechercheurin bei Yasuda vor sechs Monaten angetreten. Die Firma, die einem der sechs japanischen Riesenkonglomerate angehört und sich mit ihren Gewinnen »ganz Mailand kaufen könnte, wenn man es ihr verkaufte«, wie Maria Luisa sagt, hält ihre Angestellten äußerst knapp. Maria Luisa wird genau wie jede japanische Angestellte behandelt, bezieht ein Monatsgehalt von 200 000 Yen netto (weit weniger als Tizianos Sekretärin, weniger auch als viele O. L.s, Office Ladies) und wohnt im Frauenheim, wo sie ein Zimmerchen mit Gaskocher und Toilette hat. Männerbesuch ist bei jeder Tages- und Nachtzeit verboten. Es stehen ihr zehn Ferientage im Jahr zu, von denen sie aber nicht mehr als fünf auf einmal nehmen darf (ihre japanischen Kollegen verzichten meist ganz darauf) und von denen jeder wegen Krankheit verlorene Arbeitstag abgezogen wird. Nach zehn Krankheitstagen wird dem Angestellten das Gehalt gekürzt.

Der Tag beginnt um 8 Uhr zu den Klängen des Firmenlieds »New Century«. Um 15 Uhr überträgt ein Lautsprecher eine Viertelstunde Gymnastikübungen, und um 17 Uhr erklingt das Firmenlied wieder, zum Zeichen, daß der Arbeitstag endet. Nach Hause geht aber niemand. Man bleibt bis spät im Büro, denn im

Büro ist es angenehm; man kann da endlos schwatzen, während einem daheim niemand zuhören würde. Nur der Mittwoch sieht anders aus. Da dieser Tag von der Regierung kürzlich zu einem obligatorischen Kurztag erklärt worden ist, melden die Lautsprecher schon morgens: »Heute gehen wir um fünf Uhr nach Hause! Heute werden wir unsere Freizeit genießen!« Und das »Komitee der Frösche« (»Frosch« klingt auf japanisch wie »nach Hause gehen«), durchwandert die Büros, Froschabzeichen im Knopfloch, und zwingt die Angestellten, auch wirklich zu verschwinden.

Maria Luisas japanische Kollegen sind zufrieden mit dem, was sie dafür bekommen: eine Lebensanstellung bei einem Großkonzern, auf dessen Prestige sie stolz sein können. Keiner von ihnen – lauter Absolventen der besten Universitäten – beklagt sich über dieses Leben. Vielmehr scheint es ihr, als sonnten alle sich im Augenblick an Japans wachsender Macht. »Die Europäer wollen uns nicht in ihre Europafestung hineinlassen?« hat Maria Luisas Chef sie verärgert gefragt, als sie zusammen in der Kantine aßen. »Dann tun wir uns eben mit den Amerikanern zusammen und beherrschen die Welt mit ihnen!«

Maria Luisa, die ihre Arbeit mag, will sie bald wieder aufgeben, weil ihr die menschlichen Beziehungen zu kümmerlich sind. »Japan kann nicht groß werden, denn es ist nicht sympathisch. Es verdient nicht, was es hat. Und es verdient uns nicht.«

20. Februar 1990

Vorgestern die Wahlen.

Nichts Neues. Die LDP hat die absolute Stimmenmehrheit bekommen. Das Machtmonopol ist ihr bestätigt worden. Alle elf durch den Recruit-Skandal am schwersten kompromittierten LDP-Politiker – Leute wie Takeshita, Nakasone, Abe, Miyazawa, Uno, Watanabe, Fujinami – sind ohne Ausnahme wiedergewählt worden.

Für Tiziano bestätigt das seinen Eindruck, daß diesem Volk ein Sinn für Moral abgeht.

Die Rechten nehmen einen sichtlichen Aufschwung. Besonders mit Amerika verschlechtern sich die Beziehungen.

In einem Leitartikel hat die »Japan Times« kürzlich eine Parallele zwischen den beiden im Zweiten Weltkrieg geschlagenen Nationen Deutschland und Japan gezogen, die, wieder zu großen Wirtschaftsmächten geworden, sich nun von ihren »Besiegern« lossagen wollen. »Es steht außer Frage, daß im Osten wie im Westen die Macht sich von Tag zu Tag auf entscheidende Weise von den Händen der Sieger auf die der Verlierer hinüberverlagert... Die Spielregeln und Voraussetzungen der alten Weltordnung sind tot. Die Zeit zu einem Neuanfang ist da.«

24. Februar 1990

Murakami hat uns noch mal besucht. Diesmal brachte er seine Frau und einen wunderschönen Strauß Feldblumen mit. Beide waren sie in Dunkelgrün. Sie erinnerte uns mit ihrer poetischen Persönlichkeit an das anziehende Mädchen »mit den wunderschönen Ohren« aus der »Wilden Schafsjagd«.

In »Norwegian Wood«, Murakamis Haupterfolg mit zwei Millionen verkauften Exemplaren – für seine Frau sein bestes Buch; für die jungen Japaner eine Art Bibel –, hat der Hauptdarsteller, ein Student, das Gefühl, daß ihm sein eigenes Leben nicht mehr gehört. Auch er verliert alles, was er besitzt, Freunde wie Illusionen.

Die Jahre der Studentenbewegung (1968–70) sind gerade vorüber, die Polizei hat beschlossen, daß es jetzt reiche, und die Studenten sind brav in ihre Hörsäle zurückgekehrt wie Schafe in den Stall. »Diese abscheuliche Herde von Opportunisten redet oder schweigt, je nachdem, wie der Wind weht«, sagt sich unser Student. Weil er der einzige ist, der sich beim Appell nicht meldet, behandeln ihn seine Kameraden wie Luft, und er wendet sich im Geiste an seinen Jugendfreund. »He, Kizuki! Es ist eine entsetzliche Welt, die, in der wir leben!«

Dieser Freund, sein einzig wahrer, hat sich als Schuljunge in der Garage seines Hauses umgebracht, ohne ein Wort der Erklärung zu hinterlassen. Unser Student freundet sich später mit dessen Freundin an, einem feinfühligen Mädchen, das bald in Depressionen verfällt, in eine Klinik kommt und sich schließlich in einem Wald erhängt. Er liebt sie weiter, befreundet sich aber langsam mit einer anderen Studentin, Midori, deren Mutter an Krebs gestorben ist, deren Vater an Krebs stirbt und die von ihren Eltern eine kleine Buchhandlung in der Vorstadt erbt, in der Magazine mit pornographischen Einlagen für die Frau und sadomasochistischer Blasenliteratur für die Jugend an der Spitze der Verkaufsliste stehen. Auch Midori hat nichts gegen den Tod. »Sterben ist mir recht«, sagt sie.

Das Ganze spielt sich im grauen, form- und grenzenlosen Labyrinth Tokyos ab, und man legt das Buch im herzzerreißenden Gefühl eines vollständig zerfetzten gesellschaftlichen Gewebes aus der Hand, einer Welt, aus der aller Sinn und alle Hoffnung verschwunden sind.

Wie konnte gerade dieses Buch zu einem Kultroman werden? Was sagt Murakami, das ihn der modernen Jugend so nahebringt? Was macht ihn so beliebt, daß er als einziger die große Verlassenheit beschreibt, die seine jungen Leser undeutlich fühlen? Immerhin widersetzt sich der Held von »Norwegian Wood« in seiner trockenen, wortkargen Art dem vollkommenen Verfall und hält an einigen Werten fest: Er ist treu, er ist ehrlich, er ist freundlich, und er entsteigt den Trümmern seiner Jugend mit seiner Freundin, die er fest an der Hand hält. Darin mag er für die Jungen ein Lebensbeispiel sein.

Ko Samui, Thailand, den 1. März 1990

Wir sind mit Folco zusammen zum Flughafen gefahren. Er kehrt nach Europa zurück: »In Japan sieht man, wie man ein Volk zerstört, wenn man eine Gesellschaft wie diese aufbaut«, hatte er beim Abschied zu einem Diplomaten gesagt. Wir sind nach Bangkok geflogen, das wir uns als unseren nächsten Wohnsitz wünschen, um uns dort umzuschauen.

Hier, in Thailand, auf dem Strand von Ko Samui, sehen wir

nun die Sonne groß und feuerrot im Meer untergehen und fragen uns: Wie konnte ein Volk auf den Gedanken kommen, daß es allein von ihr abstamme?

Es ist das Ungewöhnliche, nach dem sich zuletzt noch all jene sehnten, die das ursprüngliche Japan gekannt hatten und dann miterleben mußten, wie es nivelliert wurde und seine Menschen zu »Wirtschaftstieren« gemacht wurden. Mishima hielt dagegen die Fackel des Patriotismus hoch, die Fackel des Kaisers und Japans, für die man stirbt, und machte im Namen dieses »hohen moralischen Prinzips« 1970 selber einen exemplarischen rituellen Selbstmord. Auch Kawabata Yasunari und Tanizaki Junichiro, die beide in jenen Jahren starben, trauerten einer Lebensweise nach, in deren Namen sie zu Schriftstellern geworden waren, deren vertraute Freuden und »Schatten« sich aber im Neonlicht der modernen Straßen rasch verflüchtigten.

Nach ihnen träumt niemand mehr vom kaiserlichen Japan und seiner Abstammung von der Sonne. Der Schriftsteller Endo Shusaku, 1923 geboren, stellt neue Fragen: Wie kommt es, daß wir Japaner eine Nation ohne Gewissen sind?, daß unsere Gesellschaft passiv dem Druck von oben folgt?, daß wir im Krieg so mitleidslos und grausam waren? Endo fragt sich das, wie er selbst zugibt, weil er Christ ist und sich an der christlichen Ethik orientiert.

Nach ihm kommt Murakami, der von einem Japan schreibt, das weder Ruhm noch Schuld kennt, das sich auch keine Fragen mehr stellt, denn es hat seine Bezugspunkte verloren.

Tokyo, 10. März 1990

Oft wenden sich in Japan lebende Deutsche, wenn sie das Gefühl haben, Opfer einer Ungerechtigkeit zu sein, an den hiesigen Korrespondenten und hoffen auf ein gerechtes Wort. Es handelt sich meist um Männer, die mit einer Japanerin verheiratet sind.

Typischer Fall: Die Frau ist ihrem Mann weggelaufen, um zu ihren Eltern zurückzukehren, und hat die Kinder mitgenommen. Großmutter und Mutter erlauben dem Vater nicht, sie wiederzusehen, und versuchen, echte Japaner aus ihnen zu machen. Wenn es vors Gericht geht, scheint der Urteilsspruch den japanischen Teil stets zu begünstigen.

Da ist ein Mann in Kumamoto, ein Berliner und guter Töpfer, wie es von Fotos scheint, dem dieses widerfahren ist und der darüber so unglücklich ist, daß unser Fax manchen Morgen unter seinen nächtlichen Aufzeichnungen und Gedichten verschüttet liegt.

Kürzlich hat sich auch eine Frau gemeldet, eine deutsche Ingrid, die den Korrespondenten auffordert, einmal den hiesigen »ganz gewöhnlichen Faschismus« zu untersuchen. »Ich denke dabei an die alltägliche Gewalt, die Andersdenkende bedroht«, schreibt sie. »Ich denke z. B. auch an Gewalt in Ehen...« Mit ihr habe ich mich gestern im Café »Mozart« beim Bahnhof von Jiyugaoka getroffen, demselben, in dem ich vor drei Jahren meine Japanischstunden hatte. Wie damals plätschert immer noch ein Mozart nach dem anderen aus dem Musiksystem.

Ingrid ist eine zarte, blonde Künstlerinnengestalt mit großen Veilchenaugen, die seit sieben Jahren in Japan lebt. Sie bewohnt ein altes Teehaus an der Küste, malt, macht Übersetzungen und war lange mit einem Japaner liiert. Kürzlich hat dieser Mann sie in einem öffentlichen Lokal geschlagen, bis sie mit einer Gehirnerschütterung auf dem Boden lag, in blinder Wut über ihre Bemerkung, in Japan dürfe jede Initiative ja nur vom Mann ausgehen, die Frau müsse sich stets abwartend verhalten. Die Verbindung ist jetzt zu Ende. Ingrid verkehrt weiter fast nur mit japanischen Freunden, mit denen sie wunderbar auskommt, vorausgesetzt, daß sie keine Kritik an der japanischen Gesellschaft übt.

Weshalb ist Japan wohl für Japaner tabu? Wie kommt es, daß dieses Volk keinerlei Kritik an seinem Land ertragen kann? Ist es das Leben auf diesem einsamen Inselstrang, das Leben am Rand der Welt, am Ufer eines riesigen Ozeans, das es so verunsichert hat?

»Keine Nachbarn zu haben«, meint Ingrid, »kein Land, in das man eindringen kann, um seine Aggressionen loszuwerden, das ist es!« Alle Aggressivität muß hier an Mitmenschen ausgelassen werden. Früher schlug sich ein Feudalherr mit den anderen, bis die

Shogune eine Art Polizeistaat etablierten, der jeden Streit, jede Kritik zu einem mit Tod bestrafbaren Delikt machte. Eintracht und Harmonie wurden damals zu den höchsten gesellschaftlichen Werten und sind es bis heute geblieben.

»In Wirklichkeit bedeuten sie: aufpassen, daß niemand gescheiter oder geschickter ist als du; zusehen, daß niemand hervorragt«, sagt Ingrid. »Wer sich hervortut, wird ausgestoßen.«

Das alte Sprichwort: »Der Nagel, der hervorragt, wird hinuntergehämmert«, bleibt eine der wichtigsten Maximen dieser Gesellschaft. Individualität wird zuerst in der Schule, dann am Arbeitsplatz gebrochen und erlischt.

»Dem Menschen bleibt deshalb nichts anderes übrig als sich am Stärkeren zu orientieren: am Vorgesetzten (früher war es der Feudalherr) oder an Japan«, sagt Ingrid. »Andere Vorbilder gibt es nicht.«

»Und was ist Japan den Japanern?«

»Japan ist den Japanern unheimlich«, behauptet sie. »Sie fürchten es wie eine Naturgewalt. Etwas bedrückt die Menschen hier, etwas lastet schwer auf ihrer Brust. Freude schlägt leicht in Hysterie um, Kummer in Depression. Die Japaner lieben das Leben nicht. Sie lieben den Tod – wollüstig.«

»Sind Menschen, die unter solchen Bedingungen leben, noch produktiv?« frage ich. »Hat man sich mit ihrer Heranzüchtung nicht verrechnet?«

»Lange kann es wohl nicht weitergehen«, meint Ingrid. »Es wird eine Implosion geben, und die Gesellschaft wird in sich zusammenfallen.«

»Oder ist das ein Wunschtraum?«

»Ja«, sagt sie, plötzlich aufschauend. »Es ist ein Wunschtraum.«

15. März 1990

Die Lesegruppe des CWAJ ist gestern im Salon einer irischen Diplomatenfrau in Roppongi zusammengekommen. Auf Reikos Wunsch war das Buch, das besprochen wurde, meines über unser Leben in China.

»Die Pflaumenblüte sagt uns, daß der Frühling naht«, begann das Billett, mit dem sie mir das Datum dieses Treffens ankündigte: Reiko bat mich auch, statt wie üblich eine der Damen vortragen zu lassen, selbst zu sprechen und mir dann Fragen stellen zu lassen. Es sollte zugleich auch mein Abschied von der Gruppe werden.

Das Wohnzimmer war voll, und jede Dame, die eintrat, wechselte ein paar persönliche Worte mit mir. Während die Amerikanerinnen mir redselig von ihren eigenen Erfahrungen in China erzählten, waren die Japanerinnen rührend formell und respektvoll: »Es ist uns ein Vergnügen und eine Ehre...«; »Es ist uns ein Privileg, daß Sie unsere Gastsprecherin sind...«. Nach Reikos Einführung, die sie mit der ihr eigenen Wärme aufgeregt und überstürzt hervorbrachte – »Es war mein Traum, und er ist wahr geworden...« –, habe ich dann von meinem Leben unter Chinesen erzählt, einem Volk, das eine Revolution durchgemacht hat, von der eigenen Vergangenheit aber nicht lassen kann, denn sie gehört zu jedem Chinesen.

»Ich will fortan mein Bestes tun, um unser Nachbarland China besser zu verstehen!« versicherte mir am Ende eine der japanischen Damen, an sich eine ausgebildete Physikerin, die sich aber seit ihrer Heirat damit begnügen muß, Stunden im Kimonotragen zu geben. Die meisten nahmen sich vor, sich in Zukunft besser über China zu informieren, und es ist dieser fleißige, gute Wille, der mich an meinen japanischen Freundinnen so rührt.

Acht japanische Damen, Reiko wieder an der Spitze, luden mich danach in ein chinesisches Restaurant ein. Kaum hatten wir uns um den runden Tisch gesetzt, fragte auch schon die, welche von den anderen als »die Feinste und Gebildetste der Gruppe« angesehen wird: »Glaubt ihr, daß wir Japaner freie Menschen sind?«

»Ja, das sind wir! Ich fühle mich frei!« rief Reiko spontan.

Aber die Dame blieb skeptisch. Sie sagte, sie bekäme niemals eine eindeutige Antwort, auch auf die einfachste Frage nicht. Keiner wolle sich festlegen, denn »bevor wir Japaner das Wort an jemanden richten, müssen wir uns nach Rang, Alter und gesellschaftlicher Stellung unseres Gegenüber fragen, und da das nicht so leicht festzustellen ist, bleibt jeder lieber im Vagen – was eine ernsthafte Unterhaltung unmöglich macht.«

Darin gaben ihr die anderen Frauen recht, und sie kamen gemeinsam zu folgendem Schluß: Nur in dieser mit Ausländerinnen gemischten Gruppe, in der die japanischen Verhaltensregeln nicht mehr gelten, fühlen sie sich frei. Frei, über alles mögliche zu reden, einfach als Menschen.

21. März 1990

Ich habe mich von Liwen verabschiedet. Ihr Visum ist abgelaufen und wird nicht erneuert, weil sie an den Protestmärschen gegen das Tiananmen-Massaker teilgenommen hat. In wenigen Tagen muß sie nach Peking zurückkehren. Sie hat in Tokyo keine feste Stellung, keinen Paß, keinen Mann gefunden und mußte hier ihren Vater begraben.

»Wie schnell die Zeit vergangen ist!« sagte sie. »Als wir uns in Peking kennenlernten, wohntet ihr im Hotel Qianmen. Folco und Saskia waren noch klein und gingen zur Schule. Baoli war ein schöner junger Hund mit weißem Pelz, von dem die Leute immer noch reden ...«

Das war vor zehn Jahren, und sie war dreißig. Nun, etwas gealtert, kehrt sie in ein China zurück, das nach den Ereignissen des letzten Jahres nichts Gutes verspricht. Trotzdem möchte sie noch etwas für ihr Vaterland tun. »Ich möchte über das alte Peking schreiben, denn ich weiß noch so vieles, das andere vergessen haben«, sagte sie.

Die Orientalen haben sich durch die Jahrtausende ständig darum bemüht, mit Gleichmut leiden zu können. Sie saßen vor der Natur, die sie tröstete und ihnen Antworten zuflüsterte.

Es ist wieder Frühling, aber ich sehe nur Fetzen davon in einem Busch hier und da, der vom Beton erdrückt wird.

22. März 1990

Die Begegnung mit Ingrid, die Gespräche mit dem Mann aus Kumamoto und heute mit Chigusa und Takeda-san haben mich wieder an den dunklen Untergrund dieser Gesellschaft erinnert, an ihre Grauzonen, wie die Leute die unantastbaren Tatsachen und unaussprechbaren Probleme ihres Landes nennen. Diesem Untergrund entspringen ihre Ängste, ihre menschliche Unsicherheit, ihre Selbstbegrenzung und ihre menschliche Einsamkeit.

Takeda-san, jetzt Chigusas Mann, machte uns darauf aufmerksam, daß sich hinter vielen japanischen Science-fiction- und Horrorfilmen der heimliche Wunsch versteckt, Tokyo zu zertrümmern, zu zerschlagen.

»Special-effects-Filme wie die der ›Godzilla‹-Serie zerstören Tokyo wieder und wieder«, sagte auch Chigusa. »Godzilla und Violante, schrecklichen Dinosauriern gleich, trampeln auf der Stadt herum, zerstampfen und zermalmen ihre bekanntesten Gebäude oder ergreifen sie mit ihren Pranken und schleudern sie in Tokyos Bucht.« Die Serie war lange eine der beliebtesten des japanischen Film- und Fernsehprogramms.

»Diese Filme wählen Tokyo als Kampfplatz, auf dem die letzte Schlacht geschlagen wird, die Schlacht, die allem ein Ende setzt«, sagte Takeda. Angesteckt von dieser geheimen Zerstörungssucht würden auch die modernen Architekten immer spielerischer und bauten ihre Gebäude nicht mehr auf Dauer, sondern sozusagen als Epitaph für eine zerstörte Welt: »Tokyo stand hier.«

Ein deutscher Städteplaner, der dieses Jahr an der Universität Tokyo lehrt, hatte kürzlich zu mir gesagt, das Seltsame, das Traurige sei, daß kein Japaner sich über die Zerstörung seiner Umwelt beklage.

Sie tun es auf eigene Weise.

27. März 1990

Kanazawa wollte uns zum Abschied sein Geburtshaus bei Sukagawa in der Provinz Fukushima zeigen. Wir freuten uns darüber, und eine Expedition wurde organisiert, bei der Yoichi, Tizianos und Kanazawas gemeinsamer Freund, als »Vermittler«, Kanazawas Frau als »Gastgeberin«, Kanazawa selbst als »Mitbringer seiner ausländischen Freunde« und wir als »Gäste« agierten.

Um Punkt 8.30 Uhr hielten wir also gestern morgen vor Kanazawas Haus in Iidabashi. Tiziano hatte auf absoluter Pünktlichkeit bestanden und am Abend zuvor das Auto waschen lassen: »Ich habe das Gefühl, das ist nötig«, sagte er. Dennoch sind wir leichten Herzens losgefahren, als seien all diese Rücksichten und Pflichten unter guten Freunden nicht allzu ernst zu nehmen. Statt dessen haben sie sich im Laufe der beiden Ausflugstage in einen Käfig verwandelt – den Käfig, in dem die Japaner ihr Leben zubringen. Ist man sich nämlich unter Freunden über die Substanz völlig einig, behält jede Handlung doch auch eine öffentliche Bedeutung, die keineswegs zu unterschätzen ist. Wäre Kanazawas Gast zum Beispiel mit schmutzigem Auto in Sukagawa angekommen, hätte er damit seine Geringschätzung für seinen Gastgeber vor dem ganzen Städtchen kundgetan und ihm eine öffentliche Demütigung zugefügt, die für Kanazawa – Freidenker oder nicht – schwer zu schlucken gewesen wäre.

Es ist ein Käfig, der sich nur unmerklich und allmählich um den Menschen schließt. Der Mensch bewegt sich weiter, als sei er frei, während er in Wirklichkeit von Barrieren umgeben ist, die aus gesellschaftlichen Schulden und Pflichten jeder Art gemacht sind. Man wird geboren und hat damit bis zum Tod eine untilgbare Schuld den Eltern gegenüber. Je länger man lebt, desto verstrickter wird man in »Giri« und »On«, in »Verpflichtung zur Dankbarkeit«, deren Schattierungen mit der hierarchischen Stellung des jeweiligen Partners variieren. Es genügt, zwei Tage mit Japanern zu leben, um zu merken, wie erstickend dieses Netz ist, das sie gefangenhält, und wie müde sie selbst seiner sind. Vielleicht hat es deswegen in diesem Land niemals eine Revolution gegeben: Man stürzt vom Gefängnis aus keine Regierung.

»Auch die Frauen haben nie rebelliert«, sagte Kanazawa im Wagen, »und tun es auch heute nicht. Solange sie sich aber ihren Männern und Vorgesetzten gegenüber wie Sklavinnen benehmen, kann es in Japan keine Demokratie geben.«

Wir fuhren in Richtung Norden, Richtung Sendai. Die Landschaft ist hier viel grüner und leerer als im industrialisierten Streifen am Pazifik entlang, aber im wesentlichen nicht andersartig. Seltsamerweise sieht Japan überall gleich aus. Die Täler, in denen der Reis angebaut wird, sind flach wie Flußbetten. An ihren Rändern lehnen die Häuser an Hügeln, die mit dunklem Wald, manchmal mit Bambus bewachsen sind. Nie steht ein Haus an einem Hang: Das ist das »Japanische« an der Landschaft. Vor jedem Wald steht ein Torii, ein shintoistischer Ehrenbogen, der bezeugt, daß dort ein den Waldgeist beschwichtigender Schrein errichtet ist. Dunkel. Schatten. Ängste. Die Wälder sind voller »Füchse«, jenen unheimlichen, nicht geliebten Boten der Reisgöttin.

Nach drei Stunden Fahrt in den »armen Norden« erreichen wir Sukagawa, ganz wie ein paar Jahrhunderte vor uns der alte Haiku-Meister Basho, der bei seiner Ankunft geschrieben hatte:

Zu Versen reichen sie nicht,
Die Gesänge der nördlichen Bauern,
Beim Reispflanzen.

An der Hauptstraße von Sukagawa hat Madame Kanazawa, eine erfahrene Ärztin, ein Ambulatorium, mit dem sie ihren Mann als Privatgelehrten und ihre zwei studierenden Kinder in Tokyo ernährt. Darüber liegt die winzige Einzimmerwohnung, in der diese feine Frau, die aus einer Akademikerfamilie aus Tokyo stammt, allein wohnt, wo aber dank Wandschränken, in denen nachts die Matratzen verschwinden, Tischen, deren Beine abschraubbar sind, und kunstvoll hinter Wandschirmen übereinandergestapelten Habseligkeiten, vier Erwachsene schlafen, kochen und arbeiten können. Keine Heizung, keinen Ofen gibt es in diesem kalten Norden, sondern nur einen elektrischen Teppich, auf den wir uns setzen und den angebotenen heißen Tee trinken.

Kanazawas Elternhaus liegt, Rücken zum Hügel, Front zur Sonne, an einem Reisfeld etwas außerhalb des Städtchens. Es ist das Haus eines Landbesitzers, eines Mannes, der sein Land an Bauern verpachtete und seine Kinder auf die Universität nach Tokyo schicken konnte – eines Herrn also. Es ist schön, aber eisig, mit Reispapierwänden und keinen Öfen. Die ganze Sonnenfront entlang läuft ein Korridor, von dem ein paar dunkle Zimmer abgehen. Die Küche hat eine einzige Feuerstelle, Abort und Badehaus stehen im Freien. Das Dach allerdings, unter dem sich das spartanische Leben abspielte, ist dick und schwer und ganz aus Reisstroh.

Auf der Wiese vor dem Haus steht ein kleiner Turm aus Backstein, der »Okura«, in dem ländliche Familien ihre Besitztümer vor den so leicht ausbrechenden Bränden verwahrten und der Kanazawas viele Bücher und Dokumente, aber auch die Futons, Decken und das Porzellan der Familie enthält. Wir besichtigen alles, aber erst als wir uns in das kleine Glashaus setzen, in das Kanazawa als Student flüchtete, und die Märzsonne auf das Picknick fällt, das in Papier vor uns liegt, löst sich das Gefühl der Mühe etwas, und Yoichi fängt sogar wieder an, seine »soziologischen« Geschichten zu erzählen. Die Kompliziertheit der strikt festgelegten gesellschaftlichen Formen erlaubt dem Japaner kaum, natürlich zu sein, und ist der Ursprung seines Schweigens.

Nachmittags fährt Kanazawa uns durch die Landschaft spazieren. Nachdem wir den Golfplatz, den Bahnhof mit seiner Abfalltonne für Pornoliteratur und das Museum von Sukagawa besichtigt haben, in dem auch Herrn Tsubarayas gedacht wird, des Erfinders des Godzilla-Ungeheuers, das Tokyo mit solcher Leidenschaft zerstört, wäre es uns doch lieber, gleich nach dem Abendessen nach Haus zurückzufahren, als die Nacht in einem Hotel zu verbringen.

»Ich bin wirklich in Zeitnot«, erklärt Tiziano dem für uns »verantwortlichen« Yoichi und bittet ihn, unser Anliegen an Kanazawa weiterzuleiten.

Yoichi weigert sich. Ausgeschlossen. Das Hotel ist gebucht.

»Machen wir die Buchung wieder rückgängig, ich bezahle für die Übernachtung!« plädiert Tiziano.

»Das wäre ein zu arger Prestigeverlust für das Hotel, für Frau Kanazawa und ihre Klinik.«

Da sitzen wir allesamt wieder im Käfig! Beklommenes Schweigen, Schmollen, Trotzen. Die Verhandlung ruht ganz auf Yoichis

Schultern. Kanazawa tut, als höre er nicht. Keiner von beiden wagt es, das erlösende Wort zu sprechen, und schließlich geben wir nach, schwören uns aber im stillen, uns nie wieder in eine solche Situation zu begeben. Hatte man uns nicht davor gewarnt?

Am Abend im »französischen« Restaurant Sukagawas dauern die feudalen Beziehungen fort. Kaum ein Kunde kommt oder geht aus dem Lokal, ohne vor der »ehrenwerten Frau Ärztin« eine tiefe Verbeugung zu machen. Sie ist eine sehr kluge, ungewöhnliche Frau, die ihrem Mann erst nach Ost-Berlin und Peking gefolgt ist und jetzt in dieser Provinzstadt, in der sie als »Fremde« behandelt wird, ein vollkommen einsames Leben führt. Es ist interessant, ihr zuzuhören, und Kanazawa selbst unterhält uns auf die angenehmste Weise. Dennoch ist es der »Käfig«, der als stärkster Eindruck dieser Tage bleibt.

Alle sind aneinandergeseilt. Jeder ist für den anderen verantwortlich: für uns ist es Yoichi vor Kanazawa; Kanazawa vor seiner Frau; seine Frau vor dem Hotel, ihrem Ambulatorium, der ganzen Stadt ... weshalb uns jeder fest im Auge behält. Unsere Rolle plötzlich nicht mehr zu spielen würde bedeuten, ihnen einen schweren Gesichtsverlust einzubrocken, das sehen wir ein. Statt dessen stehen am nächsten Morgen, als wir aus dem Hotel herauskommen, Frau Kanazawas Sprechstundengehilfinnen aufgereiht um unser Auto herum, schütteln uns die Hand, lassen sich mit uns fotografieren und verbeugen sich tief, als wir nach geglücktem Besuch zur geplanten Stunde und mit Abschiedsgeschenken beladen wieder davonfahren.

Kanazawa steht auch vor dem Hotel gut da, denn er ist für unsere Rechnung persönlich aufgekommen. Hier aber bittet Tiziano um Verständnis und läßt seinem Freund durch Yoichi bestellen, auch er habe seine Empfindlichkeiten, die respektiert werden müssen. Kanazawa willigt deshalb ein, daß ihm in Tokyo ein Couvert zugesteckt werde, das uns von weiteren »Verpflichtungen« befreit.

31. März 1990
Der Deutsche aus Kumamoto, auf der Insel Kyushu, fährt fort zu telefonieren und Faxe zu schicken. Seine Frau, die er in Berlin kennengelernt hatte, ist die Tochter eines Polizisten aus einem Dorf bei Kumamoto und einer Mutter, die geschworen hat, sie werde diese »Ehe mit einem Fremden« brechen. Es ist ihr gelungen. Die Tochter ist mit den drei Kindern zu ihr gezogen, und der Deutsche ist mit seinem Ton und seiner Töpferei allein geblieben.

Er erzählte mir, sein Polizist-Schwiegervater sei vor ein paar Tagen gekommen und habe seine Katze in einem ihm gehörenden Schuppen hinter Schloß und Riegel gesetzt. Von ihrem Miauen nachts aufgeweckt, sei der Deutsche aufgestanden und habe das Fenster mit einem Faustschlag zertrümmert. »Die Katze ist herausgesprungen, und ich habe meine Wut zum Himmel gebrüllt!« Es war zwei Uhr nachts, und ein Nachbar sei böse geworden. »Ich habe ihm erklärt, warum ich gebrüllt habe. Er hat mich verstanden, und ich werde ihm dafür immer dankbar sein. Viel Unglück kommt von menschlicher Einsamkeit.«

Hiroshima, 3. April 1990
Reiko, Miho und ich haben zum Abschied vom »nice midi«-Programm der japanischen Eisenbahnen Gebrauch gemacht (»nice« ist englisch und steht für »hübsch«; »midi« ist französisch und steht für »Mittag«), das drei Frauen in ihrem »hübschen Mittag« – sie dürfen zusammen nicht unter 135 Jahre alt sein – eine dreitägige Reise zu festem Preis anbietet.

Heute morgen um acht Uhr sind wir in den Zug nach Hiroshima gestiegen. Die Fünf-Stunden-Fahrt im Superexpress vergeht im Nu. Stumme Passagiere steigen ein und aus, uniformierte junge Verkäuferinnen erscheinen in regelmäßigen Abständen an der Waggontür, machen eine kollektive Verbeugung, durchqueren den Waggon mit ihren Getränken und Proviantschachteln, verbeugen sich abermals und schieben die Tür wieder hinter sich zu. Die Passagiere kaufen, essen und fallen lesend oder schlafend in ihren Sitz zurück.

Hiroshima also. Die Stadt, die man mit Beklemmung betritt, erstaunt einen zunächst durch die Schönheit ihrer Lage an der vielarmigen Mündung eines Flusses ins Meer. Es scheint hier mehr Bäume, mehr Berge, mehr sichtbaren Himmel zu geben als in anderen japanischen Städten. Die Straßen wirken nicht neuer als andere japanische Straßen auch; die Menschen bewegen sich vielleicht mit etwas betonter Vitalität.

Der Friedenspark aber mit seinen Tauben und seinem Museum gemahnt an den Horror, den diese Stadt am 6. August 1945 erlebt hat, als die Amerikaner ihre erste Atombombe auf sie abgeworfen haben. Über hunderttausend Menschen sind damals umgekommen, und die Überlebenden quält seitdem die Angst, der Radioaktivität ausgesetzt gewesen zu sein. Wenn man sich die damaligen Fotos der zur Wüste gewordenen Stadt ansieht, über der nur noch das schwarze Skelett einer eisernen Kuppel stand, der Menschen, die sich mit vom Körper hängender Haut und ausfallendem Haar durch die Ruinen schleppten, fragt man sich, wie sie den Mut gefunden haben, überhaupt wieder anzufangen.

Reiko und Miho gehen wortlos durch das Museum und bleiben erst vor einem Blumenstrauß stehen, den deutsche Journalisten unter die in Marmor gemeißelte Inschrift »Nie wieder diesen Fehler« gelegt haben. Sie blättern im Gästebuch, in das die Besucher ihren Refrain »Nie wieder, nie wieder« eintragen und in dem man hier und da auch der Frage begegnet, warum nicht auch des japanischen Angriffs auf Pearl Harbour gedacht werde, der den Krieg doch erst ausgelöst hat? Ich erkundige mich nach dem Warum bei Miho, die mir antwortet: »Weil es für uns ein zu arger Gesichtsverlust wäre, dies öffentlich zuzugeben.«

Überhaupt haben meine Freundinnen keine Lust, sich bedrükken zu lassen. Lieber möchten sie sich an den berühmten Schönheiten ihres Landes weiden, zu denen die Insel Miyajima in Hiroshimas Bucht durchaus gehört. Schon von der Fähre aus sehen wir ihren ins Meer gepflanzten, rotlackierten alten Ehrenbogen – eines der Wahrzeichen dieses Landes. Er kündigt ein Shinto-Heiligtum am Ufer des bewaldeten Inselchens an, zu dem auch eine Plattform gehört, auf der manchmal alte Kagura-Tänze aufgeführt werden, Tänze, bei denen die Pfade der Götter sich mit denen der Menschen kreuzen. Es ist, als wollte man hier etwas Uraltes und Untergangenes wiederbeleben, mit einer schrecklichen Sehnsucht nach der Sprache, wie sie am Anfang der Zeiten gesprochen wurde und wie sie heute niemand mehr kennt. Diese Noh-Sprache ist so etwas wie eine Nicht-Sprache, eine Mitteilung über andere Wege als die des Wortes. Es ist eine Sprache für Eingeweihte – und darin urjapanisch –, der die Elite des Landes immer treu geblieben ist.

»Ist eine von euch schon ins Meeresreich hinabgestiegen?« fragt ein Touristenführer einen finsteren Trupp Hausfrauen, die, mit Hut und Windjacke über dem Kleid, strammstehen und kein Wort hervorbringen. »Um so besser«, fährt er fröhlich fort. »Von da unten gibt es nämlich kein Zurück!«

Sie ist wunderschön, die Insel Miyajima, die »Tempelinsel« heißt, weil auf ihr nur Tempel und Klöster stehen: an jeder Bucht und hoch oben auf dem Berg, zwischen dem Blau des Himmels und dem des Meeres. Das größte Wunder aber bleiben die weißen Kirschbäume, die im Schwarz der Wälder wie Leuchtfeuer wirken.

Miyajima, 4. April 1990

In unserer »Jugendherberge« für Leute jeden Alters gibt es um 18 Uhr in der Kantine Essen. Eine Stunde später sind wir schon zurück auf unserem Zimmer, wo wir uns auf unsere Futon-Matratzen nebeneinanderlegen und zu plaudern anfangen.

»Die beiden Geschlechter begegnen sich in Japan nicht«, sagt Miho, als die Rede auf Ehen kommt. »Die Frauen bleiben in ihrer Frauenwelt, die Männer in ihrer Männerwelt. Beide fliehen das Leben als Paar.«

In dieser, wie auch in finanzieller Hinsicht genießt die japanische Ehefrau ein großes Maß an Freiheit. Der Ehemann übergibt ihr sein gesamtes Gehalt, wovon sie ihm ein monatliches Taschengeld ausbezahlt. Über die Höhe muß verhandelt werden. Miho ist froh, daß ihr Mann mit der verabredeten Summe auskommt und nicht, wie andere, um Vorschüsse bettelt, die er dann nicht zurückbezahlen kann. Auch gehört zu den Tugenden einer Hausfrau, daß sie etwas Geld zurücklegt, um im Notfall ihrem Mann aus der Klemme helfen zu können. Beide Frauen finden es unvorstellbar, daß wir es mit der Verwaltung der Finanzen anders halten und ich mich in dieser Beziehung in der Rolle befinde, die in Japan einer Mätresse, einer ausgehaltenen Frau, aber doch keiner Hausfrau zusteht!

Wir reden über dieses und jenes, und schließlich erkundige ich mich noch nach den Verbeugungen, diesem nicht zu meisternden Ritual: Wie viele muß man hintereinander machen?

»Die Zahl ist unbegrenzt«, sagt Reiko, schon schläfrig. »Solange der andere sich verbeugt, verbeugst auch du dich und versuchst dabei, dich rückwärts davonzumachen. Wir sind etwas lächerlich, wir Japaner...«. Miho dagegen, deren Großmutter eine Generalsfrau ist, die es dem Kaiser nicht verzeiht, daß er vor der Kapitulation keinen rituellen Selbstmord begangen hat, hat von ihr gelernt, die Zahl der Bücklinge auf ein Minimum zu beschränken und sich nicht »wie die Händler« zu verbeugen.

Ein schweizerisches Liedchen, von der Lautsprecheranlage der Herberge wieder und wieder übertragen, hat uns heute morgen um sechs auf dieser japanischen Insel geweckt:

Von Luzern nach Wäggis zu,
Hoile kucku, hoile kucku,
Brauchst du weder Strümpf noch Schuh,
Hoile kucku, kucku...

Die Tempelinsel war in regnerische Nebel gehüllt, Rehe grasten unter den Bäumen, und wir bekamen zum Frühstück gebratenen Fisch. Dann hellte der Himmel sich auf, und wir fuhren in einer Drahtseilbahn, hoch über den Wäldern schwebend, bis auf den höchsten Gipfel hinauf.

»Von hier oben will ich das Meer beherrschen und meinen Blick über die Inseln schweifen lassen!« rief Reiko, wie berauscht auf Japans hellblaues Inlandsmeer mit seinen vielen Fischerinselchen herabsehend, die von der großen, querliegenden Shikoku-Insel vom Pazifischen Ozean abgeschirmt werden – ein Anblick von mediterraner Schönheit. Tief in die Wälder dort oben wandernd, kamen wir zu zwei versteckten Klöstern. Rehe spielten zwischen den Bäumen, Affen hüpften durch die Zweige, die Vegetation war so verschiedenartig und gemischt wie kaum anderswo auf der Welt, und plötzlich stießen wir auch auf ein Denkmal. Es war einem deutschen Botaniker gesetzt, einem Professor aus Berlin, dem es in den zwanziger Jahren gelungen war, die Japaner davon zu überzeugen, diese Insel, die damals noch so unversehrt wie am Tag ihrer Schöpfung war, mit ihrer paradiesischen Fauna und Flora zu konservieren. Ihrer Einzigartigkeit wohl nicht gewahr, waren sie drauf und dran gewesen, auch sie zu »modernisieren«.

Kurashiki, den 5. April 1990

Gestern nachmittag, wieder gen Norden fahrend, stiegen wir in der alten Stadt Kurashiki aus, einem früheren Zentrum des Reis- und Sakehandels, das heute als Kulisse für romantische Haudegenfilme dient. Zur Meiji-Zeit lebte hier ein weitblickender Patrizier, ein Herr Ohara, der sich an die Spitze der Industrialisierung der Stadt stellte, den alten Stadtkern dabei aber bewahrte – eine Entscheidung, wie sie seltsamerweise im ganzen Land von keinem zweiten so bewußt getroffen worden ist.

In Kurashiki geht man heute zwischen weißgetünchten Herrenhäusern einher, die auf einem hohen schwarzen Holzsockel stehen, und fühlt sich »wie in Japan«. Kleine Brücken führen über die Kanäle, dunkle Läden, auch sie wunderbar aus Holz geschnitzt, säumen die Gassen. In drei alten Reisspeichern und zwei modernen Museen der Altstadt haben die Ohara, die selber ebenso verliebt in den Westen waren wie alle anderen Japaner auch, ihre wertvolle Privatsammlung westlicher Kunst ausgestellt. Es ist die zweitgrößte Privatsammlung Japans.

»Wir hatten keine Lust mehr auf alte Reisschober und Kimonos, wir hatten Lust auf die Atmosphäre von Paris!« erklärt mir Reiko vor einem Straßenbild von Montmartre im Museum für französische Impressionisten. »Heute sind wir natürlich stolz auf Kurashiki.«

Sogar die alte Fabrik haben die Ohara stehen lassen, mit der ihr Aufstieg begonnen hatte, und darin ein Museum der Industrialisierungsgeschichte des Landes eingerichtet. Es hängt da noch der Wochenkalender, nach dem zur Meiji-Zeit gearbeitet wurde. Um alle Rast- und Ruhetage auszuschalten, gab es keine Samstage und Sonntage mehr, statt dessen wurden Montag und Freitag zweimal gezählt. Die Woche sah deshalb so aus: Montag, Montag, Dienstag, Mittwoch, Donnerstag, Freitag, Freitag.

Damals, zu Beginn der Meiji-Epoche, als das Land anfing, sich zu industrialisieren, galten die japanischen Arbeiter noch als faul, untreu und aufrührerisch, doch dauerte es nicht lange, und die Teile des »japanischen Systems« fügten sich vorbildlich zusammen. Man redet oft von Mao und seinem Experiment in »sozialer Ingenieurkunst«, mit dem er versucht hatte, die chinesische Gesellschaft umzukrempeln. Im Vergleich zur »sozialen Ingenieurkunst«, in der sich die Meiji-Staatsmänner geübt haben, war Maos Leistung aber rein gar nichts. Zu erreichen – nicht, wie Mao, darin zu scheitern! –, daß ein ganzes Volk zu einem fügsamen Ganzen wird; zu erreichen, daß jeder individuelle Wert der Kollektivität untergeordnet ist; zu erreichen, daß alle Gefühle, alle Wünsche und jede spontane Regung der Seele aus dem Bewußtsein eines Volkes weggewischt werden und dessen Farbpalette aus einem einheitlichen Grau besteht: gegen diesen Erfolg der Japaner verblaßt Maos Experiment.

Das Museum dokumentiert aber auch, wie die kolossale Anstrengung in Hybris und Aggressionskriege umschlug. So selbstverständlich uns eine solch bescheidene Dokumentation erscheint, ist sie für Japan doch ungewöhnlich, denn hier ist aus Schulbüchern wie Museen jede Kriegsspur getilgt worden. Mit ihrem lebendigen Interesse für Geschichte stand Reiko lange vor einem Foto des japanischen Angriffs auf Pearl Harbour. »Fotos wie dieses sind in Japan nicht mehr zu sehen«, sagte sie mit echtem Bedauern. »Wir haben kaum noch die Möglichkeit, uns unserer eigenen Geschichte bewußt zu werden.«

In Kurashiki finden wir ein Minshuku, eine Herberge, in der wir schon abends um sechs auf unseren Futon-Matratzen nebeneinanderliegen. Eine blinde Masseuse erscheint und nimmt sich Mihos strapazierten Rücken vor. »Mein letztes Minshuku!« denke ich mir. Dieses ist 230 Jahre alt, aber stark modernisiert und nicht anders als viele andere. Unten im Eingangsraum steht eine Wanduhr, der übliche Turm Hauspantoffel und ein Dutzend Papierschirme. Andenken jeder Art liegen in einer Glastheke zum Verkauf aus. Außer dem traditionellen tiefen Tisch, an dem man auf Kissen sitzt, haben die Zimmer Neonbeleuchtung, einen Kühlschrank, einen Fernseher und milchige Glasfenster, die es einem unmöglich machen, nach draußen zu sehen. Es ist alles etwas luftlos und muffig.

»Wie angenehm, auf dem Zimmer bedient zu werden«, sagt Miho, als die Masseuse fortgeht und eine alte Geisha mit gefärbtem Haar, nach Zigarettenrauch riechendem Kimono und knirschendem Gebiß erscheint und uns das Essen bringt. Für Miho ist dieses abendliche Im-Kimono-im-Zimmer-Liegen der Inbegriff der Ruhe, während ich es bedauere, mich so früh von der Stadt zurückziehen zu müssen. Draußen ist es kühl und nächtlich, und wir hocken hier im Zimmer, in Gesellschaft einer alten Geisha!

Himeji, den 6. April 1990

Heraus und wieder hinein in die Züge ... Die Reise geht bald zu Ende. Uns bleibt nur noch der heutige Tag.

In Himeji machen wir ein paar Stunden halt, um die berühmte Himeji-Burg zu besichtigen. Obwohl sie auf einer Schanze steht, die sie hoch über die Stadt erhebt, gelingt es uns zunächst nicht, sie vom Zug aus zu entdecken. Plötzlich erscheint sie aber doch zwischen zwei Hochhäusern, am Ende einer gradlinigen Einkaufsstraße: ein schlohweißes Gebäude mit fünf parallel laufenden, leicht geschwungenen schwarzen Dächern, das wie auf einer Wolke blühender Kirschbäume steht. Ein Märchen!

Diese mehrstöckigen japanischen Burgen dienten einzig und allein Verteidigungszwecken. Wenn es einem feindlichen Daimyo gelang, sich einer Burg zu nähern, verschanzte sich der belagerte Feudalherr mit seinen Samurai in ihrem Innern. Konnte er den

Feind nicht zurückstoßen, machte er seinen Rückzug, indem er sich mit seinen Männern immer höher in die Burg zurückzog. Jedes der fünf Stockwerke hatte ein Waffenlager und genug Proviant für die Soldaten. Auf dem obersten Stockwerk angelangt, blieb dem Feudalherrn und seinen Samurai dann kein anderer Ausweg mehr als der des Harakiri. »Wir sollten hier oben nicht lachen«, sagte Reiko.

Ich stelle mich an das höchste Fenster. In der Ferne liegt das helle Meer, auf dem jahrhundertelang kein Schiff erschienen war. Als 1853 die »Schwarzen Schiffe« der Amerikaner plötzlich vor der Küste lagen, war der Schrecken groß. Wie hatte die Welt sich verändert! Wie anders sah sie plötzlich aus! Das Volk wurde von einer fieberhaften Neugier, einer unstillbaren Sucht nach all den Dingen gepackt, die ohne sein Wissen inzwischen erfunden und erdacht worden waren. Die Japaner machten sich daran, die verlorene Zeit einzuholen – und sahen sich nie wieder nach der eigenen Vergangenheit um.

Die mittelalterlichen Burgen, zur modernen Verteidigung untauglich, wurden abgerissen. Himeji durfte stehenbleiben, aber nur, weil der Burgherr so inständig beim Meiji-Kaiser, dessen Tochter er geheiratet hatte, für sie plädierte, daß er ihm diese Gunst gewährte – eine seltene, beinah einmalige Gunst.

Miyajima, Kurashiki und Himeji verdanken ihren Rest Schönheit dem Eingreifen einer mutigen Persönlichkeit, nicht etwa staatlichen Vorkehrungen. Das eben ist eines der Hauptprobleme Japans: Der Staat beschützt ausschließlich Industrie und Handel.

Es regnet, als unser Zug aus der roh modernisierten Stadt herausfährt, und wir werfen einen letzten Blick auf die in Kirschblüten getauchte Burg zurück.

Kurz, aber strahlend
Wie das der Kirschblüte
Ist das Leben der Krieger

hießen die Verse, mit denen Generationen opferbereiter Japaner in den Krieg gezogen sind.

Kobe, Spätnachmittag

Uns bleibt gerade noch die Zeit, um in Kobe, der größten japanischen Hafenstadt, dem größten Hafen im Fernen Osten, kurz auszusteigen. Um Mitternacht verfallen unsere Karten.

Kobes Hafen entstand bald nach der Ankunft der »Schwarzen Schiffe« und nahm sofort einen großen Aufschwung. Aller Handel mit dem Westen ging im vergangenen Jahrhundert durch Kobe und Yokohama, und diese Städte, die in ständigem Kontakt mit dem Ausland lebten, haben sich bis heute ihre tolerante und liberale Mentalität erhalten. In Kobe fühlen die Ausländer sich ebenso wohl wie die Yakuza, die hier ihr Hauptquartier haben, wie die Burakumin, die sich hier in Gemeinden im Schutz der christlichen Kirchen niederließen. Die Stadtbewohner sind für alles Neue, Westliche zu haben.

»Japan langweilt sie«, sagt Miho.

Miho hat eine gute Freundin hier, Akiko, die uns am Bahnhof erwartet. Sie ist überrascht, auch den eigenen Mann aus unserem Zug steigen zu sehen, von dem sie nicht wußte, daß er auf Reisen gewesen war. Statt sofort wieder ins Büro zurückzukehren, wie er vorhatte, führt er uns in die Bar des New Kobe Oriental Hotel, die sich auf der obersten Etage eines Wolkenkratzerkomplexes befindet.

Von dort oben sehen wir bei Sonnenuntergang wie von einem Flugzeug auf Kobes von Lichtern funkelndes Industrie- und Häusermeer hinunter, das am Horizont in das der Stadt Osaka übergeht und sich im violetten Dunst der Küste verliert. Im Rücken haben wir den Rokko-Berg. Dieser Berg ist Kobes Stolz, was die Stadt jedoch nicht daran gehindert hat, sein Inneres abzutragen und ins Meer zu schütten, um damit eine neue Insel zu gewinnen. Was hinter uns steht, ist also nur noch die Fassade des Rokko-Berges, ist eine Front ohne Masse, während die Insel im Hafen, mit Industriegebäuden und Fabriken bereits bedeckt, zu Recht den Namen »Rokko-Insel« trägt. Mit Hilfe der Technologie kann man heute Berge versetzen.

»Manchmal fragen wir uns, wer in Japan wohl das letzte Spiel gewinnt, wer den Joker in der Hand hält«, sagt Akikos Mann, ein Ingenieur, als wir zusammen hinunterschauen.

»Wer wohl?«

»Die Yakuza«, sagt er lachend. »Und die Politiker.«

Dann steigen wir wieder in den Zug, um noch vor Mitternacht in Tokyo zu sein. Akiko winkt uns nach. Sie hätte so gern einmal Italien gesehen und ist enttäuscht, daß es ihrem Mann auch dieses Jahr nicht gelungen ist, mehr als drei von den zwanzig ihm zustehenden Ferientagen zu nehmen.

»Japanische Männer kommen gut ohne ihre Frauen aus«, bemerkt Miho trocken, als der Zug anfährt. »Sie gehen gern ins Büro, sie spielen gern am Wochenende mit ihren Kollegen Golf. Wenn sie sich manchmal ein paar Stunden mit ihrer Familie abgeben, dann tun sie es nur aus schlechtem Gewissen.«

Um 23 Uhr treffen wir in Tokyos Hauptbahnhof ein. Miho eilt zu ihrer Vorortbahn, Reiko und ich steigen in die U-Bahn. Vom Nakameguro-Bahnhof gehen wir zu Fuß nach Haus, und ihr Schritt verlangsamt sich merklich. »Dein Mann erwartet dich«, sagt sie mit ihrem halb traurigen, halb belustigten Lächeln. »Er wird dich nach unsrer Reise fragen. Gewiß hat er dich vermißt...«

Tokyo, 14. April 1990

Wir haben uns jetzt vom gesellschaftlichen Leben fast ganz zurückgezogen, wie auch von den Bekanntschaften, die man macht, um Japan zu verstehen. Vieles wiederholt sich, und man hat das Gefühl, daß man den Mechanismus, das Gesetz, das den Phänomenen zugrunde liegt, begriffen hat.

Gestern waren wir noch einmal bei Karel van Wolferen, der auch in Japan im Mittelpunkt erregter Debatten und Diskussionen steht. Sein »Enigma« wird erst in ein paar Monaten auf japanisch erscheinen, aber die Zeitungen berichten beinah schon täglich darüber. Viele Japaner teilen seine Analyse, aber den Politikern ist sie ein Dorn im Auge. Ihnen ist nicht daran gelegen, daß Japan als starke, aggressive, gefährliche Nation porträtiert wird. Sie operieren gern im Schatten und gefallen sich in der Rolle derer, die schutz- und führungsbedürftig sind, um in Ruhe ihrem langfristigen Projekt nachgehen zu können. »Wir sind arm, wir haben keine

Bodenschätze«, ist ihr Refrain. »Wir werden zu Amerika stets mit der Bitte um Führung aufschauen«, sagte Premierminister Takeshita zu George Bush, als er, zu einer Zeit als die Handelsprobleme zwischen den beiden Ländern immer unlöslicher schienen, letztes Jahr auf Staatsbesuch in Washington war.

Im Augenblick ist Bill Emmotts »The Sun also Sets« großer Favorit. Die These des ehemaligen Tokyo-Korrespondenten des »Economist« besagt: Es steht schlecht um Japan, die Sonne wird über diesem Land bald untergehen! Es ist eine These, wie sie den Japanern als gelegener Wandschirm kommt, denn sie wünschen sich nichts mehr, als daß die Welt so von Japan denke. Emmotts Foto hängt deshalb in allen U-Bahnen aus, sein Buch hat sich in wenigen Wochen in 50 000 Exemplaren verkauft, und es werden ihm große Summen geboten, damit er gleich noch ein zweites schreibe.

Auch Emmott spricht kein Wort Japanisch, aber ihm wird das nicht zum Vorwurf gemacht. Im Fall von Karel ist diese Tatsache zu einem der Hauptangriffspunkte geworden. Andere Kritiken grenzen an Rufmord, besonders wenn bemerkt wird, daß Karel, der Kinderlähmung gehabt hat, einen »Körperfehler« hat.

Heute waren wir noch einmal bei englischen Freunden, und damit ist der Reigen der Parties für uns beendet.

Ich habe dort mit einem jungen Japaner gesprochen, der lange in New York gelebt hat und jetzt als naturalisierter Amerikaner nach Tokyo zurückgekehrt ist. Als Amerikaner, das sagt er mit Nachdruck, hat er hier eine Stellung bei Mitsubishi angenommen. »Wenn ich mich nämlich als Japaner anstellen ließe, dann müßte ich mich auch als Japaner benehmen, und das will ich in meinem ganzen Leben nie wieder müssen!«

Ist Japaner zu sein eine Last? Es muß jedenfalls etwas uns nicht leicht Vorstellbares sein, da uns ein Satz wie »Ich will mich in meinem ganzen Leben nie wieder als Deutsche benehmen müssen« nichts bedeuten würde.

In ihrem »The Chrysanthemum and the Sword«, einer klassischen anthropologischen Studie über die japanische Gesellschaft, schreibt Ruth Benedict, daß Japaner, wenn sie die freieren amerikanischen Lebensregeln einmal akzeptiert haben, sich in ihrer eigenen genormten Gesellschaft nicht mehr zurechtfinden. Sie sprechen dann von Japan »manchmal wie von einem verlorenen Paradies, manchmal wie von einem ›Harnisch‹, manchmal wie von einem ›Kerker‹, manchmal wie von einem kleinen Topf, in dem ein Zwergbaum wächst. Pflanzt man das Bäumchen auf ein freies Feld, strecken seine Wurzeln sich aus und passen nicht mehr in den Topf hinein.«

Es ist erstaunlich, daß diese Frau, die niemals in Japan gewesen ist, das verstanden hat; und daß es fünfzig Jahre später noch stimmt.

15. April 1990

Heute, Ostersonntag, sind wir mit der U-Bahn nach Nezu gefahren, einem Stadtteil, der zwischen Ueno und Asakusa in der Shitamachi, der volkstümlichen »tiefen Stadt«, liegt. Nezu war ein Ort der Schreine und Bordelle, die hier wie üblich nebeneinander existierten. Siebzig kleine Schreine und Heiligtümer haben überdauert, aber die Bordelle wurden geschlossen, als die Kaiserliche Universität (heute Todai) hier eröffnet wurde und die Studenten, statt sich in die »materielle Zivilisation« des Westens zu vertiefen, viel zuviel Zeit in Nezus Freudenhäusern verbrachten.

Niemand hatte uns je von Nezu erzählt, vielleicht, weil die an der Yamanote-Seite, der feineren »Bergseite« Tokyos, lebenden Bewohner, keinen Grund sehen, sich dorthin zu begeben. Donald Richie lebt hier seit 45 Jahren, und da er uns kürzlich besuchte und wir ihn heute überraschen wollten, haben auch wir diesen Stadtteil entdeckt. Leider war er nicht zu Haus.

Es überlebt in Nezu noch etwas vom Zauber, einem nach innen gekehrten, in sich verschlossenen Dorfzauber, der früher die Ausländer nach Tokyo gezogen hat. Die in manchen Nebenstraßen noch stehenden alten Häuschen, viele aus dunklem Holz, sind von Glyzinien umrankt und werden von Topfpflanzen belagert. Anders als in Hokkaido, scheint in Nezu jeder seine kleine Leidenschaft zu haben und Blumen, Vögel und Katzen zu lieben, denn die Straßen sind voll davon. Alles wendet sich im Augenblick zum großen Nezu-Tempel hin, Tokyos schönstem, denn er ist alt, unrenoviert, von großen Bäumen beschattet und ertrinkt im Frühling in einem Meer blühender Azaleen.

Als wir Donald Richie kürzlich sahen, war er gerade mit den englischen Untertiteln für Kurozawas letzten Film »Dreams« fertig. Er, der ungeheuer viel für das Bekanntwerden der Filme Kurozawas und besonders Ozus im Ausland getan hat, sagte von diesem, es sei der Film eines alten Mannes, der nichts mehr zu sagen hat, das aber meisterhaft tut.

Tiziano fragte ihn nach der Rolle der japanischen Intellektuellen, aber Donald unterbrach ihn: »Welche Intellektuellen meinst du? Ich weiß nicht, wovon du sprichst.«

»Gibt es hier keinen Sartre, keinen Günter Grass oder Golo Mann, keine angesehenen Denker, Schriftsteller oder auch Regisseure, zu denen das Land in dramatischen Augenblicken aufschauen kann? Niemanden, der, wie ein moralischer Kompaß, dem Volk als denkendes Vorbild gilt und ihm hilft, Phänomene wie den Recruit-Skandal, den Kaiser, Gorbatschow oder die deutsche Wiedervereinigung zu beurteilen?«

Donald verzog den Mund. »Was wir im Westen ›die Kulturwelt‹ nennen, gibt es in Japan nicht. Es gibt hier zwar einige Schriftsteller wie Abe, Inoue, Oe, die wie Hohepriester in völliger Abgeschiedenheit leben und ihre Bücher schreiben. Doch hüten sie sich, Zeitfragen zu kommentieren oder sich auf irgendeine Weise mit einer öffentlichen Stellungnahme zu kompromittieren.«

Ebensowenig wie es hier eine Kulturwelt gebe, sagte Richie, der ein amüsanter Unterhalter ist, gebe es in Japan eine »elegante Welt« – das, was man in Frankreich »le beau monde« und in England »the high-society« nennt. Er erzählte uns, in London sei ihm einmal Cecil Beaton über den Weg gelaufen, der ihm verkündete, er sei im Begriff, nach Tokyo zu fliegen, um dort die »Society« zu fotografieren. »Die was?« hätte ihn Donald gefragt. Und tatsächlich sei Beaton bald ohne Society-Fotos zurückgekehrt. »Es gibt in Japan keine Society«, sagte Donald. »Es gibt hier Prinzessin Takamatsu, die aufgeweckte Nichte des Kaisers, die in Oxford studiert hat und sich unter Ausländern zu bewegen weiß, und zwei, drei andere etwas mondänere kaiserliche Verwandte. Ich weiß nicht, ob man Sonys Vorsitzenden Morita zur High-Society zählen kann . . . Eine elegante Welt gibt es hier nicht.«

Es fehlen dazu die eleganten Häuser, ohne die es kein elegantes Leben gibt; es fehlen die exklusiven Ferienorte wie St. Moritz und Monte Carlo, die exklusiven Treffs. Es fehlen auch die Skandale, der Klatsch, die Farbe, für die in unserer chaotischen westlichen Gesellschaft Millionäre, Filmstars und Aristokraten sorgen, während Japan, wie Otomo sagt, zur »Massengesellschaft« geworden ist.

»Wie siehst du Japans Zukunft?« fragte Tiziano Donald Richie, wie er kürzlich Maruyama, den Architekten Tange, den Schriftsteller Endo und viele mehr gefragt hat.

»Die Japaner werden ihren Platz an der Sonne nicht mehr lange behalten«, sagte Richie. »Ich denke, sie haben den Zenit schon überschritten.«

»Inwiefern?«

»Weil sie ihrer Jugend nicht beigebracht haben zu arbeiten und zu sparen; weil die Jungen nicht mehr an die traditionellen Werte der Familie, der Firma und der Nation, sondern nur noch an sich selber glauben: deswegen kann sich diese Gesellschaft nicht mehr lange halten.«

Jean Pearce sagt dasselbe, aber ich weiß nicht, ob sich in diesen Voraussagen nicht hauptsächlich die Enttäuschung derer spiegelt, die ein anderes Japan gekannt haben – ein Japan, das ihnen lieber war.

18. April 1990

Sonntag ist die dritte Fortsetzung von Henry Scott Stokes »The Robot and the Emperor« in der »Japan Times« erschienen. Ob aus dieser Serie, an der er seit Jahren gearbeitet hat, ein Buch werden wird?

Wir mußten an all die Bücher denken, die hier geplant, aber nicht geschrieben worden sind. Der Geist scheint sich in der gesellschaftlichen Maschinerie zu verheddern, im Gefühl der Impotenz zu erschlaffen. Neuankommende fragen oft nach einem Werk – einem Essay, einem Roman, irgend etwas – das Japan in seinem Kern beschreibt, erfaßt. Aber große, substantielle Bücher werden hier nicht geschrieben.

Warum?

Weil man Japan nicht sehen kann. Es ist ein Gespenst.

17. Mai 1990

Ich war in Bangkok. Unsere Bleibe dort ist jetzt gefunden: ein altes Haus, das unter hohen Bäumen an einem Tümpel steht, in dem eine Schildkröte lebt.

In Japan hat sich inzwischen nichts ereignet, was aber nicht weniger beunruhigend ist. Hinter dem Vorhang von Langeweile, der um das ganze Land aufgehängt worden ist, setzen die Japaner ihren Eroberungszug energisch und unerbittlich fort.

Heute kam die Meldung, daß eines der letzten Bilder van Goghs, das Porträt seines Arztes, Dr. Gachet, für 82.5 Millionen Dollar an einen japanischen Industriellen verkauft worden ist. Derselbe Käufer hat dazu auch Renoirs »Au Moulin de la Galette« für 78 Millionen Dollar erworben. Dieses sind Preise, wie sie nie zuvor bezahlt worden sind und wie der Westen sie auch nicht bezahlen kann. Der Käufer, Saito Ryoei, 73, hat die beiden Bilder unbedingt haben wollen, »denn hätte ich sie nicht gekauft, würde Japan sie nicht haben«, wie er sagte. Beide Bilder sollen zuerst in einem Safe aufbewahrt werden, um später ins Museum der Präfektur Shizuoka zu kommen, in dem bis jetzt noch kaum etwas hängt.

Ob van Gogh sich das zu seinem hundertsten Todestag gewünscht hätte? Kurz bevor er starb, hatte er an Gauguin geschrieben, der Arzt schaue »mit dem herzzerreißenden Ausdruck unserer Zeit« drein.

Von solchen Provinzmuseen gibt es in Japan inzwischen über 600, und alle wollen sie haben, was Tokyo hat. Für uns Ausländer sind diese Bilder so gut wie verloren, denn wer kann schon durch die japanische Provinz reisen, um sich van Goghs anzusehen? Ein

Kunstexperte des Bridgestone Museum in Tokyo, das Naokis Verwandten gehört, schätzt, Japans Importe von ausländischen Bildern werden dieses Jahr bei 400 bis 500 Milliarden Yen liegen, und fürchtet, dieses »Kaufen mit der Kraft des Yen« könne vom Westen als »kulturelle Invasion« ausgelegt werden.

»Wenn die Japaner kaufen, bedeutet es, daß wir verkaufen«, bemerkte meine Mutter, als ich sie zuletzt in Florenz besuchte. »Es liegt etwas zutiefst Unmoralisches auch in unserer Verhaltensweise.«

20. Mai 1990

»Der wahre Grund der japanischen Gefahr liegt in der Tatsache, daß Japaner keine Moral kennen«, sagte der Mann aus Kumamoto, der mich vor einigen Tagen hier besuchte. »Und es nützt auch nichts, daß du zu jemandem sagst: ›Du bist ein Schweinehund!‹, denn er fragt dich erstaunt: ›Was habe ich denn getan? Ich habe doch nur für meinen Vorteil gesorgt!‹«

Er erzählte, seine Frau schreibe für eine große Tageszeitung und habe viel Erfolg mit ihren Schilderungen der Schwierigkeiten gehabt, die er anfangs mit den japanischen Bräuchen hatte. Leute, die in seiner Töpferei vorbeikämen, fragten ihn manchmal noch: »Na, haben Sie jetzt verstanden, wie man sich einer japanischen Toilette bedient?« Seine Frau habe ihn auch an Fernsehshows teilnehmen lassen, die Ausländer einladen, um über ihre Tolpatschigkeit zu lachen. Er selber ist ein 68er und hat Philosophie studiert. Er sagt von seiner Frau, von der er jetzt getrennt lebt, sie sei intelligent und auch nett, habe aber eine sadomasochistische Seite.

Gerade in diesen Tagen lese ich »Scandal«, einen der letzten Romane von Endo Shusaku. Er handelt von einem angesehenen japanischen Schriftsteller, der, selber Christ, im Alter zu seinem Schrecken merkt, daß er einen Hang zum Sadomasochismus hat: Das ist der »Skandal«. Er macht diese Entdeckung anläßlich der Begegnung mit einer Witwe mittleren Alters, die ihm erzählt, ein Ereignis sadistischen Charakters habe in ihr die Lust der Sinne geweckt und sei das Geheimnis gewesen, das ihrer gelungenen

Ehe zugrunde gelegen hätte. Während des Krieges hatte ihr Mann zusammen mit einem Freund auf eigene Initiative ein chinesisches Dorf voller Frauen und Kinder in Brand gesteckt. An seiner Beschreibung der schrecklichen Schreie der Verbrennenden habe ihre Liebesbeziehung sich immer wieder entzündet.

Ein europäischer Diplomat hatte uns, bevor er Tokyo verließ, erzählt, ein guter japanischer Bekannter von ihm sei einmal bei ihm gewesen, als sein Töchterchen durch das Zimmer ging. Der Mann, vom Alkohol etwas erhitzt, habe ihm nachgeschaut und ausgerufen: »In China warfen wir solche kleinen Mädchen manchmal in die Luft und schossen auf sie: Bum bum!« Ich wollte es ihm nicht glauben, aber es ist wohl wahr.

Der Sadomasochismus scheint eine in Japan sehr verbreitete Perversion zu sein, wie schon die Tatsache beweist, daß ein erstaunlich hoher Prozentsatz der Comics-Literatur von diesem Thema handelt. In »Scandal« beschreibt Endo selbst das Hotel »Château Rouge« in Roppongi, in dem ihre Anhänger verkehren.

Der Mann aus Kumamoto, mit dem ich darüber redete, sagt, die Gewalttätigkeit der Masochisten gegen sich selbst und der Sadisten gegen andere, sei die Kehrseite der Gewalttätigkeit der Gesellschaft gegenüber den Bürgern. Es entlade sich darin die Rachelust von Menschen, die sich unglücklich und unterdrückt fühlen – »so wie ein Hund, der immer an der Kette liegt, schließlich tollwütig wird.«

23. Mai 1990

Heute, zum Tag der Verkündung des Grundgesetzes, der übliche große Empfang in der Deutschen Botschaft. Der 41. und letzte. In Zukunft soll der Tag der Wiedervereinigung Staatsfeiertag sein.

Polizisten mit Lautsprechern und Trillerpfeifen stehen den Akutagawa Park entlang und regeln den Limousinen-Verkehr. Botschafter Hallier und seine Gemahlin begrüßen die Gäste in der Residenz, aber die meisten gehen in den Garten – einen ehemaligen Daimyo-Garten mit Bronzeglocke und Fuchs-Schrein unter Kampferbäumen –, wo auch die Buffets stehen. Die Jazzband der

Deutschen Schule spielt in der Ferne Dixie. Ich treffe Dr. Sander wieder, den ehemaligen Kulturattaché der DDR-Botschaft, der bald nach Leipzig zurückkehren wird: aber nicht, wie er mir versichert, weil die DDR ihre Diplomaten abberuft, sondern weil er sich nach seinen Kindern sehnt.

Das große Gesprächsthema des Tages scheint das kürzliche Bündnis zwischen Daimler-Benz und der Mitsubishi-Gruppe zu sein. Ein deutscher Diplomat stellt mir einen perfekt Deutsch sprechenden Mitsubishi-Mann vor, der zu den Verhandlungen zwischen den beiden Konzernen das Seine getan haben wird. Sein dichtes, drahtiges Haar setzt gleich über den schwarzen Augenbrauen an, und er wirkt wie aus Eisen, wie ein Krieger. Andere Geschäftsleute kommen dazu. Man spricht über das »Japan-Zentrum«, das in Frankfurt entstehen soll. Jemand berichtet, die Stadtverwaltung habe den Japanern dazu ein zentral gelegenes Grundstück zu vergünstigtem Preis verkauft, und fragt sich, wie sie das den Stadtbewohnern gegenüber wohl verantworten kann. Der Mitsubishi-Mann schmunzelt.

»Ich lebe seit sieben Jahren hier«, sagt der Volkswagen-Vertreter zu mir. »Es erfordert eben mehr als einen gelegentlichen Besuch, bis man versteht, daß man es hier nicht mit Menschen, sondern mit Soldaten zu tun hat.«

Auf Schritt und Tritt begegne ich Mitsubishi-Leuten. Sie scheinen die Ehrengäste zu sein. Dabei sind die meisten deutschen Geschäftsleute der Ansicht, Daimler-Benz sei einen Pakt mit dem Teufel eingegangen und hätte besser daran getan, sich mit einer EG-Firma zu vereinen als ausgerechnet mit seinem gefährlichsten Konkurrenten, von dem man annimmt, daß er dieses Abkommen als Trojanisches Pferd benutzen wird, um auch in Osteuropa einzuziehen.

Die Frau eines französischen Diplomaten erzählt mir, wie verbittert ihre Landsleute darüber seien, daß, während Frankreich noch voller Anteilnahme den Ereignissen in Osteuropa zusah, die Japaner sich dort bereits die besten Verträge gesichert hätten. »Für Japaner gibt es keine historische Minute; für sie gibt es nur Busineß«, sagt sie.

Während wir mit einer Gruppe von englischen Freunden zusammenstehen, kommt plötzlich ein Deutscher etwas unsicheren Schritts auf uns zugesteuert, verteilt seine Visitenkarte – er ist der Vorsitzende der CDU-Fraktion in der Hamburger Bürgerschaft – und ruft: »Boys, let's relax!« Die japanische Technologie sei weit hinter der deutschen zurück. Er komme gerade von Osaka, wo er die (in modernster Technologie führende) Elektronikfirma Sharp besichtigt habe: Sie sei weit, weit hinter unseren Firmen zurück!

»Don't relax!« rät ihm Tiziano. »Seien Sie auf der Hut. Die Sharp-Leute haben Ihnen wahrscheinlich irgendwelche alten Modelle gezeigt, damit Sie beruhigt nach Hamburg zurückfliegen und ebendiese Botschaft verkünden: ›Boys, let's relax!‹«

Der arme Mann hat keine Ahnung von der Meisterschaft der Japaner im Spiel des Irreführens, von ihrer Kunst der Manipulation zugunsten des einzigen Ziels, das sie heute vor sich sehen: die Eroberung unserer Märkte.

26. Mai 1990

Der erste Staatsbesuch eines süd-koreanischen Präsidenten in Tokyo ist über die Bühne gegangen und endet heute.

Roh Tae Woo hatte Tokyos Einladung nur unter der Bedingung angenommen, daß Japan sich dabei auf akzeptable Weise für seine 35jährige, brutale Kolonisierung Koreas (1910–1945) entschuldige. Die Koreaner erwarteten diese Entschuldigung vom Kaiser persönlich, da die Japaner in seinem Namen in ihr Land einmarschiert waren.

Diese Entschuldigung einzuholen war kein leichtes. Japan hat sich noch bei keinem Land wegen irgendeiner Tat entschuldigt. Außerdem weigert es sich seit Kriegsende prinzipiell zuzugeben, daß es in Asien der Aggressor gewesen ist. Und es hat die geschichtlichen Fakten in allen einschlägigen Büchern derart umgeschrieben und geschönt, daß die jüngere Generation sich heute erstaunt fragt, wofür sich ihr Land wohl zu entschuldigen habe, es sei doch das Opfer der ersten Atombomben gewesen! Regierung und Presse, die meist nur ganz allgemein von »jener unglückseligen Periode« reden, haben wenig zur Klärung und noch weniger zu einer öffentlichen Diskussion dieses Themas beigetragen.

Es war eine Kolonialherrschaft, deren haßerfüllter Charakter uns insofern unbegreiflich erscheint, als Japan den Koreanern viel verdankt: Es verdankt ihnen einen Teil seiner Kultur. Oder erklärt das die Wut? Die Japaner zwangen die Koreaner, japanische Namen anzunehmen, sich der japanischen Schrift zu bedienen und zu den japanischen Shinto-Gottheiten zu beten. Koreas Kunst- und Archäologieschätze wurden weggeschleppt und alle alten koreanischen Bücher verbrannt, sobald aus ihnen hervorging, daß die ersten japanischen Kaiser Koreaner waren. All dieses können und wollen die Koreaner nicht verzeihen.

Als Japan 1945 den Krieg verlor, hat es – anders als Deutschland – keine öffentliche Abbitte für seine Sünden geleistet, keine Wiedergutmachungsgelder bezahlt und sich nur widerwillig der 2,4 Millionen Koreaner angenommen, die es während des Krieges als Sklaven für Industrie und Heer nach Japan deportiert hatte. Im Gegensatz zu den japanischen Opfern der Atombomben auf Hiroshima und Nagasaki, bekamen die koreanischen keinen Pfennig Entschädigung für ärztliche Behandlungen. Heutigen Tages noch werden die 700 000 Nachfahren dieser Deportierten, die schon in der zweiten und dritten Generation in Japan leben und oft gar kein Koreanisch mehr sprechen, als »Fremdlinge« behandelt, denen Fingerabdrücke abgenommen werden und die kein Wahlrecht haben. Die Frage der »Trostfrauen« – ein euphemistischer Name für Tausende von jungen Koreanerinnen, die gezwungen wurden, den japanischen Soldaten auf Asiens Schlachtfeldern als Prostituierte zur Verfügung zu stehen – wird immer noch als »freiwillige Entscheidung« dieser Frauen abgetan.

Wenn Roh Tae Woo trotzdem nach Japan gekommen ist, so hat er es lediglich aus opportunistischen Gründen getan: Die stagnierende koreanische Wirtschaft braucht die japanische Technologie. Und wenn nach wochenlangem Taktieren, ob Japan sich entschuldigen solle, ob es überhaupt »verfassungsmäßig« sei, daß der Kaiser sich entschuldige usw., Kaiser Akihito schließlich zu Roh gesagt hat, »er könne nicht umhin, das tiefste Bedauern zu empfinden«, und

Premierminister Kaifu ihm seine »aufrichtige Reue« ausgedrückt hat; wenn schließlich den koreanischen Kriegsopfern mit 45 Jahren Verspätung vier Milliarden Yen für ärztliche Dienste versprochen worden sind, so ist auch das nur aus wirtschaftlichen Gründen geschehen. Die »Hoffnung auf eine gemeinsame japanisch-koreanische Führerschaft Nordost-Asiens« steckt dahinter.

5. Juni 1990

Vor der Residenz des thailändischen Botschafters in Tokyo, in einer kleinen Seitenstraße hinter dem U-Bahnhof von Meguro, entladen Taxis und Firmenlimousinen ihre Insassen. Es ist Punkt 19 Uhr. Man betritt eine holzgetäfelte, hohe, dunkle Halle mit gotischen Fenstern und meint, in einer nordeuropäischen Kirche zu sein. Statt dessen befindet man sich in einem Privathaus, wie es sich ein reicher, in Europa verliebter Japaner in den zwanziger Jahren gebaut hat. Der kleine Salon, in dem der Botschafter und seine Gattin ihre Gäste empfangen, füllt sich im Nu mit einer Ansammlung der besten Namen aus Japans Geschäfts- und Finanzwelt.

Eine sympathische ältere Japanerin erzählt mir, sie habe das Jahr 1940 in Peking verbracht, einer Stadt, die damals eine der berükkendsten der Welt gewesen sei. »Ich hatte unter den chinesischen Aristokraten viele Freunde. Wer weiß, wo es sie hinverschlagen hat? Vielleicht nach Taiwan, vielleicht nach Hongkong oder Amerika . . .«

Vielleicht in Gefängnisse und Umerziehungslager? Die liebenswürdige Dame spricht von Zeiten, in denen die Japaner längst in China einmarschiert waren, das Land in großer Unruhe war und Mao und Chiang Kaishek einen anti-japanischen Krieg führten, der 1949 mit der Machtübernahme der Kommunisten endete und zu den riesigen Umwälzungen führte, die ganze Schichten der chinesischen Gesellschaft hinweggefegt haben. Sie selber war damals bald nach Tokyo zurückgekehrt und hatte dort den Sohn des Fürsten Saga geheiratet, dessen Tochter später an Pu Jie, den Bruder Pu Yis, des letzten chinesischen Kaisers, vermählt wurde. Die Bekanntmachung der beiden hatte in ebendiesem Haus stattgefunden, in ebendiesen Sälen, in denen wir uns heute abend befinden, aber ihr Leben war kein glückliches geworden. Der Sieg der Kommunisten setzte Chinas kaiserlicher Dynastie ein Ende, und ich kann Madame Saga leider nur erzählen, daß ich mich an Pu Jie entsinne, wie er in Pekings Park des Sonnentempels stand und Kalligraphien für japanische Touristen anfertigte, um sich sein Leben damit zu verdienen.

Die Glastüren des großen Eßzimmers öffnen sich weit auf einen großen Garten. Der Raum, in dem drei runde, gedeckte Tische stehen, ist zur Hälfte mit dunklem Holz vertäfelt; zur anderen ist er teils mit hellen Basreliefs im Stil der italienischen Renaissance, teils mit Stuccofiguren nach französischer Rokoko-Art verziert. Europa, wie es sich ein Taisho-Japaner erträumte!

Ich sitze am Tisch des Botschafters und habe zu meiner Rechten einen Direktor der Bank of Tokyo, zu meiner Linken einen Direktor des Keidanren, des japanischen Arbeitgeberverbands. Dieser rundliche Herr erweist sich als ebenso gewandt und selbstbewußt wie alle anderen anwesenden Japaner auch. Er kleidet sich in London ein und weiß in fließendem Englisch mit scheinbarem Gleichmut über sein Land zu konversieren. Er ist es auch, der alle Kritik zur Sprache bringt: ein Sprung zur Freiheit hin, wie er nur in höchsten Sphären denkbar ist.

Wahrscheinlich weiß mein Nachbar genau, was manchen Ausländern an Japan Sorgen bereitet, und geht deshalb so bereitwillig auf meine Bedenken ein. Als ich ihm auf die Frage antworte, wir seien fünf Jahre in Japan gewesen und zögen bald nach Bangkok, wo wir gewiß wieder vielen Japanern begegnen würden, fügt er kühn hinzu: ». . . die sich auch da wieder unbeliebt machen werden. So sind wir eben! Wir rücken mit unserem Geld in Thailand an, finden es da nett und rufen: Los, investieren! ohne uns jemals nach den örtlichen Sitten und Bräuchen umzusehen. Auf diese Weise verletzen wir viele Gefühle.« Nicht sicher, ob er sein Spiel mit mir treibt, schicke ich ihm den Ball immer wieder zurück. Auch interessiert mich zu hören, was er selbst an Japan auszusetzen hat.

»Ihr Ausländer meint, wir Japaner seien schlau. Aber seht euch doch an, wie wir leben!« fährt er fort. »All die Herren, die Sie hier sitzen sehen, kommen kaum je vor Mitternacht nach Haus. Jeder von uns arbeitet für eine mächtige Institution, verdient aber so wenig, daß er sich nicht einmal ein Eigenheim kaufen kann. Unsere Frauen sind unzufrieden mit uns, unsere Kinder auch. Wir möchten es ändern, können es aber nicht. Es ist ein unerträgliches Dasein.«

»Könnt ihr wirklich gar nichts daran ändern?«

»Dazu sind wir alle, wie Sie uns hier sehen, zu erschöpft!« Als er das mit seinem gepflegten, rundlichen Gesicht so sagt, versichere ich ihm, es sähe gewiß nicht so aus, aber er wiederholt mit Nachdruck: »Doch, wir sind total erschöpft.« Und tatsächlich bemerke ich bald, wie einige der Herren beim Essen immer wieder einnicken.

»Unsere Jugend ist mittlerweile noch verlotterter als die westliche. Junge Amerikaner, junge Engländer, junge Deutsche sehen mir interessanter, ja eigentlich konservativer aus als die jungen Japaner. Sie glauben wenigstens noch an etwas, an den Wert der Familie oder der Demokratie. Unsere Jungen sind nur noch auf den eigenen Vorteil bedacht. Viele sind sogar zu egoistisch, um zu heiraten!«

»Meine Kinder sind nicht so«, wirft die hübsche Dame zu seiner Linken ein.

»Ihre ist eine vornehme Familie, und wie viele gibt es schon davon?« entgegnet er ihr erregt. »Nehmen Sie das Fernsehen«, fährt er zu mir gewendet fort. »Technologisch wird es immer perfekter, aber was gibt es schon zu sehen? Idiotische Programme. Wozu dann die Technologie? Wir haben keine Künstler, keine Schriftsteller mehr... Wie stellen wir uns das Leben eigentlich vor?!«

Ich frage ihn nach einer Weile, ob die Dinge, über die wir uns hier unterhalten und die, soviel ich weiß, vielen Japanern sehr am Herzen liegen, in irgendeiner Publikation zur Sprache kommen, ob es darüber eine öffentliche Debatte gibt?

»Nein«, antwortet er nach einigem Nachdenken. »Wir haben in Japan zwar gute Manager, aber keine guten Intellektuellen mehr.«

Und ebendiese Tatsache, daß Japan sich über die eigene Zukunft keine Gedanken macht, stellt für ihn die Zukunft seines Landes in Frage. Wir sind uns in allem einig.

»Sollen wir ein gemeinsames Schlußkommuniqué herausgeben?« fragt er belustigt.

Mein Tischherr zur Rechten hat die Investitionen der Bank of Tokyo in Entwicklungsländern unter sich und kommt gerade aus Brasilien zurück. Und da sind wir auch schon bei der Umweltfrage angelangt, für die Japan so wenig tut und in solchem Maße verantwortlich ist.

»Nichts ist bewiesen! Keines der Argumente über die globale Erwärmung, das Ozonloch, das Schmelzen der Gletscher und Anschwellen der Meere konnte wissenschaftlich dokumentiert werden. Es sind alles nur Vermutungen«, sagt er, und auch Madame Hattori – die neben dem Botschafter sitzt und einen der besten japanischen Namen trägt, nämlich den ihres Mannes, des Besitzers des Seiko-Konzerns –, auch sie hat gehört, daß sich durch das Abbrennen der Regenwälder segensreicher Wasserstoff bildet und daß die Asche den Boden regeneriert. Die ewigen Argumente! »Im Gegenteil, es läßt sich im Amazonasgebiet keine Straße freihalten, so schnell wachsen die Pflanzen wieder nach!« Bäume allerdings, das geben beide zu, bräuchten länger dazu. Doch scheinen sie anzunehmen, daß Unkraut genüge, um der Welt ihr Klima zu erhalten.

»Ein thailändischer Bauer hat mich einmal gefragt, warum wir eine umweltverschmutzende Papierfabrik aufbauen, wo es doch Bananenblätter gibt, die den verschiedensten Zwecken dienen«, sagte der Herr von der Bank. Die Frage dieses einfachen Mannes ginge ihm manchmal noch durch den Sinn, denn ähnliche Einwände würden ihm auch in anderen Ländern entgegengehalten. Jedenfalls sind wir uns alle darüber einig, auch Madame Hattori, daß die Welt viel schöner wäre mit Bananenblättern, daß sie uns aber aus der Hand geglitten ist und unsere Zukunft nunmehr der Logik der Banken und Industrien anvertraut bleibt.

Nach einer glanzvollen Rede und einem Toast auf seine Freunde, nach dem Kaffee und ein paar Schritten im Park, stellt der Botschafter sich an die Haustür und drückt jedem der an ihm vorbeidefilierenden Gäste die Hand. Um 22. 30 Uhr sind alle wieder gegangen – einige noch mal ins Büro.

27. Juni 1990

Auch das letzte große Ereignis der Saison ist über die Bühne gegangen. Prinz Aya, des Kaisers zweiter Sohn, und Fräulein Kiko Kawashima, die Tochter eines bürgerlichen Universitätprofessors, haben heute geheiratet.

Diese zwei sympathischen jungen Menschen – er der Hübsche der Familie; sie eine niedliche Studentin, die in einer bescheidenen kleinen Wohnung des Stadtteils Meijiro aufgewachsen ist – haben sich während ihrer Verlobungszeit sehr beliebt gemacht, weil sie so »normal« sind. Und dieses Normalsein der beiden soll jetzt benutzt werden, um in der japanischen Jugend ein Interesse für die kaiserliche Familie zu erwecken, die ihr als solche, in ihrer sakralen, leidenden Unantastbarkeit, nichts sagt.

Wenn der feierlich-archaische Shinto-Ritus der Hochzeit, wie letztes Jahr der Beerdigungsritus, dazu benutzt wird, um die Welt von den mythischen Ursprüngen der japanischen Kaiser zu überzeugen, bleibt trotzdem die Tatsache bestehen, daß diesem Volk solche Riten gleichgültig sind. Prinz Charles und Prinzessin Diana von England bewegen die Japaner im Grunde mehr. Also will man versuchen, wenigstens aus Aya und Kiko ein dem englischen ähnliches Prinzenpaar zu machen. Kaiser Akihito, der selber vor kurzen einmal bemerkt hat, er wolle sich an die demokratische Verfassung halten, ein andermal, er möchte wie der König von Dänemark sein, und vor allem Kaiserin Michiko, die diese morganatische Ehe als erste befürwortet hat, hätten gewiß nichts dagegen. Nur sind sie selber Gefangene der Instanzen und Mächte, die die kaiserliche Institution behüten.

Nach der hinter verschlossenen Türen abgehaltenen Shinto-Zeremonie wurde die Erteilung des kaiserlichen Segens über das Fernsehen übertragen. Alle Beteiligten hatten dazu ihre altertümlichen Shinto-Gewänder abgelegt. Kaiserin Michiko war wie

Königin Elizabeth aufgemacht, Prinzessin Kiko wie Lady Diana: Alles, vom Taftkleid bis zum Diadem, vom angesteckten Orden bis zur quer über die Brust getragenen Schärpe, war genau, wie man es bei den Engländerinnen gesehen hat.

Nur war die Feier keine Feier. Als das Prinzenpaar den vollkommen unmöblierten Empfangssaal des Palastes durchquerte und auf das kaiserliche Elternpaar zuschritt, das auf zwei Sesseln saß und es erwartete, waren die einzigen Anwesenden die Fernseh-Operatoren, denn das Ganze fand nur für das Fernsehen statt. Zur japanischen Tradition gehörte es nicht.

29. Juni 1990

Ein letztes Abendessen um unseren runden Tisch herum, an dem wir uns in den letzten fünf Jahren mit den verschiedensten Leuten so interessant unterhalten haben. Diesmal waren Edward Seidensticker und Kenneth Courtis da. Karel van Wolferen kam später dazu.

Seidenstickers »Tokyo Rising«, die Fortsetzung seines Buchs »Low City, High City«, ist gerade erschienen. Er beschreibt darin den Aufstieg dieser Stadt vom Erdbeben von 1923 bis heute, ohne allerdings seinen Zorn über die Zerstörung der von ihm im vorigen Buch so schön beschriebenen Welt zu verheimlichen. Ed, der 1945 mit den amerikanischen Besatzungstruppen als Dolmetscher nach Tokyo gekommen war und dann hiergeblieben ist, hat für seine vielen literarischen Übersetzungen aus dem Japanischen einen Orden der Aufgehenden Sonne bekommen. Das Denkmal dagegen, das er der Stadt Tokyo mit diesen eigenen beiden Bänden gesetzt hat, wird in keiner Weise offiziell gewürdigt.

»Diese ist eine Gesellschaft, die sich selbst anbetet«, bemerkte er, als wir uns darüber unterhielten. »Wer sie analysiert, begibt sich in Gefahr.«

Es gilt also in mancher Hinsicht für ihn, was für Lafcadio Hearn zu Anfang dieses Jahrhunderts galt: Wer sich nicht für Japans gradlinigen Aufstieg zur Modernität interessiert, wer lieber zurück auf die Vergangenheit blickt, der wird mit Nichtachtung gestraft. »Nein. Das alte Japan ist tot, und das einzig Anständige, was man mit der Leiche tun kann, ist, sie zu begraben«, wie Basil Chamberlain schon vor hundert Jahren in der Einleitung zu seinem »Things Japanese« schrieb.

Daß der Aufstieg gradlinig und atemberaubend ist, darüber besteht kein Zweifel.

Kenneth Courtis, der an der Keio-Universität politische Wissenschaften lehrt und der Stratege und Hauptplaner der Deutschen Bank in Tokyo ist – einer der »meistzitierten Beobachter« der japanischen Wirtschaft überhaupt –, gehört zu den wenigen, die versuchen, sich über das Ausmaß der japanischen Wirtschaftsmacht genaue Rechenschaft abzulegen. Er vergleicht die Ziffern und analysiert, wie es um den »Wirtschaftszweig« steht. Das Fazit: Japan ist die erste Industriemacht und die erste Finanzmacht der Welt, sein Handelsnetz zieht sich über den gesamten Globus. Es ist auch das Land, das bei weitem am meisten in der Forschung für Technologien investiert, die es als »Schlüsseltechnologien« der Zukunft identifiziert: Informationstechnik, Technik der neuen Materialien, der neuen Energien und der Bioindustrien.

»Noch nie zuvor hat es in der Weltgeschichte eine ähnliche Verlagerung der Kapitalien von vielen Ländern auf ein einziges gegeben«, sagt Courtis. Toyota habe Dollarreserven in Höhe von Milliarden, mit denen sich allein dieser japanische Konzern alle Staaten Südostasiens kaufen könnte. Das bedeutet, daß im Fall einer Weltwirtschaftskrise, bei der unsere so gut wie reservenlosen Firmen ihre Arbeiter bald entlassen müßten und bankrott gehen würden, Toyota seine Produktion auf Dauer in Gang halten könnte. Es bedeutet, daß die japanische Wirtschaft als einzige in der Lage wäre, eine Katastrophe zu überstehen.

Courtis wundert die Selbstgefälligkeit und Trägheit des Westens, der sich nicht einmal die Mühe zu machen scheint, das immense Potential der japanischen Konkurrenz realistisch einzuschätzen. Nach seinem kürzlichen Bündnis mit Mitsubishi habe Daimler-Benz wenigstens einen ersten Schrecken bekommen, als der elegante neue Personenwagen auf dem Markt erschien, den Mitsubishi innerhalb von bloßen 39 Monaten entwickelt hatte. Zwar ist dieser Wagen nicht ganz so schön wie ein Mercedes; dafür kostet er aber auch ein Drittel weniger. Nächstes Mal werden die Japaner ein Modell herausbringen, das genauso schön wie ein Mercedes ist und wiederum ein Drittel weniger kostet. Was dann?

Das gleiche gelte für die Amerikaner. Als das Management der Automobilfirma General Motors auf Besuch nach Tokyo kam, hat man die Gäste hier wie Könige empfangen. Die Japaner konnten es sich leisten, dem amerikanischen Konkurrenten zu schmeicheln: General Motors setzt in Japan jährlich 4 000 Wagen ab und hofft, auf bescheidene 8 000 zu kommen. »Warum nicht auf 500 000?« hat Courtis gefragt. Weil Tokyo nach 10 000 Wagen verlangt, daß das Steuer nach rechts verlegt werde, und den Amerikanern die Mittel – die Geldreserven! – fehlen, um in die dazu erforderliche Technologie zu investieren.

Japan dagegen, das vor zehn Jahren die amerikanische Konsumelektronik zerstört hat und den Westen seitdem mit seinen Walkmen, Videomen, Videorecordern, Compact Discs und anderem Gerät überschwemmt, gehören inzwischen auch über 30 Prozent des amerikanischen Automobilmarkts.

So steuert dieses Land mit sicherem Kurs auf seine Beherrschung der Weltwirtschaft zu. Die USA und Europa sind schwer angeschlagen. Doch genügt es schon, sich anzusehen, wie es um Japans Nachbarn steht, um es mit der Angst zu bekommen.

Südostasien, wo die amerikanische Präsenz sichtlich verblaßt, ist heute fast ganz den Japanern überlassen. Über 500 000 Thailänder singen jeden Morgen japanische Firmenlieder, und es heißt, Thailand habe zum ersten Mal in seiner Geschichte vor einer Kolonialmacht kapituliert – der des Yen. Nicht anders ergeht es Malaysia, den Philippinen, Singapur, dessen starker Mann, Lee Kwan Yew, schon lange warnende Signale in die Welt hineinschickt. Mit dem kambodschanischen Waffenstillstand, der heute in Tokyo zwischen Prinz Sihanouk und Premierminister Hun Sen unterzeichnet worden ist – es ist der erste Versuch der Japaner, eine Rolle als Vermittler auf der internationalen Bühne zu spielen –, sichern sie sich auch den Zugang zu den drei Ländern Indochinas, deren verarmte Völker sich den Luxus, ihre Helfer selbst auszuwählen, ohnehin nicht leisten können.

Australien, ein Kontinent mit nur zwanzig Millionen Einwohnern, wird von den 120 Millionen Japanern, denen es auf dem eigenen Archipel schon längst zu eng geworden ist, zum Ruf »It's so cheap!« aufgekauft. Die UdSSR ist so heruntergewirtschaftet, daß Gorbatschow »über eine aktivere Entwicklung der kooperativen Beziehung zwischen den beiden Ländern sehr glücklich wäre« – trotz des Streits über die von Japan zurückgeforderten Kurilen, der seit Kriegsende die Unterzeichnung eines Friedensvertrages zwischen Moskau und Tokyo unmöglich gemacht hat.

China allerdings, von dem mein Nachbar von der Bank of Tokyo beim Essen in der Thailändischen Botschaft sagte, es sei »so schrecklich stolz«, könnte »die Wolke über Japans Zukunft« werden, wie derselbe Bankier meinte. Denn wenn in China ein Bürgerkrieg ausbricht, was nach Deng Xiaopings Tod durchaus möglich wäre, oder wenn China mit Hilfe der Übersee-Chinesen, die heute schon Japans gefährlichste asiatische Konkurrenten sind, die Märkte dieses Kontinents erobert, dann würde Asien in seinen Grundfesten erschüttert – und Japan müßte als erstes zittern.

Die Welt, wie die Japaner sie heute konzipieren, ist eine Welt des Wettkampfs, des beständigen Wirtschaftskrieges. Konkurrieren bedeutet für sie zerstören, und das Endziel heißt »Sieg!«

Dieser Wettkampf kann bis zum Irrsinn eskalieren, wie Karel van Wolferen wieder sagte, denn da ist niemand, der ihm Einhalt gebieten könnte. Manche Japaner erkennen sehr wohl, wie gefährlich das ist. Einen Mann wie Vize-Außenminister Watanabe Koji, einen der glänzendsten japanischen Diplomaten, mit dem wir in Vietnam und China gut bekannt waren, beunruhigt es, daß die japanischen Firmen trotz aller Handelsprobleme ihre Produktion immer weiter steigern und fortfahren, »wie ein Sturzbach zu exportieren«, wie er in einem Interview mit der »Asahi« sagte. »Die japanischen Konzerne haben ihre Selbstkontrolle verloren, was die Beziehungen zwischen Japan und dem Rest der Welt nur noch verschlechtern und möglicherweise sogar zu einem Zusammenbruch des internationalen Wirtschaftssystems führen könnte.«

Sollen wir uns diese zerstörerischen Wirtschaftsmethoden zum Vorbild nehmen, wie manche anraten? Sollen wir mit dem »wie wild herumwirbelnden Spielzeugautomobil«, mit dem der »Asahi«-Journalist die japanische Wirtschaft verglich, konkurrieren und unsere Produktion selber unaufhörlich steigern? Oder sollten wir lieber versuchen, dieser Spirale, die die Umwelt nicht besser und die Menschen nicht glücklicher macht, ein Ende zu setzen? Dieses waren in den letzten Jahren Tizianos Fragen.

Die Welt, die wir hier gesehen haben, ist eine harte Welt, in der Geschichte, Tradition, die Natur und der einzelne Mensch kaum noch zählen. Es ist eine Welt, wie sie vielleicht nur ein Volk anstreben kann, das sich vor hundert Jahren von den eigenen Wurzeln losgelöst hat und das heute behauptet, sein bester Freund sei die Pachinko-Maschine.

»Wollen wir wie die Japaner werden?« fragte Tiziano wieder. »Als ›Japaner‹ werden die Japaner unweigerlich besser sein als wir.« Wir sollten versuchen, Europäer zu sein, und uns nach angemessenen Lösungen umsehen. Wir sollten uns überlegen, ob wir – um den Kampf der Zukunft mit den Japanern aufnehmen zu können – uns immer mehr vom natürlichen Leben entfernen und unsere gesamten Energien in die Erschaffung von künstlichen Materialien, künstlicher Intelligenz und künstlichem Leben stekken wollen. Wenn wir das nicht wollen, dann müssen wir versuchen, andere Lösungen zu finden und diese Entwicklung zu bekämpfen, damit uns die Erde nicht unter den Füßen weggezogen wird.

Daigo, Präfektur Ibaraki, 1. Juli 1990

Wir haben hier ein kleines Tal gefunden, mit Fröschen, die in den Reisfeldern quaken, und Nachtigallen, die in den Wäldern singen – ein Tal, wie wir nicht dachten, daß es ein solches noch gäbe. Seine Hügel sind mit Zedern und Ahornwäldern bedeckt und einer weichen Bambussorte, deren Spitzen sich leicht biegen und ihre Zweige wie Haare herunterfallen lassen – Haare aus smaragdenem Grün.

Das Haus, das dort allein an einem Hang steht, hat Glastüren, die sich weit auf die Hügel öffnen. Tagsüber ist die Luft erfüllt von Gezirp, Gezwitscher, Gekrächz und Gequake, aber nachts, wenn kein Licht mehr brennt und kein Vogel mehr singt, ist man plötzlich erschreckend allein mit sich selbst und fängt an, im eigenen Kopf Stimmen zu hören. Nicht lange, dann graut der Wald, und eine erste Zykade stimmt ihr »Zzzzz« an; eine zweite und eine dritte setzen ein, und bald beginnt ein Vogel sein Solo. Von Sonnenaufgang bis Sonnenuntergang begleiten einen die Laute von Tieren, die sich gegenseitig bekämpfen, sich ihr Fressen suchen oder über ein nahendes Unwetter erregen.

Hier will Tiziano, wenn ich abgereist bin, mit seinem Hund und einigen Büchern den August verbringen – seinen letzten Monat in Japan.

Tokyo, 7. Juli 1990

Tokyo hat sich in den letzten fünf Jahren unglaublich verändert. Während zu Anfang noch eine fast dörfliche Ruhe über den Wohnvierteln lag, die sich zwischen den Haupt- und Schnellstraßen verstecken, werden all die »Kaninchenställe« jetzt abgerissen und durch moderne Kuben ersetzt.

Den Dunkelmännern, die im Namen von Finanzinstituten und Bauunternehmen vor zwei Jahren die Straßen unserer Nachbarschaft durchstreiften und an jede Haustür klopften, ist es gelungen, beinah jeden Besitzer zum Verkauf zu verleiten. Die Idylle der schwarzen Holzhäuser in ihren düsteren Gärtchen ist dahin. Aus drei, vier Privatbesitzen wird eine weißgekachelte »Mansion« mit Parkplatz gemacht. Kein Garten, nur noch ein Baumgerippe steht davor.

Wir selber sehen jetzt auf einen asphaltierten Parkplatz für acht Wagen und den grauen Wohnblock, der dahinter liegt. Die wunderschönen Bäume, die Professor Hara im Laufe seines Lebens zusammengesammelt hatte, sind zu Asche geworden. Keine Krähen wiegen sich mehr in ihren Spitzen, keine Nachtigallen und Grillen singen in den Büschen. Madame Hara läuft und empfängt Geometer; ihre Verwandten haben es ihr gleichgetan.

Auch unsere Ginza ist nicht mehr, was sie war. Die meisten alten Läden sind abgerissen worden, und die Straße sieht nicht mehr wie die etwas aufgefrischte Fassung eines japanischen Holzdrucks aus, sondern steht voller Videotheken, Pachinko-Spielhallen, 24-hour-Shops und Banken. Ich habe die bösen Gesichter einiger alter Frauen beobachtet, die in ihren kurzen, hemdenartigen, weißen Schürzen zusahen, wie eine Reihe von Ladenhäusern abgerissen wurde, um einem Finanzinstitut Platz zu machen, das für sie ohne Erinnerung und bekannte Gesichter sein wird – und mußte an Platzer denken. »Das japanische Volk leidet selbst am meisten unter seinem System«, hatte er gesagt. »Es wird von der eigenen Regierung so arg hereingelegt!«

Reiko behauptet, viele Besitzer hätten nur widerwillig verkauft. Warum haben sie es dann getan? Ein Yakuza kommt in den Laden: »Hier ist das Geld. Verkauf mir dein Haus!« Meistens packt die Familie ihre Sachen zusammen und geht. Es bleibt ihr nichts anderes übrig, niemand verteidigt sie gegen die Gangster. »Die Yakuza üben nur ihr Recht aus, Sie zu peinigen«, ist die Antwort, die ein Mann von einem Polizisten bekommen hat, als er sich über den Radau beklagte, den die Kerle Nacht für Nacht vor seiner Tür veranstalteten, um ihn zu zwingen, sein Haus zu räumen. Schließlich hat auch er nachgegeben.

Die Yakuza, die sich in letzter Zeit mit Bodenspekulation und Baugewerbe so maßlos bereichert haben, werden immer sichtbarer, selbstsicherer, arroganter. Zwischen unserer Post und der kleinen koreanischen Wäscherei ist beinah über Nacht ein dreistöckiger, graugekachelter Kubus entstanden, den eine blanke Stahlwand mit Stahltüren umgibt. Alle Fenster haben Mattscheiben und werden nie geöffnet. Keine Wäsche, keine Blumen sind zu sehen, niemand geht dort ein oder aus. Reiko gibt zu, das Haus habe kein »family feeling« und könnte das Hauptquartier der Yakuza in Nakameguro sein.

In Osaka, wo Tiziano im Frühling zu Recherchen über die Gangster-Familien war, hatte ihm ein Yakuza-Anwalt vorgeschlagen, ihn zum Flughafen zu begleiten. Watanabe, der große Boß des Yamaguchi-gumi-Syndikats, wurde nämlich von der Insel Okinawa zurück erwartet, wo die Polizei, eine Konfrontation mit den lokalen Yakuza befürchtend, ihm nicht erlaubt hatte, Golf zu spielen. Wegen des unangenehmen Gesichtsverlusts waren Klan-Mitglieder aufgefordert worden, ihm en masse ihre »Anhänglichkeit« zu bezeugen. An die 200 Mercedes-, Cadillac-, und Rolls-Royce-Limousinen standen um den ganzen Flugplatz herum, und Hunderte von Yakuza in schwarzem Anzug brachen in ein dumpfes »Osh! Osh!« (Heil! Heil!) aus, als Watanabe in seinem Stretch-Mercedes 1 000 SL an ihnen vorbeirauschte. Kein Polizist ließ sich blicken, und Tiziano hatte den Eindruck, eine fremde Macht habe den Flughafen auf einige Stunden besetzt.

Damals hatten wir auch den fast achtzigjährigen amerikanischen Korrespondenten John Roberts, der seit 1959 in Japan lebt, in seinem Häuschen in einem Vorort Tokyos besucht. Er hat ein klassisch gewordenes Werk über die 300jährige Geschichte des Mitsui-Imperiums geschrieben und an den Recherchen zum einzig ausführlichen Buch über die Yakuza teilgenommen, das es auf dem Markt gibt. Zur Pressekonferenz, mit der die beiden amerikanischen Autoren D. Kaplan und A. Dubrov es in Tokyo präsentierten, ist kein japanischer Journalist erschienen, und keiner der zwanzig interessierten japanischen Verleger hat am Ende gewagt, das Buch herauszubringen. Nur einer hat den Mut gehabt zuzugeben, er habe Angst.

Als an jenem Abend ein riesiger Vollmond über den Dächern der Vorstadt aufstieg und die Frösche in den Gräben zu quaken anfingen, brachte Roberts uns zurück zur Bahn. Auf Tizianos Frage, wer wohl die Fäden der »Verschwörung« in der Hand halte, die bewirke, daß die Welt sich so wenig für die japanische Realität interessiere und sich also der Gefahr, die dieses Land berge, nicht bewußt werde, antwortete er: »Es ist eine breit angelegte und wohlkonzipierte Verschwörung. Man redet so lange von Zen-

Buddhismus, Teezeremonie und Blumenstecken, bis keiner sich mehr nach dem Gestank fragt, der aus diesem mit Kirschblütenduft parfümierten Kaiserreich zum Himmel steigt.«

Tokyo, 10. Juli 1990

In weniger als zwei Wochen kommen die Packer. Jeden Tag nehmen wir nun von jemandem Abschied. Viele Ausländer ziehen, wie wir, bald aus Tokyo fort, und wir könnten uns mit ihnen auf das Karussell der Sayonara-Parties setzen, aber wir lassen das Ende lieber leise ausklingen.

Japan, das den Reisenden mit seinen kleinen Geheimnissen und Reizen verführt, das ihn mit der Vollkommenheit vieler Einzelheiten entzückt, verwirrt dagegen viele, die hier länger leben. Es ist etwas Gekünsteltes, etwas nicht Freies, nicht wirklich Großes an seiner Kultur, weshalb man das Land am Ende nicht liebt; ich würde sagen: nicht zutiefst achtet. Was viele Japanologen interessanterweise vereint, ist ihr Vorbehalt gegen ein Volk, das den Begriff der Seele, der Unendlichkeit nicht kennt: »Stellen Sie sich Menschen vor, die kein Gefühl für das Lichte, Blaue, Unendliche haben!« schrieb Lafcadio Hearn an Basil Chamberlain. Kann man einem Volk, das keine eigene Ethik entwickelt hat, das keinen Gott und keine Heiligen Schriften besitzt, das sich niemals die Frage nach Gut und Böse gestellt hat und statt dessen auf Disziplin und Etikette setzt, kann man ihm zutiefst vertrauen?

In einer solchen Umgebung zu leben beunruhigt – man weiß lange nicht, warum. Das Nichtvorhandensein moralischer Vorbilder, die Dominanz des Geldes zusammen mit dem unbedingten Glauben an die Lösungen der Technologie geben einem das Gefühl, in keiner guten Hand zu sein. Unter der allgemeinen Selbstbeherrschung verspürt man das Unbehagen der Menschen, ihre Einsamkeit bei der zynischen Feststellung, daß es so ist, anders nicht werden kann und daß jeder am besten für sich selber sorgt.

Obgleich das Land sich in den letzten fünf Jahren zu einer Wirtschaftsmacht emporgeschwungen hat, von der Kenneth Courtis sagen kann, daß die Weltgeschichte ihresgleichen nicht kennt, merke ich doch beim Abschiednehmen von meinen hiesigen Freunden, daß sie dadurch nicht glücklicher geworden sind.

Reiko hat den Nachbargarten verloren, der ihr verkündete, »daß es bald Frühling wird«. Miho mußte die Hoffnung auf eine selbstbewußtere Rolle der japanischen Frauen fallenlassen. Beider Kinder sehen ohne Freude einem Leben entgegen, das von der Jugend allgemein als »Kerker« beschrieben wird. Yoichi mußte sein Elternhaus abreißen, da es niemand haben wollte, und das leere Grundstück verkaufen. Er hat seine vielen Bücher in Pappkartons verstaut und sucht sich jetzt für sein Alter eine Bleibe im Ausland. Naoki ist an eine Provinzuniversität entschwunden, wo niemand nach seiner Kenntnis der italienischen Bildhauerkunst fragt. Die alte Madame Suzuki konnte keine Nachfolgerin finden und mußte das stilvolle Ryotei der »Zarten Kirschblüte« schließen... Und Otomo? Otomo hat die Stadt verloren, in der er aufgewachsen ist und die er liebte. »Tokyo?« sagt er heute. »Tokyo ist keine Stadt mehr. Es ist ein Irgendwas.«

Den lieben, langen Tag hört man nur noch Hämmern, Drillen, Klopfen, Bohren und das heisere Krächzen der Krähen.

»Vielleicht wird Japan mir verzeihen, wenn ich seinen Zerstörern diese Abwandlung eines Bibelworts vorschlage«, schreibt ein Abschied nehmender Engländer aus der Provinz an eine japanische Tageszeitung. »Was hilft es einer Nation, wenn sie die ganze Welt gewinnt und nimmt doch Schaden an ihrer Seele?«

Da stand ein Haus mit einer Linde in unserer Nachbarschaft, einer großen Linde, die ihren dunklen Schatten auf die Straße warf – der Inbegriff des Sommers. Das Haus ist abgerissen, die Linde ist gefallen, wie die meisten Bäume rundherum und die alten Läden unserer Ginza auch. In den verlassenen Gärten wuchern die Pflanzen jetzt frei und üppig vor sich hin, die Blumen ranken sich an den Bäumen hoch und werfen sich über die Hecken, das Gras weht sanft im Wind – in diesem seinem letzten Sommer.